Counseling Children

아동상담

| 위영희 · 장현숙 · 전숙영 · 정윤주 · 진미경 · 한미현 · 한유진 공저 |

학지사

머 / 리 / 말 /

최근 사회가 급변하면서 병리적 문제가 심각해지고 아동 문제 역시 크게 증가하고 있다. 이에 각 대학의 아동 관련 학과에 아동상담 전공 학과들이 생겨나고, 아동상담 분야의 연구와 임상을 다루는 여러 학회를 중심으로 아동상담사, 놀이치료사, 미술치료사 등을 양성하여 배출하고 있으며, 국가적 · 사회적으로 이러한 아동의 문제들을 해결하고자 복지 차원에서 많은 지원을 하고 있다.

어린 시절을 잠깐 떠올려 보면, 아무 걱정 없이 동네 골목이나 산과 들 또는 개울가로 또래와 어울리며 뛰놀던 기억이 참 자유롭고 행복했던 느낌으로 다가온다. 미래 사회의 주인공인 아동은 항상 행복해야 한다. 그러나 요즘 우리 아동은 학업과 경쟁, 가족의 역기능과 붕괴, 부모의 방임과 학대 등으로 인해 욕구가 억압된 채 살아가고 있으며 상처 또한 많다. 그리고 정서적 문제, 행동적 문제, 사회적 문제, 학습문제들로 정상적인 성장과 발달, 적응에 심각한 방해를 받고 있다. 아동의 문제는 내버려 두면 시간이 지나 해결되는 것이 아니다. 청년기나 성인기의 문제 또는 사회적 문제까지 야기할 수 있기 때문에 상담을 통한 개입이 적기에 반드시 이루어져야 한다. 그나마 다행인 것은 요새 어른들이 아동의 욕구에 대한 관심이 높아졌다는 것이다.

이 책은 아동상담 분야의 이론 연구와 임상 경험을 가지고 각 대학에서 10년 이상 아동상담 교과목을 가르쳐 온 일곱 명의 교수가 한국놀이치료학회의 요구로 뜻을 한데 모아 집필한 것이다. 대학의 아동 관련 학과 학생들뿐 아니라 아동상담 임상현장의 아동상담사들에게도 충실한 안내서가 될 수 있도록 이 책에서는 아동상담의 이해를 위한 기초, 아동상담의 이론적 모델, 아동상담의 과정 및 주요 기법과 실제에 관한 내용을 풍부하게 다루었다.

구체적으로, 이 책은 아동상담에 관한 내용을 총 4부, 15개 장으로 나누어 구성하였다.

1부는 아동상담의 기초로서, 1장에서는 아동상담의 이해를 위한 아동상담의 개념과, 아동상담의 범위 및 문제영역에 대해 살펴보았다. 2장에서는 아동의 발달 및 아동문제의 특성과 원인을 다루었는데, 아동발달의 이해, 아동문제의 특성과 원인, 아동상담의 필요성에 대한 내용이 포함되어 있다. 3장에서는 아동상담자의 자질과 역할을 살펴보았다.

2부에서는 아동상담의 이론적 모델 다섯 가지를 소개하였다. 4장은 정신분석적 상담모델, 5장은 개인심리학적 상담모델, 6장은 인간중심 상담모델, 7장은 행동주의 상담모델, 8장은 인지행동주의적 상담모델을 다루었다. 각 장은 상담모델의 발달 배경, 인간관, 주요 개념, 상담목표, 상담과정과 기법 등의 내용이 포함되어 있다.

3부 아동상담의 과정은 아동상담이 이루어지는 절차를 중심으로 구성하였다. 9장에서는 아동상담의 준비 및 상담 관련 서비스를, 10장에서는 아동상담의 개념화와 계획을, 11장에서는 아동 심리검사 및 심리평가를, 그리고 12장에서는 아동상담 단계를 실제적인 내용 중심으로 살펴보았다.

4부는 아동상담의 주요 기법 및 실제로서, 아동상담 시 가장 많이 사용하는 기법인 놀이치료를 13장에서 상세하게 다루었다. 14장은 아동상담의 다양한 기법인 미술치료, 모래놀이치료, 음악치료, 독서치료에 관해 실제적인 기법 중심으로 다루었고, 15장은 아동상담에서의 부모상담 영역을 다루었다.

이 책의 1, 2, 9장은 위영희 교수, 3, 14장은 한유진 교수, 4, 11장은 장현숙 교수, 5, 10장은 정윤주 교수, 6, 13장은 전숙영 교수, 7, 12장은 진미경 교수, 8, 15장은 한미현 교수가 집필하였다. 그동안 나름대로 집필에 최선을 다했으나 다수가 집필하다 보니 일관성 문제가 제기될 수 있다. 이런 부분이나 그 외 개선할 점을 지적해 주시면 앞으로 개정 작업을 통해 더 좋은 책으로 거듭나서 이 책이 아동상담에 대한 충실한 안내서로 자리매김할 수 있을 것이다.

끝으로 이 책의 집필을 위하여 도움을 주신 분들께 감사드리고, 아울러 이 책의 출간을 위하여 애써 주신 학지사 김진환 사장님과 임직원 여러분께 감사의 마음을 전한다.

2016년 8월

저자 일동

차 / 례 /

COUNSELING CHILDREN

제3부　아동상담의 과정

COUNSELING CHILDREN

제4부 아동상담의 주요 기법 및 실제

제 **1**부

아동상담의 기초

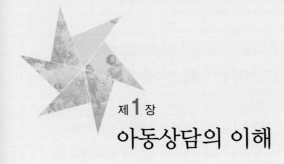

제**1**장
아동상담의 이해

1. 아동상담의 개념

1) 아동상담의 정의

현대사회의 빠른 변화가 많은 사회문제와 정신 병리를 증가시킴에 따라 아동상담에 대한 사회적 요구와 관심 역시 커지고 있다. 아동상담은 아동을 대상으로 하는 상담을 말하며, 성인상담의 개념에 기초하지만 성인과 다른 아동의 발달적 특성이 아동상담의 실제에 적용되어야 한다.

아동상담을 구체적으로 정의하기 위해 먼저, 상담에 관한 정의를 살펴보면, 상담이란 '도움이 필요한 사람(내담자)이 전문적인 훈련을 받은 사람(상담자)과의 대면관계에서 생활과제의 해결과 사고, 행동 및 감정 측면의 인간적 성장을 위해 노력하는 학습과정이다'(이장호, 1997). 상담에 대한 이러한 일반적인 정의를 기초로 아동상담을 정의할 수 있다. 즉, 아동상담은 성장기에 있는 아동이 사회에 잘 적응하고 자신의 잠재가능성을 최대한 실현할 수 있도록 도와주기 위한 전문적인 활동이며(이성진, 1996), 아동의 성장에 지장을 주는 문제상황을 긍정적으로 극복하도록 조력함으로써 아동이 사회에 보다 잘 적응하고, 위기에 대처할 수 있는 능력을 기르도록 돕는 과정이다(김광웅, 유미숙, 유재령, 2008).

법적으로 아동은 출생에서 18세 미만까지를 말하므로 아동상담에 청소년기를 포함하여 말하기도 하지만 청소년기는 독립적으로 청소년상담으로 분리하여 다루기 때문에 아동상담은 영유아기와 초등학교 아동을 위한 상담이라 볼 수 있다.

아동상담의 독특성은 상담의 원리나 접근방법이 성인과는 다르게 적용되어야 하는 것을 말하는데, 이는 성인과 다른 아동의 여러 가지 특성들에 근거하기 때문이다. 아동은 성인에 비해 언어적 능력이 제한적이고, 치료적 동기가 부족하며, 성인에 대해 매우 의존적이라 할 수 있어 이러한 아동의 발달적 특성이 아동상담에 부정적 요소로 작용할 수 있다. 그러나 아동이 발달과정에 있고, 가소성이 크다는 점은 아동상담에서 기대할 수 있는 장점이라 할 수 있다. 이에 대해 구체적으로 살펴보면 다음과 같다(현정환, 후쿠시마 오사미, 2002).

① 아동은 발달과정 중에 있다

아동의 행동문제들 중에는 발달과정에서 일어나는 일시적이거나 파생적 혼란에 의한 경우도 드물지 않다. 예를 들어, 부모 말을 잘 듣지 않는 아동의 경우 성격적 결함이라고 보기보다는 심리적 발달단계가 반항기의 발달적 특징에 기인하는 경우도 있기 때문에 아동의 문제행동을 파악할 때는 발달적 관점뿐 아니라 정신건강의 관점에서 보아야 한다.

② 아동은 가소성이 크다

어린 아동일수록 자라면서 경험에 의해 많은 영향을 받는다. 가소성이 크다는 것은 학습 가능성, 변화 가능성, 지도 가능성이 크다는 것을 의미하기 때문에 적절한 개입을 통해서 아동의 문제가 보다 빠르고 효과적으로 개선될 수 있다. 그러나 이는 반대로 부적절한 경험을 한다면 아동의 상태가 더욱 어려워질 수도 있다는 말이다. 아동의 신경증적 문제는 아동의 가소성이 불행한 경험과 결합된 결과라 할 수 있다. 자폐아의 경우, 가소성이 매우 낮은 아동이다. 또한 정서적 불안정이나 상처받기 쉬운 아동, 사회적 영향을 회피하거나 강하게 거부하는 아동도 있다. 이런 경우 상담을 통하여 적절한 라포 형성으로 원래의 가소성이 회복될 수 있다.

③ 아동은 학령기에 있다

아동은 공부하느라 학교에서 많은 시간을 보내기 때문에 아동의 학교생활을 들여다보는 것은 매우 중요하며, 유치원이나 보육시설 및 학교에서 잘 적응하는 것이 상담의 주요 목표가 될 수 있다. 학교는 아동의 문제가 드러나는 장소이기도 하고, 아동의 문제를 생성시키고 강화시키는 장소이기도 하다. 공부에 흥미가 없거나 성적이 낮은 아동은 학교생활에서 문제를 나타내기도 한다.

④ 아동은 성인에 비해 언어적 능력이 제한적이다

아동은 사고능력이나 언어표현능력이 성인에 비해 제한적이기 때문에 자신의 생각과 느낌을 정확하게 표현하기 어렵다. 아동의 연령이 어릴수록 자신의 감정이나 어려움을 표현하는 것이 서툴러 언어를 사용하기보다는 짜증을 내거나 공격적 행동과 같은 비언어적 방식으로 표현하는 경향이 있다. 따라서 아동의 감정이나 문제를 정확히 파악하기 위해서는 언어를 대체할 수 있는 놀이, 모래, 미술, 음악 등 다양한 매체를 사용하여 의사소통하는 것이 효과적이다.

⑤ 자신의 문제를 다루려는 동기가 부족하다

아동의 행동문제에 대한 인식은 성인과는 상당한 차이가 있다. 아동의 관심은 주로 자신보다는 외부세계로 향해 있기 때문에 자신의 감정이나 사고를 이야기하는 것이 쉽지 않다. 아동이 상담실에 올 때는 주로 부모나 교사, 사회복지사 등 성인의 의뢰를 통해 오게 된다. 아동은 자신이 처한 어려움을 이해하고 도움이 필요하다는 것을 잘 지각하지 못하므로 상담에 대한 동기를 갖기 어렵다. 친숙하지 않은 상담실 환경에서 낯선 상담자와 만나는 경험은 아동을 더욱 힘들게 만들기 때문에 상담 초기에 상담과 상담자의 역할을 이해시키면서 치료적 관계를 발전시키는 것이 필요하다.

⑥ 아동의 행동문제는 또래와의 상호작용과 밀접한 관련이 있다

유치원이나 학교 또는 이웃의 친구관계를 살펴보는 것은 중요하다. 아동의 또래관계와 친구를 만드는 능력은 사회인지, 정서조절, 언어능력, 놀이경험 및 성인의 지원 같은 다양한 요인의 영향을 받는다. 긍정적인 또래관계는 타협이나 상호성을 개발시키지만 부정적인 또래관계는 사회적 기술이 발달하는 기회를 감소시키고 사회적으로 적절한 행동유형을 습득하지 못하게 하여 부정적인 성격을 형성하게 하며, 인간관계에서도 실패의 경험을 더 많이 하게 한다. 따라서 적절한 또래 관계를 지도하는 것은 문제행동의 개선으로 연결되는 경우가 많다.

⑦ 아동은 부모의 보호와 양육에 의해 성장한다

성장하는 아동에게 가장 큰 영향을 미치는 것은 부모이므로 부모-자녀 관계를 이해하고 부모와의 협력체계를 만들어야 한다. 부모의 양육사, 현재의 양육형태, 부모의 성격이나 배경, 자녀와의 관계 등은 아동문제의 배경으로서 원인을 찾을 수 있는 중요한 요소다.

또한 다음과 같은 특성의 아동의 정신세계 역시 성인상담의 모형을 아동상담에 그대로 적용하기 어렵게 하는 요소들이다(백용매, 천성문 역, 2003). 아동은 발달하는 과정 중에 있어서 성격이나 자아가 유동적이고 미숙하다. 아동의 방어는 부서지기 쉽고 인지능력은 발달이 덜 되었으며, 쉽게 불안해하고 초자아도 제한되어 있으며, 마술적이고 전지전능함으로 가득 차 있다.

따라서 이러한 특성을 가진 아동을 대상으로 효과적인 상담을 하기 위해서는 특별한 상담접근이 필요하다. 아동상담에서는 언어를 사용하는 직접적인 면담과 더불어 놀이, 모래, 음악, 미술, 은유적 이야기 등 다양한 치료적 매개체를 사용한다. 이들 치료적 매개체는 치료적 관계를 촉진하고, 아동의 내적 감정을 안전하게 표현하도록 하며, 자신의 문제를 재구성하도록 돕고, 자신에게 적절한 대처방법을 스스로 고안해 내도록 돕는 기능을 한다(최영희, 김영희, 심희옥, 심미경, 2009).

2) 아동상담의 목표

일반적으로 상담의 목표는 내담자의 주 호소를 해결하도록 돕는 것이다. 그러나 아동상담은 부모의 요청이나 교사의 의뢰에 의해 이루어지는 경우가 많으므로 아동상담의 목표는 상담자, 아동의 부모나 보호자와 아동이 함께 의논하여 설정되는 것이 바람직하다. 아동의 이해가 없을 경우 상담이 진행되는 동안 아동의 협조를 구하기 힘들고 상담에 대한 동기유발이나 아동 스스로 목표 달성을 위한 책임감을 갖기가 어렵다.

Geldard와 Geldard(2004)는 아동상담의 목표를 4수준으로 나누어 기본적 목표, 부모의 목표, 상담자의 목표, 아동의 목표를 제시하였다.

(1) 아동상담의 기본적 목표

- 아동이 고통스러운 정서적 문제를 다룰 수 있게 한다.
- 아동의 사고, 정서 그리고 행동이 어느 정도 일치할 수 있게 한다.
- 아동이 자신에 대해 좋은 감정을 느낄 수 있게 한다.
- 아동이 자신의 한계와 장점을 받아들이고, 그것들에 대해 긍정적으로 느낄 수 있게 한다.
- 아동이 부정적인 결과를 가져오는 행동을 변화시킬 수 있게 한다.
- 아동이 상담실 밖 외부 환경(예: 집과 학교)에서 편안하게 그리고 적응적으로 행동할 수 있게 한다.
- 아동이 발달단계에 맞게 성장하도록 기회를 극대화시킨다.

(2) 부모의 목표

부모가 치료를 위해 자녀를 상담소에 데리고 올 때 부모가 설정하게 되는 목표다. 대개 아동의 문제행동에 초점이 맞추어져 주호소가 되는 경우가 많다.

(3) 상담자의 목표

접수면접을 통해 얻어진 아동에 대한 여러 가지 정보와 부모가 말하는 주호소를 바탕으로 상담자는 가설을 설정하고 상담목표를 정하게 된다. 상담자가 가설을 설정할 때는 아동에 대한 발달적 이해, 최근 연구에 기초한 지식이나 정보 및 상담자 개인의 사례 경험 등이 기초가 된다.

(4) 아동의 목표

대부분의 아동은 치료 목표를 언어적으로 표현하지 못하지만 치료과정에서 나타난다. 이것은 치료기간 동안 나타내는 자료에 근거하는 것이며, 상담자의 목표와 일치하기도 하고 일치하지 않기도 한다. 상담의 특정 목표는 아동의 목표에 우선권을 주되 동시에 부모의 목표나 상담자의 목표에 주의하면서 결정될 필요가 있으며, 이러한 과정에 충실히 따르면 기본적인 목표는 자동적으로 성취된다. 부모의 요구를 우선적으로 고려하지 못할 때 상담자는 윤리적 딜레마에 빠질 수 있다. 그러나 이러한 과정을 효과적으로 사용한다면 부모의 목표도 자연스럽게 성취될 수 있는 가능성이 높다.

3) 아동상담의 유형

아동상담은 상담의 대상이 개별 아동인지 집단인지에 따라 개인상담, 집단상담, 가족상담으로 나눌 수 있고, 상담기간이 단기간인지 장기간인지에 따라 단기상담과 장기상담으로 나눌 수 있다.

(1) 상담대상에 따른 분류

① 개인상담

개인상담은 상담자와 내담자인 아동이 일대일로 상담을 하는 방법이며 개별상담이라고도 한다. 상담발달의 역사를 살펴보면 대부분 개인상담 위주로 발달되어 왔다. 개인상담을 하는 경우, 상담자와 내담자 간의 라포 형성이 용이하고 아동 개인의 요구나 문제에 초점을 맞추어 상담이 가능하다.

개인상담을 받던 아동이 집단상담으로 전환하는 경우도 있고, 집단상담을 시작하기 전에 개인상담을 하는 경우도 있다. 또한 개인상담의 경우 부모상담이 함께 진행되거나 주요 가족 구성원이 포함되는 가족상담이 진행되기도 한다. 이때 부모상담은 아동상담 전후에 10~20분 정도 실시하거나 아동상담 시간과는 별도로 다른 날에 계획하여 실시할 수 있다. 부모상담을 병행하는 이유는 부모가 아동에게 영향을 미치는 주요 환경요인으로써 아동상담의 효과를 좌우하기 때문이다.

개인상담이 필요한 아동은 특히 형제와의 경쟁이 심한 아동, 사회병리적인 아동, 성적 충동이 강한 아동, 지속적인 도벽이 있는 아동, 극도로 공격적인 아동, 총체적 스트레스 반응을 보이는 아동 등이다(김춘경, 2004).

② 집단상담

집단상담은 집단의 역동성에 따른 치료적 힘에 의해 이루어지며, 집단상담을 통해 정서적 유대감과 소속감을 경험할 수 있다. 집단상담에서는 구성원 간의 상호작용 과정과 집단역동을 중시하며 다른 아동들과의 상호작용을 통해 자신의 행동을 비교하고 사회적 기술 등을 배울 수 있다.

집단을 구성할 때 아동의 수는 연령과 성숙도, 주의집중 시간에 따라 다르다. 5, 6세경의 유아들은 주의집중 시간이 매우 짧아서 3~4명 정도의 집단이 주 2회, 회기별 20분 정도로 상담을 실시하는 것이 적절하다. 더 연령이 높고 성숙한 아동들은 일주일에 2회, 회기별 30분 정도로 할 수 있으며, 효과적으로 기능할 수 있는 아동의 수는 8명 정도라고 볼 수 있다(Thompson & Henderson, 2007). 집단원의 수가 9~10명 이상이 되면 집단원의 활동 참여가 줄어들고 집단역동이 달라진다.

또한 집단원의 성별 구성에 있어서 동성으로 할지 이성으로 할지에 대해서는 다양한 의견이 있다. 기본적으로 학령기 이전 아동들은 혼성집단으로 해도 괜찮으나 사춘기에 접어들 무렵의 초등학교 고학년 아동들은 동성집단으로 하는 것이 더 적절하다. 그러나 사회적·성적 발달에 상관없이 대인관계 기술이나 성역할을 자연스럽게 학습하게 하려면 혼성집단으로 구성하는 것이 바람직하다.

집단상담은 내담자들의 병리적인 문제보다는 주로 발달의 문제를 다루거나 생활과정의 문제를 다루며, 대인관계에서의 태도, 정서, 의사결정과 가치문제 등을 다룬다(이장호, 1986). 집단상담은 다양한 관계를 경험하면서 개인의 주도성을 크게 요구하지 않으므로 아동에게 안전감을 줄 수 있으나 자신에게 쏠리는 관심이 부담스러워 역전이를 보일 수도 있다.

집단상담이 도움이 되는 경우는 다음과 같다(김춘경, 2004).

- 위축된 아동: 과도하게 억압된 아동, 복종적 아동, 두려워하는 아동, 수줍어하는 아동, 의사소통이 안 되는 아동, 말끝을 흐리는 아동, 정신분열성 아동, 얌전한 아동
- 미성숙한 아동: 지나치게 보호받고, 사회적 관계를 갈망하나 다른 사람의 욕구와 감정을 인식하지 못하는 아동
- 공포반응을 보이는 아동: 먼지, 어둠이나 큰 소리와 같은 공포로 인해 불안을 표현하는 아동
- 위장된 자질을 가진 아동: 너무 착한 아동, 복종적인 아동, 질서정연하고 지나치게 관대한 아동
- 습관장애를 가진 아동: 손가락 빨기, 손톱 물어뜯기, 식습관 문제, 분노발작을 보이는 아동
- 품행장애를 보이는 아동: 싸움, 잔인함, 무단결석, 일반적 파괴행동을 보이는 아동

③ 가족상담

가족상담은 내담자와 가족 간의 관계 또는 역기능적 가족체계에 원인을 두고 아동문제에 접근하기 때문에 아동의 가족 모두가 상담대상이 된다. 가족상담은 모든 가족 구성원이 상담의 단위로

포함되기도 하지만 문제를 가진 아동 및 아동의 문제에 주요한 영향을 미친다고 판단되는 구성원들을 상담 단위에 포함시켜서 진행하기도 한다.

　개별 아동상담의 경우 정보 수집을 위해 부모나 주위 사람들과 만나는 것이 꼭 필요하므로 부모상담이나 부모교육을 실시하지만 이런 경우 면담 횟수는 1~2회 또는 3~4회 정도에 그치게 된다. 가족상담에서는 가족의 역기능적 상호작용을 변화시키고 가족이 대처기술을 획득하도록 함으로써 아동의 문제를 해결하려고 하기 때문에 6개월 정도 진행될 수 있다.

(2) 상담기간에 따른 분류

① 단기상담

　아동상담은 상담의 회기와 전체 상담기간을 기준으로 단기상담과 장기상담으로 분류할 수 있으며, 아동문제의 특성에 따라 단기와 장기가 결정될 수도 있다. 단기상담은 일주일에 1회가 보통이며, 2~3회 실시하는 경우도 있다. 15회기 이내, 4개월 미만인 경우는 단기상담이라 할 수 있다.

　단기상담에서는 인지행동적 접근이나 해결중심적 접근이 주로 선택되기도 하지만 보통은 단기상담을 기본으로 한다. 학교상담은 주로 단기상담으로 진행되며, 아동의 약점보다는 강점을 중심으로 해결중심을 강조하고, 행동변화가 나타나거나 목표에 도달하면 상담이 종결된다.

② 장기상담

　상담의 회기가 15회기 이상일 때는 장기상담이라고 하는데, 비용이나 상담기간이 내담자에게 큰 부담이 될 수 있어 최근의 상담 경향은 특정 문제 중심의 단기상담적인 경향을 나타내고 있다.

　그러나 상담기간을 정할 때는 아동문제의 형성 배경이나 빈도, 강도 등이 고려되며, 상담을 진행하는 과정에 영향을 미치는 다양한 외적 요인(가정의 경제 상황, 부모의 참여 정도, 가정환경 등)과 아동의 내적 요인(문제의 정도, 자아강도, 성격, 기질, 연령 등)을 평가하여 그 유형을 결정해야 한다.

2. 아동상담의 범위

아동상담에서 다루는 문제의 범위는 발달에 있어서 부적응이나 문제행동부터 임상적 장애에 이르기까지 매우 다양하다. 구체적으로 말하면, 적응상의 문제를 지닌 아동의 적응을 돕고, 문제행동을 감소시키며, 부모와의 바람직한 관계를 형성하도록 하고, 또래관계에서의 문제를 해결하는 것 등이다.

미국심리학회 상담심리학 분과인 규정위원회(1956)는 상담을 '개인이 자신의 개인적 성장을 방해하는 장애물을 어떤 곳에서 만나더라도 극복하도록, 그리고 개인의 자원들의 적정한 발달을 성취하도록 도와주는' 과정으로 정의하였다(천성문 외 역, 2001).

아동상담에서 다루는 문제의 범위는 상담과 밀접하게 관련된 세 가지 용어, 즉 상담(counseling), 생활지도(guidance), 심리치료(psychotherapy)에 대한 설명에서 알 수 있다. 생활지도는 주로 교육장면에서 정상적인 대다수의 학생을 대상으로 한 교도활동이며, 상담은 문제를 가진 보다 소수 사람들의 구체적인 생활과제의 해결과 적응을 돕는 활동이고, 심리치료는 신경증이나 정신장애 같은 심각한 문제를 다루는 활동으로 구분하는데(이장호, 1997), [그림 1-1]에서 알 수 있듯이 이 세 가

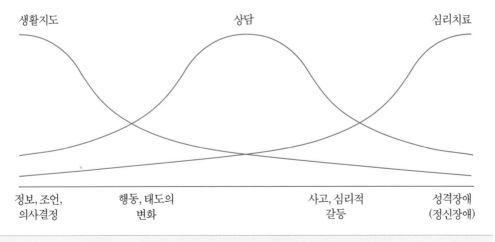

[그림 1-1] 생활지도, 상담, 심리치료 영역의 비교

출처: 이장호(1997).

〈표 1-1〉 상담과 심리치료의 비교

상담(counseling)	심리치료(psychotherapy)
1. 내담자	1. 환자
2. 덜 심각한 장애	2. 심각한 장애
3. 개인적, 사회적, 직업적, 교육적 문제와 의사결정	3. 성격문제
4. 예방적 발달적 관심사	4. 치료적 관심사
5. 교육적 발달적 장면	5. 임상적 의료적 장면
6. 의식적 관심사	6. 무의식적 관심사
7. 교육적 방법	7. 치유적 방법

출처: 김택호 외 역(2008: 27).

지는 서로 중첩되는 면이 있다. 생활지도, 상담, 심리치료는 전혀 별개의 것이라기보다는 성격과 정도가 조금씩 다른 다양한 문제 내에서 서로 중첩되는, 그러나 다소 다른 활동으로 보아야 한다는 견해도 있다(김계현, 1997).

상담은 병리적인 측면보다는 건설적인 측면과 건강한 측면을 강조하면서 인간의 삶과 행동 그리고 사회에 대한 철학적·교육학적 원칙들을 중심 원리로 받아들이고 있다. 반면, 심리치료는 인간의 심리적인 문제들을 의학적인 모형에 입각해서 살펴보고 이를 질병의 문제로 다루려고 한다(박성수, 1986).

심리치료와 상담을 구분하는 입장으로 홍경자(2001)는 심리치료는 의학에 근거를 두고 있고, 상담은 여러 분야의 학문이 통합되어 독자적인 학문형태를 갖춘 분야라고 본다. 그리고 심리치료의 목적은 정신건강의 회복인 반면, 상담은 정신질환의 퇴치보다는 개인의 능력 배양을 목적으로 한다. 또한 심리치료가 질병 요소의 제거에 치중하여 심층적인 원인 제거에 초점을 두는 경향이 있는 반면, 상담은 관계형성과 의사소통을 통해 내담자의 힘을 북돋우는 방법에 주로 초점을 두는 점을 들어 차이를 설명하고 있다.

인간문제는 복잡하고 상호관련성이 높아서 현실적인 문제도 무의식적 특성과 관련되는 경우가 많다. 그래서 이들을 구분하는 것은 어려운 일이지만, 최근 들어 상담의 방향이 성장 지향적이고 예방 지향적인 차원으로 나아감에 따라 심리치료와 차별화되고 있다(김춘경, 2004). Nystul(2003)은 상담과 심리치료의 구체적 차이로 치료 초점, 내담자 문제, 치료 목표, 치료 접근법에서의 차이를 강조하지만(〈표 1-1〉 참조), 실제 상담활동에서는 상담자와 치료자의의 자격영역으로 제한해야 한다고 주장한다(김택호 외 역, 2008).

3. 아동상담의 문제영역

1) 아동기의 주요 문제

아동의 문제는 대부분 외현적으로 드러나고 관찰 가능한 경우가 많기 때문에 상담이 필요한가를 적절하게 판단하는 것은 매우 중요하다. 일반적으로 아동의 문제를 판단하는 기준으로 발달적 과업과 규준, 사회문화적 규범, 아동 행동의 특성이나 주위의 평가 등이 사용되어 왔다(정명숙, 손영숙, 양혜영, 정현희 역, 2001). 첫째, 발달적 규준이란 신체, 인지, 언어, 사회, 정서의 각 발달영역별 아동의 평균적 발달특성을 연령별로 제시하는 것이기 때문에 개별 아동의 발달이 빠른지 느린지, 지체가 심한지 아닌지 비교가 가능하다. 둘째, 사회문화적 규범은 각 사회의 오래된 관습에 의해 형성된 것으로 계층이나 사회, 국가에 따라 상이할 수 있다. 셋째, 아동 행동의 이상성은 아동의 연령을 평가 기준으로 하여 특정 행동의 빈도, 강도, 지속성 등에 의해 평가된다. 넷째, 주위의 평가는 매우 주관적일 수 있지만 주변 사람들이 문제행동이라 느낀다고 하면 전문가의 개입이 늦어지지 않도록 참고할 만하다.

교육적 · 발달적 장면에서 발생되는 주요 문제의 범위를 살펴보면, Keat(1990)는 Lazarus의 상담개입 BASIC ID모델을 아동상담에 적용하여 아동의 문제를 다음의 일곱 가지 유형으로 분류하고 각 문제의 첫 글자를 따서 Helping 모델이라고 하였다.

- Health: 건강문제 – 통증, 질병 등
- Emotion: 정서문제 – 불안이나 분노, 의기소침 등
- Learning: 학습문제 – 결함, 실패, 얕은 감각 등
- Personal relationship: 대인관계 문제 – 성인 및 또래관계 등
- Imagery: 심상의 문제 – 낮은 자존감, 대처기술 부족 등
- Need: 알고자 하는 욕구 – 실망, 그릇된 사고, 정보의 부족 등

• Guidance: 활동, 행동 및 결과에 대한 지도-행동 결핍 및 동기 문제 등

또한 Henderson과 Thompson(2007)은 아동기에 다루어지는 주요 문제의 범위를 다섯 가지 유형으로 보았다(김택호 외 역, 2008).

• 대인간 갈등 문제: 아동은 부모, 형제, 교사, 또래와의 관계에 어려움이 있으며 그들과 좀 더 좋은 관계를 원한다.
• 개인 내적 갈등, 자기 자신과의 갈등: 아동은 의사결정 문제를 가지고 있으며 그 대안과 결과를 명료화하는 데 도움이 필요하다.
• 자신에 대한 정보 부족의 문제: 아동은 자신의 능력, 강점, 관심, 가치에 대해 학습할 필요가 있다.
• 환경에 대한 정보 부족 문제: 아동은 성공적인 학교생활, 직업교육에 대한 정보가 필요하다.
• 기술 부족으로 인한 문제: 아동은 효율적인 학습방법, 자기주장, 경청, 친구 사귀기 등 구체적인 기술을 학습할 필요가 있다.

2) 아동기 심리장애의 유형

아동의 문제를 증상에 따라 진단하고 분류하는 것은 임상적으로 축적된 정보에 기초하며 병의 원인과 예후를 탐색하는 데 매우 도움이 되고, 그에 따라 최선의 효과가 기대되는 치료계획이나 상담의 개입방법을 결정하기도 한다. 아동기의 정신장애를 분류하는 대표적인 방법은 전통적 접근과 중다변인적 통계적 접근으로 나누어 설명할 수 있다.

먼저, 전통적 접근은 정신병리의 유무에 따라 아동을 분류하는 '분류적 접근'이다. 가장 대표적인 것은 그동안 심리장애의 진단 분류 기준으로 임상 현장에서 가장 많이 사용해 왔던 세계보건기구의 국제질병 분류(International Classification of Diseases-10: ICD-10; WHO, 1992)와 미국정신의학회의 『정신장애의 진단 및 통계 편람 제4판(Diagnostic and Statistical Manual of Mental Disorders 4: DSM-IV)』(APA, 1994)이다. 그러나 ICD-10은 현재 2017년 발간을 목표로 개정 작업이 진행 중이며, 미국정신의학회가 만든 DSM-5는 그동안 사용해 오던 DSM-IV의 문제점을 보완하여 2013년

제작되어 우리나라에서도 번역본이 출간되었다(권준수 외 역, 2015).

DSM-5의 대표적인 변경 내용을 정리하면 다음과 같다. 첫째, DSM-5에서는 스펙트럼으로 질환을 연속선상에 둠으로써 같은 질환이라도 심각성의 정도를 구분하였다. 또한 서로 다른 진단명을 가졌던 장애들도 스펙트럼상의 유사한 진행과정을 공유하게 하여 질환을 더욱 풍성하게 바라보게 하였다. 둘째, ICD-10과 상이했던 부분을 수정하여 출시 예정인 ICD-11과 조화를 이룰 수 있도록 진단 체계를 구성했다. 셋째, 20여 개의 주요 범주와 300여 개 이상의 하위 범주 장애로 구성함으로써 더욱 풍성하고 세분화된 진단이 가능해졌고, 유전학, 신경영상학 등 최신 연구결과를 통합적으로 반영했다.

DSM-5에서는 소아청소년기의 장애를 따로 분류하지 않았으나 소아청소년기에 처음 진단되는 장애들을 소개하면 다음과 같다(권준수 외 역, 2015; 박원명 외 역, 2014).

① 주의력결핍 과잉행동장애

단순히 매우 활동적이고 충동적이며 산만하다. 대부분 주의력결핍과 과잉행동을 모두 보이고, 과잉활동은 성장하면서 점차 덜 문제시된다. 주의력결핍 우세형은 성인이 되어도 증상이 지속되며 증상은 다양한 환경에서 나타난다. 과잉활동-충동 우세형, 주의력결핍 우세형, 복합형, 달리 분류되지 않는 주의력결핍 과잉행동장애가 있다.

② 품행장애와 적대적 반항장애

- 품행장애: (대부분의 경우 남아, 매우 드물게 여아) 부모, 법규, 타인의 권리 또는 감정에 거의 또는 전혀 존경을 표하지 않는다. 신체적·언어적 공격성을 지닌 다양하고 반복적인 나쁜 행실을 지속적으로 보이고, 타인의 소유물을 훔치거나 파괴시키는 것, 사기, 부정행위, 교묘한 조작 그리고 규칙과 법규를 위반하는 것으로 나타난다. 소아기 발병형, 청소년기 발병형, 기타 분류되지 않는 발병형 품행장애가 있다.
- 적대적 반항장애: 대부분 화가 나 있고, 따지기를 좋아하며, 모든 것에 빠르게 "싫어."라고 말하고, 규칙을 지키거나 지시를 따르고 싶어 하지 않는다. 한계를 시험하듯 극단적 행동을 하며 모든 것을 다른 사람의 탓으로 돌린다.
- 기타 분류되지 않는 파탄행동장애

③ 자폐스펙트럼장애

자폐장애와 아스퍼거장애를 하나로 묶은 것이다. 유아 초기부터 사회적 관계, 언어발달, 행동적 레퍼토리를 중대하게 저하시킨다. 사회적 단서 또는 사회적 관계를 이해하고 반응하는 태생적이고 자동적인 능력이 결여되어 있다.

④ 분리불안장애

애착대상과 분리되고 혼자 남는 것에 대해 공포와 불안을 느낀다(예: 학교 가기 거부, 부모의 침대에서 자기 등).

⑤ 지적발달장애

지능검사나 적응기능검사에서 낮은 점수(IQ 70 이하)를 보이며, 경도, 중등도, 고도, 최고도 장애가 있다.

⑥ 특정 학습장애

개인의 생활 연령, 전반적 지능과 현재까지 받아 온 교육 수준을 고려하여 기대되는 수준에 비해 특정 영역의 실제적인 학업 기능이 매우 낮다.

- 읽기장애: 읽고 이해하기, 읽는 속도 및 정확도에서의 특수한 문제
- 수학장애: 산술, 숫자 또는 신호 베끼거나 인식하는 데에서의 특수한 문제
- 쓰기장애: 문법, 문장구조 또는 조직의 특별한 문제
- 기타 분류되지 않는 학습장애

⑦ 먹이기장애

- 이식증(소아): 소아가 비영양성 물질(흙, 페인트 등)을 지속적으로 먹는다.
- 되새김장애: 음식을 단순히 삼키지 않고, 반복적으로 게워 내어 다시 씹은 뒤 뱉어 내거나 삼킨다. 영아 또는 높은 연령대의 지능이 낮은 소아에게서 나타난다.

⑧ 배설장애

- 유분증: 배변훈련이 되었을 충분한 연령임에도 반복적으로 속옷 또는 화장실이 아닌 곳에 대변을 본다.
- 유뇨증: 배변훈련이 충분히 되었을 연령임에도 야간에 침구에 또는 주간에 속옷에 반복적으로 소변을 본다.

다음으로, 중다변인적 통계적 접근은 특정 장애와 일치하는 증상이나 문제행동을 보이는 정도에 따라 아동을 평가하는 '차원적 접근'이다. 차원적 접근은 정상과 정신병리를 연속적인 것으로 보며, 증상의 수가 그 심각성을 나타낸다는 생각에 기초한다(Achenbach, 1995).

아동의 문제를 차원적으로 접근하는 방식은 아동행동 체크리스트(Child Behavior Checklist: CBCL; 1991)를 사용하여 아동의 문제행동이나 증후군을 측정하는 행동목록을 만들어 내재화 문제(internalizing problem)와 외현화 문제(externalizing problem)로 나눈다. 내재화 문제는 위축, 신체적 증상, 불안, 우울 등 자신의 내부로 향하는 감정이나 상태를 말하며, 아동 스스로 고통받는다. 외현화 문제는 비행과 공격행동 등으로, 타인에게 해가 되거나 문제를 야기한다. 혼합증상으로는 사회적 미성숙, 사고의 문제, 주의집중 문제가 있다. 이 접근은 정신장애를 임상자료보다는 정상범주에서의 통계적 이탈로 보기 때문에 일반 아동을 대상으로 하거나 위험집단 선별에는 유용하나 개별 사례를 진단하기에는 제한점이 있다.

제**2**장
아동의 발달 및 아동문제의 특성과 원인

1. 아동발달의 이해

상담자가 아동발달에 관해 이해하는 것은 매우 중요하다. 첫째, 아동발달에 대한 이해는 정상적 발달과 성장에 기초하여 아동의 문제를 진단하고 개념화하는 데 도움을 준다. 둘째, 개입을 위한 가설을 설정하고 상담의 목표를 세우는 데 기초가 된다. 셋째, 상담의 전략이나 접근방법을 선택하는 데 유용한 자료가 된다.

'발달의 정상성'이란 아동의 발달이 이정표대로 성공적으로 이행하는가를 살피는 것이다. 이를 위해서는 Bowlby, Erikson, Piaget 등 발달이론가들의 발달단계와 특성, 연령을 참고할 필요가 있다.

또한 정상발달 범주 안에서도 개인차에 주목해야 한다. 같은 연령대 아동들과의 비교뿐 아니라 개인 내 발달에서도 영역별로 차이가 날 수 있고, 신체발달, 인지발달 및 사회정서발달 영역에서 각각 발달속도가 달라서 불균형할 경우 주의를 기울여야 한다.

아동상담과 관련하여 고려해야 할 아동발달의 주요 특성을 신체발달, 인지발달, 사회정서발달

영역으로 나누어 살펴보면 다음과 같다.

1) 신체발달

신체발달은 영아기에 신장과 체중이 급격히 증가하다가 유아기와 아동기를 거치면서 조금씩 둔화되고 사춘기에 제2차 성징이 나타나면서 두드러진 변화를 보인다. 이때 신체적으로 성장속도가 빠르거나 느린 경우는 문제가 된다(이규미 외, 2011).

조숙한 여아는 제때 성장한 여아들보다 지지를 덜 받고 부정적 관심을 더 많이 받게 된다. 어머니와 교사와의 관계에서 더 많은 갈등을 보이고, 비행행동 등으로 가족 간의 갈등이 야기되기도 한다. 그러나 남자아동에게 조숙은 매우 긍정적인 경험이 될 수 있다. 조숙한 남자아동은 더 성숙한 사람으로 여겨지거나 더 많은 책임감과 자유가 주어지기도 한다. 성장속도가 늦은 남아나 조숙한 여아들은 또래와 다르다는 차이 때문에 주목을 받으며, 대체로 발달이 늦을 경우 또래 괴롭힘과 조롱의 대상이 될 수 있다.

최근 신경과학의 발달로 뇌 발달에 관한 지식이 증가하면서 뇌 발달은 아동행동의 이해를 위한 주요 정보로 활용되고 있다. 뇌 발달을 살펴보면 2세경부터 뇌의 전두엽에서 시냅스의 성장과 수초화가 빠르게 일어나면서 3~4세경에는 뇌의 크기가 성인 크기의 90%가 된다. 그리고 아동기 초기에 전두엽의 발달이 급격히 이루어진다(이옥경 외 역, 2009).

뇌가 급격히 성장하는 기간에 뇌에 자극을 가해 주는 것은 필수적이어서 극도로 박탈된 환경은 뇌손상이나 기능 손실을 초래할 수도 있다. 그러나 아동의 현재 능력을 넘어서는 과도한 기대로 아동을 압도하는 환경 또한 뇌의 잠재력을 침해한다. 즉, 지나치게 이른 연령부터 시작되는 조기교육은 아직 받아들일 준비가 되어 있지 않은 영유아들에게 과도한 자극을 퍼부어 학습에 대한 흥미를 떨어뜨리고 정신발달에 여러 가지 역기능을 초래할 수 있어 초기 환경의 중요성을 시사한다.

2) 인지발달

아동의 인지발달은 상담자가 아동의 사고과정과 학습을 평가하는 데 주요 지침을 준다. 상담이 효과적이려면 아동의 인지능력에 맞추어야 한다.

〈표 2-1〉 Piaget의 인지발달단계

단계	연령	내용
감각운동기	출생~2세	감각운동적 사고를 하며 초기 유아적 언어가 나타난다.
전조작기	2~7세	언어가 급격히 발달하고 상징적 사고를 한다. 상징놀이, 물활론적 사고, 직관적 사고를 한다.
구체적 조작기	7~11세	구체적 사실에 대해 가역적 조작을 획득하고 논리적 문제해결이 가능하다.
형식적 조작기	11세 이상	가설 검증이 가능한 과학적 사고를 하며 논리적·추상적 사고를 한다.

Piaget는 인지발달단계를 4단계로 나누어 감각운동기(0~2세), 전조작기(2~7세), 구체적 조작기(7~11세), 형식적 조작기(11세 이상)로 분류하였다(〈표 2-1〉 참조). Piaget는 전조작기 아동의 사고 특징이 자아중심적인 것이라고 하였는데, 자아중심적인 아동은 타인의 감정이나 입장을 이해하는 것이 어렵다. 이 시기의 아동은 타인의 관점을 이해하기 어렵기 때문에 타인의 생각과 행동이 자신과 같다고 믿는다. 따라서 문제해결이 요구될 때 문제가 전혀 없는 것으로 본다든가, 또래와의 갈등이 일어날 때 다른 사람의 입장을 조망할 수 없다. 그러나 6~7세경이 되면서 점차 사회적 압력에 의해서 자신의 사고와 행동을 조정할 수 있게 된다. 또래와의 상호작용은 전조작기 아동의 자기중심성에서 벗어나게 하는 중요한 역할을 한다.

형식적 조작기에는 논리적·추상적 사고가 가능해지지만, 이 시기의 청소년도 자아중심적인 사고가 특징이다. 즉, '상상의 청중'은 자신이 항상 모든 사람의 관심의 중심에 있다고 믿는 것으로, 대중의 비판은 파괴적인 결과를 가져오기도 한다. '개인적 우화'란 자신들은 어떤 행동에도 굴복하지 않고 피해 입지 않을 것이라는 믿음으로, 이것은 자신에 대해 과장된 기대를 갖게 하여 위기 대처를 적절히 하지 못하게 한다.

3) 사회정서발달

Erikson(1968)은 출생에서 사망에 이르기까지 전 생애에 걸쳐 심리사회적 발달단계를 8단계로 나누어 설명하고 있으며, 각 단계에서 이루어야 할 발달과업을 제시하였다(〈표 2-2〉 참조).

각 단계의 심리적 위기를 성공적으로 극복하는 것은 부모, 아동과 교사 간의 상호작용에 달려 있다. 각 단계의 심리적 위기를 성공적으로 해결하지 못하면 다음 단계의 심리적 위기를 해결하는 데 방해가 된다. 각 발달단계마다 나름대로의 갈등이 있으며, 갈등의 성공적 해결은 긍정적 측면과 부정적 측면이 균형을 잡는 것을 말한다.

　　Erikson 이론의 주요 개념은 자아정체감의 발달이다. 욕구 충족을 위해 환경과 접촉하는 과정에서 아동의 자아양식이 경험하는 위기와 극복과정을 성격발달의 주요인으로 생각하였다. Erikson은 Freud의 이론을 확장하였는데, 성격발달의 본능적 측면보다 심리사회적 측면을 강조하였고, 원초아(id)보다 자아(ego)를 더 강조하였다. 또한 성격 형성에 있어서 문화적·사회적 영향을 강조하였으며, 과거뿐 아니라 미래도 중요하다고 보았다(노안영, 2003).

　　이러한 발달 모델은 발달문제에 대한 개입의 방향을 찾는 데 활용할 수 있어서 상담의 개입이나 실행에 많은 도움을 준다(이규미 외, 2011). 예를 들면, 10세 내담자가 신뢰 또는 불신으로 고통받고 있다면 내담자가 퇴행되어 있다는 가정을 할 수 있다. 그래서 무엇이 내담자에게 퇴행을 일으켰는지 살펴볼 수 있도록 해 준다. 출생부터 1세 시기에 신뢰 또는 불신의 형성을 방해하는 사건이 있었는지 가족력을 살펴보는 것이다.

〈표 2-2〉 Erikson의 심리사회적 발달단계

단계	연령	내용
기본적 신뢰감 대 불신감	출생~1세	어머니 또는 주 양육자의 사랑과 보살핌으로 자신과 타인에 대한 신뢰감을 발달시키고, 일관되지 못하거나 거칠게 다루면 불신감이 생긴다.
자율성 대 수치심, 의심	1~3세	신체적 기술의 발달로 스스로 선택하고 결정하지만 강요나 과도한 간섭을 하면 수치심, 의심이 발달한다.
주도성 대 죄책감	3~5, 6세	호기심을 바탕으로 목표지향적 활동을 계획하고 완수하려고 하며, 자신의 행동이나 발달이 미숙하여 실패하면 죄책감을 갖는다.
근면성 대 열등감	5, 6~11세	학업과 또래관계에서 유능감과 근면성이 형성되고 실패할 경우 부적절함이나 열등감을 갖는다.
자아정체감 대 역할 혼미	청소년기	자신에 대한 의문과 탐색을 통하여 정체감을 확립하거나, 자신에 대한 고민과 방황이 길어지게 되면 역할 혼란이 온다.
친밀감 대 고립감	성인 초기	직업과 배우자를 선택하고 타인과 친밀감을 형성하거나, 자신에게만 몰두하여 고립감을 느낀다.
생산성 대 침체감	성인 중기	자녀양육과 직업적 성취로 다음 세대에 공헌하며, 생산성을 제대로 나타내지 못할 경우 침체된다.
자아통합 대 절망	성인 후기	자신의 인생이 의미 있다고 느낄 경우 인생의 지혜를 터득하고 통합을 이루며, 무의미하다고 느낄 경우 절망에 빠진다.

Erikson에게 있어서 정신병리란 자신이 경험하는 것에 대해 통제감이 부족한 혼란스러운 정체감을 지닌 사람들에게서 나타나는 것으로, 이들은 자아가 미약하거나 부적절하여 타인들과 관계를 잘 맺을 수 없고 사회 내에서 자신의 자리를 공고히 하지 못한다. 따라서 내담자 치료는 정체감을 강화시키는 것이라 생각하였다(김춘경, 2004).

사회정서발달은 사회구성원으로서 갖추어야 할 태도 및 기술과 관련된다. 사회의 구성원으로 살아가기 위해서는 관계 형성이 매우 중요하며 이것은 영유아기에 형성되는 애착관계가 기본이 된다.

Bowlby(1969)는 영아기 양육자와의 경험을 통해서 부모의 부재 시에도 안전기지로 활용할 수 있는 애정적인 유대를 형성한다고 하였다. 내적 작동 모델(internal working model)은 스트레스 상황에서 애착 대상의 가용성과 지지를 제공해 줄 가능성에 대한 기대의 역할을 하고, 미래의 관계에 대한 지표 역할도 하며 성격의 핵심 부분이 된다(Bretherton & Munholland, 1999). 양육인물에 대한 평가와 개인에 대한 지지의 가능성에 관한 기대는 이후의 발달에서 또래관계나 모든 대인관계에서의 친밀성 발달에 기초가 된다. Berk(2004)는 애착관계의 중요성에 관한 많은 증거를 보고하였는데 부모와의 안정 애착 형성은 긍정적 자아존중감이나 자기효능감을 발달시킨다고 하였다.

친밀감을 발달시킨 유아는 형제나 또래관계도 원만하다. 이들은 매우 발달된 사회적 기술을 가져서 친구들과 잘 사귀며 의견이 다를 때에도 잘 조정하고 협력이 가능하여 집단에서 인기 아동이 되는 경우가 많다. 또래는 사회적 상호작용의 기회를 주며, 소속감, 사회적 정체감, 사회적 기술발달에 친밀감과 사회적 기여감을 발달시킨다. 또래관계에서 사회적 기술이 부족한 아동들은 또래

〈표 2-3〉 Bowlby의 애착발달단계

단계	연령	내용
전애착단계	출생~6주	애착이 형성되지 않은 단계로서 낯선 사람과 함께 있어도 별로 개의치 않는다.
애착형성단계	6주~8개월	친숙한 양육자와 낯선 사람에 대해 다르게 반응하고 애착행동이 나타나며 신뢰감이 발달하기 시작한다.
애착단계	8~18개월	양육자와 애착이 뚜렷해지고 헤어질 때 분리불안이 나타나며, 탐색활동 시 친숙한 양육자를 안전기지로 활용한다.
상호관계의 형성단계	18개월~2, 3세	어머니의 행동을 예측하고 분리저항이 감소된다. 아동은 양육자에게 요구하거나 협상한다.

로부터 거부를 경험하거나 미성숙하다. 그리고 협력하지 않거나 집단의 기대에 민감하지 못한 아동은 거부되거나 위축되고 자신에 대해 부정적 느낌을 가질 수 있다. 이렇게 관계에 어려움을 갖는 아동들은 부정적 자아개념을 갖게 된다. 아동기에는 학업적 유능감, 운동능력, 외모, 또래 수용 등이 중요한 영역으로서 이 부분이 충족되지 못할 경우 학업 면에서도 뒤처질 수 있다.

Mahler의 대상관계 이론에 따르면 출생 후 약 3년간의 양육자와 양육환경에 의해 자아가 분화되면서 의존과 독립성의 욕구가 나타나며, 분리와 개별화가 발달한다. 분리란 주 양육자인 어머니와의 초기 공생적 관계에서 벗어나는 것을 말하며, 개별화란 아동이 자신만의 개인적 특성을 가지는 것으로 아동과 어머니 관계의 중요성을 시사한다. 분리와 개별화 과제는 성인으로 독립하는 데 중요한 과제다.

2. 아동문제의 특성과 원인

1) 아동문제의 특성

적응은 아동이 정신적으로 건강하여 가정이나 학교, 지역사회에서 잘 기능하는 것이라고 볼 수 있다. 아동문제의 특성을 이해하기 위해서는 적응적 발달이란 무엇인지 명확히 개념화하는 것이 필요하다. Brazelton과 Greenspan(2000)이 말한 아동의 건강을 위한 기본적인 요소들은 다음과 같다(김택호, 박제일, 송정홍 역, 2008).

- 지속적이며 양육하는 관계
- 그러한 욕구를 보호하는 법규를 포함한 신체적 보호와 안전
- 각 아동의 최적의 발달을 위한 개인차에 맞는 경험
- 인지적 · 언어적 · 사회적 기술 및 운동 기술을 위한 기초적인 요소인 발달에 적절한 기회
- 적절한 기대를 가지고 한계를 정해 주며, 체계를 제시해 주고 지도해 줄 성인
- 안정적이고 지지적인 견실한 공동체

아동의 문제를 이해하기 위해서는 다음과 같은 아동문제의 특성을 고려해야 한다.

첫째, 아동의 문제는 욕구가 충족되지 못하거나 부적절한 방법으로 충족시키고자 할 때 발생한다(문혁준 외, 2014). Maslow(1970)의 욕구이론에 의하면 인간은 모두 '자기실현'을 하거나 자신의 잠재력을 발휘하기 위해 충족시켜야 할 기본적 욕구가 있다. 낮은 수준의 기본적 욕구를 충족시키지 못하면 높은 단계의 욕구를 충족시킬 수 없게 된다고 하였는데, 가장 낮은 첫 번째 수준의 욕구는 생리적 욕구(음식, 집, 물, 따뜻함)이고, 다음은 안전 욕구, 사랑과 소속의 욕구, 자아존중감의 욕구, 자기실현의 욕구다(김택호 외 역, 2008). 현실적으로 생리적 욕구와 안전 욕구, 사랑과 소속의 욕구가 충족되지 못할 때 자아존중감이 낮아지고 자기실현을 성취하기 어려워지면서 심리적 문제가 발생한다고 볼 수 있다. 행동주의 심리학자들은 아동의 행동문제나 학업문제는 강화나 잘못된 모델을 통해서 부적절한 방식으로 행동하는 법을 학습했기 때문이라고 보고, 부적절한 패턴을 탈학습(unlearning)하거나 소거하고 보다 적절한 행동을 학습하는 것이 중요하다고 본다.

둘째, 아동의 문제를 환경에 적응하기 위한 노력의 일부로 이해하고, 문제의 증상보다는 원인을 파악하고 해결하는 데 초점을 맞출 필요가 있다(이숙, 정미자, 최진아, 유우영, 김미란, 2004). 아동은 발달과정에서 자신들의 욕구를 표현하면서 여러 가지 장애에 부딪히고 문제행동을 야기하는데 부모의 지지나 도움이 없는 경우 사회적으로 수용하기 어려운 방법이나 왜곡된 형태로 표현되는 경우가 많다. 따라서 증상만을 보고 진단을 내리거나 병명을 섣불리 정하는 것은 바람직하지 못하다. 아동의 문제가 부모나 주위 사람들에게 외현적 행동으로 드러나면 증상에만 관심을 갖고 문제행동만 제거하려고 하는데, 문제의 종류나 심각성보다는 그 원인을 파악하는 데 초점을 맞추는 것이 중요하다.

셋째, 아동의 특정행동의 정상성(normality) 여부는 연령과 시기의 적절함이 강조된다(문혁준 외, 2014). 예를 들어, 2세 유아가 심하게 떼를 피우며 고집을 부리는 행동을 하는 것은 정상적인 행동이라 볼 수 있으나, 10세 아동이 그러한 행동을 심하게 하는 것은 연령에 적합한 발달적 규준의 관점에서 보면 문제행동으로 간주할 수 있기 때문이다. 〈표 2-4〉는 아동의 연령에 따른 주요 발달적 성취와 정상발달과정에서 나타날 수 있는 행동문제 및 임상적 장애를 나타낸다.

넷째, 아동은 환경의 영향을 쉽게 받기 때문에 아동 자신의 문제를 적응행동으로 변화시켜도 주변 환경이 변화하지 않으면 문제가 재발할 가능성이 높다. 따라서 아동상담의 일차적 대상은 아동이지만 부모나 교사 등 아동 관련인 및 아동 관련기관 역시 아동상담의 대상이 될 수 있다(박랑규 외, 2011).

〈표 2-4〉 발달적 관점의 아동기 문제

연령	정상적 성취	일반적 행동문제	임상적 장애
0~2세	섭식, 수면, 애착	고집, 화, 대소변문제, 애착문제	정신지체, 급식 및 섭식장애, 자폐 스펙트럼장애, 말/언어장애, 학대와 방임문제, 불안장애, ADHD, 학습장애, 등교거부, 품행장애
2~5세	언어, 배변훈련, 자기보호기술, 자기통제, 또래관계	고집, 반항, 주의 끌기, 과잉행동, 두려움, 취침시간 거부	
6~11세	학습기술과 규칙, 규칙 있는 게임, 낮은 책임감	논쟁, 주의집중 문제, 자의식, 자기과시	
12~20세	이성과의 관계, 개인 정체감, 가족과의 분리, 증가된 책임감	논쟁, 허풍	거식증, 폭식증, 비행/자살시도, 약물과 알코올 남용, 정신분열, 우울

출처: Henderson & Thompson(2011: 41).

2) 아동문제의 원인

최근 아동의 문제가 심각하게 증가하고 있어서 아동의 정신건강상의 문제를 조기에 발견하고 원인을 진단하는 것이 매우 중요해졌다. Mash와 Dozois(2003)가 제시한 아동문제 행동의 원인과 양상을 진단하는 것의 중요성을 살펴보면 다음과 같다(안동현, 2005).

첫째, 아동기의 정신 병리와 관련된 문제행동이 비교적 흔하기 때문이다.

둘째, 아동기에 나타나는 문제는 일생 동안 지속될 수 있기 때문이다.

셋째, 최근 사회의 변화와 상황은 아동의 건강한 성장발달에 위험요인으로 작용하여 아동이 당면한 어려움을 더욱 증가시킬 수 있기 때문이다.

넷째, 아동 자신의 문제일 뿐만 아니라 가족과 학교가 겪게 되는 어려움으로 확산되며 우리 사회가 사회경제적 비용을 더 많이 치르게 되기 때문이다.

다섯째, 도움이 필요한 아동과 가족들 가운데 적절한 서비스와 치료를 받지 못하고 있는 이들이 많기 때문이다.

아동은 계속적으로 변화하고 발달하는 과정 중에 있기 때문에 매 순간 긴장과 갈등이 야기되면서 적응하는 것에 어려움을 겪게 된다. 특히 아동발달은 발달영역 간에 상호의존적이고 통합적인 특성 때문에 한 영역에서 문제가 야기되면 다른 영역의 발달도 동시에 문제를 가져올 수 있어 복합적인 문제로 나타날 수 있다. 따라서 아동의 문제는 통합적으로 접근하여야 한다.

또한 아동문제의 원인은 한 가지가 아니라 여러 요인으로 볼 수 있다. 아동의 삶에 영향을 미치는 요인이 다양해지고 있기 때문에 아동문제의 원인을 이해하기 위해서는 아동의 개인 내적 요인(생물학적·유전적·심리적 특성)과 외적 요인(부모, 가족, 학교, 이웃 등) 그리고 이들 요인 간의 상호작용 방식 등 아동을 둘러싼 다중적 환경요인에 대한 이해가 필요하다(문혁준 외, 2014).

아동의 개인 내적 요인인 생물학적 취약성이나 유전적 요인 등이 아동문제의 원인으로 작용하는 경우는 주의력결핍 과잉행동장애, 자폐스펙트럼장애나 지적발달장애 등이 대표적이다. 아동의 문제는 아동 자신의 기질적 특징으로 인한 경우도 있지만 환경이나 주 양육자와의 관계에서 발생하는 경우가 많다. 기질은 선천적으로 타고나는 요인이라고 하지만 아동이 성장하면서 부모의 양육이라는 외적·환경적 요인의 영향에 의해 변화하기도 한다.

아동은 부모의 보호와 양육에 의해 성장한다. 부모의 양육사, 현재의 양육형태, 부모의 성격이나 배경, 자녀와의 관계 등은 아동문제의 배경으로서 원인을 찾을 수 있는 중요한 요소다(현정환, 후쿠시마 오사미, 2002). Davies(1999)는 성장하는 아동에게 영향을 미치는 주요 요인으로 부모의 심한 갈등, 가족 붕괴, 엄격한 양육태도, 강압적인 가족 분위기, 아동학대와 같은 '양육상의 위험 요인들'을 꼽았다. 부모-자녀관계를 이해하는 것은 진단과정의 중심 부분이며, 필요한 경우 부모-자녀관계에서 야기되는 문제를 변화시키는 것이 아동의 치료과정이기도 하다(박랑규 외, 2011).

최근 Bronfenbrenner의 생물생태학적 모델에 따르면, 인간은 다양한 수준의 주변 환경에 의해 영향을 받는 관계로 구성된 복잡한 체계 내에서 유아의 생물학적 기질이 환경적 힘과 결합하여 발달하며, 환경의 각층은 발달에 강력한 영향을 미치는 것으로 간주된다(이희정, 위영희, 이유진, 윤갑적, 홍희영, 2014). 미시체계를 구성하는 부모와 가족이 아동에게 지배적인 영향을 미치지만 미시체계들과의 관계를 비롯하여 학교와 직장, 지역사회, 문화적 가치와 법, 시간 등 다양한 환경적 요인도 영향을 미친다. 이러한 관점에서 볼 때 아동의 문제는 아동의 개인 내적 요인과 외적 환경과의 지속적인 상호작용의 결과라 할 수 있어서 아동문제의 원인을 탐색하는 데 매우 유용하다. 효과적인 아동상담을 위해서 아동의 발달력이나 가족력 등을 광범위하게 탐색하는 것이 필요하다.

3. 아동상담의 필요성

현대의 사회문화적 변화는 우리 삶의 환경에 많은 영향을 미쳐서 생활방식과 가치관의 변화를 초래하고, 스트레스를 가중시키며 다양한 갈등상황에 부딪히게 한다. 이러한 영향은 아동에게도 예외가 아니어서 아동상담의 필요성을 증가시키고 있다. 아동기에 발생한 학습문제나 행동문제, 사회적 문제 등은 청소년기와 성인기의 적응이나 발달에 부정적 영향을 미치게 되고 심리적인 문제들을 심화시킬 수 있다. 특히 십 대들의 경우, 가출 및 중퇴, 정서장애, 컴퓨터 중독, 우울 및 자살 등 많은 문제에 직면해 있다. 아동상담의 필요성을 살펴보면 다음과 같다.

1) 가족구조의 변화

현대의 가족은 가족원의 수가 감소하면서 부모와 자녀만으로 구성된 핵가족이 대부분이다. 과거 확대가족의 경우 가족원의 수가 많고 3대 이상에 걸쳐서 함께 살았기 때문에 아동이 충분한 양육경험과 보호를 받으며 자랄 수 있었으나, 핵가족의 경우에는 부모에게 문제가 생겼을 때 그 영향이 고스란히 아동에게 가게 된다.

또한 최근에는 가치관이나 성격의 차이 등으로 가정이 붕괴되기도 하고 맞벌이가정이 늘어났으며, 저출산으로 인한 형제자매의 감소와 외동아이의 증가, 부모의 이혼이나 사별로 인한 한부모가정의 증가, 조손가정, 입양가정 등 가족의 문제가 다양하게 대두되었다. 이에 따라 많은 아동양육의 문제를 내포하게 되었고, 이를 해소하기 위한 지원과 아동상담이 필요하게 된 것이다.

2) 양육환경의 변화

여성의 사회 진출과 영유아 자녀를 가진 취업모가 증가하면서 자녀양육은 일찍부터 보육 및 교육기관에 맡겨 의존하게 되었다. 그동안 가정에서 초기의 양육경험이 안정적으로 이루어져 왔으나 영유아들이 장시간 기관에서 생활하게 되면서 스트레스가 가중되고, 영유아기에 형성되어야 할 애착에 문제를 갖거나 정서적 안정을 비롯한 기본적인 욕구 충족 등이 잘 이루어지지 못하고 있다.

3) 놀이문화의 변화

아동에게는 놀이 자체가 생활이라고 해도 좋을 만큼 중요하다. 그러나 도시화와 산업화로 인하여 자유롭게 뛰어놀 공간이 줄어들어, 또래들과 골목길에서 뛰어놀며 자연스럽게 사회성이 발달하고 균형적 발달이 이루어지는 것을 기대하기가 어려워졌다. 최근에는 TV, 컴퓨터, 휴대전화, 비디오나 CD 등 전자기기 사용의 증가로 아동의 놀이문화가 변화되고 있다. 하루 종일 컴퓨터 앞에 앉아 인터넷을 하거나 게임에 몰입하는 아동이 증가하면서 아동발달에 적신호가 켜지고 있다. 또한 각종 매체들은 친사회적 프로그램보다는 자극적이고 폭력적인 내용들이 주를 이루면서 아동들에게 부정적 영향을 미치고 있다.

4) 사교육 열풍

그동안 강조되었던 대학입시 위주의 교육은 인지교육에 강조를 두어 왔는데, 경쟁사회가 더욱 심화되면서 어린 아동들이 사교육 열풍에 내몰리고 있다. 자녀 수의 감소에 따라 자녀에 대한 부모의 기대수준이 높아져 무분별한 과잉학습과 선수학습이 이루어지면서 아동은 자유로운 놀이시간을 갖기 어렵고 여러 학원 등을 전전하며 사교육으로 고통받고 있다. 하루 종일 공부하기만을 강요받는 아동은 심한 스트레스를 받으며 욕구조절이 어려운 아이로 성장하게 된다. 자신들의 욕구를 부모나 친구들에게 털어놓지도 못하고 거리를 배회하며 폭력을 일삼고, 가출이나 비행 등의 심각한 문제를 일으킨다.

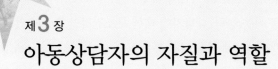

제**3**장
아동상담자의 자질과 역할

1. 아동상담자의 자질

오늘날 상담은 다양한 영역에서 활용되고 있으며, 그 수요 또한 점점 늘어나고 있다. 그래서 많은 사람이 상담에 관심을 가지고 상담기술을 배우고자 하나 단순히 타인을 돕고자 하는 동기나 상담 기술을 배운다고 해서 진정한 의미의 상담자가 되기는 어렵다. 진정한 상담자가 되려면 우선 상담자의 자질을 갖추어야 한다.

자질의 사전적 의미는 '타고난 성품이나 소질, 어떤 분야의 일에 대한 능력이나 실력의 정도, 타고난 체질'(네이버 국어사전)로서, 상담자의 자질이란 내담자를 효과적으로 돕기 위해 상담자로서 갖추고 있는 성품이나 소질, 능력을 의미한다고 할 수 있다. 상담의 결과는 많은 요인에 의해 달라질 수 있지만 그중에서도 상담자가 어느 정도의 자질을 갖추고 있는가는 가장 중요한 관건이다. 따라서 이 절에서는 상담자의 자질을 한 인간으로서 지녀야 할 기본적인 성품과 소질, 태도 등을 의미하는 인간적 자질과 상담이라는 전문적인 활동을 수행해 나가는 데 필요한 능력을 의미하는 전문적 자질로 나누어 살펴보고자 한다.

1) 상담자의 인간적 자질

상담자의 인간적 자질에 대해서 학자들마다 다양한 견해가 존재한다. 먼저, Rogers(1966)는 상담자의 인간적 자질로서 인간관계에 대한 민감성, 객관적 태도, 정서적으로 격리된 태도, 자기 자신을 이해하며 자신의 결점과 한계를 아는 능력, 내담자에 대한 무조건적인 존중과 있는 그대로를 수용하고자 하는 노력 및 의욕, 인간 행동에 대한 이해 등을 들고 있다(장선철, 문승태, 2006). 또한 Corey(1991)는 명확한 자기정체감, 자기 자신에 대한 이해와 존중, 자신의 영향력에 대한 인식과 수용, 변화에 대한 개방성, 자신과 타인에 대한 지각의 확대, 모호함에 대한 인내, 자신만의 상담 스타일 개발, 정직함, 유머감각, 실수의 인정, 현재를 강조하는 것, 문화의 영향력에 대한 이해, 내담자의 복지에 대한 관심, 자신의 일에 몰두하며 자신의 일에 대한 의미를 찾으려는 태도 등을 상담자의 인간적 자질로 이야기한다(장혁표, 1999). Belkin(1975)은 상담자의 인간적 자질을 자기 이해, 타인 이해, 타인과의 관계발전으로 구분하였는데, 자기 이해는 다시 안전감, 신뢰성, 용기로 구분하였고, 타인 이해는 너그러움, 비판적 태도, 민감성, 공감 능력, 객관성으로 구분하였다. 그리고 타인과의 관계발전은 진실성, 비지배성, 경청, 무조건적 긍정적 관심으로 구분된다(유미숙, 1997). 이 밖에도 상담자의 인간적 자질로 상담자의 진솔성(김충기, 강봉규, 2001; 천성문 외, 2006; Brammer & Shorstrom, 1982), 내담자의 입장에서 내담자 그대로를 이해하고자 하는 태도(천성문 외, 2006; Combs, 1971), 민감한 이해와 공감 능력(김충기, 강봉규, 2001; Brammer & Shorstrom, 1982)에 대해 언급한 학자들이 있다.

이와 같은 의견을 종합해 볼 때, 상담자가 갖추어야 할 인간적 자질은 상담자의 자기 이해, 수용, 공감과 진솔성으로 정리해 볼 수 있다. 이러한 자질들에 대해 자세히 살펴보면 다음과 같다.

(1) 상담자의 자기 이해

상담에 있어 가장 중요한 것은 상담자 자신이며, 상담자가 먼저 자신을 이해하고 성찰하여 인격적인 통합을 이루는 사람이어야 내담자를 온전히 조력할 수 있다. 상담은 상담자와 내담자가 직접 대면하여 문제를 해결해 나가는 과정이므로 상담자가 겪는 스트레스와 심리적 소진은 내담자에게 직접적으로 악영향을 끼칠 수 있다(이현아, 이기학, 2009). 상담자의 불안은 역전이를 일으키거나 내담자의 방어를 높이기도 하며(Bandura, 1956; Yulis & Kiesler, 1968), 상담자가 스트레스를 받고 있는 상황에서는 상담 자체가 상담자에게 스트레스가 되어 결국 상담관계의 질이 떨어지게 된다(Delia & Patrick, 1996). 따라서 상담자는 자기 자신을 알기 위해 노력해야 한다. 자신의 정체성, 가치관, 욕구, 감정, 강점과 한계점 등에 대해 잘 이해하고 있어야 하며, 이러한 노력을 지속적으로 해 나가야 한다. 구체적으로, 상담자는 자신을 이해하기 위해 다음과 같은 자신의 욕구, 도움 동기, 자신의 감정, 자신의 강점, 한계, 대처기술에 대한 인식이 필요하다(임성문 역, 2004).

첫째, 자신의 욕구에 대한 인식이다. 상담자의 욕구에는 사랑받고 싶은 욕구, 존경받고 싶은 욕구, 주거나 양육하고 싶은 욕구 등이 있을 수 있다. 예를 들어, 상담자가 사랑받고 싶은 욕구가 있으나 자신이 인식하지 못하는 경우, 만약 내담아동이 놀이치료 상황에서 "선생님은 저리 가 계세요. 나 혼자 할 거예요."라고 말한다면 마음의 상처를 받아서 아동에게 책임감을 돌려주는 적절한 반응을 하지 못할 수 있다. 또한 양육에 대한 욕구가 강하면 상담이 종결할 시점이 되어도 내담아동을 돌보고자 하는 상담자의 욕구로 인해 종결시점을 제대로 결정하지 못하고 회기가 연장될 수도 있다.

둘째, 도움 동기에 대한 인식이다. 이것은 상담자가 내담자를 도움으로써 무엇을 얻거나 받게 될 것인가, 타인을 돕는 것이 좋은 이유는 무엇인가에 대해 스스로 인식해야 한다는 것이다. 대부분의 상담자는 아동을 도우려는 선의에서 상담을 시작하게 된다. 그러나 그 동기가 상담의 목표가 되어서는 안 된다. 상담자는 내담자가 통제력을 회복할 수 있도록 돕는 것이지 내담자가 스스로 할 수 있는 일을 돕는 것이 아니며, 내담아동을 돕는 것이 결국 나의 인정에 대한 욕구를 충족시키는 것이 되어서도 안 된다.

셋째, 자신의 감정에 대한 인식이다. 상담자는 자신의 주된 정서적 무드인 행복감, 두려움, 분노, 슬픔, 부담감, 소외감 등에 대해 인식하고 있어야 한다. 예를 들어, 내담아동이 장난감 총을 겨누고 쏘려고 할 때, 내담아동이 반말을 할 때, 아랫사람을 부리는 것처럼 이것저것 지시하는 행동을 할 때 그 순간 상담자 자신이 느끼는 감정을 인식하여야 한다. 상담자는 두려움을 느낄 수도 있고, 분노감이나 상처감을 느끼기도 하며, 내담아동에 대한 미움도 경험할 수 있다. 중요한 것은 상담자가 이러한 자신의 감정을 제대로 이해하고 있어야 그 감정을 조절하거나 적절히 표현하는 것이 가능하다는 것이다.

넷째, 자신의 강점, 한계, 대처기술에 대한 인식이다. 상담자는 스트레스를 받거나 심리적으로 소진된 상황을 극복하기 위한 나름의 방법을 가지고 있어야 하며, 특히 자신이 할 수 있는 것과 할 수 없는 것에 대해 스스로 인식하고 있는 것이 중요하다. 예를 들어, 장애아동을 한 번도 상담해 본적이 없고 특수아동상담에 대해 잘 알지 못하는 상담자가 자신의 역량을 깨닫지 못한 채 장애아동을 상담하는 것은 내담아동뿐 아니라 그 가족에게까지 시간적·물리적인 손해를 끼칠 수 있으므로 매우 위험한 결과를 낳게 된다. 이러한 경우에는 다른 전문적인 상담자에게 장애아동을 의뢰할 수 있어야 한다. 상담자가 자신의 한계를 아는 것이 무능함을 인정하는 것은 아니라는 사실을 명심해야 한다.

상담자가 자기 자신에 대해 이해하고 그것에 대해 수용할 때 상담자는 내담자나 내담자의 상황 등에 대해 보다 객관적으로 바라볼 수 있게 되고, 상담자와 내담자 모두 편안함과 안전감을 느낄 수 있다. 상담자의 자기 인식과 이해의 부족은 내담자에게 과잉반응이나 방어적인 반응을 하게 하는 결과를 낳는다(임성문 역, 2004). 따라서 상담자가 자기 자신에 대해 이해하는 능력은 상담자로서 반드시 갖추어야 할 자질 중 하나다.

(2) 수용

수용(acceptance)이란 상담자의 평가나 판단을 유보한 채 현재 있는 그대로 내담자를 받아들이는 것을 뜻한다. 상담자는 상담과정에서 내담자의 다양한 생각이나 감정을 만나게 된다. 이때 상담자는 내담자에 대한 관심과 이해하려는 마음을 가지고 내담자의 생각과 감정에 편안하고 수용적인 태도로 다가감으로써 내담자가 자신의 생각과 감정을 자유롭게 표현하도록 격려해야 한다. 내담자가 자신의 생각과 감정을 자유롭게 표현하게 될 때 치료가 더욱 촉진되기 때문이다. 그러나 내담자의 생각과 감정을 수용한다는 것이 내담자의 모든 행동까지도 승인한다는 것은 아니다. 오히려 상담자가 적절하게 치료적인 제한 설정과 구조화를 제공할 때 내담자는 안정감과 안전감을 느끼게 된다.

내담자가 표현하는 생각이나 감정을 상담자가 인식하거나 수용하지 못하면 내담자는 상담자에게 이해받고 있다는 느낌을 가지지 못하고 결국 상담관계가 피상적으로 될 수 있다(이영주, 2001). 따라서 수용은 상담자가 내담자의 현재 모습 그대로를 이해하기 위해 반드시 갖추어야 할 자질이다.

내담자를 수용하는 것은 내담자를 존중하는 태도에서 시작된다고 할 수 있다. 내담자를 인간으로서 존중할 때 상담자는 자신의 선입견이나 판단을 배제한 채 내담자의 생각, 감정, 행동, 상황 등을 이해할 수 있게 되며 이는 결국 내담자를 수용하는 태도를 갖게 하기 때문이다. Axline(1969)은 존중에 대해 내담아동이 공격적인 방법, 수줍어하거나 위축된 방법 등 어떠한 방식으로든 자신을 표현할 때 상담자가 그 방식을 수용해 주는 것이라고 하였다. 또한 Rogers(1947)는 존중을 통해 내담자가 안전감을 가지고 자신의 깊은 내면에 있는 내적 자기(inner self)를 탐색하고 경험할 수 있게 된다고 하였다. 이처럼 존중은 내담자의 저항을 줄이면서 내담자가 자신의 내면에 있는 이야기를 탐색하고 표현하도록 돕는 역할을 한다. 상담자가 어떤 평가나 비판 없이 내담자를 온전히 존중하면서 수용할 때 내담자 또한 다른 사람을 존중할 수 있는 사람으로 성장해 나가게 된다.

(3) 공감

공감(empathy)이란 내담자의 입장에서 생각하고 느끼는 것으로, 문자적인 의미로 보면 내담자에게 상담자가 감정을 이입한다는 뜻이다. 공감은 Rogers(1957)가 내담자의 변화를 촉진하는 필요충분조건 중 하나로 정확한 공감적 이해를 언급한 뒤로 그 중요성이 부각되기 시작했다고 할 수 있다. 그는 정확한 공감적 이해란 상담자가 내담자의 경험과 감정의 개인적 의미를 정확하게 인식하고, 그에 대한 수용적 이해를 경험하고 있는 감정과 개인적인 의미를 정확하게 감지하여 이에 대해 내담자에게 수용적인 이해를 전달하는 것이라고 하였다. Truax와 Carkhuff(1967)는 정확한 공감적 이해란 내담자가 표현하는 것을 아는 능력 이상의 것을 포함하며, 즉 내담자가 현재 표현하는 것에 대한 상담자의 민감성과 이를 통해 얻은 내담자에 대한 이해를 내담자의 언어로 의사소통할 수 있는 재능이 필요하다고 하였다(정지수, 2012).

공감은 때로 동정 또는 동감(sympathy)과 혼동되기도 하므로 주의해야 한다. 동정 또는 동감은 내담자를 희생자로 여기는 연민에 가깝다. 따라서 객관성이 부족하고, 내담자의 정서에 휘말릴 수 있으며 이로 인한 과잉 동일시나 역전이를 불러일으킬 수 있다. 그러나 공감은 함께 느끼고 함께 극복해 나가도록 내담자를 돕는 긍정적인 상담기법이며, 중립적이고 비판단적이라는 점에서 동정 또는 동감과 구별되어야 한다.

대부분의 내담자는 누군가 자신의 이야기를 경청해 준 경험을 많이 경험하지 못했거나 자신이 이해받고 있지 않다고 여기므로 상담자에게 진정으로 이해받고 싶어 한다. 따라서 상담자가 내담자의 마음을 이해하고 감정을 반영해 주는 것 자체로도 큰 위안을 얻는다. 또한 내담자 중에는 자신이 누군가를 미워하고 증오한다는 이유로 죄의식이나 불안을 가지고 있는 경우가 있다. 이 경우 상담자가 내담자의 생각에 공감해 주고 내담자가 자신의 생각에 대해 통찰하도록 돕는다면 내담자는 그러한 죄의식과 불안 등으로부터 벗어날 수 있다.

또한 공감을 통해 상담자와 내담자 간의 신뢰감이 형성되면 내담자가 마음의 문을 열고 자기 내면의 경험을 표현하고 통찰하기 시작하며, 그 경험을 온전히 자신의 것으로 통합함으로써 궁극적으로 치유에 도달하게 된다. 따라서 공감은 상담자가 내담자를 진정으로 이해하고 상담의 목표에 도달하기 위해 반드시 갖추어야 할 태도이자 능력이라고 할 수 있다.

(4) 진솔성

진솔성(authenticity)은 상담 분야에서 진실성(genuineness), 개방성(openness), 일치성(congruence), 투명성(transparency), 실제성(realness), 정직성(honesty) 등의 용어로도 사용된다. 상담에서의 진솔성이란 상담자가 실제의 자기(actual self)가 되어 '지금-여기'에서 느껴지는 자신의 감정과 태도를 자각하고 수용하며, 자신의 자아개념과 일치하게 행동하는 것을 뜻한다. 진솔한 상담자는 자기 내면의 느낌을 인식하고 받아들이며, 이에 적절한 의사소통 능력을 가지고 있는 사람이다.

Rogers(1966)는 진솔성에 대해 자신을 부정하거나 거부하지 않고 온전히 자기 자신으로 존재하는 것이라고 하였다. 상담자의 진솔성은 인간중심 접근에서뿐만 아니라 여러 접근법에서도 각기 다른 용어로 표현되었으나(Bugental, 1965; Eric Berne, 1966; Freud, 1925; Fritz Perls, 1973; Zucker, 1967), 이러한 이론들에서는 공통적으로 내담자를 온전히 이해하고 수용하기 위해 상담자가 자기 내면의 흐름에 대해 자각하고 수용하는 것이 필요하다고 이야기한다(김미경, 2003).

상담자가 진솔해야 한다는 것이 상담자가 자신의 모든 생각이나 감정을 충동적이거나 감정적으로 표현해야 한다는 것을 의미하는 것은 아니다(홍경자, 2001). 진솔성은 상담자가 자신의 감정들을 부인하거나 왜곡하지 않으며 내담자와의 관계에서 느껴지는 감정들을 투명하게 경험하여 내담자도 그것을 알도록 한다는 것을 의미한다(Rogers, 1966). 따라서 상담자가 자신의 생각이나 감정을 내담자에게 표현할 것인가, 표현하지 않을 것인가의 문제는 상담자의 충동이 아닌 내담자의 복지를 생각하여 결정되어야 할 문제다(홍경자, 2001).

내담자가 솔직하고 정직해지기를 바란다면 상담자 자신이 먼저 솔직하고 정직해질 필요가 있다(Rogers, 1966). 진솔한 상담자의 언어와 비언어는 내담자에게 방어를 줄이고 방어하지 않아도 된다는 것에 대해 훌륭한 모델을 제공해 주기 때문이다(김창대, 권경인, 한영주, 손난희, 2008). 상담자의 진솔성이 전달되면 내담자는 상담자를 신뢰하기 시작하고, 이것은 상담관계 형성에 매우 중요한 역할을 한다. 내담자가 자신의 약점이나 상처들을 기꺼이 꺼낼 수 있게 되면 자기 자신을 그만큼 수용할 수 있게 되며, 이를 통해 내담자는 치유를 경험한다. 따라서 자기이해 및 수용, 공감과 마찬가지로 진솔성은 상담자가 내담자를 이해하고 상담관계를 개방적·신뢰적으로 이끌기 위해 반드시 갖추어야 할 매우 중요한 자질이다.

2) 상담자의 전문적 자질

상담자의 전문적 자질이란 상담이라는 전문적인 활동을 수행해 나가기 위해 필요한 자질과 능력을 의미하며, 상담자의 인간적 자질과 마찬가지로 상담자의 전문적 자질에 대해서도 학자들마다 다양한 견해가 존재한다. 여기서는 상담자가 갖추어야 할 전문적 자질로서 상담에 대한 이론과 상담기술, 내담자에 대한 이해 능력 및 상담자로서의 윤리의식에 대해 살펴본다.

(1) 상담에 대한 이론과 상담기술

상담자가 전문가로서 상담을 수행하기 위해서는 먼저 상담이론과 관련된 지식과 활용능력이 필요하며, 많은 학자가 이것에 대한 중요성을 강조한다(정원식, 박성수, 1978; Brabender, 2007; O'Connor, 1991; Pope & Vasquuez, 2007). 상담이론들에 대해 잘 알고 있는 것이 실제 상담현장에서의 실천능력의 필요충분조건은 아니지만 다양한 상담이론에 대한 폭넓은 지식은 내담자에게 적절한 개입방법을 선택하기 위해서 반드시 필요하다.

상담이론에 대한 이론과 지식을 갖추고 있다는 것은 구체적으로 상담자가 상담을 진행하는 데 필요한 기본적인 상담의 이론과 연구 결과들에 대해 알고 있고, 상담을 진행하기 위해 여러 개입방법 중에서 내담자에게 가장 적절한 개입방법을 선택할 수 있으며, 자신의 전문 영역에서의 최신 연구 결과들을 파악하고 있음을 의미한다. 따라서 이러한 능력을 유지하기 위해서는 적절한 학교교육을 통한 훈련과 실습과정을 거쳐야 할 뿐 아니라 학위 취득 후에도 전문 영역에서의 최신 지식을 계속 배워 나가야 한다(공윤정, 2008).

내담자와 상담관계를 맺고 내담자를 이해하기 위해서 상담자는 상담이론뿐 아니라 여러 가지 상담기술에 대해서도 잘 알고 있어야 한다(이장호, 1982; Cottone & Tarvydas, 2007). 이러한 상담기술에는 경청과 공감, 지지, 반영, 질문, 직면 등이 있다. 상담과정에서 이러한 반응과 상담기술을 사용할 때 상담자는 이것들을 언제 어떻게 사용할 것인가에 대해 적절한 결정을 할 수 있는 능력도 가지고 있어야 한다. 상담기술을 적절하게 활용하는 상담자의 역량은 상담의 치유효과를 촉진할 수도, 더디게 할 수도 있기 때문에 매우 중요하다. 예를 들어, 상담자가 내담자와의 상담관계가 형성되기도 전인 상담 초기에 직면기법을 사용한다면 내담자에게 상처를 주거나 방어를 불러일으켜 상담관계를 해치게 된다.

상담자가 상담이론과 상담기술에 대한 지식을 갖추는 것은 적절한 상담기법의 선택과 내담자에 대한 폭넓은 이해를 가능하게 하고 상담자의 효능감과 자신감을 증진시키며, 내담자가 상담자에 대해 신뢰감을 갖게 하므로 상담효과에 긍정적인 기여를 한다. 따라서 상담에 대한 이론과 상담기술은 상담자가 전문가로서 상담을 수행하기 위해 갖추어야 할 기본적이고 중요한 전문적인 자질이라고 할 수 있다.

(2) 내담자에 대한 이해 능력

상담자가 내담자와 효과적으로 의사소통하며, 신뢰로운 상담관계를 형성하고 내담자의 변화를 촉진하기 위해서는 내담자에 대해 정확하고 깊이 이해하는 능력을 갖추어야 한다. 상담자가 내담자를 이해하기 위해 필요한 능력에는 내담자가 가진 문제와 강점, 발달에 관한 정보, 상담자의 가설 등이 포함되는 사례개념화 능력 그리고 내담자의 심리상태를 보다 정확하고 객관적으로 평가하기 위한 심리평가 능력 등이 포함된다.

먼저, 상담자는 내담자의 내적세계에 들어가 그들의 정서적 · 문화적 · 개인적 특성을 이해하기 위해 내담자의 심리적인 문제와 문제행동, 발달에 대한 정보 등을 구체적으로 다룰 필요가 있는데, 이를 위해 요구되는 능력이 상담자의 사례개념화 능력이다. 사례개념화에 대한 정의는 이론적 배경에 따라 조금씩 차이가 있으나, 기본적으로 내담자의 문제에 대한 여러 정보를 토대로 문제의 지속 요인들에 대해 검토하고 가설을 세우며, 문제해결을 위한 방법들을 검토하는 일련의 과정을 사례개념화라고 한다(이명우, 연문희, 2004). 사례개념화는 상담 초기에 접수면접과 심리평가 등을 통해 얻어진 정보들을 토대로 작성되며, 여기에서 그치는 것이 아니라 상담이 진행되는 과정 중에 얻게 되는 정보들에 의해 수정 · 보완되는 과정을 계속 거치면서 상담을 진행해 나가기 위한 지도의 역할을 한다. 따라서 보다 정확한 사례개념화를 위해서는 풍부한 정보들이 필요하므로 많은 시간과 노력이 요구되는 작업이기도 하다(정문자, 제경숙, 이혜란, 신숙재, 박진아, 2011).

상담자는 보다 정확하고 객관적인 정보를 수집하고 내담자의 심리 상태를 이해하기 위해 심리평가를 진행하기도 한다. 특히 아동상담의 경우, 아동은 자신의 문제를 스스로 인식하지 못하며, 치료에 대한 동기도 낮기 때문에 적절한 상담목표의 수립을 위해서는 심리평가 등을 통해 보다 정확하고 풍부한 자료들을 확보하는 것이 필요하다. 심리평가에는 정해진 틀에 따라 실시 · 채점되는 심리검사뿐 아니라 내담자의 반응을 질적으로 해석 · 관찰하는 면담과 행동관찰이 포함된다. 상담자는 내담자에 대한 정확한 이해를 위해 '이것이 정말 내담자의 문제인가?'라는 질문을 스스로에게 던지면서 심리평가를 진행할 필요가 있다.

이를 위해 상담자는 먼저, 심리평가의 유형, 검사도구의 신뢰도와 타당도 등을 고려하여 내담자의 문제와 관련된 적절한 심리평가 방법을 선택 · 활용할 수 있어야 하며, 검사의 실시 및 해석 방법에 대해 숙지하기 위해 전문적인 훈련을 받아야 한다. 심리평가의 목적은 단순히 내담자를 진단하거나 한계를 결정짓기 위한 것이 아니다. 이 경우 오히려 효과적인 상담에 방해가 될 수 있다. 따라서 상담자는 내담자가 가진 문제와 어려움을 더욱 깊이 있고 포괄적으로 이해하고 객관적으로 바라보기 위해 실시하는 심리평가의 궁극적인 목적을 잊지 말아야 한다.

이와 같이 내담자 이해를 위한 사례개념화와 심리평가 능력은 상담자의 많은 훈련과 노력을 통해서 얻어지는 전문적인 자질이라 할 수 있다.

(3) 상담자로서의 윤리의식

오늘날 상담의 활용 범위가 넓어짐에 따라 상담실천에 있어서의 상담자 윤리의식이 전문가로서 갖추어야 할 새로운 자질로 떠오르고 있으며, 많은 학자가 그 중요성에 대해 이야기하고 있다(김충기, 강봉규 2001; 박재황, 남상인, 김창대, 김택호, 1993; 천성문 외, 2006; Corey, Corey, & Callanan, 2007). 우리나라에서는 1980년 한국카운슬러협회에서 공식적으로 '한국카운슬러윤리요강'을 발표한 이후 현재까지 다양한 상담관련 학회에서 윤리강령을 채택해서 사용하고 있다(공윤정, 2008). 그러나 아직 상담서비스와 관련된 법적 기준의 마련은 미비한 실정이어서 상담자의 윤리에 대한 의식이 더욱더 중요하다고 할 수 있다.

윤리란 인간으로서 인간답게 살아가기 위해 어떻게 해야 하는지에 관한 신념이며, 상담윤리(counseling ethics)란 상담자가 상담과정에 적용해야 하는 윤리적 규범과 기준을 뜻한다. 따라서 상담자의 윤리의식이란 상담과정에서 적용해야 하는 윤리적 기준 자체를 넘어 규범과 기준에 대한 상담자의 인식과 그를 준수하려는 태도라고 할 수 있다.

아동상담의 경우 기본적인 상담윤리의 개념이나 범위는 성인상담과 일반적으로 크게 다르지 않지만 내담자가 아동이기 때문에 상담자가 지켜야 할 윤리적 문제는 아동만이 아니라 부모와도 관계됨도 고려해야 한다(구은미, 박성혜, 이영미, 이혜경, 2014). 아동상담자로서 알아 두어야 할 상담 윤리의 내용을 정리하면 다음과 같다.

첫째, 내담자의 자발적인 동의에 대한 문제다. 상담 시작 전 상담자는 아동과 부모의 자발적인 동의를 얻어야 하는데, 어린 아동의 경우 부모 또는 법적인 보호자가 대신 동의할 수 있다. 아동이 아동복지기관이나 학교를 통해 상담에 의뢰되었을 경우에도 반드시 부모나 법적 보호자의 동의를 얻어야 하는데, 법정에서 명령한 경우나 청소년의 경우에는 예외가 될 수 있으므로 관련 법과 기관의 규정을 미리 알아 둘 필요가 있다.

둘째, 비밀 보장과 비밀 보장의 한계에 대한 문제다. 상담자는 상담과정 중 알게 된 아동과 부모에 대한 정보를 어떤 경우에도 동의 없이 외부에 유출해서는 안 된다. 만약 슈퍼비전을 받기 위해 상담기록을 제출해야 하는 경우에도 아동과 부모의 사전동의를 얻어야 한다. 그러나 비밀 보장의 한계가 되는 상황도 있는데, 특히 아동상담에서는 부모상담이 함께 이루어지며, 부모는 아동의 상담과정에 대해 알 권리가 있다. 따라서 상담자는 아동의 사생활 보호와 부모의 알 권리 사이에서 그 균형을 잘 맞춰야 한다. 상담의 세부적인 내용을 부모에게 전달하기보다 전체적인 놀이의 흐름과 아동의 변화 등에 대해 이야기를 나누는 것이 좋으며, 이러한 비밀 보장의 한계에 대해 아동에게 미리 설명해 주어야 한다. 이 밖에도 비밀 보장의 한계가 있는 경우는 내담자가 자신이나 타인을 손상시킬 의도를 나타낸 경우, 내담자가 신체적·언어적·성적 폭력 등 학대 경험을 진술하거나 그러한 사실이 의심될 경우, 상담자가 법적 명령에 의해 진술을 하거나 자료를 제출해야 하는 경우다(문혁준 외, 2014).

셋째, 상담 기록에 대한 문제다. 상담자는 상담의 진행과정에 대해 파악하고 다른 상담자나 기관에 의뢰 시, 자료를 제공하기 위해 슈퍼비전을 받거나 법적인 문제가 발생할 경우를 대비해 상담 기록에 대한 의무를 가진다. 기록은 녹음이나 비디오테이프의 방법이 많이 이용되는데, 상담자는 상담 기록에 대해 아동과 부모에게 미리 알릴 필요가 있으며 내담자가 원하지 않을 경우 하지 않아야 한다.

넷째, 상담관계에 대한 문제다. 상담관계는 상담자와 내담자 간의 친밀하고 신뢰로운 관계인 동시에 전문적인 관계다. 따라서 상담실 밖에서 사적으로 만나거나 물질적인 거래 관계를 가져서는 안 되며, 성적인 관계를 가지는 것은 상담자의 윤리강령에 어긋나는 일임을 명심해야 한다. 이는 아동뿐 아니라 아동의 부모와의 관계에서도 해당되는 내용이다(구은미 외, 2014).

다섯째, 상담자의 유능성에 관한 내용이다. 상담자는 상담자로서 자신의 능력을 끊임없이 개발하고 이를 위해 노력할 필요가 있으며, 슈퍼비전과 자기 분석 등을 통해 상담과정에 악영향을 미칠 수 있는 문제들을 예방해야 한다. 이는 내담자에게 해를 끼쳐서는 안 된다는 상담의 기본 원칙과 관련된 중요한 문제이며, 법적인 분쟁으로부터 상담자 자신을 보호하기 위한 전문가로서의 필수 윤리의식임을 잊지 말아야 한다.

상담자에게는 내담자를 돕기 위한 전문지식의 습득뿐 아니라 상담 실제에의 적용능력이 요구된다. 그러나 전문지식을 상담 실제에 적용하여 긍정적 성과를 도출해 내기 위해서는 상담자 윤리에 대한 지식과 실천이 매우 중요하다. 즉, 윤리적 상담은 내담자는 물론 상담자와 상담 성과를 보호하는 기능을 한다. 윤리적 상담을 위해 상담자는 무엇보다도 각 학회와 소속 기관에서 제정·공포한 상담자 윤리규정에 대해 잘 알고 있어야 한다. 윤리 기준에 대한 지식은 상담자가 흔히 부딪힐 수 있는 윤리적 딜레마를 능히 극복할 수 있도록 돕는 최소한의 의사결정의 잣대 역할을 하기 때문이다. 윤리적 갈등 상황에서 현명한 판단을 내릴 수 있다는 것은 윤리적 추론을 전개하고 의사결정 기술을 발전시켜 불필요한 윤리적 갈등에 휘말리지 않으며, 내담자에 대한 상담 서비스의 질을 한껏 높일 수 있는 역량을 갖추고 있음을 의미한다. 뿐만 아니라 정신건강 관련 법에 대한 기본 지식을 갖춘다면 그만큼 법과 윤리 그리고 임상적 차원의 다양한 현안을 구분할 수 있고 윤리적 상담을 수행할 수 있는 기본 역량을 갖추었다고 볼 수 있다. 상담의 실제에 영향을 미치는 법률 지식은 내담자와의 관계에서 법적 문제 발생을 예방하고, 문제 발생 시 신속하게 대처할 수 있게 해 주기 때문이다(강진령, 이종연, 유형근, 손현동, 2009).

내담자는 심리적으로 혼돈 상태에 놓여 있거나 좌절과 실망을 거듭하고 낙담한 상태에서 전문가의 도움을 필요로 하므로 상담자의 언행은 자칫 내담자에게 심각한 영향을 미칠 수 있다. 따라서 내담자의 권리 옹호와 정신건강 증진을 위해 무엇보다도 상담자의 윤리적이고 책임 있는 행동이 요구되는 것도 바로 이러한 이유 때문이다(강진령 외, 2009).

상담자 윤리는 내담자에게 해를 입혀서는 안 된다는 원리에 입각한 내담자 보호의 측면에서도 중요하지만 법적인 분쟁에서 상담자가 자신을 보호하기 위해서도 매우 중요하다. 경제적인 사정이 어려운 내담자가 상담비용을 지불하지 못할 때 어떻게 대처할 것인가? 내담자가 상담자에게 적극적인 선물공세를 펼칠 때 어떻게 대처해야 하는가?(고인숙, 이숙희, 2010) 아동상담 시 상담에 비협조적이던 부모가 일방적으로 상담을 종결하기를 원할 때 어떻게 대처해야 하는가? 상담현장에서 직면할 가능성이 있는 이러한 질문들은 모두 상담자의 윤리와 관련되어 있으며, 이러한 질문들에 대한 적절한 답을 제시할 수 있는가는 상담자의 전문적인 역량 중 하나라고 할 수 있다(공윤정, 2008).

2. 아동상담자의 역할

역할이란 어떤 위치를 차지하는 사람들이 해야 할 것으로 기대되는 행동이나 행위의 범주를 말하며, 조직 내에서 일, 직무, 업무, 임무 및 기능이라고 표현되기도 한다(네이버 국어사전). 따라서 상담자의 역할이란 상담자로서 수행해야 하는 행동이나 임무라고 할 수 있을 것이다.

상담자가 어떤 상담이론을 사용하느냐에 따라서 강조되는 상담자의 역할이 달라지기도 한다. 인간중심 접근에서는 내담자가 스스로 방향을 설정해 나가도록 촉진자로서의 역할을 강조하며, 합리적 정서행동치료(REBT), 현실치료, 아들러 학파, 행동치료, 의사교류 분석에서는 행동 변화와 재교육을 이끄는 교사로서의 역할을 강조한다. 또한 정신분석과 같은 모델에서는 대인 관계적이고 심리내적인 과정들을 해석하는 기술적 전문가로서의 상담자 역할을 강조한다(Corey, 2005).

특히 아동상담은 아동이 발달과정 중에 있다는 점, 부모나 교사 등 주변 성인들로부터 받는 영향이 크다는 점, 언어로 하는 상담으로는 한계가 있다는 점에서 다른 성인상담이나 청소년상담보다 특별히 중시되는 상담자의 역할이 있다고 할 수 있다. 그것은 바로 상담환경을 준비하고 구성해 나가는 구성자의 역할, 아동과의 관계 형성을 통해 아동의 문제해결을 돕는 조력자의 역할, 부모와의 관계 형성을 통한 치료적 동맹자 및 적절한 양육기술과 양육태도를 교육하는 교육자의 역할이다. 여기에서는 이러한 역할들에 대해 자세히 살펴본다.

1) 상담환경의 구성: 환경 구성자

아동은 자신이 가진 문제나 어려움에 대해 적절한 언어로 표현할 수 있는 능력이 부족하며, 언어능력이 뛰어나다 하더라도 스스로 상담실에 찾아오는 경우가 거의 없기 때문에 방어를 감소시키고 무의식적 역동을 살펴보기 위해 놀이, 미술, 음악, 모래 등의 여러 매체를 활용하는 것이 적절하다. 이러한 매체는 아동에게 편안한 분위기를 제공하고, 상담관계를 촉진하며, 아동이 자기 내면의 세계를 표현하도록 돕는다.

또한 공간과 시간에 대한 구조화를 통해 상담을 효율적이고 효과적으로 이끌어야 한다. 공간에 대한 구조화 측면에서 상담실은 매우 중요한 요소다. 일단 상담실은 기본적으로 밝고, 너무 넓거나 좁지 않으며(4평 정도), 외부 소음으로부터 분리되고, 아동이 활동하는 데 필요한 놀잇감이나 도구들이 넉넉하게 준비되어 있어야 한다(정문자 외, 2011). 또한 도중에 상담실이나 놀잇감 등의 위치가 일관적으로 유지될 수 있도록 신경 써야 아동이 편안함과 안전감을 느낄 수 있다. 시간에 대한 구조화 측면에서는 상담자가 계획된 회기의 시간을 지키는 것이 중요하다. 만약 상담자가 아무 연락 없이 늦거나 상담을 취소하게 되면 아동은 불안과 초조함을 느끼거나 상담자가 자신에게 관심이 없는 것으로 해석할 수 있고 죄책감을 느낄 수도 있다. 반대로 일관성 없이 정해진 시간을 초과해서 놀이하는 것은 아동에게 오히려 '언제 끝날지 모르는 것'에 대한 불안감을 줄 수 있으며, 다른 아동에게 피해를 주기도 한다. 따라서 상담자는 아동과 처음 만났을 때 상담시간에 대해 이야기하고, 상담시간을 일관성 있게 지켜 주는 태도를 통해 아동에게 상담자가 아동과의 만남을 중요하게 여긴다는 것을 전달해 주어야 한다(정문자 외, 2011).

이와 같은 공간적·시간적 환경뿐 아니라 상담자 스스로도 아동을 만나는 동안 아동에게 전념할 준비를 해야 한다. 아동은 어른의 기분을 민감하게 알아차리며, 상담자의 느낌은 아동에게 전달된다. 따라서 상담자는 상담실에 들어가기 전에 근심이나 걱정, 자신의 욕구 등을 버리고 아동과 만나야 한다. 만약 감기 몸살 등으로 건강 상태가 좋지 않을 때에는 사전에 아동에게 그에 대해 설명해 주어 오해가 생기지 않도록 한다(김순혜, 2004).

2) 아동과의 관계 형성: 조력자

효과적인 상담을 위해 상담자는 먼저 아동과의 관계 형성을 위해 노력해야 한다. 상담자가 아동을 존중하고 수용하며 일관성 있는 태도를 보여 줌으로써 아동이 상담실이라는 환경에 잘 적응하도록 도울 수 있으며, 상담자와 아동 간에 신뢰롭고 우호적인 분위기가 형성된다. 이렇게 상담자와 아동 간에 형성된 신뢰롭고 우호적인 분위기 또는 관계를 라포(rapport)라고 하며, Landreth(2002)는 라포를 가장 강력한 치료적 능력의 하나로 들고 있다(김성진, 2015).

아동과의 관계 형성을 위한 구체적인 방법에 대해 살펴보면 다음과 같다. 먼저, 상담자는 상담 초기에 아동이 이해할 수 있는 수준의 언어로 상담의 목적과 비밀 보장 등에 대해 알려야 하며, 아동이 상담이 도움이 되지 않는다고 느끼거나 불편하고 힘들 때에 상담을 그만둘 권리가 있음을 설명해 준다. 또한 아동의 발달수준에 맞는 언어적 · 비언어적 행동을 통해 아동에게 적절하게 반응하고 수용과 존중을 전달함으로써 아동이 마음의 문을 열고 자기의 내면세계를 표현하며 스스로 통찰할 수 있도록 돕는다.

상담자는 자기 자신에 대한 이해와 수용, 진술한 태도, 여러 상담기술을 사용하여 상담과정에서 나타날 수 있는 아동의 저항과 전이를 다룰 수 있어야 하며, 상담자가 이러한 역할을 제대로 수행해 나갈 때 치료가 촉진될 수 있다.

아동과의 관계 형성에 있어 주의할 점은 아동의 발달수준에 적절한 환경을 제공한다는 이유로 아동이 스스로 배우고 책임져야 할 것들까지 상담자가 대신해 주어서는 안 된다는 것이다. 이를 위해 상담자는 끊임없이 자기의 내면의 욕구와 동기들에 대해 질문하고 이해하려는 노력을 해야 한다. 또한 아동의 생각과 감정을 수용해 주되 아동이나 치료자가 위험에 빠질 수 있는 행동까지 수용해 주어서는 안 되며, 적절한 치료적 제한 설정은 아동과 신뢰로운 관계 형성에 도움을 주고 보다 적응적이고 건강한 표현 방식을 배우게 한다는 점을 명심해야 한다.

아동상담자가 환경 구성자 역할을 한다는 것은 단순히 상담환경을 구성해 '놓는 것'이 아니라 상담환경을 구성해 '나가는 것'이라고 할 수 있다. 또한 조력자의 역할을 할 때 자신이 가진 상담 기술과 자질들을 내담아동의 특성에 맞게 얼마나 잘 활용하는가 하는 것은 상담의 효과를 높이는 매우 중요한 치료자의 역할 중 하나다. 이 점에서 아동상담자는 촉진자로서의 역할을 해 나가게 된다. 여기서 촉진(促進)이라는 것은 상담자가 아동의 변화에 대해 급급해하거나 섣불리 아동의 놀이에 개입하는 것을 말하는 것이 아니다. 상담자가 만나는 아동은 저마다 독특한 개성이 있고 가지고 있는 어려움과 욕구들이 다르다. 따라서 상담자는 내담아동이 가진 문제와 욕구, 치료 계획 등을 토대로 아동의 생각과 감정, 행동에 대해 민감하게 인식하고 반응해야 하며, 때로는 치료자로서의 융통성을 발휘하여 내담아동에 맞는 구조화를 진행할 수 있음을 뜻한다. 예를 들어, 애착에 대한 이슈를 가지고 있고 특별히 애착의 재경험이 필요한 아동이 매 회기 클레이나 점토, 물을 사용한 모래들을 가지고 놀이한다면 상담자는 밀가루를 이용하여 만든 아주 끈적한 반죽이나 촉감이 매우 부드러운 담요 등을 매 회기 치료실에 비치해 놓을 수 있다. 물론 그러한 놀잇감을 사용할 것인지는 아동의 선택에 달려 있다는 것을 명심해야 한다.

3) 부모와의 관계 형성: 동맹자 및 교육자

아동상담의 특징 중 하나는 주 내담자는 아동임에도 불구하고 상담의 시작이나 아동을 둘러싼 전반적인 환경이 부모에 의해 결정되기 때문에 상담의 효과를 극대화하기 위해 상담자는 부모를 또 다른 내담자로 인식하고 치료적 동맹관계를 잘 맺어야 한다는 것이다. 많은 학자가 부모와의 관계 형성의 중요성에 대해 이야기한다(기채영, 2006; 박희현, 2005; 주선영, 김광웅, 2005; Axline, 1969; Landreth, 1991). 아동은 일상생활에서 대부분의 시간을 부모와 함께 보낸다. 따라서 부모는 아동에 대해 필수적인 정보들을 제공해 주며, 상담의 효과를 증진시킬 수 있는 중요한 변수가 되기도 한다.

아동상담은 일단 부모의 결정에 의해 시작되기 때문에 상담자는 접수상담을 할 때부터 부모의 어려움과 요구를 정확하고 신속하게 읽고 이에 반응하여, 부모가 불안감을 덜고 신뢰할 수 있도록 한다. 상담이 진행되면 부모와 안정적이고 효율적인 관계를 유지하는 것이 아동상담에서 중요한 부분이다. 진행과정에서 부모에게 교육적·의료적·심리치료적 차원에서의 정보를 성실하게 제공함으로써 상담을 통해 변화를 경험한 아동이 가정에서도 보다 나은 경험을 할 수 있도록 도와야 하며, 상담 및 심리치료와 관련된 의사결정과 치료목표 결정에 부모가 참여하게 한다. 그리고 이것은 부모의 권리이기도 하다.

부모와의 관계 형성을 적절히 해 나가는 것은 상담자의 효능감 측면에서도 중요한 역할을 한다. 때로 상담자에게 부모상담은 아동상담보다 더 큰 부담을 갖게 하며, 아동상담자의 의욕상실에도 중요한 요인이 되기 때문이다. 따라서 부모상담에 필요한 적절한 교육과 훈련을 받아서 부모와 협력관계를 형성하는 것은 내담아동의 치료효과를 상승시키고 치료 종결에도 영향을 미치며, 아동 상담자의 자기효능감에도 중요한 영향을 미친다고 할 수 있다(박희현, 2005).

상담실에 찾아오는 많은 부모는 자식을 제대로 키우지 못했다는 죄책감이나 우울감, 스트레스 등을 경험한다. 또한 앞에서도 언급했듯이, 아동은 대부분의 일상생활을 부모와 함께하기 때문에 부모를 통해 받는 영향력이 크다. 따라서 상담자는 부모상담을 통해 아동에 대한 정보를 얻고 부모를 지지해 주는 역할뿐 아니라 부모에게 적절한 양육기술을 교육할 필요가 있다.

많은 부모는 부모됨에 대해 준비하고 배우기 전에 부모가 되면서, 그 전 세대의 부모들이 그러했듯이 많은 시행착오를 거쳐 부모 노릇을 깨우쳐 가고 있다. 모든 아동은 훈련된 부모를 가질 권리가 있으므로(Bell, 1984), 부모교육은 부모의 선택이 아니라 의무라고 하겠다(이현림 외, 2007).

부모교육의 중요한 목적은 부모와 아동이 따뜻하고 신뢰로운 관계를 맺게 하는 데 있으므로, 상담자는 먼저 부모교육을 통해 부모가 아동에 대해 더 잘 이해하도록 아동발달에 대한 지식, 심리평가 결과 등을 토대로 한 아동이 가진 강점 등에 대해 알려 줄 수 있다. 또한 아동의 감정에 민감하게 반응하는 방법, 제한설정 방법, 올바른 훈육방식 등에 대해서도 알려 주어 부모가 이제껏 자신이 사용해 온 양육방식과 태도를 되돌아보고 앞으로 아동과 따뜻하고 신뢰로운 관계를 맺기 위해 필요한 양육방식과 태도를 배우도록 도울 수 있다(Bratton, Ray, & Landreth, 2008).

제 **2**부

아동상담의 이론적 모델

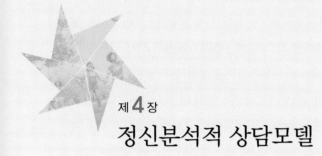

제**4**장
정신분석적 상담모델

1. 정신분석적 상담모델의 발달 배경

정신분석적 상담은 Sigmund Freud(1856~1939)의 정신분석 원리와 방법을 이용한 상담 접근방법이다. 정신과 의사였던 Freud는 19세기 말에 히스테리 환자를 치료하면서 인간의 정신세계에 '무의식(unconsciousness)'이 존재한다는 것을 발견하고, 무의식이 신체, 심리, 사고, 행동 등에 미치는 영향을 밝혀내어 심리장애를 이해하고 치료할 수 있는 상담치료방법을 제시한 최초의 학자다. 즉, 인간의 행동 대부분이 무의식에 의해서 결정되며, 심리내적인 무의식의 갈등에 의해서 여러 가지 형태의 심리장애가 유발될 수 있음을 제시하고 이를 치료할 수 있는 길을 열었다.

Sigmund Freud
(1856~1939)

Freud는 1856년 5월 6일에 당시 오스트리아의 모라비아 지방인 프라이베르크에서 직물상을 하던 유대인 아버지 야곱 프로이트(Jacob Freud)와 어머니 아말리에(Amalie) 사이에서 장남으로 태어났다. 어머니는 아버지보다 19세 연하였으며 아버지의 세 번째 아내였고, 아버지에게는 전처에게서 태어나 이미 장성한 두 명의 아들이 있었다. 1859년에 Freud의 가족은 반유대주의 또는 경제적인 이유 때문에 수도인 비엔나(Wien)로 이주하여 Freud는 이곳에서 성장하였다. Freud 바로 밑으로 남동생이 태어났으나 생후 8개월 만에 사망하였고, 그 밑에 5명의 여동생과 막내 남동생이 있다. Freud의 아버지는 가족을 부양하기 위해 애쓰는 전형적인 가부장적 권위를 지닌 사람이었던 반면, 어머니는 첫아들인 Freud에 대해 많은 기대를 가진, 사랑과 정이 많은 사람이었다. Freud는 이러한 어머니에 대해 성적 애착의 감정을 느꼈을 것이며, 아버지와의 관계는 복잡하고 강한 적대감이 있었다고 한다. Freud가 어린 시절 어머니와 아버지 사이에서 겪었던 이러한 경험은 그의 정신분석 이론에서 성욕설과 오이디푸스 콤플렉스를 주장하는 데 영향을 미쳤을 것이라고 추정된다 (권석만, 2012).

Freud는 1873년 비엔나 의과대학에 진학하여 공부하면서 유대인으로서 소외감과 열등감을 뼈저리게 느끼는 경험을 하게 된다. 이러한 경험은 Freud로 하여금 독립적인 판단력을 키우는 계기가 되어 어려움과 의문에 봉착하게 되면 더욱더 발견적이고 창의적인 연구 태도를 취하였다. 그의 부친은 경제적인 어려움에도 불구하고 아들이 유대교적 이상에 따라 훌륭한 학자가 되기를 바라며 지원하였고, Freud는 5년 만에 끝내는 의학공부를 8년에 걸쳐 하면서 철학, 물리학, 생물학, 동물학 등에 관심을 보이며 커다란 호기심과 도전정신으로 탐구하였다. 이러한 학문들은 향후 그의 정신분석 이론을 형성하는 데 많은 영향을 미쳤다.

Freud가 40세가 되던 1896년에 관계에 어려움이 있던 아버지가 사망하자 Freud는 의식적·무의식적 죄책감으로 심히 괴로워했으며, 죽음에 대한 공포와 여러 가지 정신병적 장애를 겪게 되었다. 이를 계기로 Freud는 자기분석(self-analysis)에 적극적으로 전념하면서 정신분석의 토대를 마련하였다. 그는 꿈의 의미를 주로 탐색하며 성격발달의 역동성에 관한 통찰을 갖게 되었고, 자신의 아동기 경험과 기억을 검토하고 분석하여 심리장애를 보이는 환자들과의 자유연상 작업을 통해 관찰한 그의 이론을 임상적으로 정교하게 다듬었다. 마침내 Freud는 자신의 정서적 문제로 고통을 겪었던 1896년에 정신분석이라는 새로운 심리치료방법과 이론체계를 세상에 탄생시키는 가장 창조적인 생산을 이루었다(박경애, 2011).

'정신분석(psychoanalysis)'이라는 용어는 Freud의 신경증의 병인론에 관한 논문(1896)에서 최초로 썼다. 정신분석이라는 새로운 학문은 첫째, 인간의 삶에 미치는 무의식의 영향에 대하여 밝히고, 둘째, 신체적인 병의 원인이 마음에 있음을 표명하였으며, 셋째, 의학적인 접근 외에 심리치료가 시작되는 계기를 마련하였고, 넷째, 심리장애를 단순히 현재의 증상과 과거의 외상을 연결하여 이해하던 것에서 벗어나 좀 더 복합적이며 역동적으로 파악하게 되었다(윤순임 외, 2006). 정신분석 이론에 따르면, 인간의 마음은 본능적인 원초아(id), 현실적인 자아(ego) 그리고 도덕적인 초자아(superego)라고 하는 세 가지의 기본 요소로 구성되어 있으며, 이 세 요소의 정신적 역동에 의해서 인간의 행동이 결정된다. Freud는 특히 인간의 성격발달에 있어서 어린 시절의 경험을 중시하였으며, 생후 5년 동안 부모(초기 양육자)와의 경험이 개인의 성격 형성에 영향을 미치며, 부모와의 갈등 경험은 무의식 속에 억압되어 개인이 겪는 심리적 장애의 근원이 된다고 하였다.

　심리장애는 인간 내부의 무의식적인 갈등, 즉 원초아, 자아, 초자아 간의 갈등과 불균형, 어린 시절에 경험한 부모와의 갈등 그리고 심리적 불안과 갈등을 완화하려는 미숙한 방어기제의 과도한 사용 등에 의해서 유발될 수 있다. 따라서 정신분석적 상담은 내담자로 하여금 심리장애를 일으키는 무의식적 요소를 의식화(being conscious)하도록 돕고, 자유연상, 꿈 분석, 전이와 저항 분석 등 다양한 방법을 통해서 자신의 무의식적 갈등을 자각하게 하여 무의식에 휘둘리지 않고 자아를 중심으로 자기 삶의 진정한 주인이 되게 하기 위한 것이다(권석만, 2012). 정신분석적 상담은 현대 상담심리치료의 모태로서, 인간의 정신세계와 심리적 문제에 총체적이고 심층적으로 접근하는 주요 상담치료기법이다. 오늘날 사용되고 있는 대부분의 상담심리치료는 정신분석의 영향을 받은 것으로, 어떤 접근법은 정신분석적 모델을 확대하거나 수정한 것이고, 또 어떤 접근법은 그에 대한 도전이나 반동에서 탄생하고 발전되기도 하였다. Freud는 자신이 창시한 정신분석 이론에 대한 강한 애정과 확신으로 자신과 견해를 달리하는 동료들(예: Carl Jung, Alfred Adler)과 결별을 초래하기도 하였다. Freud가 Jung에게 보내는 편지에서 "정신분석은 사랑을 통한 치유다."(윤순임 외, 2006: 16 재인용)라고 정신분석적 상담을 정의하고 있듯이, 심리적 문제를 지닌 내담자를 상담하고 치유하는 모든 상담자와 심리치료자에게 있어서 정신분석적 상담에 대한 깊이 있는 이해와 적용은 기본적으로 중요하다.

2. 인간관

Freud의 정신분석 이론에서 설명하는 인간의 모든 행동과 정신활동은 다음과 같은 기본적 원리에 기초하고 있다(권석만, 2012).

첫째, 인간의 행동에는 모두 원인이 있다고 하는 심리적 결정론(psychic determinism)이다. 인간의 행동은 저절로 우연히 일어나지 않으며, 어떤 심리 내적 원인이 있었기 때문에 그 결과로 일어나게 된다는 것이다. 즉, 인간의 모든 사고, 감정, 행동은 심리적 원인에 의해 결정된다고 하는, 인간의 정신과 행동에 대한 환원론적 결정론을 제시한다. 따라서 아무리 사소하거나 이해하기 어려운 행동일지라도 반드시 그 나름대로 의미가 있으며, 내면의 어떤 원인에 의해 일어난 결과이므로 그 심리적 원인을 찾아 해결해야 문제를 해소할 수 있다.

둘째, 인간의 정신세계에는 의식만이 아니라 무의식(unconsciousness)이 존재한다. 우리가 알고 있는 의식은 정신세계의 극히 일부분에 지나지 않으며, 우리가 자각하지 못하는 무의식의 정신세계가 많은 부분을 차지하고 있다. 따라서 인간의 행동은 의식적 요인보다는 무의식적 요인에 의해 영향을 받는 경우가 많으므로, 행동의 원인을 규명하기 위해서는 개인의 행동에 영향을 미치는 무의식적 과정을 이해해야 한다.

셋째, 인간의 기본적 욕구인 성적 추동(sexual drive)이 무의식을 움직이는 주된 원동력이다. 추동(drive)은 개인을 어떤 방향으로 이끌어 가는 내면의 생물학적인 욕구 및 충동으로서, 무의식적인 과정을 통해 개인의 행동과 삶에 영향을 미친다. 특히 본능적인 성적 추동은 사회의 도덕적 기준에 의해 억압되어서 무의식 속에 있다가 인간이 나타내는 대부분의 행동에 무의식적으로 큰 영향을 미치게 된다.

넷째, 인간의 성격발달에 있어서 어린 시절의 경험이 중요하다. 어린 시절, 특히 출생 후 만 5세 동안의 부모와의 상호작용 경험은 인간의 성격을 형성하는 데 기초가 되며, 성장 후 개인의 삶에 결정적인 영향을 미친다. 이를테면, 어린 시절 성장발달 과정에서 부모(또는 의미 있는 타자)와의 관계에서 과도한 욕구만족이나 좌절을 경험하게 되면 특정 발달단계에 고착되어 다음 단계로의 발달이 저해되고 성숙한 성격 형성이 어렵다. 따라서 개인의 성격과 행동을 이해하기 위해서는 어린 시절의 경험과 부모-자녀관계를 잘 이해하고 분석해 보아야 한다.

3. 주요 개념

1) 마음의 지형학적 구조

Freud는 그의 저서 『꿈의 해석(Die Traumdeutung)』(1990)에서 인간의 정신세계를 의식(the conscious), 전의식(the preconscious), 무의식(the unconscious)으로 구분하는 마음의 지형학적 구조(mind's topographical model)를 제시하였다(그림 4-1) 참조). 이 구조에 따르면, Freud는 인간의 정신세계를 거대한 빙산에 비유하면서, 수면 위에 떠 있는 아주 작은 부분이 의식이며, 수면 아래 잠겨 있지만 때때로 수면 위로 나타나기도 하는 부분이 전의식이고, 수면 아래에 잠겨 있는 거대한 부분이 무의식이라고 하였다. Freud는 빙산의 대부분이 수면 아래에 잠겨 있듯이, 인간의 정신세계도 대부분이 무의식에 존재한다고 믿었다(권석만, 2012; 김종운, 2014).

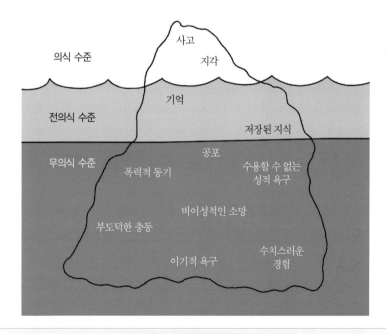

[그림 4-1] 마음의 지형학적 구조

출처: 권석만(2012).

(1) 의식

개인이 자각하고 있는 마음의 부분을 의미하며, 사고, 지각, 감정, 정서 등을 포함한다. 의식 (consciousness) 영역은 거대한 빙산이라는 전체 정신세계 중에서 수면 위로 떠오른 극히 작은 부분에 불과하다. 따라서 일상의 삶에서 개인이 현재 인식하고 있는 경험과 지각 등 정신활동의 일부분만이 의식의 범위에 해당된다.

(2) 전의식

빙산이 수면에 잠겨 있는 부분인 의식 밖의 영역으로, 우리가 쉽게 인식할 수는 없으나 보고자 노력하면 볼 수 있는 수면에 잠긴 부분이 전의식(preconsciousness)에 해당된다. 현재는 의식 밖에 있어서 평소에는 의식하지 못하지만, 의식의 영역으로 가져오고자 어느 정도 노력을 기울이면 쉽게 회복되어 의식으로 떠오를 수 있는 기억과 경험, 저장된 지식 등을 의미한다.

(3) 무의식

정신세계의 대부분을 차지하고 있는 무의식(unconsciousness)은 우리가 쉽게 의식할 수 없는 마음의 영역이다. 자각하려고 애써 노력해도 쉽게 의식되지 않으며 이해하기 어려운 부분이다. 무의식 영역에는 공포, 수용할 수 없는 성적 욕구, 폭력적 동기, 부도덕한 충동, 비이성적인 소망, 이기적 욕구, 수치스러운 경험 등과 같이 의식에 떠오르면 위협적이고 수치스러운 것으로 여겨지기 때문에 억압된 욕구, 동기, 감정, 환상, 기억이 저장되어 있다. 이러한 내적 추동과 심리적 경험들은 무의식 속에 존재하면서 개인의 생각과 행동에 큰 영향을 미치며, 여러 가지 심리장애를 유발하는 요인이 되기도 한다.

마음의 지형학적 구조는 무의식의 존재와 그 중요성을 강조한다. 수면 아래 잠겨 있는 무의식의 정신작용은 강력하고 이해하기 어려우며 또한 인간의 행동 대부분을 결정하기 때문이다. 무의식의 내용은 의식에 잘 떠오르지 않지만 꿈이나 환상, 실수, 농담, 신경증 등을 통해 위장되어 있고 상징화된 형태로 나타난다. 따라서 정신분석을 통해서 무의식의 내용을 파악하고 무의식 속에 내재한 소망과 욕구, 갈등을 의식화해야 한다. 다시 말해서, 정신분석적 상담은 개인의 정신세계와 행동을 이해하기 위하여 무의식 속에 억압되어 있는 것들을 의식화하도록 돕는 것이다.

2) 방어기제

정신분석적 상담에서 내담자를 이해하는 방법 중의 하나는 내담자가 사용하는 방어기제를 파악하는 것이다. 방어는 무의식의 본능적인 요구로부터 자아를 보호하려는 의도에서, 심리적 갈등을 다루기 위해 자아가 사용하는 모든 기술을 의미한다. 자아는 의식의 중심으로서 현실(환경)의 요구와 함께 원초아와 초자아를 조절하고 중재하는 기능을 하는데, 이러한 자아의 기능이 약해지면 불안을 느끼게 되고, 자아는 불안을 감소시키고 자신을 보호하기 위해 무의식적으로 방어기제를 사용하게 된다. 무의식적인 갈등과 불안을 해결하고 현실 환경에 적응하려는 노력으로 방어기제를 사용하게 되지만, 방어기제를 과도하게 사용할 경우 현실을 왜곡하여 지각할 수 있고, 또한 방어기제의 잘못된 사용은 부적응적 행동을 유발할 수 있으므로 유의해야 한다.

방어기제로는 신경증적 증상을 초래할 수도 있는 부적응적인 방어기제와 사회적 적응의 기능을 가져올 수 있는 정상적인 방어기제 등 다양한 종류가 있는데, 주로 많이 사용되는 방어기제를 살펴보면 다음과 같다.

(1) 억압

억압(repression)은 수용하기 힘든 욕구나 불쾌한 기억, 경험 등을 의식에 떠오르지 못하도록 무의식 속에 억눌러 버리는 것을 말한다. 의식에서 고통스럽거나 용납될 수 없는 생각, 충동, 감정, 느낌, 소원 등을 무의식으로 밀어 넣어 잊어버리게 하는 가장 기본적인 방어기제로서, 이는 심리적 불안의 원천이기도 하다. 예를 들어, 생각하고 싶지 않은 어린 시절 성학대 경험을 억압을 통해 무의식으로 집어넣는 경우다. 억압이 심하면 히스테리 반응이나 신체기능상의 장애가 나타나게 된다.

(2) 투사

투사(projection)는 미성숙한 방어기제의 하나로서, 용납할 수 없는 자신의 감정이나 욕구, 특성들을 외부 세계의 다른 사람이나 사물의 탓으로 돌리는 것이다. 이는 사회적으로 인정받을 수 없는 자신의 생각과 행동을 외부의 다른 사람에게로 전가하는 것으로, 자신에 대해 열등감을 지니고 있는 사람이 다른 사람이 자신을 무시한다고 생각하는 경우 또는 상대방에게 적개심을 가지고 있는 사람이 상대가 자신을 미워한다고 생각하는 경우 등이 그 예다.

(3) 반동형성

반동형성(reaction formation)은 무의식의 저변에 흐르는 생각이나 감정이 받아들이기 어려워 자신의 심리상태와 정반대되는 행동을 하는 형태로서, '미운 놈 떡 하나 더 준다'는 속담이 이에 해당한다. 친구를 좋아하면서도 그 감정을 표현하지 못하고 "나는 네가 싫어."라고 말하는 경우가 그 예다.

(4) 합리화

합리화(rationalization)는 자신이 원하는 것을 얻지 못하게 되는 불쾌한 상황을 그럴듯한 이유나 변명으로 정당화하는 것을 말한다. 합리화의 대표적인 예는 『이솝 우화』에 나오는 〈여우와 신포도〉의 비유로, 여우가 포도를 따먹기 위해 노력했지만 결국 실패하게 되자, "저건 신 포도야."라고 그 가치를 깎아내리며 스스로 마음의 위안을 얻는 경우다.

(5) 대치

대치(displacement)는 자신의 감정을 위협적인 사람이나 대상에게 표출하지 않고 보다 안전한 대상에게로 옮겨 표현하는 것을 말한다. '종로에서 뺨 맞고 한강에서 눈 흘긴다'는 속담처럼, 부모에게 억울하게 야단을 맞은 아동이 부모에 대한 분노와 불만을 어린 동생이나 만만한 강아지에게 화풀이하는 경우가 그 예다.

(6) 부인

부인(denial)은 의식화하기에는 불쾌한 감정이나 욕구, 충동, 생각을 직면하지 않고 인식하지 못함으로써 고통스러운 현실을 부정하는 것이다. 사랑하는 자녀를 갑자기 사고로 잃은 부모가 그의 죽음을 인정하지 않고 부정하는 경우가 그 예다.

(7) 퇴행

퇴행(regression)은 현재 단계에서 심한 좌절을 경험하게 되면 현재 수준보다 이전의 발달단계로 되돌아가는 모습을 보이는 것이다. 대소변을 잘 가리던 아이가 동생이 태어난 후 부모의 관심을 얻고자 대소변을 가리지 못하게 되는 행동은 퇴행의 대표적인 예다.

(8) 고착

고착(fixation)은 발달과정에서 어느 특정 단계의 고통이나 좌절이 지나치면 새로운 행동을 획득하기 위한 다음 단계로 이동하기보다는 현재의 발달수준에 그대로 머무르게 되는 것을 말한다. 예를 들어, 엄마로부터 분리하여 독립하는 것이 너무나 두렵고 불안한 아동이 지속적으로 엄마에게 의존적인 행동을 보이는 경우다.

(9) 동일시

동일시(identification)는 부모나 중요한 인물 등 자기 자신보다 강하거나 우월한 다른 사람의 특성을 자기 것으로 여기면서 닮아 가려는 것이다. 예를 들어, 남아가 아버지와의 동일시를 통해 강력한 힘을 지닌 아버지의 특성을 내면화하여 마치 자신이 아버지처럼 강한 힘을 지닌 것으로 여기는 경우다.

(10) 승화

승화(sublimation)는 본능적인 욕구와 충동적 에너지를 사회적으로 용인될 수 있는 생산적이고 건설적인 행동으로 변환하는 것으로, 가장 건강한 방어기제다. 자신의 곤란을 극복하고 정신적 갈등을 해소하는 방법으로 보다 가치 있는 활동에 헌신하도록 하는데, 예를 들어 공격성이 있는 청소년이 스포츠 선수나 치안 경찰이 되는 경우다.

4. 성격의 구조와 발달

1) 성격의 구조

Freud는 초기에는 무의식적 욕구와 의식이나 전의식과의 갈등을 설명하는 마음의 지형학적 구조를 제시하였으나 점차 임상경험이 증가하고 무의식의 개념이 확대되면서 정신의 문제가 무의식 내의 갈등임을 인식하게 되어, 1923년에 발표한 『자아와 원초아(The Ego and the Id)』에서 마음의 지형학적 구조를 성격의 삼원구조 이론(tripartite theory of personality)으로 발전시켰다. Freud에 따르면, 인간의 성격은 크게 원초아(id), 자아(ego), 초자아(superego)라는 세 가지 심리적 구조로 구성되어 있으며, 특히 자아의 기능이 중요하다. 인간의 정신세계는 원초아라는 충동적이고 비합리적인 마음, 자아인 현실을 고려하는 이성적인 마음 그리고 초자아라고 하는 도덕과 양심을 중시하는 마음이 서로 충돌하고 조정해 가면서 외부 세계와 상호작용한다(권석만, 2012). 즉, 원초아는 본능적이고 생물학적인 구성요소로, 자아는 현실적이고 심리적인 구성요소로 그리고 초자아는 도덕적이고 사회적인 구성요소로 기능하는데, 이들은 물리적 실체가 아니라 인간의 행동을 설명하는 정신기능의 세 측면을 지칭하는 것이라 할 수 있다(김교헌 역, 2013). 이 세 측면 중 어느 측면이 우세하느냐에 따라 인간의 행동특성이 결정된다. Freud가 제시한 성격의 삼원구조를 살펴보면 다음과 같다(그림 4-2) 참조).

[그림 4-2] 성격의 구조와 발달: 자아 및 초자아의 형성

출처: Green & Piel(2002): 정옥분(2004: 57) 재인용.

(1) 원초아

원초아(id)는 인간이 태어날 때부터 지니고 있는 가장 원초적이고 본능적인 것으로, 충동적 행동을 일으키는 원초적 욕구와 이를 즉각적으로 충족시키려는 생물학적 본능을 의미한다. 이는 주로 성적이고 공격적인 본능이다. 원초아는 전적으로 무의식에 존재하며, 현실적 여건이나 문제를 고려하지 않고 본능적인 욕구를 즉시 충족시키려는 쾌락원리(pleasure principle)에 따라 작용한다. 즉, 쾌(pleasure)와 긴장 해소를 최대로 하고, 고통이나 긴장 상태를 최소로 하려는 것이다. 쾌락원리에 따른 원초아는 자기중심적이며 비현실적이어서 현실과 환상을 구별하지 못하는 일차적 사고과정(primary process thinking)을 나타내게 된다. 또한 원시적이고 충동적이어서 항상 즉각적인 욕구충족을 추구하기 때문에 충족되지 못한 욕구는 불쾌한 긴장 상태를 만들게 된다. 아이가 출생하면 원초아 상태에서 삶을 시작하게 되고, 아이는 엄마와의 상호작용 속에서 본능적인 욕구의 충족이 지연되거나 좌절되는 경험을 하게 되며, 이러한 과정에서 아이는 점차 현실에 적응하는 심리적 기능인 자아를 발달시키게 된다(권석만, 2012).

(2) 자아

자아(ego)는 생후 1세경부터 원초아의 일부로부터 발달하기 시작하여 2~3세가 되면 어느 정도 자아의 기능을 수행하게 된다. 자아는 현실의 상황을 고려하여 판단하고 즉각적인 욕구충족을 지연하며 실제적인 행동을 통제하는 기능을 담당하는데, 이는 개인으로 하여금 외부 세계에 대한 현실적인 적응을 하기 위한 것이다. 자아는 현실을 고려하므로 현실원리(reality principle)에 의해 움직인다. 예를 들어, 어린아이는 자신이 원하는 원초적 욕구를 즉각적으로 충족하려고 하지만 현실적으로 불가능하다는 것을 경험하게 되면서 좌절을 겪게 되는데, 이때 자아는 아이로 하여금 충동을 통제하고 현실적이고 이성적인 방식으로 사고하도록 돕는다. 이러한 자아의 현실적이고 합리적인 사고를 이차적 사고과정(secondary process thinking)이라고 한다. 자아는 지각, 추론, 판단, 언어, 기억, 문제해결, 감정조절 등의 다양한 기능을 담당한다.

Freud는 자아가 이성적이며 현실검증의 기능을 하지만, 그 에너지가 원초아에서 비롯되고 있음을 강조한다. 그는 원초아와 자아의 관계를, 본능적인 충동과 넘치는 힘을 지닌 말과 어디로 얼마나 빨리 달릴 것인지 조종하는 기수에 비유하여 설명한다. 즉, "말은 운동에너지를 공급하고 기수는 목표를 설정하여 말을 이끌 수 있는 특전을 가지고 있다. 그러나 자아와 원초아 간에는 기수가 어쩔 수 없이 말이 가고자 하는 길로 끌려갈 수밖에 없는 이상적이지 못한 상황이 너무나도 자주 발생한다."(Freud, 1933/1964: 77: 정옥분, 2004: 57-58 재인용)고 함으로써, 자아의 기능이 약할 때 무의식 속의 본능적인 욕구가 인간의 행동과 성격에 큰 영향을 줄 수 있다는 점을 제시하였다.

(3) 초자아

초자아(superego)는 5세 전후에 자아로부터 형성되기 시작하여 사춘기가 시작될 무렵인 10~12세가 되어야 제대로 기능하게 된다. 초자아는 의미 있는 타인들(특히 부모)과의 관계를 통해 사회적 규범과 가치, 도덕윤리, 부모의 가치관 등이 아동의 마음속에 내면화된 것으로, 양심(conscience)과 자아이상(ego ideal)의 두 요소가 있다. 양심은 자신의 행동이 내면화된 도덕적 가치에 위배될 경우 죄책감을 느끼게 하는 것이며, 자아이상은 자신의 내면화된 기준(예: 부모가 자신에게 원하는 가치)과 일치될 때 자부심을 느끼고 만족하게 된다. 이처럼 초자아는 행동의 옳고 그름을 판단하는 도덕적 규범이나 가치관으로서 도덕원리(moral principle)에 따라 기능하며, 아동은 초자아를 통하여 자신의 행동을 스스로 통제할 수 있게 된다.

이와 같이 Freud가 제시한 성격의 삼원구조에 따르면, 원초아는 성적인 또는 공격적인 본능의 즉각적인 충족을 요구하며 대부분 무의식에서 기능한다. 자아와 초자아는 의식세계와 무의식세계에 걸쳐 존재한다. 자아는 주로 의식과 전의식 수준에서 외부의 현실 상황을 고려하며 원초아의 소망과 초자아의 요구를 절충하고 조정하는 기능을 한다. 초자아는 현실보다는 내면화된 도덕적 규범과 이상화된 가치를 지향하며 상당 부분 무의식에서 기능하지만 일부는 의식될 수 있다. 이처럼 인간의 정신세계에서는 원초아, 자아, 초자아가 서로 충돌하고 타협하는 역동적인 과정이 일어난다. 원초아의 본능적인 에너지가 강할 때에는 충동적이거나 비이성적인 제멋대로의 이기적인 행동이 나타나게 되며, 반면에 초자아가 강할 경우에는 지나치게 도덕적이거나 완벽주의적인 경직되고 완고한 행동이 나타날 수 있다. 한편, 자아의 기능이 잘 발달한 사람은 원초아의 본능적 욕구와 초자아의 도덕적 요구를 적절하게 해소하고 충족시켜 가면서 현실에 잘 적응해 나간다. 그러나 자아의 기능이 약하거나 여러 가지 이유로 조정자의 역할을 제대로 수행하지 못하게 되면 무의식적 갈등과 심리적 불안을 느끼게 되고 신경증과 같은 심리적 증상이 초래될 수 있다. 그러므로 심리적으로 건강하고 성숙한 삶을 위해서는 자아의 기능이 매우 중요하다(권석만, 2012).

2) 성격의 발달단계

Freud는 어린 시절의 경험이 인간의 성격발달에 중요한 영향을 미친다고 주장하면서, 특히 인간의 가장 근원적인 성적 추동이 개인이 출생 후 성장해 가는 과정에서 어떻게 나타나는지를 규명하고자 하였다. Freud가 말하는 성적 추동은 타인과의 접촉을 통해 쾌락과 만족을 추구하고 애정을 얻고자 하는 본능적인 욕구와 충동을 뜻하며, 이러한 성적 에너지를 '리비도(libido)'라고 지칭하였다. 인간은 태어나면서부터 입으로 엄마의 젖꼭지를 빨며 쾌감을 경험하고, 좀 더 성장하면 배변훈련을 하면서 항문에 성적 에너지가 집중되며, 이어서 성기로 관심의 초점이 옮겨지게 된다. Freud(1933)는 인간은 출생 후부터 시작하여 리비도의 충족을 가져오는 신체 부위에 따라 일련의 발달단계를 거치게 되며, 이러한 리비도가 집중되는 신체 부위(입, 항문, 성기 등)를 초점으로 한 '심리성적 발달이론(psychosexual developmental theory)'을 주창하였다.

Freud는 인간이 쾌락과 만족을 추구하는 신체 부위는 성장해 감에 따라 달라진다고 하면서, 신체 부위(성감대)의 심리성적 유형에 따라 구강기, 항문기, 남근기, 잠복기, 성기기라고 하는 다섯 가지 발달단계를 제시하였다. Freud에 따르면, 각 발달단계마다 추구하는 쾌락을 만족시켜야 다음 단계로 넘어갈 수 있으며, 만약 쾌락욕구의 충족이 특정 단계에서 좌절되면 다음 발달단계로 넘어가지 못하고 그 시기에 고착된다. 따라서 각 발달단계에서 경험하는 욕구충족 여부는 개인의 성격 형성에 매우 중요하다. 이를테면, 어머니(주된 양육자)와의 상호작용 과정에서 아동이 겪게 되는 과도한 욕구만족이나 지나친 좌절 경험은 아동의 성격 형성에 부정적인 영향(예: 고착, 퇴행 현상)을 미치게 되어 건강한 성격발달에 어려움을 초래하고 향후 심리적 장애를 유발하는 원인이 될 수 있다. Freud가 제시한 성격발달의 단계별 특성을 살펴보면 다음과 같다(권석만, 2012; 정옥분, 2004).

(1) 구강기

제1단계인 구강기(oral stage)는 출생 직후부터 1년 반까지의 시기다. 이 시기에는 입과 입술, 혀 등 구강 부위가 쾌락의 주된 원천이 되어, 아이는 빨고 마시고 먹고 깨물며 입에 닿는 것은 무엇이든지 빠는 등 입에 관심을 집중하며 구강활동을 통해 쾌감을 얻게 된다. 아이는 입을 통해 엄마의 젖을 빨면서 만족감 또는 좌절감을 경험하게 되는데, 양육자와의 이러한 초기 경험은 성격 형성에 영향을 주게 된다. 구강기의 욕구가 과도하게 충족될 경우, 자기중심적이고 요구가 많으며 의존성이 강한 구강기적 성격이 형성될 수 있으며, 구강기의 욕구가 과도하게 좌절될 경우에는 언어적 공격성을 형성하게 되어 신랄한 비평이나 냉소, 빈정거림, 논쟁적인 행동이 나타날 수 있다. 또한 구강기에 고착되면 과식이나 과음, 과도한 흡연, 수다, 손톱 물어뜯기 등과 같이 입과 관련한 활동을 통해 긴장과 불안을 감소하고자 한다. 반면, 이 시기에 구강기적 욕구가 적절히 충족되면, 외부 세계에 대해 신뢰감을 지니게 되고 관대하며 자신감 있는 안정된 성격을 형성하게 된다.

(2) 항문기

제2단계인 항문기(anal stage)는 생후 1년 반에서 3년까지의 시기로서, 쾌락을 추구하는 신체 부위가 입에서 항문으로 옮겨진다. 이 시기에 아동은 항문적 활동을 통해 쾌감을 얻게 되는데, 배변을 참거나 배설하면서 긴장감과 쾌감을 경험한다. 이때는 아동의 배변훈련(toilet training)이 이루어지는 시기로서, 배변훈련은 성격발달에서 매우 중요한 사건으로, 부모나 양육자에 의해 배변훈련이 이루어지는 방식에 따라 성격특성이 달라진다. 배설을 보유하고 배출하는 배변훈련 과정에서 아동은 갈등과 불안, 수치심 등을 경험하게 되며 자신의 행동을 통제하고 자율성을 발달시키게 된다. 항문기 욕구가 지나치게 만족되면(근육이완 쾌감에 고착되는 경우) 폭발적 성격으로 나타나 지저분하고 쉽게 분노하며 낭비벽이 심한 사람이 될 수 있는 반면, 항문기의 욕구가 지나치게 좌절되면(근육수축 쾌감에 고착되는 경우) 강박적 성격으로 나타나 완벽주의적이고 청결과 질서에 집착하며 인색한 사람이 될 수 있다. 그러나 이 시기에 적절한 욕구만족을 경험하게 되면, 자기주장이 있고 독립적이며 협동적인 성격을 형성하게 된다.

(3) 남근기

제3단계인 남근기(phallic stage)는 만 3세에서 5, 6세 사이의 시기로서, 쾌락을 추구하는 신체 부위가 항문에서 성기로 바뀌게 되고 아동은 성기에 대한 호기심을 나타내게 된다. 성기에 대한 아동의 관심이 이성 부모에게로 확장되면서, 아동은 이성 부모의 애정을 독점하려는 욕망을 지니는 동시에 동성의 부모를 경쟁자로 인식하게 된다. Freud에 따르면, 이 단계에서 남아는 오이디푸스 콤플렉스(Oedipus complex)를, 여아는 엘렉트라 콤플렉스(Electra complex)를 경험한다. 오이디푸스는 그리스 신화에서 자신의 부모임을 모른 채 아버지를 우연히 죽이고 왕비인 어머니와 결혼하게 되며, 나중에 사실을 알고서 자신의 두 눈을 파내어 스스로를 벌한 남성이다. 또한 엘렉트라는 그리스 신화에서 아버지의 죽음을 복수하기 위해 남동생을 설득해서 어머니와 그 애인을 죽이게 하여 아버지의 원수를 갚는 여성이다. 이 시기에 남아는 어머니의 애정을 소유하기 위해 아버지를 경쟁자로 인식하고 갈등과 적대감을 갖게 되는데, 경쟁자인 강력한 아버지에 의해 남근이 잘릴지도 모른다는 거세불안을 느끼게 되고, 결국 아버지와 경쟁하는 대신 아버지와 같은 사람이 되고자 자신과 아버지를 동일시하게 된다. 한편, 여아는 아버지의 애정을 독점하려고 노력하면서 어머니를 경쟁자로 인식하게 된다. 이 과정에서 여아는 남아들이 가진 남근이 자기에게 없다는 것을 발견하고 어머니를 원망하게 되며, 남근에 대해 부러워하는 남근선망을 가지게 되는데, 결국 여아는 남근을 갖는 것이 불가능함을 깨닫고 자신의 욕망을 만족시키기 위해 어머니와 자신을 동일시하게 된다.

Freud는 남근기가 성격발달에 있어서 중요한 의미를 지닌다고 보았으며, 특히 오이디푸스 콤플렉스와 관련된 경험과 갈등이 향후 성인기의 신경증을 유발하는 원인이 된다고 생각하였다. 오이디푸스 콤플렉스를 원만히 해결하게 되면 자신의 성정체감이 잘 발달되어 건강한 이성관계를 맺을 수 있는 능력이 형성된다. 그러나 오이디푸스 콤플렉스가 잘 해결되지 못하면 초자아와 자아의 발달에 어려움이 생겨 사회적인 적응과 관계형성에 문제를 보일 수 있으며, 권위자에 대한 과도한 두려움이나 복종적인 태도를 형성하고, 지나치게 경쟁적인 성격특성을 가지게 될 수 있다.

(4) 잠복기

제4단계인 잠복기(latent stage)는 만 6세경부터 사춘기 이전인 12세까지의 시기로서, 대체로 초등학교 시기가 이에 해당한다. 이 시기의 아동은 성적 욕구가 잠복되어 평온해지면서 대신 학업과 친구(동성)에 대한 관심이 증가한다. 이 기간 동안에는 지적 또는 사회적인 측면을 추구하여 아동은 학교생활, 친구관계, 운동, 취미생활 등에 관심을 쏟게 된다. 잠복기는 자아가 성장하고 초자아가 확립되는 시기로서(그림 4-2) 참조), 현실적 성취와 사회적인 대인관계를 형성하기 위해 노력하게 된다. 그러므로 이 시기에 좌절을 경험하게 되면 열등감이 생기고 소극적이며 회피적인 성격특성을 나타낼 수 있다(권석만, 2012).

(5) 성기기

제5단계인 성기기(genital stage)는 12세경부터 시작되는 사춘기 또는 청소년기 이후의 시기로서, 이 시기에는 급격한 신체적 변화와 함께 개인의 성 에너지가 이성에게 향하게 된다. 이 단계에서는 남근기에서와 같이 이성 부모에 대한 성적 욕망이 다시 나타날 수 있는데, 점차 개인은 성적 충동과 갈등을 보다 잘 조절하고 사회적으로 용인되는 방식으로 승화시켜 표출할 수 있게 된다. 성기기는 특히 부모로부터 심리적으로 독립하고 자기정체성(self-identity)을 확립해야 하는 발달과제를 지닌 시기로서, 심리성적 발달의 완결 단계다.

5. 상담목표

정신분석적 상담의 목표는 크게 두 가지로 볼 수 있다. 첫째, '무의식을 의식화'하여 의식의 범위를 확대하고, 둘째, '건강한 자아'를 형성하는 것이다. 정신분석에서는 인간의 문제 중 대부분이 어린 시절의 좌절 경험에 따른 무의식적 갈등에 기인한 것으로 보기 때문에 내담자로 하여금 무의식에 억압된 갈등을 의식적으로 자각하도록 함으로써 치유가 일어나게 한다. 즉, 정신분석적 상담은 겉으로 드러난 증상을 해소하는 데 초점을 두기보다는 증상의 원인으로 작용하는 내면의 무의식적 갈등을 해결하고자 한다.

정신분석적 상담을 통해 내담자는 무의식을 의식화함으로써 내면세계에 대한 자각과 함께 무의식에 내재한 불안의 원인을 파악하고 자신의 증상과 관련된 무의식적 갈등의 의미를 이해하게 된다. 내담자는 무의식을 의식화하고 자각함에 따라 자신이 의식하지 못했던 무의식적 내용에 대한 통찰을 얻게 되고, 내담자의 의식의 범위는 점차 확대되어 간다. 다시 말해서, 언어를 매개로 무의식적 갈등이 표면화됨에 따라 억압된 감정과 긴장으로 인해 묶여 있던 심리적 에너지가 자아의 기능에 활용되어 내담자의 의식이 보다 원활하게 작용하게 되는 것이다. 그러므로 정신분석적 상담에서는 자아의 기능을 강화하여 내담자가 스스로 자신의 문제를 해결해 나가도록 돕는다.

6. 상담과정과 기법

1) 상담과정

정신분석적 상담은 대체로 장기간에 걸쳐 이루어지며 내담자에 따라 다양한 과정을 거치게 되는데, 정신분석 상담의 과정은 크게 4단계로 구분해 볼 수 있다. 첫째, 내담자와 상담자 간에 상담관계를 형성하는 시작 단계, 둘째, 내담자가 상담자에 대해 전이 감정을 느끼고 표현하는 전이 단계, 셋째, 내담자의 전이에 대한 분석이 이루어지는 훈습 단계, 넷째, 내담자의 전이가 해소되고 무의식적인 갈등이 해결되는 종결 단계로 이루어진다(김종운, 2014).

(1) 시작 단계

정신분석적 상담을 시작할 때는 내담자가 정신분석에 적절한 대상인지 그리고 내담자가 제시한 문제가 정신분석에 적합한지를 평가하여 결정하는 것이 중요하다. 정신분석은 많은 시간과 노력, 상담비, 인내 등이 요구되므로 내담자의 성격 구조(특히 자아 강도)와 현실적 여건 등을 고려하여 상담의 적합성을 평가해야 하며, 정신분석적 상담에 적절하다고 판단되면 상담 계약(예: 상담시간, 상담비, 결석 문제, 비밀보장 등)을 맺고 상담관계를 발전시켜 나간다. 아울러, 내담자의 문제와 과거사, 발달력 등을 탐색하는 단계다.

(2) 전이 단계

전이(transference)는 내담자가 과거에 부모나 양육자 등 의미 있는 사람들에게 느꼈던 감정과 갈등을 현재의 상담자에게 느끼는 것을 말한다(김종운, 2014). 정신분석적 상담치료에서 전이는 중요하게 다루어지는데, 이를테면 내담자는 상담자에 대하여 부적절한 감정을 표출하거나 또는 지나치게 접근적이거나 회피적인 태도를 취할 수 있다. 상담자는 중립적인 태도를 유지하며 내담자의 전이를 인식하고 관찰하면서 그 무의식적 의미를 탐색하고 현재의 호소 문제와 관련하여 해석해 준다. 이를 통해 내담자는 자신의 무의식적 갈등에 대한 통찰을 얻게 된다(권석만, 2012).

(3) 훈습 단계

훈습(working-through)은 내담자의 통찰을 변화로 이끄는 것을 방해하는 저항을 점진적으로 정교하게 탐색하는 것을 말하는데, 내담자로 하여금 통찰한 것을 실생활로 옮겨 가는 과정이 바로 훈습 단계다. 상담자는 내담자가 상담을 통하여 획득한 통찰을 현실에 적용하려는 노력에 대해 적절한 강화를 해 줄 필요가 있다(김종운, 2014).

(4) 종결 단계

상담을 통해 내담자의 호소 문제가 해결되고 상담자에 대한 전이가 해소되면 상담을 종결하게 된다. 상담자는 내담자와 상담효과를 검토하면서 상담의 종결을 암시하며 자연스러운 종결을 준비한다. 일반적으로 상담의 종결 여부는 다음과 같은 점을 고려하여 결정한다. ① 내담자의 갈등 문제 해결과 자아기능의 향상, ② 병리적 방어기제의 사용 감소, ③ 성격 구조의 긍정적인 변화, ④ 증상의 호전 또는 문제를 스스로 극복할 수 있는 능력이 생겼다는 증거의 존재 등이다(권석만, 2012).

2) 상담기법

정신분석적 상담에서 상담자는 가능한 한 중립적인 태도를 취하면서 내담자가 자신의 무의식적 갈등과 관련된 내용들을 최대한 많이 표출할 수 있도록 이끌어야 한다. 특히 내담자가 나타내는 모든 감정과 반응에 대하여 주의를 기울이며 즉각적인 반응을 보이기보다는 내담자의 감정을 이해하고 자유로이 연상할 수 있도록 격려한다. 또한 상담자의 영향력을 최소화하면서 내담자로 하여금 자신의 무의식을 탐색하고 의식하지 못했던 무의식적 갈등의 의미를 깨달을 수 있도록 유도한다. 무의식을 의식화하는 정신분석적 상담에서 사용되는 상담기법으로는 자유연상, 꿈 분석, 전이 분석, 저항 분석, 해석 등을 들 수 있다(권석만, 2012; 황성원 외 2010; Thompson & Rudolph, 2000).

(1) 자유연상

자유연상(free association)은 내담자가 어떠한 억압이나 의식적인 판단 없이 마음속에 떠오르는 생각과 감정을 그대로 자유롭게 이야기하는 방법이다. 상담자는 내담자의 무의식적 내용들이 의식의 세계로 잘 떠오를 수 있도록 허용하며 마음에 떠오르는 것이면 무엇이든 가능한 한 많이 말하도록 격려한다. 전통적인 정신분석에서는 내담자가 소파에 편안히 누운 상태에서 마음에 떠오르는 것을 자연스럽게 이야기하고, 상담자는 내담자의 눈 맞춤을 피한 머리맡에 앉아 내담자의 이야기를 경청하며 자유연상에 따른 의식의 흐름을 따라간다.

내담자는 마음에 떠오르는 것은 어떤 것이든, 그것이 사소한 것이거나 고통스러운 것이거나 또는 전혀 관련 없어 보이는 것이라도 아무런 제한 없이 솔직하게 이야기한다. 내담자가 자유롭게 연상하는 동안, 때론 내담자의 말이 두서없어 보일지라도 상담자는 인내심을 갖고 비판단적인 자세로 내담자의 이야기 내용과 그 이면에 있는 감정, 느낌, 목소리, 몸짓, 침묵 등과 같은 비언어적 반응에 주의를 기울여야 한다. 내담자는 자유연상 과정에서 자신이 의식하지 못했던 무의식에 대한 자각이 증진되고, 간혹 상담자에게 말하고 싶지 않은 저항이나 혼란이 있을 수 있으나 이를 넘어선 정서적 표출을 통하여 감정의 정화를 가져올 수 있다. 상담자는 자유연상 내용과 반응들을 종합하여 내담자의 무의식적 갈등과 불안을 이해하고 해소해 갈 수 있도록 돕는다.

(2) 꿈 분석

꿈 분석(dream analysis)은 Freud가 '꿈이 무의식에 이르는 왕도'라고 한 것처럼, 무의식의 활동에 관한 정보를 얻는 중요한 수단이다. Freud에 따르면, 꿈은 성취되지 않은 소원이나 수용되기 어려운 욕구들이 상징적인 형태로 표현된 것이다. 잠자는 동안에는 자아(의식)의 방어가 약해지므로 무의식에 억압되었던 본능적 욕구나 감정, 이루어지지 못한 소원들이 꿈을 통해 표면화되기 쉽다. 따라서 꿈에 나타난 주제나 내용들을 상징적으로 분석함으로써 무의식에 숨겨져 있는 욕망과 갈등을 파악하고 그 의미를 발견할 수 있다. 상담자는 내담자의 꿈에 관해 상징적으로 해석하는 능력을 지니고, 내담자로 하여금 꿈에 대해서 자유연상을 하도록 격려하며 꿈에서의 상징을 통하여 내담자가 지닌 문제에 대한 통찰을 얻도록 이끈다.

(3) 전이 분석

전이 분석(transference analysis)은 상담과정에서 내담자가 상담자에게 나타내는 전이 현상을 분석하는 것으로, 전이는 내담자가 과거에 중요한 타인에게서 경험하였던 감정이나 욕망, 갈등, 기대 등을 무의식적으로 현재의 상담자에게 느끼게 되는 것을 말한다. 전이는 내담자의 아동기부터 경험해 온 의미 있는 사람과의 해결되지 않았던 감정이나 반응을 상담자에게 투사하는 것이다. 때때로 아동상담 장면에서 내담아동은 자신의 부모나 교사에게 느꼈던 감정을 상담자와의 관계에서 재연하며 상담자에게서 느끼게 된다. 내담자는 어린 시절 부모에게서 경험하였던 감정과 관계 양상을 상담자에게 나타내게 되고, 상담자는 전이 분석을 통해서 내담자의 무의식적 갈등을 이해하고 내담자로 하여금 상담자에 대해 느끼는 감정의 실제와 환상 사이를 인식하고 구별하도록 돕는다.

한편, 상담자도 내담자에게 전이현상을 보일 수 있는데, 내담자의 전이에 대한 상담자의 무의식적인 반응을 역전이(countertransference)라고 한다. 상담자가 내담자와의 관계에서 자신의 무의식적인 갈등이나 감정을 표출하게 되는 역전이는 내담자의 반응을 자칫 왜곡할 수 있으므로 주의해야 하며, 상담자 스스로 자신의 무의식적 역동에 대한 통찰과 자기 분석이 필요하다.

(4) 저항 분석

저항 분석(resistance analysis)은 상담과정에서 내담자가 보이는 비협조적인 태도와 저항적인 행동의 의미를 분석하는 것이다. 저항은 내담자가 치료적 노력을 하지 않고 여러 가지 형태로 치료과정을 방해하는 행동들을 의미한다. 예를 들어, 상담시간에 늦거나 상담시간을 잊어버리는 것, 억압된 생각이나 감정들이 드러나는 것이 두렵고 싫어서 표현을 피하거나 침묵하는 것, 중요한 내용은 빠뜨리고 사소한 이야기만 하거나 상담에 흥미를 잃는 것 등은 저항의 한 형태다. 상담과정에서 내담자가 자신의 무의식에 억압된 욕구나 갈등을 자각하게 되면 자아가 불안을 느끼게 되고 자아를 방어하려는 무의식적인 의도에서 저항이 나타나게 된다. 상담자는 내담자가 보이는 저항의 의미를 알고 내담자의 문제가 무엇인지 파악할 수 있어야 하며, 저항분석을 통해서 내담자로 하여금 저항의 무의식적 의미를 깨닫고 저항을 잘 처리해 나갈 수 있도록 돕는다.

(5) 해석

해석(interpretation)은 내담자의 자유연상이나 꿈의 자료, 상담에서 나타나는 저항이나 상담자에 대한 감정전이 등의 의미를 찾아가는 과정을 말한다. 정신분석적 상담에서 해석의 목적은 내담자 스스로 자신의 행동에 대한 통찰(insight)을 얻을 수 있도록 돕기 위한 것이다. 상담자는 내담자가 드러내는 무의식적 생각이나 감정, 행동 등을 종합하여 내담자의 무의식적 갈등이나 욕구를 해석해 줄 수 있으며, 이를 통해 내담자는 자신이 미처 의식하지 못했던 문제를 인식할 수 있다. 그러나 해석은 내담자가 자신의 문제를 인식하고 해석의 내용을 받아들일 준비가 되어 있다고 생각될 때 조심스럽게 이루어져야 한다. 내담자에게 수용되지 않는 해석은 의미가 없으며 상담 진행에 역효과가 될 수 있다. 따라서 내담자의 무의식적 내용을 해석하기보다는 상담과정에서 나타나는 내담자의 방어기제나 저항 등 내담자의 심리적 태도를 언급하고 해석하는 것이 바람직하다.

정신분석적 상담을 아동상담에 적용하는 경우에는 무엇보다 먼저 내담아동이 정신분석적 상담 기법을 활용하기에 적절한 사고 및 언어표현 능력을 갖추었는지 파악하는 것이 필요하다. 대부분 아동의 심리적 문제는 부모의 양육상의 기술 부족이나 부모-자녀 관계의 어려움에서 기인하는 경우가 많으므로, 정신분석적 상담에서는 먼저 부모상담을 통하여 내담아동의 증상, 양육사, 기질 특성, 현재의 상황에 대한 정보를 가능한 한 자세히 얻도록 한다. 또한 상담자는 상담과정에서 아동이 언어적 또는 비언어적인 방법으로 자신을 표현할 수 있도록 다양한 놀이기구나 매체를 준비하고, 내담아동이 자신의 생각과 감정을 자연스럽게 표현할 수 있도록 수용적인 자세로 부드럽게 이끌어 가야 한다. 상담자는 아동의 놀이나 언어적 표현에서 나타나는 아동의 과거와 현재를 관련지어서 아동이 나타내는 놀이나 감정의 의미를 알려 주고 아동이 자신의 문제에 직면하여 원인을 인식하고 해결해 나갈 수 있도록 돕는다(김순혜, 2004).

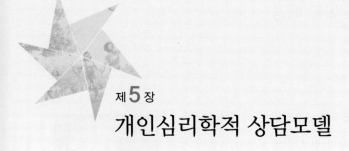

제 5 장
개인심리학적 상담모델

개인심리학적 상담모델은 Adler가 발전시킨 이론으로서 인간을 더 작은 단위로 나눌 수 없는 전체적 존재, 사회에 대한 소속 및 타인과의 결속 욕구를 지닌 사회적 존재, 과거 경험에 의해 결정되기보다는 미래의 목적을 지향하는 존재, 자신의 삶과 운명을 창조하는 존재, 경험에 대한 주관적 해석에 따라 행동하는 존재로 보는 인간관을 바탕으로 한다. 과거보다는 현재와 미래를 지향하며 인간을 긍정적인 관점에서 바라보는 개인심리학은 특히 최근 30여 년 동안 상담 및 심리치료의 접근방법으로 중요시되어 왔다. 이 장에서는 개인심리학의 주요개념과 부적응의 개념을 살펴보고 이것이 상담에 어떻게 적용되는지를 알아보고자 한다.

1. 개인심리학적 상담모델의 발달 배경

1) Adler의 생애와 업적

Alfred Adler
(1870~1937)

Alfred Adler(1870~1937)는 1870년 2월 7일 오스트리아 비엔나에서 유대인 가정의 6남매 중 둘째로 태어나 힘든 어린 시절을 보냈다. 3세 때 동생이 자신과 같이 쓰던 침대에서 사망했고, 교통사고를 두 번이나 당했으며, 폐렴과 구루병을 앓는 등 병약하여 자주 아팠고, 시력도 매우 나빴다. Adler는 허약했기 때문에 어머니의 과잉보호를 받았는데 동생이 태어나자 어머니의 관심은 동생에게로 옮겨 갔고 Adler는 이때 폐위된 왕과 같은 심정이었다고 한다. 이로 인해 Adler는 자신의 관심을 아버지와 또래에게 두게 되었고 그들로부터 용기, 동료의식, 사회적 관심에 대해 배웠다고 하며, 출생순위, 열등감, 과보호하는 양육방식 등에 대한 관심도 자신의 아동기 경험에서 생긴 것으로 보인다.

Adler는 아동기에 학업성취도가 그다지 좋지 않아서 교사가 아버지에게 Adler의 학업을 독려하기보다는 구두 만드는 기술을 배우게 하는 것이 좋겠다고 제안하기도 했다. 그러나 이후에 Adler는 자신의 노력으로 매우 우수한 학생이 되어 인간은 자신의 목적과 삶을 바꿀 수 있다는 개인심리학 원리를 일찍이 직접 경험하고 입증했다고 할 수 있다. Adler가 아동기부터 지속적으로 관심을 두었던 것은 심리학과 사회 문제였다. 의대를 졸업하고 안과 의사가 된 후에도 전체적 인간에 대한 관심으로 인해 인간의 정신과 신체 간 관련성 및 그것이 인간의 일과 사회적 삶에 미치는 영향을 꾸준히 연구하였다. 그러다가 결국 내과 의사로 직업을 바꾸어 안과 의사일 때보다는 보람을 더 느꼈으나 치료될 수 없어서 죽어 가는 환자들을 진료하며 무력감에 괴로워했다. 이로 인해 Adler는 진로를 한 번 더 바꾸었다. 즉, 인간을 전체적으로 이해하는 데 더욱 매진하기 위해 정신의학과 사회과학을 계속 공부하면서 신경학 연구를 하였다.

성격발달에 대한 Adler의 통찰력은 정신의학계의 인정을 받았고 Freud의 관심도 끌게 되었다. 1902년에 Freud는 Adler를 비롯하여 신경학과 정신의학 분야를 선도하는 학자 몇 명에게 편지를 써서 자신의 연구에 대해 함께 토론하자고 제안하였고, 이 모임은 1910년에 Adler가 이끄는 비엔나 정신분석학회로 발전되었다. Adler와 Freud의 관계는 처음에는 원만하였으나 성적 충동이 심리적 발달을 결정하는 요인이라는 Freud의 입장에 동의하지 않았던 Adler는 Freud와 불화를 겪다가 1911년에 정신분석학회를 탈퇴하고 그 이듬해에 개인심리학회를 창립하였다.

정신분석학회를 탈퇴한 이후 Adler는 인간에 대한 이해를 심화하고 인간을 돕는 최선의 방법을 모색하는 데 집중하였다. Adler는 사회적 관심이 지대하여 아동양육과 교육에 대해 글을 쓰고 강연을 했다. 또한 비엔나 공립학교에 아동상담 클리닉을 설립하였고, 아동의 정신건강을 증진하기 위한 노력의 일환으로 교사, 사회복지사, 의사 등 관련 전문가를 교육하는 프로그램을 이끌어 가기도 했다. Adler는 다양한 방식으로 자신의 이론과 기술을 대중에게 전하고 정신적 어려움을 겪는 사람을 실제적으로 돕는 것을 중요하게 여겼다. 따라서 심리치료를 청중 앞에서 직접 시연하기도 하고 일반인이 읽을 책을 쓰기도 했다.

Adler는 미국, 네덜란드, 프랑스, 스웨덴, 벨기에, 체코, 독일, 유고슬라비아, 영국 등 여러 나라에서 수많은 강연을 했고, 가는 곳마다 개인심리학 이론과 심리치료에 대해 상당한 관심을 불러일으켰다. 특히 1920년대부터 미국을 자주 방문하여 강연했고, 평등한 사회에 관한 이상을 추구했던 Adler는 나치의 압제가 시작되던 1935년에 미국으로 망명하였다. 그러나 지칠 줄 모르고 일하던 Adler는 1937년 5월 28일 순회 강연 중 스코틀랜드에 머물다 그곳에서 심장마비로 사망했다.

2) 개인심리학의 발달과정

Adler의 학문적 발달은 크게 네 단계로 구분할 수 있다(Seligman, 2006). 첫째 단계는 의대 졸업 직후다. 의사 그리고 신경학 연구자로서 그 분야에 기여했던 바는 있었으나 Adler의 최대 관심사는 인간의 정신이었기 때문에 이 시기에는 자신의 일을 통해 그다지 만족감을 느끼지 못했던 것으로 보인다.

둘째 단계는 Adler가 Freud의 정신분석 모임에 입회했을 때부터다. 정신분석 모임에 참여하기 시작했을 때는 정신분석이 Adler에게 적합한 분야인 것 같았다. 이때 드디어 Adler는 인간의 건강한 정신적 발달에 관심을 집중할 수 있게 되었기 때문이다. 그러나 머지않아 Adler는 Freud 이론의 경직성과 전체적(holistic) 인간에 대한 관심 부족에 대해 답답함을 느끼고 Freud와 갈등을 겪다가

정신분석학회에서 탈퇴하게 되었다.

셋째 단계는 Adler가 Freud의 정신분석학회에서 탈퇴한 것을 기점으로 볼 수 있다. 자유로워진 Adler는 이때부터 인간 행동의 동기를 성적 충동과 리비도 개념으로 설명하는 Freud의 인간관에서 벗어나, 인간은 힘을 획득하고 완전히 기능하는 존재가 되고자 하는 욕구가 있으며 이런 욕구에 따라 행동한다는 자신의 고유한 이론을 발전시켰다. Adler 개인심리학의 목적은 각기 독특한 존재인 인간 개인을 전체적 인간관 관점에서 이해하고 각자에게 맞는 방식으로 도움을 주는 것인데 이는 Freud의 아이디어와 매우 다르다. Adler의 관점에서 보면, Freud의 정신분석학은 모든 사람을 같은 방식으로 이해하려 했던 것으로서 지나치게 일반화하는 경향이 있다.

Adler의 학문적 발달 마지막 단계는 그가 제1차 세계대전에 정신과 의사로 참전한 후부터다. 전쟁 중에 군인들 사이에 형성된 유대를 보면서 Adler는 사회적 관심에 대한 인간의 충동이 우월이나 힘에 대한 충동보다 강하다고 확신하게 되었다. 이에 따라 Adler는 인간의 기본적 동기는 선천적 성향인 사회적 관심이며 인간 행동에 동기로 작용하는 것은 중대성, 자기가치, 사회적 참여에 대한 욕구라고 하였다. Adler는 이론과 실천을 통해 사람들이 격려받았고 자아실현을 이루었다고 느끼게 하며, 만족스러운 사회적 참여와 관계를 형성하게 돕는 것을 중요시했는데, 오늘날 많은 사람이 상담의 가장 근본적인 목적이라고 보는 것과 일맥상통한다.

개인심리학에 대한 관심은 Adler 사망 후 약화되었으나 제2차 세계대전 이후 재조명받기 시작했다. 특히 미국의 Dreikurs는 제2의 Adler라 불릴 정도로 개인심리학 발달에 주도적인 역할을 했으며, 개인심리학 이론을 대중에게 널리 알리기도 했다(노안영, 강만철, 오익수, 김광운, 정민, 2011). 개인심리학은 부모교육, 가족상담, 학교상담, 아동상담 등 다양한 심리상담에 효과적으로 적용되어 왔으며 현대 상담이론에 큰 영향을 미쳤다. Rogers의 인간중심 상담, Ellis의 합리적 정서행동치료(REBT), Frankl의 실존주의 상담, Glasser의 현실치료, Berne의 교류분석 등 수많은 상담이론이 Adler의 영향을 받았으며, Erikson, Horney, Fromm, Maslow도 Adler 인간관의 영향을 받았다(김춘경, 이수연, 이윤주, 정종진, 최웅용, 2010).

2. 인간관

1) 전체적 존재

Adler의 인간관은 자신의 이론을 개인심리학(individual psychology)이라고 칭한 데서부터 찾아볼 수 있다. 'individual'은 라틴어로 '나눌 수 없는(in-divide)'이라는 어원에서 나온 것이다. Adler는 인간을 통합된 유기체로서 더 이상 작은 단위로 나눌 수 없는 존재로 보았기 때문에 자신의 이론을 개인심리학이라 명명한 것이다. 인간을 전체적이고 통합적인 존재로 보는 Adler의 인간관은 Freud의 인간관과 매우 대조적이다. 예를 들면, Freud는 인간의 성격이 원초아, 자아, 초자아로 이루어져 있는데 이 구성요소는 각각 작동원리가 매우 달라서 서로 간에 갈등과 긴장이 지속된다고 보았다. 이와는 대조적으로, Adler는 인간 개인을 고유하고 독특하며 일관성 있는 전체로 보았고 전체인 개인은 자신의 삶의 목적을 위해 일정한 패턴으로 살아간다고 하였다(김춘경, 2006). 아들러의 전체적 인간관은 무의식과 의식을 구분하는 것에 대한 문제제기에서도 드러난다. 즉, 인간 정신을 무의식과 의식으로 구분하는 것은 의미가 없으며, 그보다는 의식과 무의식이 공통으로 지향하는 목적이 무엇인지를 찾는 것이 중요하다고 보았다(Adler, 1929).

2) 사회적 존재

Adler는 인간이 사회적 존재로서 소속에 대한 욕구, 다른 사람들과 연결되고자 하는 욕구를 지니고 있다고 하였다(Kottman & Ashby, 2015). 인간에 대한 Adler의 신념에 따르면, 인간은 사회적 결속이 있어야 생존할 수 있고 행복할 수 있다. 따라서 인간의 행동은 사회적 충동에 의해 동기화되며 인간 개인을 이해하려면 그가 속한 사회적 맥락 안에서 이해해야 한다. 인간은 사회의 복지와 이익에 대한 관심인 사회적 관심(social interest)을 잠재적으로 가지고 태어나며, 사회적 맥락 안에서 교육과 훈련을 통해 발달시키게 된다. 개인심리학에서는 사회적 관심을 사회적 존재로서 인간의 적응과 부적응을 판단하는 준거로 중요시한다.

3) 목적 지향적 존재

Adler는 인간의 모든 행동에 목적이 있다고 전제했다. 따라서 인간의 모든 선택과 행동은 각자의 목적에 의해 유도된 것이라 할 수 있다(Kottman, 2003). 인간을 목적 지향적 존재로 본 것은 Freud의 인간관과 대비된다. Freud는 인간 행동을 이해하는 데 과거가 중요하다고 주장했는데, Adler는 인간 행동을 이해하려면 목적을 파악해야 한다고 하며 미래를 더 중요시하였다. Adler는 인간의 목적이 인간을 행동하게 하는 동력이 된다고 하였다. 이처럼 인간 행동에는 분명히 목적이 있지만 그 목적이 무엇인지를 인간 자신이 모르는 경우가 많다고 하였다. 따라서 개인심리학적 상담의 내용 중 하나는 내담자가 자신의 행동 목적을 인식하고, 행동패턴을 바꾸며, 새로운 선택을 하여 건설적인 목적을 지향하도록 돕는 것이다.

4) 창조적 존재

개인심리학에서 인간은 목적을 가지고 자신의 삶을 끊임없이 창조하는 존재다. 운명에 의해 결정되어 있는 존재가 아니라 자신의 삶에 관해 스스로 선택하고 결정하며 자신을 창조해 나간다. 자신이 설정한 목표를 향해 가면서 운명을 만들어 나가는 것이다. 인간은 자신의 삶과 운명을 창조하는 힘을 가지고 있는 존재이므로 유전과 환경의 영향을 받으면서도 그것에 의해 결정되지는 않으며 선제적으로 행동을 취한다. 인간은 행동, 사고, 감정, 태도를 끊임없이 선택하게 되고 자신이 선택한 것들로 인해 인간 각자는 모두 독특하고 특별한 존재가 되는 것이다(Kottman, 2003).

5) 주관적 존재

개인심리학은 현상학적 관점을 취했으므로 인간의 내적 현실, 즉 인간 개인이 세상을 지각하는 방식을 중시했고, 인간의 주관성이 경험을 지각하고 해석하는 데 영향을 미칠 뿐 아니라 감정과 행동에도 영향을 미친다고 보았다(Kottman, 2003). 따라서 어떤 경험이든 그것에 대한 지각과 해석은 사람마다 다를 수 있어서 같은 경험을 한 여러 사람이 그것에 대해 같은 결론에 이를 수 없다. Adler는 인간 개개인을 독특한 존재로 보았으며, 인간 개인을 제대로 이해하는 것은 그 사람의 세상에 대한 지각, 사적 논리(private logic), 생활양식(lifestyle), 목적(goals)을 이해해야만 가능하다고 보았다 (Seligman, 2006). 인간이 주관적인 존재라는 점에 유의해야 하는 이유는 개인의 행동이 자신의 경험을 주관적으로 인식하고 해석하는 방식에 의해 결정되기 때문이다. 같은 경험도 어떻게 해석하느냐에 따라 전혀 다른 의미가 부여되고 그것은 개인이 이후에 어떤 행동을 할 것인지를 선택하는 데 영향을 미치게 된다.

3. 주요 개념

1) 열등감과 보상

Adler가 "인간이 된다는 것은 자신을 열등하다고 느끼는 것이다(To be a human being means to feel oneself inferior)."라고 기술하였듯이, Adler는 인간은 누구나 열등감을 가지고 있고 열등감이 인간의 삶 전반에 커다란 영향을 미친다고 보았다. 그리고 인간이라면 피할 수 없는 열등감의 근원을 두 가지로 설명하였다(김춘경, 2006). 첫째, 인간은 육체적으로 약한 존재로서 막대한 힘을 지닌 자연은 인간에게 두려움의 대상이며 이에 대해 열등감을 갖게 된다는 것이다. 둘째, 인간은 생애 초기에 작고 약한 존재로서 누군가에게 의존하지 않으면 생존할 수 없는데 자신이 의존하는 사람들은 자신보다 힘이 세고 강한 존재이므로 이들에게 맞설 수 없기 때문에 열등감을 갖게 된다는 것이다.

Adler에 따르면, 열등감은 모든 인간이 경험하는 것이므로 열등감이 있다고 해서 그 사람이 약하거나 비정상이라 할 수 없고, 열등감은 인간 행동의 동력으로 항상 존재하는 것이며 모든 인간 노력의 원천이다. 인간의 삶은 열등감을 극복하려는 보상의 과정이며, 인간이 성숙해지는 것도 열등감을 이겨 내려는 시도인 보상의 결과라고 할 수 있다. 인생 전체에 걸쳐 인간은 열등감을 극복하고 더 높은 발달수준으로 가려는 욕구에 의해 동기화되므로 열등감은 인간발달에 큰 영향을 미친다.

열등감에 대한 보상의 과정은 인생 초기에 시작된다. 앞서 기술했듯이, 영아는 작고 무력하며 성인에게 완전히 의존한다. 영아는 부모가 자신보다 강하다는 것과 부모의 힘에 저항하거나 도전

할 수 없다는 것을 인지한다. 그 결과 영아는 자신보다 크고 강한 주변의 사람들과 비교하여 열등
감을 발달시키게 된다. 열등감은 모든 영아가 경험하는 것이지만 유전적으로 결정된 것이 아니며
모든 영아가 성인에게 의존할 수밖에 없어서 처하게 되는 환경의 공통점에 기인한다. 열등감은 인
간 누구나 갖는 것이고 피할 수 없지만 중요한 것은 열등감이 노력과 성장의 동기를 부여한다는 점
이다.

개인심리학에서 열등감과 관련하여 중요한 원리는 열등감이 있다는 것 자체가 아니라 열등감을
개인이 어떻게 받아들이고 대처하는가가 중요하다는 것이다. 사회적 참여를 통해 열등감을 줄이
고 자존감을 높이며, 자신의 강점과 능력을 개발하고, 현명하게 창조적인 선택을 하면서 건강한 방
법으로 성장과 힘을 추구하는 아동은 긍정적인 방향으로 발달하게 될 것이다. 반대로, 응석받이로
과보호를 받는 아동, 아무도 제대로 돌보지 않아 방치된 아동, 힘을 얻으려는 노력이 좌절된 아동
은 긍정적인 성장과 발달을 이루게 될 가능성이 훨씬 낮다. Adler에 따르면, 응석받이 아동은 다른
사람들이 자신을 돌봐 줄 것이라 기대하며 성장하기 때문에 자신의 자원을 개발하지 않고, 방치된
아동은 열등한 역할을 극복하려는 노력이 무시되거나 거부되면 낙담하고 절망하게 된다.

2) 우월 추구

Adler는 인간행동의 동기를 우월 또는 성공에의 추구라고 보았다. 인간은 약한 존재로 세상에
태어나 열등감을 느끼는데, 이 열등감은 인간이 우월 또는 성공을 추구하는 동기가 된다. Adler는
인간이 본질적으로 완전함을 추구하는 경향성을 지니고 있다고 보았으며, 인간이 열등감을 느끼
는 것도 완전함을 추구하는 경향이 있기 때문이라고 했다. 즉, 열등감을 극복하려는 욕구와 완전함
에 대한 욕구가 동시에 인간을 밀고 당긴다는 것이다. 이 둘은 분리될 수 없는 것으로서 인간을 동
기화하는 단일한 힘의 양면이라고 할 수 있다. 즉, 완전함을 향하는 경향성이 없다면 아동은 열등
감을 느끼지 않을 것이지만 열등감이 없다면 우월이라는 목표를 설정하지도 않을 것이다. 목표는
열등감에 대한 보상으로서 설정되는 것인데 완전함을 추구하는 본질적 경향이 없었다면 열등감도
존재하지 않았을 것이다(Adler, 1956).

Adler는 우월이라는 개념을 자기완성, 자아실현의 의미로 보았다. 우월을 추구한다는 것은 자신
을 성장시키고 능력을 개발하고자 노력하는 것이다. 인간은 열등감을 가지고 있고 그것에 대한 보

상으로 우월을 추구한다. 우월 추구는 인간이 발달해 나가게 되는 동력이다. 현재에 부족한 것을 채우고 완전하게 만들어 가려는 경향성이므로 우월 추구는 인간이 살면서 부딪히는 문제를 해결하게 하는 힘으로 작용한다.

Adler 이론 발달의 최종 단계에서는 우월 추구의 방법을 두 가지로 제시하였다. 하나는 개인적 우월을 추구하는 것으로서 사회적으로는 비생산적이라 할 수 있는 것이고 다른 하나는 사회적 관심이 관여하는 것으로서 모든 사람에게 성공 또는 완벽한 것을 목표로 하는 것이다(Adler, 1956). 이 둘을 구분하여 Adler는 개인의 우월을 추구하는 것만을 우월 추구로, 사회 전체의 성공을 추구하는 것은 성공 추구로 다르게 지칭하였다.

우월이라는 목적을 향해 이루어지는 열등감 보상 과정은 어릴 때 느낀 열등감의 정도와 열등감 극복을 위해 주변 사람들이 어떤 역할을 해 주었는가에 따라 긍정적인 것과 부정적인 것의 두 가지 방향으로 나뉠 수 있다(김춘경, 2006). 열등감으로 압박감을 느끼지 않고 삶의 유익한 영역에서 성공의 가능성을 모색한다면 성숙과 발전을 위한 노력을 통해 우월이 실현될 수 있다. 이런 아동은 인성을 강화하고 열등감을 계속적으로 극복할 수 있다. 반면에, 잘못된 교육이나 부적절한 환경이 아동의 열등감을 심화시키는 경우에는 아동이 자신이 약하다는 것을 계속 재인식하면서 삶의 유익한 영역에서 정상적인 방법으로는 열등감을 극복할 수 없을 것이라 믿게 되는 열등감 콤플렉스를 발달시키게 된다. 즉, 정상적 열등감과 달리 열등감 콤플렉스는 개인에게 부정적으로 영향을 미치는데, 이는 열등감이 과장된 상태라고 볼 수 있다(노안영 외, 2011). 이런 상태에 이르게 되면, 비현실적이라 할 만큼 더 크고 이루기 어려운 힘과 우월을 보상으로 얻고자 하는 우월감 콤플렉스가 생길 수 있다. 우월감 콤플렉스는 견디기 어려운 열등감 콤플렉스를 왜곡된 방식으로 보상하려는 시도의 결과로서 자신이 다른 사람들보다 위에 있고 더 강하다는 망상으로 나타날 수 있다. 우월감 콤플렉스는 열등감 콤플렉스를 감추기 위한 속임수로서 과장된 열등감을 왜곡된 방식으로 보상하려는 것이다. Adler는 건방지고 싸움을 자주 하는 아동이 우월감 콤플렉스를 가진 것으로 설명했다. 이런 아동은 자신이 실제보다 더 크게 보이기를 바란다는 것이다. 이와 유사하게, 엉뚱한 것을 요구하며 고집을 부리고 생떼를 자주 쓰는 아동은 다른 사람들을 자신이 지배할 수 있음을 보여 주려 한다(Adler, 1929). 이처럼 우월감 콤플렉스를 가지게 되는 이유는 열등감이 너무나 커졌기 때문이다.

우월 추구는 인간의 본질적 성향이지만 어려서부터 완전히 발달되어 있는 것은 아니다. 출생 시에는 잠재력으로만 존재한다. 개인마다 우월 추구 잠재력을 자신만의 고유한 방식으로 활성화시켜야 하는 것이다. 아동은 4~5세가 되면 추구의 방향을 정하고, 개인의 우월 또는 사회의 성공으로 목적을 설정하면서 우월 추구 잠재력을 발달시키는 과정을 시작한다. 목적은 동기에 지침을 줌으로써 심리적 발달의 형태를 결정하고 목표를 부여한다. 목적은 개인이 창조한 것으로서 개인마다 다를 수 있다. 우월 추구의 목적은 열등감에 대한 보상이지만 그렇다고 해서 꼭 열등하다고 지각하는 것에 상반되는 것은 아니다. 예를 들면, 몸이 약한 사람이 약한 신체에 대한 열등감을 보상하기 위해 건강한 운동선수가 되는 것만이 방법은 아닌 것이다. 성공은 개인이 규정하는 개념이며, 사람마다 성공이 무엇이라는 것에 대한 자기 고유의 개념이 있다. 유전과 환경이 인간의 창조하는 힘에 영향을 미치기는 하지만 인간의 성격은 궁극적으로는 창조하는 힘에 의해 형성된다. 유전은 우월 추구의 잠재력을 만들고, 환경은 사회적 관심과 용기의 발달에 기여한다. 그러나 유전과 환경은 인간이 자기 고유의 목적을 설정하는 힘이나 목적을 향해 가는 고유의 방식을 선택하는 힘을 박탈할 수는 없다(Adler, 1956).

3) 가상적 목적론

Adler는 사람의 주관적 지각이 행동과 성격을 만들어 간다고 보았다. 사람은 열등감을 보상하기 위해 우월이나 성공을 추구하는데, 추구하는 방식은 현실에 의해서가 아니라 현실에 대한 주관적 지각인 가상(허구) 또는 미래에 대한 기대에 의해서 형성된다. 인간의 가장 중요한 가상은 우월 또는 성공이라는 목적인데, 목적은 인생 초기에 자신이 만든 것으로서 분명히 이해하지 못한 것일 수 있다. 인생 초기에 만든 주관적인 가상적 최종 목적은 삶의 양식 형성을 이끌고 성격에 통합성을 부여한다.

Adler의 가상적 최종목적론 개념은 Vaihinger의 '마치 ~인 것처럼 철학(The philosophy of as if)'의 영향을 받은 것이다(노안영 외, 2011). Vaihinger는 가상이라는 것이 실제적 존재가 없는 아이디어인데 마치 실제로 존재하는 것처럼 인간에게 영향을 준다고 보았다. 가상의 예로, '인간은 자유 의지를 가지고 있어서 선택할 수 있다.'는 아이디어를 생각해 볼 수 있다. 많은 사람이 인간에게 자유 의지가 있고 그렇기 때문에 자신이 선택한 것에 책임이 있는 것처럼 행동한다. 그러나 자유 의지가 존재한다는 것은 아무도 증명할 수 없다. 그럼에도 인간의 자유 의지라는 가상은 대부분 인간의 삶에 지침이 된다(Feist & Feist, 2008). 가상은 맞든 틀리든 간에 인간 삶에 막대한 영향력을 행사한다. 인간은 현실에서 실현될 수 없는 가상적 생각이 마치 진실인 것처럼 행동하며 그러한 생각에 의해 살아간다(김춘경 외, 2010). Adler는 Vaihinger의 철학을 받아들여 인간의 궁극적 목적은 주관적 지각에 의한 사적 논리에 근거하여 만들어진 것인데 객관적으로 검증할 수 있는 현실이 아니라 대부분 가상이라고 하였다. 인간의 최종 목적은 개인이 사적 논리에 따라 만든 가상적인 것으로서 일반적으로 쉽게 이해될 수 있는 것은 아니라는 것이다.

Adler가 가상을 강조한 것은 동기에 대한 그의 목적론적 관점과 맥을 같이한다. 목적론은 인간 행동을 그것의 궁극적 목적과 관련지어 해석한다. 목적론은 행동이 어떤 원인으로 인해 발생한다고 보는 원인론과 상반된다. 동기에 대한 Freud의 입장은 기본적으로 원인론이다. 인간의 현재 행동은 과거 사건에 의해 동기화되어 발생된다고 믿었다. 이와는 대조적으로, Adler의 입장은 목적론적이다. 즉, 인간 행동은 미래에 대한 현재의 지각에 의해 동기화된다고 믿는 것이다. 그리고 이러한 지각은 가상이므로 의식적이거나 이해되어야 할 필요가 없다. 하지만 가상은 인간의 모든 행동에 목적을 부여하고 인간의 전 생애에 걸쳐 일관성 있는 패턴이 만들어지게 한다.

4) 사회적 관심

Adler는 사회적 관심의 정도가 정신건강의 지표라고 하였다. 사회적 관심은 소속감과 사회의 공동 이익을 위해 다른 사람들과 협력한다는 느낌이다. 사회적 관심(social interest)은 공동체감(community feeling)이라고 번역될 수도 있는 개념으로서 하나라는 느낌이다. 즉, 모든 사람이 사회 공동체에 소속되어 있다고 느끼는 것을 의미한다. 사회적 관심이 잘 발달된 사람은 개인적 우월보다는 공동체의 모든 사람에게 완벽한 것을 추구한다. 사회적 관심은 인류와의 유대감, 인간 공동체 각 구성원에 대한 공감이라고 정의될 수도 있으며, 개인적 이득보다는 사회의 발전을 위해 다른 사람들과 협력하는 것으로 나타난다. 사회적 관심은 인간의 자연스러운 양상이며 사회를 결속시키는 접착제라고 할 수 있다(Adler, 1927).

인간은 사회적 관심을 가지고 태어나는데 그것이 개발되려면 사회적 맥락에서 교육과 훈련이 필요하다(노안영 외, 2011). 사회적 관심은 개인이 자신을 자신이 속한 사회와 동일시하는 능력으로서 인간이 자기를 사회로 확장하는 것이라고 볼 수 있다. 자기를 사회로 확장하는 것은 자아와 타자 간의 경계가 희미해지는 것인데 이렇게 자아와 타자 간의 경계를 넘어 동일시할 수 있는 것은 공감에 의한 것이다. 즉, 사회적 관심의 핵심은 공감인데, 공감은 타인의 눈으로 보고 타인의 귀로 듣고 타인의 마음으로 느끼는 것이다(김춘경, 2006). Adler는 사회적 관심이 친절, 협력, 공감과 같은 특질로 드러난다고 보았다(Thomson & Henderson, 2007).

5) 생활양식

생활양식(lifestyle)은 Adler가 개인 삶의 전반적인 특징을 지칭하기 위해 사용한 용어인데, 개인이 열등감을 극복하고 목적을 달성하기 위해 선택한 각자의 고유한 방식을 뜻한다. Adler 이론의 핵심적 개념이라 할 수 있는 생활양식은 성격이나 자아와도 유사한 개념이며, 개인의 주관적 세계관(자아와 타인에 대한 신념, 가치, 내적 서사, 기대, 태도 등), 목적, 목적을 달성하기 위해 사용하는 행동 전략, 목적달성을 위해 취한 행동의 결과 등으로 구성된다고 볼 수 있다(Seligman, 2006). Adler는 생활양식의 의미를 음악에 비유해 설명했다(Feist & Feist, 2008). 즉, 음악 작품에서 음 하나하나는 멜로디를 이루어야만 의미가 있는데 그것을 듣는 사람이 작곡자 특유의 표현 방식을 인식하게 되면 멜로디의 의미가 한층 깊어지는 것처럼, 한 개인을 이해하려면 그의 삶 전반을 아우르는 삶의 방식을 알아야 한다는 것이다.

Adler는 4~5세가 될 때쯤이면 생활양식이 형성되어 일생 동안 대체로 유지된다고 보았는데, 그렇다고 변화가 불가능한 것은 아니며 인간의 창조적 힘으로 변화시킬 수 있다고 하였다(Adler, 1956). 생활양식의 유연성은 정신건강을 나타내는 하나의 지표라고 할 수도 있다. 심리적으로 건강하지 못한 사람은 환경이 변화하는데도 새로운 방식을 선택하지 못하는 경직된 삶을 살며, 건강한 사람은 복합적이고 변화 가능한 생활양식을 가지고 다양한 방식으로 행동하며 유연성 있게 살아간다. 삶의 목적은 달라지지 않더라도 그것을 추구하는 방법은 여러 가지가 있을 수 있고 새로운 방법을 스스로 창조할 수 있는 것이다.

6) 가족구도와 가족분위기

가족구도와 가족분위기는 개인심리학에서 생활양식을 이해하는 데 중심이 되는 요인으로, 상담과정에서 내담자로부터 알아보아야 하는 중요한 사항이다. 가족구도는 가족구성, 각 가족원의 역할, 출생순위, 가족 내에서의 심리적 위치(처지), 내담자가 지각한 형제자매관계, 부와 모의 관계, 부모-자녀관계를 포함한다. 아동은 가족 안에서 자신의 역할이 있는데, 그것은 가족 내 상호작용에 의해 결정된다(Adler, 1963).

Adler는 가족구도를 이루는 요소 중에서 출생순위를 특히 중요하게 보았다. 출생순위는 아동발달에 매우 큰 영향을 미쳐 생활양식 형성에 핵심적인 작용을 하는 것이므로 내담자를 이해하는 하나의 원리로 활용될 수 있다고 보았다. 그런데 개인심리학에서의 출생순위는 심리학적 의미로 보는 것이 타당하다. 형제자매 중 몇 번째로 태어났다는 순서 자체가 중요한 것이 아니라 출생순위에 따라 상이한 심리적 환경에서 성장하게 된다는 점이 중요한 것이다. 태어난 순서에 따라 형제자매와의 관계나 부모와의 관계가 다르고 부모의 기대나 양육태도도 다르기 때문이다. Adler는 형제자매 사이에서 흔히 볼 수 있는 다양한 차이가 출생순위에 따라 서로 다른 심리적 환경에서 성장했기 때문에 생기는 것으로 보았다(Adler, 1958). 같은 가족에서 성장하지만 형제자매 각자가 경험하는 심리적 환경은 다를 수밖에 없기 때문이다.

Adler는 가족 내에서의 심리적 위치와 그에 따른 특징을 기술하였다(Seligman, 2006). 그것에 따르면, 첫째는 책임감이 강하고 바르게 행동하며 사회적 기대에 잘 맞추고 전통적이라 할 수 있다. 또한 타인을 돌보고 보호하는 성향도 보인다. 하지만 동생 출생을 통해 독보적 위치에서 '폐위당하는' 것 같은 충격적 경험을 함으로써 불안수준이 높고 무의식적인 적대감을 지닐 수 있다. 동생 출생으로 인한 급격한 환경 변화에 성공적으로 대처한다면 친화력과 자신감이 더욱 발달될 수 있다. 둘째는 첫째를 따라잡아야 한다는 압박감을 느끼며 경쟁적이다. 그런데 첫째가 이미 성취한 것을 앞서 나갈 수 없음을 깨닫고 첫째가 잘하지 못하거나 관심을 갖지 않은 것에 노력을 쏟을 수도 있고 오히려 협력적 태도를 발전시키는 방향으로 갈 수도 있다. 첫째가 자신에게 매우 적대적이라고 지각하는 경우에 둘째는 매우 경쟁적이 되거나 지나치게 낙담하게 될 수도 있다. 중간 아이는 둘째 같은 특성을 보인다. 하지만 이미 자신의 위치를 찾은 손위 형제나 부모의 사랑과 관심을 더 받는 아래 형제들 사이에 끼어서 특별한 존재라고 느끼지 못하고 낙담하며 사랑받지 못하는 존재로 스스로를 지각하게 될 수 있다. 격려와 긍정적인 양육이 있다면 중간 아이는 잘 적응할 수 있다. 막내는 응석받이가 될 가능성이 가장 높고 그와 관련하여 문제행동을 하게 될 위험성도 크다. 강한 열등감을 갖거나 독립심이 부족한 경우도 많다. 그러나 형제자매보다 앞서기 위한 동기가 매우 강하며, 형제자매와의 경쟁을 피해서 자신만의 관심사를 추구하는 경우가 많다. 외둥이는 항상 관심의 대상이며 자신의 욕구에만 집중하여 응석받이가 되고 버릇없이 자랄 수 있다. 그러나 성취 지향적인 첫째와 창의적인 막내의 특성을 모두 가질 수도 있다. 과장된 우월감과 팽창된 자아개념을 발달시키는 경우가 많으며, 사회적 관심의 발달이 부족하고 다른 사람들이 자신을 다 받아 주고 보호해 줄 것이라 기대하기도 한다. 개인심리학에서는 이와 같이 가족에서의 심리적 위치에 따른 심리적 특성을 기술하고 있으나, 이것을 지나치게 강조하는 것은 결정론적인 입장이 되어 개인심리학의 철학과 맞지 않는다. 출생순위가 같은 사람들끼리 공통적인 특징을 보일 수 있으나 이는 운명적인 것이 아니며, 각 개인이 가족 안에서 자신의 위치를 어떻게 찾았는가가 더 중요하다 (Thomson & Henderson, 2007).

가족분위기는 자녀에 대한 태도, 훈육 철학, 생활양식, 가족의 가치, 원가족의 가족분위기, 부부관계, 양육기술, 개인적 강점과 어려움 등 부모의 특징을 통해 만들어진다(Kottman, 2003). 가족분위기는 가족구도와 서로 영향을 주고받으며 가족원 개개인에게 다르게 영향을 미친다. 가족구도와 가족분위기를 이해하는 것은 내담자의 생활양식을 이해하는 데 도움이 된다.

4. 부적응의 개념

1) 부적응의 의미

개인심리학에서 부적응을 이해하는 최선의 방법은 낙담의 측면에서 보는 것이라고 할 수 있다. 즉, 문제를 지닌 개인은 용기를 잃고 낙담한 상태이며 그런 상태에 이르게 된 것은 역기능적 행동을 했기 때문이다(노안영 외, 2011). 따라서 개인심리학적 상담에서는 상담자의 격려가 내담자를 돕는 과정에서 무엇보다도 중요시된다. 낙담은 사회적 관심의 부족과 관련이 있는데, 사회적 관심이 부족하면 타인과의 결속감을 가질 수 없고 소속감도 약하기 때문이다. 낙담은 개인이 열등감에 압도되거나 그로 인해 과보상하는 결과일 수도 있다. 또한 부적응은 자아, 타인, 세계에 대한 잘못된 신념, 즉 충분히 기능하는 것을 방해하는 사적 논리 때문일 수도 있다. 따라서 개인심리학적 상담의 전반적 목적은 내담자의 생활양식을 이해하는 것이다. 그렇게 함으로써 내담자의 자아이해를 촉진하고 생활양식과 행동이 기능적이고 적응적인 방향으로 바뀌도록 돕는 것이다. Adler에 따르면, 인간은 자기 스스로를 만들어 가는 창조적 존재다. 인간은 창조적 힘이 있으므로 심리적으로 건강하거나 건강하지 않을 자유, 유용한 생활양식을 따르거나 무가치한 생활양식을 따를 자유를 어느 정도는 가지고 있다.

2) 부적응의 원인

(1) 사회적 관심 부족

Adler에 따르면, 인간의 모든 부적응의 이면에는 미발달된 사회적 관심이 있다. 신경증이 있는 사람은 사회적 관심이 부족한데다 너무 높은 목적을 가지고 있고, 자신의 사적 세계에서 살고 있으며, 경직된 생활양식을 가지고 있다. 너무 높은 목적, 사적 세계에서 사는 것, 경직된 생활양식은 모두 사회적 관심이 부족한 결과다. 즉, 자신에게만 지나치게 관심이 있고 타인에게 무관심하면 삶에서 실패자가 된다. 부적응적인 사람은 과장된 열등감에 대한 과보상으로 과대한 목적을 설정한다. 이런 목적을 갖고 있으면 독선적 행동을 하게 되고 목적이 과대할수록 그것에 대한 추구는 더 경직된다. 뿌리 깊은 열등감을 보상하기 위해 이런 사람의 시각은 편협해지고 비현실적인 목적을 강박적으로 융통성 없이 추구한다. 과장되고 비현실적인 특성을 지닌 신경증적인 목적은 그 사람을 공동체의 다른 사람들로부터 갈라놓는다. 신경증적인 사람의 세계관은 다른 사람들과 초점이 다르고 사적 의미를 갖는다. 이들은 일상적 삶을 큰 노력이 필요한 힘든 일이라고 한다.

(2) 부적응의 외적 요인

부적응이 생기는 데 기여하는 외적 요인으로 Adler(1964)는 세 가지 요인을 확인했다. 즉, 과장된 신체 결함, 응석받이 생활양식, 방치된 생활양식이다.

과장된 신체 결함은 어떤 원인에 의해 발생된 것이든 간에 그것만으로는 부적응이 야기되지 않으며 열등감이 동반되어야 부적응이 나타난다. 인간은 신체결함을 가지고 있으며 이런 결함이 열등감을 일으키는데, 신체결함을 과장되게 인식하는 사람은 과장된 열등감을 발달시킨다. 이런 사람은 자신에 대한 관심이 지나치며 타인에 대한 배려가 없다. 적들과 함께 살고 있는 것처럼 느끼고, 성공을 바라기보다는 패배를 두려워하며 삶의 주요 문제들은 이기적인 방식으로만 해결될 수 있다고 확신한다.

응석받이 생활양식은 대부분의 신경증에서 찾아볼 수 있다. Adler는 응석받이 생활양식을 신경 증적 생활양식과 거의 같은 것으로 볼 정도로 응석받이 생활양식이 심리적 발달을 방해하며 과잉보호하는 양육은 가장 위험한 것이라고 지적하였다. 응석받이로 자란 사람은 사회적 관심이 약하며 부모와 가졌던 기생적인 관계를 지속하려는 강한 욕구를 지닌다. 타인이 자신을 돌보고 과잉보호하며 요구를 충족해 주기를 바란다. 이들은 극단적인 낙담, 우유부단함, 과민함, 인내심 결핍, 과장된 불안을 특징으로 한다. 사적인 시각으로 세상을 보며 자신이 모든 것에서 최고여야 한다고 믿는다. 역설적이게도, 응석받이 아동은 사랑을 너무 많이 받았다고 느끼는 것이 아니라 사랑받지 못했다고 느낀다. 부모가 너무 많은 것을 해 주며 문제를 스스로 해결할 수 없는 사람 취급을 했기 때문에 사랑을 보여 주지 않은 것이다. 이런 아동은 응석받이 생활양식을 만든다. 응석받이 아동은 방치됐다고 느낄 수도 있다. 맹목적으로 애지중지하는 부모의 보호를 받았기 때문에 부모와 분리되면 두려움을 느낀다. 자립해야 할 때마다 버림받았고 홀대받으며 방치되었다고 느낀다. 이런 경험은 응석받이 아동의 열등감을 심화시킨다.

방치도 부적응에 기여하는 외적 요인이다. 사랑받지 못한다고 느끼며, 부모가 자신을 원하지 않는다고 느끼는 아동은 방치된 생활양식을 만든다. 방치는 상대적인 개념이다. 완전히 방치됐거나 완전히 환영받지 못한다고 느끼는 사람은 없다. 영아기에 생존했다는 것은 누군가가 아동을 돌보았고 사회적 관심의 씨가 심어졌다는 증거다(Adler, 1929). 그런데 학대받고 홀대받은 아동은 사회적 관심이 거의 없고 방치된 생활양식을 만드는 경향이 있다. 이런 사람은 자신감이 거의 없고 삶의 주요 문제와 관련된 어려움을 과대평가하는 경향이 있다. 타인을 믿지 못하고 공동의 복지를 위해 협력하지 못한다. 사회를 적대적인 곳으로 보고 다른 사람들로부터 소외감을 느끼며 다른 사람들의 성공에 대해 강한 질투를 경험한다. 방치된 아동은 응석받이의 특성을 많이 가지지만 응석받이 아동보다 의심이 더 많고 다른 사람들에게 위험한 존재가 될 가능성이 더 크다.

5. 상담목표

개인심리학에서는 부적응을 역기능적 행동을 한 결과로 용기를 잃고 낙담한 상태라고 보기 때문에 상담은 내담자가 용기를 갖도록 돕는 과정이라고 할 수 있다. 내담자가 용기를 가지려면 자신에게 있는 긍정적인 특성을 인식하고, 소속감을 느끼며, 새로운 가능성이 열려 있다는 희망을 가져야 한다. 스스로 자신의 삶을 변화시킬 수 있는 힘이 있고 힘을 발휘하고자 노력하면 변화가 가능하다고 믿을 수 있어야 한다. 따라서 개인심리학 상담의 목표는 다음과 같다(Kottman & Ashby, 2015). 첫째, 내담자가 자신의 생활양식을 인식하고 통찰력을 가질 수 있게 돕는다. 둘째, 자아, 타인, 세상에 대한 틀린 믿음을 변화시킨다. 셋째, 행동의 목적을 긍정적인 것으로 전환한다. 넷째, 소속과 중대성을 얻기 위해 유지되었던 파괴적인 행동패턴을 건설적인 패턴으로 바꾼다. 다섯째, 내담자의 사회적 관심, 타인과의 결속감을 증진시킨다. 여섯째, 열등감에 대처할 수 있는 긍정적 방법을 채택한다. 일곱째, 내담자의 자산을 인식하고 활용한다. 여덟째, 내담자가 점진적으로 긍정적인 태도, 감정, 행동을 선택할 수 있도록 내담자 안에 있는 태도, 감정, 행동을 개발한다.

6. 상담과정과 기법

1) 상담과정

개인심리학의 상담과정은 내담자와 상담자 간에 민주적이고 협력적인 치료관계를 형성하고 상담의 목표를 공유하는 단계, 내담자와 내담자의 문제를 평가하고 분석하며 이해하는 단계, 생활양식을 해석하고 통찰하는 단계, 재교육과 재정향을 통해 행동과 태도를 변화시키도록 격려하는 단계 등 4단계로 이루어진다(노안영 외, 2011; Thompson & Henderson, 2007).

(1) 치료적 관계 형성하기

Adler는 내담자와 상담자 사이에 긍정적인 치료적 관계가 형성되는 것을 중요하게 여기고 강조했다. 진정한 관심과 관여, 공감, 언어적/비언어적 경청 기술이 내담자가 상담에 오게 된 문제인 열등감과 두려움을 극복하게 하는 데 중요하다고 믿었다. 또한 내담자와 상담목표를 명확하게 설정하는 것도 상담의 첫 단계에서 해야 할 일이다. 그러기 위해서 상담자는 내담자가 상담에서 기대하는 것이 무엇인지, 내담자가 자신의 문제를 어떻게 바라보는지, 내담자가 자신의 삶을 개선하기 위해 지금까지 어떤 노력을 했었는지, 이번에 상담에 오게 된 계기는 무엇인지를 물어본다(Seligman, 2006).

개인심리학적 상담에서는 내담자가 낙담된 상태라고 보기 때문에 낙담에 대항하기 위해 상담 전 과정에서 격려를 필수적인 요소로 매우 중요시한다. 상담자는 내담자를 격려하여 진정한 관심과 배려가 있다는 것을 보여 줄 수 있다. 내담자가 일상생활에서 겪는 문제나 관심사에 대해 상담자가 관심을 보이고 함께 고민해 주는 것은 내담자와의 동반자적 관계를 형성하고 격려하는 방법이다. 내담자와 상담자는 협력적이고 민주적이며 신뢰하는 관계를 형성해 가면서 내담자의 문제가 무엇인지를 명확히 규정하고, 의미 있고 현실적인 목적을 설정하기 위해 협력할 수 있다. 또한 상담과정의 구조와 상담을 진행하는 방식에 대해서도 함께 논의하고 협상할 수 있다.

(2) 내담자를 평가 · 분석 · 이해하기

치료적 관계가 형성되면 내담자의 생활양식을 이해하고 내담자의 생활양식에 영향을 미친 요인들을 평가하고 분석한다. 또한 생활양식이 생애과제인 일, 우정 및 사회관계, 사랑과 결혼에서 내담자가 기능하는 방식에 어떻게 영향을 미치는지도 평가 및 분석한다. 이와 같이 생활양식 및 생활양식과 관련되는 측면들을 평가하고 분석함으로써 내담자의 신념, 감정, 동기, 목표를 이해하게 된다. 생활양식 평가는 내담자가 생애 과제를 어떻게 다루고 있는지를 중점적으로 파악함으로써 내담자를 전체론적으로 이해하고 내담자의 목적과 사적 논리를 이해하여 생활양식을 평가 및 분석하게 되는데, 특히 중요한 것은 내담자가 자신, 관계, 삶 전반에 만족하는 정도를 평가하고 사적논리의 예를 찾아보는 것이다.

내담자의 생활양식을 알아보기 위해서는 가족구도와 출생순위, 초기기억, 꿈, 우선순위와 행동방식 등을 파악하여 그 내용을 자료로 사용한다(Seligman, 2006). 가족구도가 내담자에게 어떤 영향을 미쳤는지를 이해하려면 객관적인 자료와 주관적인 정보를 모두 활용해야 한다. 객관적 정보는 출생순위, 형제자매의 수와 성별, 형제자매의 나이 차, 형제자매의 죽음이나 장애 등이다. 주관적 정보는 아동기 자신에 대한 내담자의 지각, 내담자 부모가 형제자매에 대해 어떻게 생각하고 대했는지, 내담자와 부모 및 형제자매 간 관계, 가족 내에서의 경쟁과 협력 패턴 등이다. 초기기억도 내담자의 현재 생활양식을 평가하는 중요한 자료가 된다. Adler는 기억이 정확한 것인지는 중요하지 않으며 사람들은 자신을 바라보는 관점과 일관되는 초기기억만을 보유하기 때문에 내담자가 자신의 초기기억이라고 보고한 것이 중요하다고 생각했다. Adler는 꿈을 자아인식을 증진시킬 수 있는 것으로서 생활양식을 이해하는 데 도움이 되는 자료라고 생각했다. 과거와 현재의 꿈이 모두 유용한 자료이며, 특히 반복적으로 나타나는 꿈의 주제가 중요하다고 여겼다. 또한 일정 기간 내담자가 했던 행동과 선택을 상세히 탐색하는 것은 일관되며 반복적인 행동방식을 발견하게 해 주고, 내담자가 자신의 삶에서 중요하게 여기고 추구하는 것이 무엇인지 삶의 우선순위도 알 수 있게 해 준다. 따라서 내담자의 행동방식과 우선순위를 파악하는 것도 생활양식을 이해하는 방법이다. 이와 같이 내담자의 가족구도, 초기기억, 꿈, 우선순위 및 행동방식을 탐색하고, 평가 및 분석하는 과정을 통해서 내담자의 생활양식을 이해한다.

(3) 생활양식 통찰하기

개인심리학 상담의 셋째 단계에서는 내담자가 자신의 생활양식을 통찰하도록 돕는다. 그러기 위해서 상담자는 내담자에게 지지적인 태도를 유지하면서 해석과 직면을 사용하여 내담자가 자신의 생활양식을 인식하고 자기 행동의 원인과 부정적 결과를 알도록 돕고 긍정적으로 변화하도록 돕는다. 해석과 직면은 내담자가 도전으로 느끼게 되므로 상담자는 동시에 격려하는 것을 잊지 않아야 한다. 내담자가 생활양식을 통찰하도록 도우면서 격려와 지지를 유지하려면 과거보다 현재에 초점을 맞추고, 무의식적 동기보다는 결과에 더 관심을 가져야 하며, 해석은 내담자가 받아들일 수 있는 방식으로 제시하는 것이 바람직하다(Seligman, 2006).

(4) 재교육과 재정향

상담자는 새로운 가능성을 제시하며 정보를 제공하고 내담자가 대안들을 비교하면서 결정을 내릴 수 있게 돕는다. 신념, 태도, 지각이 달라지면 행동은 자연히 변화된다는 것이 Adler의 생각이므로 이 단계에서는 내담자의 신념, 태도, 지각의 변화에 초점을 맞춘다. 내담자의 초기기억, 가족분위기, 꿈으로부터 얻어진 통찰에 따라 이전의 비효율적 신념과 행동 대신 다른 유용한 신념, 태도, 지각을 찾도록 도와준다(노안영 외, 2011). 내담자가 자신의 신념이 왜곡되었다는 것에 대해 통찰을 얻고 그것을 변화시키게 되면 자신의 삶을 재정향할 준비가 된 것이다. 이제 자신의 행동에 관해 새로운 아이디어를 내고 새로운 행동패턴을 만들어 낼 수 있게 된 것이다. 내담자는 자신의 삶을 다른 관점에서 바라보고 보다 만족스러운 선택을 할 수 있다. 상담자는 내담자가 사회 시스템에 온전하게 참여하고 자신의 역할과 상호작용을 변화시키고 수정된 목표를 달성하기 위한 긍정적인 행동을 취하도록 도움으로써 이러한 재정향을 돕는다(Seligman, 2006). 이러한 과정 전반에서 상담자는 낙관성과 유연성의 모델이 되어야 하며, 내담자의 낙관성과 유연성을 키워 주어야 한다. 즉, 내담자가 불완전할 수 있는 용기를 기르고 가치 있는 도전을 할 수 있도록 지원해야 한다.

2) 상담기법

개인심리학에서는 인간이 자신의 삶을 창조하는 존재라고 보기 때문에 내담자가 스스로 자신을 변화시킬 수 있다고 믿는다. 따라서 내담자의 능력에 대한 믿음을 보여 주는 상담기법을 사용한다. 상담기법 중 몇 가지를 살펴보면 다음과 같다.

(1) 격려하기

격려는 내담자가 열등감을 극복하고 자신의 가치를 깨닫게 하기 위하여 내담자에게 관심을 보이고 희망이 있다는 것을 알게 하며 긍정적인 것을 강조하는 것이다(Mosak & Shulman, 1974: 김춘경, 2006, 재인용). 하지 못한 것보다는 한 것에, 결과보다는 노력에, 과거나 미래보다는 현재에 초점을 맞추어야 한다. 내담자에게 존중과 믿음을 보여 줌으로써 내담자가 자신을 존중하고 자신을 믿을 수 있게 하는 것이다. 지속적으로 이와 같은 격려를 받은 내담자는 자신의 강점을 인식하고 노력하며 최선을 다하고, 실패해도 다시 시도할 수 있는 용기를 가지고 삶의 문제에 대처할 수 있게 된다.

(2) 초기기억

초기기억은 개인의 생활양식, 잘못된 신념, 행동목표가 어떻게 형성되었는지를 이해하는 단서가 된다. 사람은 자신의 과거에서 중요한 것을 선택적으로 기억하는 특성이 있으므로 초기기억을 통해 개인이 자신, 타인, 삶에 대한 지각, 자신의 인생에서 바라는 것과 예상하는 것에 대해 전반적인 틀을 찾을 수 있다. 따라서 내담자에게 초기기억을 말하게 하고 자각하게 하고 상담자가 해석해 주는 것은 내담자의 자기인식을 변화시키고 자신의 생활양식을 통찰하게 하며 잘못된 신념과 사적 논리를 깨닫고 재구성하게 하는 방법이 된다. 상담과정에서 초기기억을 이렇게 사용하기 위해서는 구체적인 사건과 그 사건에 결부되어 있는 감정을 함께 말하도록 해야 한다.

(3) 마치 ~인 것처럼 행동하기

내담자의 행동 변화를 촉진하는 기법으로 내담자가 자신은 할 수 없다고 믿고 있는 것을 이미 그렇게 된 것처럼 행동해 보게 하는 것이다. 예를 들면, 자신은 현실적이지 못하다고 믿고 있는 내담자에게 1주일 동안 현실적인 사람인 것처럼 행동해 보라고 하는 것이다(노안영 외, 2011).

(4) 단추 누르기

생각을 바꿈으로써 감정을 바꿀 수 있다는 것을 심상을 활용하여 깨닫게 함으로써 내적 통제 소재를 회복시키는 기법이다. 내담자에게 유쾌한 경험과 불쾌한 경험을 번갈아 가며 떠올리게 하고 그때마다 감정이 어떤지를 스스로 관찰하게 한 후 내담자가 유쾌한 경험을 떠오르게 하는 단추와 불쾌한 경험을 떠오르게 하는 단추를 가지고 있으며 둘 중 어느 것을 누를지를 스스로 결정할 수 있다고 알려 준다(Seligman, 2006).

(5) 내담자 수프에 침 뱉기

내담자의 자기파괴적 행동 이면에 숨어 있는 동기를 찾아서 그 행동에 뒤따를 것으로 여겨지는 보상을 매력 없는 것으로 만들어 버림으로써 그 동기의 유용성을 감소시키는 것이다. 예를 들면, 여자친구가 결별을 선언하여 자살을 생각했다고 하는 내담자에게 상담자가 "여자친구가 죄책감을 느끼게 만들고 싶은 것 같네요. 그러나 자살하게 되면 여자친구 기분이 어떤지 볼 수가 없게 되지요."라고 말하는 것이다(Seligman, 2006).

(6) 자기 포착하기

내담자가 자신의 잘못된 목표나 사고에 대해 좀 더 의식하게 하기 위한 기법이다. 내담자가 곧 어려움에 처하게 될 것임을 알려 주는 경고 신호를 확인하여 내담자가 그 경고 신호를 정지 신호로 여기고 스스로 멈춰서 방향을 바꾸도록 훈련하는 것이다. 예를 들면, 분노 조절을 못하는 내담자가 분노 폭발이 일어나기 전에 자신의 몸 전체가 경직된다는 것을 알고 있다면, 신체가 경직된다는 것을 느끼게 하는 신호가 무엇인지를 확인하게 하여 그런 신호가 오면 그것을 정지 신호로 받아들여 거기서 멈추고 심호흡을 하여 분노를 분산시키도록 훈련할 수 있다.

7. 아동상담에의 적용

Adler의 개인심리학은 아동에게 적용하기에 적합하여 학교상담이나 아동상담에 활용되어 왔다. 아들러의 접근은 유연하면서도 구조화된 것으로서 아동의 단기적·장기적 문제에 모두 적용된다. 협력이나 자아존중감 증진(열등감 극복)을 강조하는 개인심리학은 현재 아동·청소년 상담과 맥을 같이한다. Adler의 이론은 놀이치료에도 적용되었는데, 아동과 관계를 형성하고 아동이 자신, 타인, 세상을 바라보는 방식을 탐색하며, 아동이 가족과 학교에서 중요성을 획득하는 방법을 이해하도록 도움을 주고, 타인과의 상호작용에서 중요성을 얻는 새로운 방법을 탐색하게 돕는 것을 목적으로 한다. 놀이치료에서 아동의 긍정적 변화를 이끌어 내기 위해서 격려, 놀이와 이야기를 치료적 은유로 사용하기, 한계 설정, 초기기억과 생활양식 분석, 가족구도와 가족분위기에 대해 논의하기, 자기인식 증진하기, 새로운 행동 교육하기 등의 방법을 사용한다.

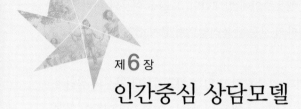

제 **6** 장
인간중심 상담모델

인간중심 상담은 Rogers가 발달시킨 이론으로 상담자가 내담자를 주도적으로 이끄는 가이드나 전문가가 아님을 강조하기 위해서 처음에는 '비지시적 접근'이라고 불렸으나, 상담자의 역할이 '수동적'인 역할로 해석되어 이후 '내담자 중심'이라는 용어로 불리게 되었다. 그러나 내담자의 현상학적 세계를 만나기 위해서는 내담자와 상담자의 깊이 있는 관계가 형성되어야 하며, 이는 곧 내담자와 상담자의 내면세계가 모두 중요함을 의미하므로 '인간중심'이라는 용어가 더 적절하여 이를 사용하기에 이르렀다. 이 장에서는 아동중심 상담의 선구자적 역할을 한 Rogers의 인간중심 상담모델에 대해 살펴보도록 한다.

1. 인간중심 상담모델의 발달 배경

Carl Rogers(1902~1987)는 인본주의 학자로서 인간중심 상담을 발전시켰다. Rogers가 인본주의 이론을 정립한 시기는 정신분석과 행동주의가 주류를 이루던 시기로 Rogers 인본주의의 등장은 심

Carl Rogers
(1902~1987)

리학에서는 제3의 세력이었다. 인간의 내적인 치유의 힘에 대한 믿음을 가장 중요시하는 인본주의는 정신분석의 부정적인 측면에 대항하며, 외부 환경에 의해 통제된다는 행동주의에 반대한다. Rogers 이론의 이러한 점은 당대 주류였던 두 학파와의 갈등을 불러일으켜 당시 심리학자들로부터 많은 공격을 받았다.

　'내담자가 전문적 경험과 지식을 갖고 있는 치료자보다 자신의 심리적 자아에 대해 더 잘 알 수도 있다.'는 것을 주장하는 인본주의 이론이 어떻게 성장하고 발달해 왔는지 Rogers의 생애를 통해 살펴보기로 한다.

　Rogers는 1902년 미국 시카고 근교의 오크파크에서 5남 1녀 중 넷째로 태어났다. 그의 부모는 엄격한 청교도적 기독교 가치관을 갖고 있었는데, 영화관람, 술, 춤, 카드놀이 등 거의 모든 사교적 활동을 허용하지 않았다. 게다가 Rogers는 어린 시절 허약해서 친구들과도 교류를 맺지 못하고 혼자만의 세계에서 독서를 통해 스스로를 위안했다고 한다. 1914년 Rogers가 열두 살이 되던 해 그의 가족은 커다란 농장으로 이사를 하게 되는데, 이는 사춘기로 접어든 자녀들을 도시의 유혹으로부터 떼어 놓으려는 부모의 의도라고 Rogers는 회상했다(Rogers, 1961).

　그는 농장의 여러 가축의 새끼들을 돌보고 키우면서 과학에 대한 근본적인 감을 얻었다고 회고했다(Rogers, 1961). 또한 나방에 매료되어 나방의 유충을 잡아 키우고 겨우내 고치를 보관하며 나방을 번식시키기도 했는데 이러한 과정 속에서 Rogers는 인내하며 기다린다는 것의 의미를 배울 수 있었다.

　이러한 성장과정은 Rogers를 자연스럽게 농과대학에 입학하도록 하는 배경이 되었고, 감동적인 종교학회에 참석한 이후 종교적 사역을 위해 역사로 전공을 바꾸게 된다. 이후 '국제 세계 학생 기독교 연합회(World Student Christian Federation)'의 국제학회에 미국 대표 12명 중 1명으로 선발되어 중국의 북경에 가게 되었다(Rogers, 1961). 6개월이 넘는 긴 여정으로 예정된 이 여행은 이후 Rogers 인생의 가장 큰 계기가 되었다. Rogers는 6개월 동안 부모로부터 물리적으로 떨어져 있으면서 동시에 심리적으로 독립을 하게 되는데, 부모님의 보수적인 종교적 사상을 거부하고, 유년 시절의 연인인 Helen과의 결혼을 결심하게 된다. 또한 중국에서의 집단생활 경험은 Rogers가 개인차를 이해하고 존중할 수 있게 해 주는 계기가 되었으며, 이는 이후 공감, 수용, 진실성의 개념의 자취를 엿볼 수 있는 부분이다(Thorne, 2003).

미국으로 돌아와 대학을 졸업한 뒤 Helen과 결혼하여 당시 가장 진보적이라고 알려진 뉴욕에 있는 유니언 신학교에 진학하게 된다. 이곳에서 Rogers는 스스로의 질문과 의문을 탐구하기 위해서 교수 없이 학생들의 질문만으로 이루어지는 수업을 개설해 줄 것을 학교 당국에 요구하게 된다. 놀랍게도 이 제안이 받아들여지게 되고 이 수업을 통해 Rogers는 사회와 개인을 위한 삶을 건설적으로 개선하고자 하는 것이 특정교리를 따르면서는 불가능하다는 것을 깨닫게 된다. 마침 길 건너에 있던 컬럼비아 대학교 교육대학원에서 심리학과 정신과학의 수업을 들으며 종교적 혼돈의 탈출구를 찾게 된다. 즉, 심리학자로서의 첫발을 내딛게 된 것이다. 컬럼비아 대학교에서 임상심리학을 공부하기 시작한 첫해에 Rogers는 첫 번째 아들을 얻게 되고, Watson의 행동주의에 따라 아들을 양육했다는 일화는 재미있다. 컬럼비아 대학교에서 Rogers는 아동지도 연구소의 인턴으로 일하게 되었는데, 여기서 교육대학원의 과학적 접근과 상반되는 프로이트의 정신분석적 관점을 경험하게 된다. 이후 그의 박사연구에서 사용한 성격검사를 통해 대립되는 두 입장, 즉 이에 대한 Rogers 자신의 갈등을 해결하게 되는데 이 성격검사도구는 과학적 객관성뿐 아니라 검사과정에서 아동의 상상과 백일몽을 통해 아동 자신과 가족에 대한 태도를 탐색할 수 있는 것이었다 (Thorne, 2003).

1928년 Rogers는 뉴욕 로체스터의 아동학대 예방을 목적으로 설치된 아동연구 분과에서 상처받은 아동들을 위한 심리치료를 하게 되는데, 여기서의 경험을 통해 내담자의 행동을 해석하는 것에 치료적 한계가 있음을 깨닫게 된다. 한번은 폭력적인 비행청소년을 심리치료하게 되었는데, 문제의 원인은 아이가 어렸을 때 어머니가 거부했던 경험에 있었다. Rogers는 어머니를 상담하면서 이를 해석해 주고 어머니가 자신을 볼 수 있도록 도왔으나 결국 상담은 실패로 돌아가게 되었다. 그러나 곧 그 어머니는 성인상담을 원했고, 자녀의 문제로 상담했던 같은 사례를 완전히 다른 그녀 자신의 문제로 이야기하기 시작했으며, 어머니의 치료는 성공적으로 종결되었다. Rogers는 이 경험을 통해 내담자를 분석하고 가정하는 것보다 내담자가 이끄는 대로 따라가는 것이 더 효과적이라는 생각을 하게 되었다.

Rogers는 로체스터에서 '지금 여기'를 강조하는 Otto Rank의 제자들과 함께 일하면서 영향을 받게 되었고 Rank 학파에서 중요시하는 다음과 같은 사상을 자신의 이론에 반영하였다(Sommers-Flanagan, & Sommers-Flanagan, 2004).

- 내담자들은 창조적인 힘을 가지고 있다.
- 치료는 내담자의 개인적 독특함과 자기-의존을 받아들임으로써 이루어져야 한다.
- 내담자는 치료과정에서 중심적인 존재다. 즉, 치료자는 단지 내담자가 자신의 자기-창조의 힘에 접근할 수 있도록 돕는 것이다.
- 치료자는 내담자를 교육할 방법을 찾지 말아야 한다.
- 치료자는 애정의 대상이 되는 것으로써 내담자의 의존성을 키우지 말아야 한다.
- 치료는 내담자가 치료 환경 내에서 현재를 경험할 수 있을 때 일어난다.

또한 이곳 로체스터에서 1939년 그의 첫 번째 저서인 『문제아를 위한 임상치료(The Clinical Treatment of the Problem Child)』를 발간하게 되고 이를 계기로 오하이오 주립대학교의 교수가 된다. 대학 교수가 된 이듬해인 1940년 미네소타 대학교의 초청으로 '심리치료의 새로운 개념'이라는 제목의 강연을 하게 되는데, 기존의 치료방법에 대한 비판과 함께 인지적 측면보다는 정서와 느낌을, 과거보다는 현재를 강조하며, 치료 관계에서 발생하는 결정적 경험이 바로 내담자 성장의 주요 치료요인임을 강조하는 '새로운 치료 접근법'을 발표하였다(Thorne, 2003). Rogers는 이후에 이날을 내담자-중심 치료의 생일이라고 여겼다.

이후 1942년에 비지시적 접근을 특징으로 하며 상담연구 분야에 녹음기록을 활용하여 치료과정에 대한 기록이 완전하게 소개된 『상담과 심리치료(Counseling and Psychotherapy)』를 발간하였다. 이 책에서 '내담자'라는 용어가 처음 등장하였고, 학계는 이에 대해 냉담한 반응을 보였다. 내담자가 전문적 경험과 지식을 갖고 있는 치료자보다 자신의 내면에 대해 더 잘 알 수도 있다는 사실은 당대의 치료자들에게 위협적으로 받아들여졌을 것이다.

당대의 심리학과는 거리가 멀었던 Rogers의 이론은 학계에서는 많은 비평을 받았지만 오히려 사회사업가, 전문 상담가, 교육자들에게 더 환영받았으며, 결국 1946년 미국 심리학회의 회장이 되었다.

1951년 Rogers의 세 번째 저서인 『내담자 중심 치료(Client-Centered Therapy)』가 출판되었으며, 여기에서는 내담자 중심 접근을 개인치료뿐만 아니라 놀이치료, 집단연구, 리더십, 교수법, 훈련에 적용하는 것에 대한 내용을 담고 있다. 1954년 내담자-중심의 가설을 지지하는 연구들로 이루어진 『심리치료와 성격변화(Psychotherapy and Personality Change)』를 출판하였는데, 이때부터 심리치료학 분야에서 호의적인 반응이 나타나기 시작했다. 결국 1956년에는 심리학 분야에 과학적 기여를 한 사람에게 주는 공로상을 수상하였는데, Rogers는 이를 개인적으로 최고의 명예로 생각했다. 1961년 발간된 다섯 번째 저서인 『진정한 사람되기(On Becoming a Person)』는 인간중심의 원리들이 상담과 치료분야뿐 아니라 일상의 모든 국면에 적용될 수 있다는 것을 보여 주었고 그에게 최고의 명성을 가져다주게 되었다.

Rogers의 이론은 많은 제자에 의해 더 확장되었으며, 특히 그의 딸인 Natalie Rogers는 표현예술을 통해 개인적 성장을 촉진하는 표현예술치료(Carlson & Kjos, 2000)와 아동상담의 대표적인 아동중심 놀이치료로 확장되었다.

2. 인간관

인본주의가 바라보는 인간관은 매우 긍정적이며 휴머니즘적이다. 결정론적인 정신분석적 인간관과는 매우 대조적으로 Rogers는 인간을 과거에 얽매이는 수동적인 존재가 아니라 자신의 삶을 스스로 건설적으로 만들어 나가는 매우 긍정적인 존재로 바라보았다. 인간은 누구나 적절한 환경만 주어진다면 내적인 자신의 잠재력을 발휘할 수 있으며 자신의 삶을 주도적으로 이끌 수 있고, 궁극적으로는 자기실현을 추구한다고 보았다. 인간은 스스로 성장하고자 하는 실현화 경향성을 가진 존재이기 때문에 스스로 인생의 목표를 결정하고 이를 위해 자신의 행동 방향을 결정하는 능동적이고 주체적인 존재라는 것이다(김계현, 김창대, 권경인, 황매향, 이상민, 2011).

자기 성장을 위한 자기 실현화 경향성(self-actualization tendency)을 타고난 선천적인 것으로 보며, 유기체가 스스로를 유지하고 발전 방향으로 변화하려는 욕구로 보았다는 점에서 인간에 대한 깊은 신뢰와 존중이 느껴진다. 이러한 태도는 내담자를 상담함에 있어서 내담자를 평가하고 치료적 방향으로 이끄는 전문가로서의 태도가 아닌, 함께하고 깊은 신뢰로 따라가는 조력자로서의 상담자 역할을 강조하는 것이다.

3. 주요 개념

Rogers의 이론을 이해하기 위해서는 몇 가지 주요 개념에 대한 이해가 있어야 한다. 인본주의 이론의 주요 개념은 크게 두 가지로 나뉘는데, 하나는 성격이론에서의 개념이고, 다른 하나는 심리치료 이론에서의 개념이다. 전자는 자기와 유기체, 현상학적 장과 경험, 자기실현 경향성, 가치의 조건(가치의 조건화)이다. 심리치료 이론의 주요 개념은 일치와 무조건적 긍정적 존중, 공감적 이해인데, 이는 상담기법이기도 하므로 여기에서는 성격이론의 개념에 대해 살펴본다.

(1) 자기와 유기체

자기(self)에 대한 개념은 인본주의에서 가장 핵심적인 이론이다(Bankart, 1997). 자기를 이해하기 위해서는 유기체라는 개념을 먼저 이해해야 하는데, 유기체는 모든 심리학적 경험에 반응하는 영역(realm)이며, 자기(self)는 유기체의 '나'라는 부분을 차지하며 의식적이고 무의식적인 부분이 모두 해당된다.

Rogers는 자기(self)라는 개념을 반복적인 임상경험을 통해 정의하고자 했다. 그가 경험한 내담자들은 대부분 '자기'라는 말을 사용하려 하는데, '나는 내가 누구인지 모르겠어요.' '지금 저는 진짜 제 모습이 아니에요.' '아무도 나의 진짜 모습을 몰랐으면 좋겠어요.' 등 내담자들은 '진짜' 자기에 대한 열망과 '현재'의 자기에 대한 불만족을 갖고 있음을 깨닫게 되었다. 즉, Rogers는 자기라는 것은 고정된 실체가 아니라 '나'라는 특성에 대한 지각과 '나'와 인생의 여러 측면들과의 관계에 대한 지각의 두 가지로 구성되어 있다고 했다(Thorne, 2003).

그렇기 때문에 자기는 유기체가 타인과 상호작용하는 경험에 따라 변화하며 점차 자기 개념으로 형성되고 유지된다. 만약 유기체가 경험하는 것과 일치하는 방향으로 있는 그대로 자기를 지각하게 되면 자기실현 경향성의 방향으로 나아가게 되며, 이는 매우 바람직한 상태로의 적응과 성숙을 가져와 완전히 기능하는 사람으로 이끌어 준다.

반대로, 외적인 준거의 압력으로 유기체의 경험을 있는 그대로 받아들이지 못하고 왜곡해서 자기 개념을 형성하게 되면 불안을 느끼게 되며 부적응을 초래하고 결국 자기실현을 할 수 없는 존재가 된다. 예를 들어, 신체적 놀이를 좋아하는 여자아이가 부모의 압력이나 사회적인 압력으로 제재를 받는다면, 이 여자아이는 자신의 유기체가 경험하는 신체적 놀이의 즐거움을 '나쁜 것'으로 왜곡하여 경험하면서 자기개념을 형성하게 되며 유기체의 욕구와 외적인 욕구 사이의 불일치로 불안을 경험하게 될 것이다.

이러한 자기개념은 현실적 자기와 자신이 되고자 하는 이상적 자기로 나뉘는데, 이상적 자기는 행동의 목표나 기준을 제시해 주는 역할을 한다. 따라서 현실적 자기와 이상적 자기가 같은 방향으로 그 차이가 적당할 때 자기실현 경향성이 발휘되어 성장할 수 있게 된다.

(2) 현상학적 장과 주관적 경험

인본주의에서는 개인에게 중요한 것은 외부의 객관적 세계가 아니라 그 개인 내부의 주관적 세계라고 본다. 실존주의의 중요한 개념인 현상학적 장은 이러한 주관적 경험을 의미하는 것으로 Rogers는 각 개인의 경험에 객관적이라는 것은 없으며 자신의 주관적 경험인 개인적 현실만이 존재한다고 하였다. 즉, 같은 경험을 할지라도 각 개인마다 주관적으로 경험하는 것은 차이가 나며 이 때문에 각 개인은 독특한 특성을 갖게 된다고 주장한다. 다시 말하면, 개인의 객관적 현실이 무엇이든 그것이 문제가 아니라 개인이 현실을 지각하는 방식이 문제라고 믿었다.

그렇기 때문에 치료자는 내담자를 이해하기 위해서 내담자가 자기 자신과 자신이 속한 세계를 주관적으로 어떻게 경험하고 있느냐를 알아야 한다. 내담자의 주관적 경험이 다른 사람에게 이상하게 보일지라도 치료자는 이를 가장 깊이 존중해야 한다. 만약 내담자의 경험을 무시한 채 문제에 대한 해석이나 조언 등 치료자가 전문가적 역할을 수행하려고 한다면 내담자와의 관계에서 힘의 불균형이 생겨 치료적 관계는 깨지고 만다.

치료자의 역할이란 내담자가 스스로 자신의 자원을 발견하여 자신의 상처를 치료하는 방향으로 나아갈 수 있도록 도와주는 것이다. 상처의 원인과 치료 방향을 아는 사람은 언제나 내담자 자신이라는 점을 Rogers는 확신한다. 내담자의 문제에 대한 해석이나 설명, 해결책을 제시하는 것은 치료자의 기능이 아니다. Rogers는 전문가적 지식을 벗어던지고 내담자의 주관적 세계를 깊이 이해하고자 노력하면, 내담자가 이러한 노력을 알아차리고 결국 스스로 긍정적이고 발전적인 변화를 보인다는 것을 그의 50여 년의 임상경험 동안 확인해 왔다.

이렇듯 내담자가 갖고 있는 '내적 자원'에 대한 믿음은 Rogers의 낙관적인 인간관에 기초한다. 이는 현재의 인간 행동을 결정하는 것은 과거 경험이라는 비관적인 인간관을 갖고 있는 프로이트의 주장에 완전히 반대하는 개념이다. 오히려 Rogers는 현재의 행동은 과거의 경험을 현재 어떻게 해석하느냐에 영향을 받는다고 주장한다. 따라서 인본주의 상담에서는 내담자를 이해하기 위해 그 개인의 내적 준거 체계에 참여해야 하며 상담의 성공은 내담자의 현상학적 장과 주관적 경험을 존중하고 이해할 때 가능하다. 이렇듯 내담자를 개인적이거나 유기체적 경험에 좀 더 개방적이 되도록 돕는 것이 인간중심 상담의 핵심이다.

(3) 자기실현 경향성

Rogers는 인간은 성장하고자 하는 자기실현 경향성(actualizing or formative tendency)을 선천적으로 갖고 있다고 믿는다. 이러한 관점은 그가 유년기를 농장과 자연에서 보낸 경험에서 나온 것으로 자연이 완전함을 향해 진화하고 성장하는 잠재력을 가지고 있다는 점과 유사하다(Sommers-Flanagan & Sommers-Flanagan, 2004). 인간은 매 순간순간 학습하는 능력이 있으며, 더 크고 성숙하려는 경향성을 갖는다고 믿었고, 이는 유기체를 유지하는 것뿐 아니라 더 향상하고자 하는 것이다 (Rogers, 1980).

인본주의 이론에서 실현경향성은 유일한 동기(motive)다. 즉, 고통스러운 노력이 따를지라도 도전을 찾거나 배우고자 하는 '성장 동기'인 것이다. 이 개념은 Maslow의 이론에도 나타나며, 모든 살아 있는 생명에는 완전함을 향한 추동이 존재한다고 주장하는 생물학자 Szent-Gyorgyi의 이론과도 같다(Thorne, 2003).

자기실현 경향성은 개인이 현상학적인 주관적 경험을 왜곡 없이 있는 그대로 자기 개념에 받아들일 때 나타난다. 즉, 자기가 경험하는 것과 유기체의 전체적 경험이 조화로울 때 자기실현 경향성은 성숙의 방향으로 나아간다. 그러나 자기실현 경향성이 위축되거나 멈출 수도 있고, 왜곡된 방식으로 나아가거나 사회에서 파괴적인 방식으로도 달성될 수 있는데(Rogers & Sanford, 1989), 자기와 유기체 간의 경험이 불일치할 때다. 적절한 수분과 햇빛, 온도, 영양이 공급될 때 예쁜 꽃이 피어나듯이 자기실현 경향성을 응원하고 지지하는 환경적 조건에서 인간은 성장과 성숙의 방향으로 나아갈 수 있다.

(4) 가치의 조건

가치의 조건화란 의미 있는 타인과의 상호작용 속에서 긍정적 자기 존중 욕구를 충족시키기 위한 조건들을 가치화시키는 것을 말한다(Sommers-Flanagan & Sommers-Flanagan, 2004). 처음에 유아는 자신의 유기체 경험을 현실로 인식하게 되고 그렇기에 자신이 지각한 현실과 자기실현 경향성은 갈등 없이 조화를 이루게 된다. 즉, 유아는 자신의 유기체적 경험에 대해 가치를 부여하게 되고 이런 경험을 추구하게 된다.

그러나 점차 중요한 타인과의 관계 속에서 양육되는 경험을 통해 사랑받고 칭찬받고 싶은 '긍정적 존중에 대한 욕구(the need for positive regard)'가 발달하게 되는데, 이 욕구는 너무 강하여 유기체의 실현에 도움을 주는 경험을 무시하고 우선적으로 이 욕구를 충족시키려 한다. 물론, 대부분의 아동은 사랑 속에서 성장하며 자연스럽게 긍정적 존중에 대한 욕구가 충족될 수 있으므로 긍정적 존중을 받기 위해 스스로 유기체의 욕구를 무시할 필요가 없다. 하지만 일관되지 못하고 사랑이 결핍된 환경 속에서 양육된 아동은 긍정적 존중에 대한 욕구가 충족되지 않기 때문에 주변 사람들로부터 사랑을 받기 위해 노력하게 된다. 다시 말하면, 유기체적 욕구를 무시하게 되고 언제나 타인으로부터의 긍정적 욕구를 충족시키기 위한 조건들에 가치를 두게 되는 것이다.

예를 들어, 보통의 남자아이들처럼 거친 신체놀이를 좋아하지 않고 인형놀이를 좋아하는 남자아이는 다음과 같은 경험을 하게 될 것이다.

① 부모님은 인형놀이를 여자 놀이라고 싫어하셔서. (긍정적 존중의 욕구 불충족)
② 그러니까 인형을 갖고 노는 것은 나빠. (부정적 자기존중)
③ 나는 인형을 갖고 놀지 않겠어. (유기체의 경험과 불일치)

이 아동은 항상 자신의 유기체와 일치하지 못하는 경험을 하게 되며, 타인으로부터의 긍정적 욕구를 충족시키기 위해 자신도 다른 남자아이들처럼 신체적 놀이를 해야 칭찬을 받을 것이라는 외적 조건에 가치를 두게 된다. 결국 인형을 갖고 놀지 않아야 '착한 아이'라는 왜곡된 자기개념을 발달시키게 된다.

이렇듯 가치의 조건(conditions of worth)은 유기체의 경험을 통한 자기실현 경향성을 방해한다. 자신의 진짜 가치를 외적인 조건에 의해 내면화된 가치로 대체시키게 되면 자신의 진짜 가치 사이에서 불일치를 경험하게 되어 긴장, 불안, 불편감을 경험하게 된다. 결국에는 진정한 자기의 가치를 발달시키지 못하게 되고 자신이 누구인지, 무엇을 원하는지 모르게 된다.

(5) 평가의 소재

긍정적 존중에 대한 욕구를 충족하느라 수많은 가치의 조건들을 내면화한 사람들은 자신의 유기체적 판단을 신뢰하지 못한다. 수많은 상황에 부딪힐 때마다 타인의 평가에 의존하게 되는 것이다. 사회적으로 성공한 것처럼 보일지라도 실제로 낮은 자존감을 갖고 있는 사람들이 있다. 왜곡된 자기실현 때문에 진정한 자신의 실현경향성을 경험해 보지 못한 이러한 사람들은 자신의 유기체적 경험을 신뢰하지 못하기 때문에 항상 타인의 평가에 의존하게 된다. 즉, 평가에 대한 내부소재가 결핍되어 있으며, 이것이 심리장애를 유발시킬 수 있다.

자기실현 경향성을 추구하는 사람은 자신의 내부에 지혜의 근원을 갖고 있으며, Rogers는 이러한 자기 참조(self-reference)를 내적 평가의 소재(locus of evaluation)라고 불렀다(Thorne, 2003). 다음은 한 아동이 자신의 내적 소재를 찾아가는 과정이다.

아   동: 엄마를 기쁘게 하려고 피아노를 쳤어요. 어쨌든 피아노를 잘 치면 좋잖아요.
상담자: 엄마를 기쁘게 해 드리고, 동시에 남들한테도 피아노를 치는 것이 좋아 보인다고 생각했구나.
아   동: 네……. 그런데……. 이제 더 이상 못하겠어요. 피아노 치는 것이 싫어요. 즐겁지가 않아요. 뭔가 내가 하고 싶은 것을 내가 스스로 찾았으면 좋겠어요.

(6) 충분히 기능하는 사람

건강한 사람은 자기를 실현하는 사람을 말하는데, 완성된 상태라기보다는 자기실현을 하려는 과정에 있는 사람을 말한다. 이러한 맥락에서 자기실현의 과정에 있는 사람은 진정한 자기 자신이 되며, Rogers(1961)는 이를 '충분히 기능하는 사람(fully functioning person)'이라고 하였다. 충분히 기능하는 사람이란 자기를 왜곡 없이 완전히 지각하기 때문에 자신의 잠재력을 믿고 이를 발휘하는 사람으로 상황에 적절한 행동을 하며 자신의 행동에 책임을 지고 건설적인 방향으로 나아가는 특성을 가진다. 충분히 기능하는 사람은 다음과 같은 특성을 갖는다(유성애, 2010; Rogers, 1961; Thorne, 2003).

① 경험에 대한 개방성

충분히 기능하는 사람의 가장 중요한 특성은 경험에 대한 개방적 태도다. 자신뿐 아니라 타인에게 귀 기울일 수 있고, 자신의 모든 경험과 감정에 개방적이다. 부정적 경험에 대해 방어적이거나 왜곡하지 않고 개방적으로 있는 그대로를 수용하는 특성이다. 이렇게 외부의 세계에 민감하게 개방되어 있는 특성은 환경의 변화에 따라 적절하게 반응하게 하여 창의적인 삶을 추구하게 해 준다.

② 실존적인 삶의 태도

매 순간의 삶이 가치 있음을 알기에 현재를 충실하게 살며, 유연하고 융통성 있는 변화 가능한 삶을 산다.

③ 자신의 유기체에 대한 신뢰

어떤 상황에 부딪히게 될 때 어떻게 행동하고 반응할지 자신이 느끼는 유기체적 경험을 신뢰한다. 즉, 자신의 판단이 그 상황에서 가장 적합한 결정임을 신뢰하는 특성이다.

④ 선택과 결정에 대한 자기 책임

자신의 유기체에 대한 신뢰가 있기 때문에 자신의 삶을 선택함에 있어서 타인의 평가에 의존하지 않고 독립적이다. 자기 신뢰는 자신의 행동과 결과에 대한 책임으로 연결되는 것이다.

4. 상담목표

인간중심 상담의 가장 큰 특징은 구체적인 상담목표를 내담자 스스로 결정한다는 것이다. 왜냐하면 상담지는 내담자가 선천적으로 갖고 있는 내적인 치유 체계를 갖고 있으며, 내담자 스스로가 자신에게 '진정한 나 자신'이 되기 위한 질문을 스스로 던지며 스스로 문제를 해결하고 변화할 책임이 있다고 믿기 때문이다.

결국 인본주의 상담의 궁극적인 목표는 내담자가 자기실현 가능성을 발휘하여 완전하게 기능하는 사람이 되도록 하는 것이다. 그렇기 때문에 상담자는 내담자의 문제 자체에 초점을 두고 그것을 해결하는 것이 아니라 내담자를 '인간' 그 자체로 수용하는 태도를 갖는 것이 중요하다. 이러한 상담자의 관계 속에서 내담자는 성장하고 발전하고자 하는 자신의 내적인 잠재력과 가능성에 대한 능력을 발견하게 되며, 결국 외적인 조건에 의한 것이 아닌 자신의 유기체적 경험을 자각하여 타고난 실현성을 되찾아 참다운 자기를 발견할 수 있게 되는 것이다.

5. 상담과정과 기법

1) 상담과정

인간중심 상담에서의 상담과정은 상담목표가 실현되는 과정으로 설명될 수 있다. 내담자에 대한 상담자의 '인간적인 신뢰'의 태도 속에서 내담자는 자신을 수용하게 되며, 결국에는 자기실현의 동기를 발휘하게 되는 과정을 거친다. 이를 구체적으로 살펴보면 다음과 같다(이현림, 2008).

(1) 초기 단계

내담자가 상담에 대한 자발적 욕구를 확인하며, 상담 상황을 정의하는 단계다. 내담자가 스스로 상담을 원하며 방문하건, 타의에 의해서 방문하건, 상담자는 내담자가 상담을 자발적으로 시작할 수 있도록 변화하게 만드는 개입을 우선적으로 실시해야 한다. 내담자 스스로 상담을 원하며 방문하는 것은 매우 중요한 의미를 가진다. 상담에 대한 자발적 욕구는 내담자 자신의 변화에 대한 자각의 시작이기 때문이다. 그렇기 때문에 상담 초기에 상담자는 내담자의 자발적 상담에 대한 욕구를 일깨워 주어야 하며, 타의적으로 상담에 참여했다면 상담의 시작을 자의적으로 결정할 수 있도록 변화시키는 것이 중요하다. 같은 맥락에서 상담이라는 것은 상담자가 내담자의 문제를 해결해 주는 것이 아니라, 내담자가 스스로 자신의 문제를 해결해 나갈 수 있도록 도와주는 과정임을 인식시킨다.

(2) 중기 단계

상담자의 진실성, 무조건적인 긍정적 존중과 공감적 이해의 태도 속에서 내담자가 자신의 문제들을 자유롭게 표현하고 여러 정서적 감정을 표출시키는 단계이며, 부정적 감정의 표출과 성장하고자 하는 긍정적 감정이 나타나는 단계로 이루어진다.

처음에는 내담자 자신의 문제에 대한 불안감, 분노, 죄책감, 열등감 등 부정적 감정들이 표출된다. 상담자는 이러한 부정적 감정들을 인지적으로 이해하고 분석하며 조언하는 것이 아니라, 내담자의 감정 그 자체를 있는 그대로 인정하고 수용하며 때로는 혼란된 감정들을 명료화해 주는 작업을 한다. 이를 통해 내담자는 자신의 부정적 감정을 완전히 표출할 수 있게 된다.

그다음 단계에서 부정적 감정에 상충하는 내담자 내면의 성장하고자 하는 가능성과 잠재된 긍정적 힘 그리고 감정들이 나타날 수 있게 된다. 이러한 긍정적 감정과 힘은 내담자가 진정한 자기를 찾을 수 있는 성장의 기초가 된다. 부정적 감정과 긍정적 감정의 표현에 대한 상담자의 진정한 이해와 공감, 수용을 통해 내담자는 스스로 '진정한 자기'를 만나기 위해 자신을 탐색할 수 있게 되며, 자기이해, 자기수용, 자기통찰을 경험한다.

(3) 종결 단계

내담자의 긍정적 의사결정과 긍정적 행동이 실생활 장면에서 증가하게 되며, 결국 상담자의 도움 없이도 내담자 자신의 잠재적 성장의 힘으로 자기를 실현하게 되는 단계다. 내담자의 문제가 사라지고 불안이나 두려움과 같은 부정적 감정들을 통제하고 자신감을 가지게 된다. 상담자와의 관

[그림 6-1] 인간중심의 상담과정

계 역시 상담자와 내담자로의 관계가 아닌 인간 대 인간으로의 진정한 만남의 성격이 강화된다. 이러한 변화와 성장의 경험 속에서 내담자는 상담을 종결하게 된다.

2) 상담기법

인본주의 상담에서는 상담기법보다는 상담자의 철학과 태도를 더 중요시한다. 그 이유는 상담자가 내담자와 치료적 관계를 잘 맺을 때 내담자가 스스로 자신을 발견하고 성장하려는 자기실현 경향성을 발휘하기 때문이다. 즉, 상담자의 어떤 전문가적인 기법보다는 한 인간으로서의 내담자에 초점을 두는 상담자의 태도가 치료적 효과에 핵심이라고 본다.

치료적 관계, 즉 치료적 변화를 위해 인본주의에서 강조하는 것은 상담자의 진실성, 무조건적 긍정적 존중, 공감적 이해다(Bruno, 1983). 이를 통해 상담자와 내담자의 관계가 의사와 환자의 관계가 아닌 인간 대 인간의 관계가 될 수 있으며, 내담자는 자신의 문제를 해결해 나가는 전문가가 될 수 있다. 한마디로 말해, 인본주의적 태도 자체가 기법이다.

(1) 진실성(일치성)

진실성은 일치성(congruence) 또는 투명성(transparency)으로 정의된다. 상담에서의 진실성은 치료자가 내담자와의 관계에서 '진정한 자기(actual self)'가 되는 것을 말하며(Rogers, 1966), 진실된 치료자는 가식 없는 열린 마음으로 그 순간의 감정과 태도를 가지므로 개방적이고 정직하다. 내담자와의 관계 속에서 느껴지는 감정들이 긍정적이든 부정적이든 무시하거나 거부하지 않고, 매 순간 순간의 감정들을 알아채고 받아들이며 이를 내담자와 함께 대화할 수 있는 것을 말한다(김경미, 2002). 하지만 상담자가 자기 자신을 모두 공개하고 내담자와의 관계에서 모든 감정을 알아채고 표현해야만 한다는 의미는 아니며, 내담자와의 순간순간의 관계에서 감정을 느끼고 이를 진실되게 표현하여 내담자가 이를 알도록 해야 한다는 것이다.

상담자가 전문가적 태도와 가면을 벗고 인간 대 인간으로 진실성을 보인다는 것은 무척 어려운 일이다. 왜냐하면 상담자는 내담자를 만날 때 전문가라는 가면을 벗기가 쉽지 않기 때문이다. "나는 내담자와의 관계 속에서 나 자신을 진실하지만 불완전한 사람으로 내버려 둔다."(Rogers, 1966)는 Rogers의 말은 전문가로서의 가면을 벗어던지고 진정한 자기 자신이 되는 것을 뜻한다. 실제 임상 현장에서 많은 치료사는 과연 불완전한 모습으로 자기 자신이 되는 것에 편안함을 느낄 수 있는지 돌아볼 필요가 있다. 실제 느끼는 감정을 무시하고 포장된 걱정과 관심을 보이는 실수를 범한다. 그러나 이는 치료에 가장 방해가 되는 요인이며, 상담자가 진실성을 가지는 것이 치료적 변화를 가져오는 핵심 요인임을 명심해야 할 것이다. 그 이유는 상담자의 진실성이 내담자에게 안정감과 현실적인 장을 제공하고, 내담자의 진정한 자기가 이것과 상호작용할 수 있게 되기 때문이다.

(2) 무조건적 긍정적 존중

치료관계에서 중요한 두 번째 요인은 내담자에 대한 무조건적인 긍정적 존중이다. 내담자의 자기실현 경향성을 믿고 그들에 대해 그 어떤 평가나 판단을 내리지 않는 진정한 보살핌을 의미한다(김경미, 2002). 상담자는 내담자가 경험하는 현상학적인 장을 이해하고 인정해 주어 외적인 조건에 의해 형성된 자기개념이 아닌 실제 자기를 만날 수 있도록 해 주어야 한다.

인간중심 상담에서는 내담자를 특정 병명으로 진단 내리지 않는다. 그 이유는 내담자를 평가하거나 판단하지 않고 그저 한 인간으로서 인격을 존중하며 무조건적으로 동등하게 대하는 것이 인간중심의 기본 태도이기 때문이다. 내담자에 대해 미리 알고 있는 정보들이 오히려 상담자로 하여금 편견을 갖게 하여 내담자를 온전히 볼 수 없도록 하는 장애물이 되는 것이다.

인간중심 아동상담에서 아동에게 평가의 의미가 담긴 칭찬을 제한하는 것은 이러한 이유 때문이다. 특히 아동은 긍정적 존중에 대한 욕구가 매우 강하기 때문에 의미 있는 성인의 "잘했어." "착하구나."와 같은 '결과와 인격'에 대한 평가가 담긴 칭찬은 아동이 진정한 자기를 경험하지 못하고 외적인 조건에 의해 자기개념을 형성하게 만들기 때문이다.

(3) 공감적 이해

인간중심 상담에서 중요시하는 세 번째 상담자의 태도는 공감적 이해다. 공감적 이해란 상담자가 자신의 세계처럼 내담자의 세계를 이해하는 것이다. 다시 말해, 상담자가 완벽하게 내담자의 세계로 들어가는 것으로 매우 민감하고 적극적인 경청을 해야 하며, 진실성과 무조건적인 긍정적 존중을 통해 이루어질 수 있다.

많은 상담자가 내담자의 마음을 추측하거나 안다고 생각하며 위로하고 걱정하면서 공감적 이해를 한다고 생각한다. 그러나 진정한 공감적 이해는 내담자의 사적인 깊은 세계 속에서 이해하는 것을 의미하기 때문에 이러한 태도로 내담자를 경청하는 일은 드물다.

다음은 상담자의 공감수준을 평가하는 도구로 상담자의 훈련에 사용되고 있는 공감척도(Mearns & Thorne, 2007)다. 총 4단계로 구성되어 있으며, 3단계의 반응이 정확하고 깊은 공감이라고 볼 수 있다.

단계 0: 내담자의 표현된 감정을 이해하는 반응이 없음.

　　　내담자의 반응에 대한 부적절한 언급, 판단적 반응, 조언, 상처주기 등

단계 1: 내담자의 표현된 감정을 부분적으로 이해와 표면적인 반응

　　　즉, 내담자의 중요한 경험의 일부를 놓쳤다는 의미에서 '감하기'라고 함.

단계 2: 내담자의 표현된 감정과 생각에 관한 이해 반응

　　　'정확한 공감'이라고 함.

단계 3: 내담자의 표현된 감정뿐 아니라 숨어 있는 감정에 대한 이해를 하는 반응

　　　'추가적인 공감' 또는 '깊은 반영'이라고 함.

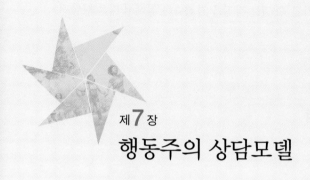

제**7**장
행동주의 상담모델

행동주의 상담은 행동장애의 치료를 위하여 학습이론(learning theory)을 근간으로 한다. 대부분의 바람직하지 못한 행동이 학습에 의하여 획득되고 유지되는 것으로 가정하고, 내담자의 행동을 수정하기 위해 학습의 원리를 적용하고자 한다. 따라서 행동주의 상담에서는 문제 행동을 소거하고 바람직한 행동을 새롭게 학습하도록 내담자를 도와주는 것을 상담의 목적으로 한다.

또한 행동주의 상담에서 상담과정은 바로 교육과정이다. 상담자는 여러 학습 원리를 적용하여 내담자로 하여금 원하는 새로운 행동을 학습하도록 돕기 위해 내담자의 문제에 가장 적합한 구체적인 상담과정과 기술을 사용한다. 또한 상담자는 상담목표를 달성하도록 하기 위해 내담자를 도울 때 적극적이고 지시적인 역할을 한다. 이러한 특성으로 인해 행동주의 상담은 부적응 행동을 보이는 아동뿐 아니라 지적장애와 전반적 발달장애 아동상담과 특수교육에서 매우 광범위하게 활용되고 있다.

한편, 행동주의 상담에서는 상담의 목표를 객관적이고 명확히 설정하고 서술한다. 이를 통해 상담결과에 대한 보다 객관적이고 과학적인 평가가 가능하다. 이처럼 행동주의 상담은 객관적으로 관찰할 수 있는 측정 가능한 행동을 상담 대상으로 삼기 때문에 치료의 효율성과 치료효과 및 치료의 진전 정도를 보다 과학적이고 객관적으로 평가할 수 있는 장점을 가졌다는 점에서 많은 상담전문가에게 관심을 받아 왔다.

1. 행동주의 상담모델의 발달 배경

1) Pavlov의 고전적 조건형성이론

(1) 연구자의 생애

Ivan Pavlov
(1849~1936)

Pavlov(1849~1936)는 구소련 출신으로 11남매의 첫째로 태어났다. 천주교 신학교에서 교육을 받았지만 과학에 매료되어 사제가 되는 것을 포기하였다. Pavlov는 상트페테르부르크 대학교의 임피리얼 의학 아카데미에서 의사 자격을 취득한 후, 1890년 임피리얼 의학 아카데미의 생리학 교수가 되어 1924년 사임할 때까지 그곳에서 일했다. 그는 새로 설립된 실험의학연구소에서 동물들을 대상으로 외과적인 실험을 하면서 소화의 분비 활성에 대해 연구했다. Pavlov는 외과적인 실험방법으로 정상적인 동물의 위장액 분비를 연구하여 『소화샘 연구에 대한 강의(Lectures on the Work of the Digestive Glands)』(1897)라는 저서를 발간하였다.

그는 신경지배 연구에 대해 높이 평가받아 1904년 노벨 생리의학상을 수상하였다. 유명한 일화로, Pavlov는 개의 소화에 대한 연구를 하던 중 개가 고기 분말 냄새를 맡았을 때 분비되는 타액의 양을 측정하기 위해서 용기에 개의 타액을 모으면서 흥미로운 점을 발견하게 되었다. 그는 개가 고기 분말의 냄새를 맡기도 전에 타액을 분비하는 것을 발견하였다. 심지어 그는 개가 음식을 가지고 실험실에 들어오는 연구자를 보거나 연구자의 발소리만 들어도 타액을 분비하는 것을 관찰하게 되었다. 처음에 Pavlov는 실험을 망친다고 생각했기 때문에 이런 타액 분비를 막으려고 노력했지만, Pavlov는 점차 이 사건에 흥미를 갖게 되었다. 그는 개가 고기 분말 냄새를 맡기 전에 타액을 분비하도록 학습이 일어난 것으로 추론하였고, 이를 통해 고전적 조건형성이론을 밝혔다.

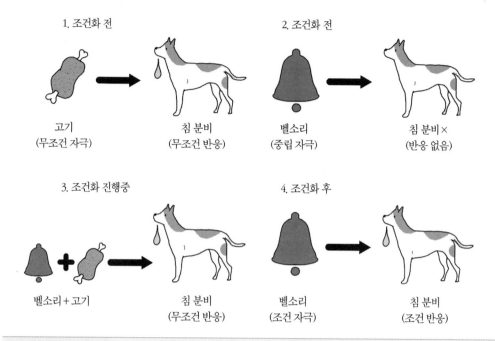

[그림 7-1] Pavlov의 개의 침 분비물 실험

(2) 고전적 조건형성 원리

행동주의의 첫 번째 이론적 배경은 고전적 조건형성(classical conditioning)이다. 고전적 조건형성은 Pavlov의 개의 침 분비물 실험으로 이해할 수 있다. 실험실의 개에게 먹이를 줄 때 종소리를 내고 30초 후에 먹이를 주었더니, 일정 기간이 지나자 먹이를 주지 않아도 개에게서 침 분비물이 나오게 되었다. 여기서 먹이는 무조건 자극(unconditioned stimulus: UCS)이며, 침은 무조건 반응(unconditioned reflex: UCR)이다. 원래 종소리는 아무런 자극이 아닌 중성 자극이지만 먹이와 결합하여 조건 자극(conditioned stimulus: CS)이 되고, 종소리만으로도 침 흘리기 반응을 하게 되었을 때 이를 조건 반응(conditioned reflex: CR)이라 한다. 하지만 먹이를 주지 않고 종소리만 내는 것이 어느 정도 반복되면 다시 침을 흘리지 않게 되는데, 이를 소거(extinction)라 한다.

이와 같이 고전적 조건형성에서는 자극(stimulus)과 반응(reaction)을 짝지어 제시하여 조건형성을 시킴으로써 바람직한 행동은 행동화시키고, 부정적인 행동은 소거할 수 있다. 고전적 조건형성을 통한 정서나 감정의 형성에 대한 예를 들어 보자. 한 아동이 학교에서 친구들과의 부정적 경험을 갖는다면 학교에 가기 싫어질 것이다. 이때 친구들과의 부정적 경험은 불쾌한 감정을 유발하는 무조건 자극이 될 수 있고, 이 무조건 자극은 학교의 여러 가지 특징과 결합될 수 있다. 학교나 교실의 분위기, 친구들의 얼굴 등은 불쾌한 감정을 유발하는 무조건 자극과 결합되어 조건 자극의 역할을 할 수 있다. 이러한 특징들로 인하여 아동은 불쾌한 감정을 가지게 되고, 결과적으로 학교에 가는 것을 싫어하게 될 수 있는 것이다.

2) Skinner의 조작적 조건형성이론

(1) 연구자의 생애

B. F. Skinner(1904~1990)는 펜실베이니아 주에서 법률가의 아들로 태어났다. 그의 부모는 옳고 그른 것에 대해 확실한 원칙을 가지고 있었기 때문에, 계획적이고 규칙적인 생활을 강조하고, 보상과 처벌을 적절히 사용했다. 어린 시절 Skinner는 기계적인 대상물에 열중했으며 성인기에는 조작된 도구들에 관심을 가졌다. 이런 발명품 중에는 '스키너 상자(Skinner box)'가 있는데, 이것은 동물 행동에서 각기 다른 강화가 주는 효과를 조사하도록 고안된 장치다. 또한 소년 시절에는 소설과 시를 썼고 뉴욕에 있는 해밀턴 대학교에 진학하여 영문학을 전공하였다. 졸업 후 작가가 되고

B. F. Skinner
(1904~1990)

자 애썼으나 Skinner는 인간과 동물의 행동에 관심이 있었으므로 하버드 대학교 대학원에서 심리학을 전공하고 1931년 박사학위를 받았다. 그는 1936년까지 하버드 대학교에 머물러 연구를 한 후, 미네소타 대학교와 인디애나 대학교에 재직했으며, 1948년 이후로 하버드 대학교로 다시 돌아와 재직하였다.

1930년대에 Skinner는 흰 쥐를 이용한 실험연구를 통해 학습 원리를 개발하고자 노력하여 『유기체의 행동(The behavior of organisms)』이라는 책을 출간하였다. 실험심리학에서 그의 중요 업적 중 하나는 스키너 상자의 발명이었다. 스키너 상자는 Skinner가 강화라고 불렀던 것을 얻기 위해 동물이 새장에 붙어 있는 지렛대를 누르도록 고안된 장치로, 이 실험에 의해 새로운 학습실험의 형식이 생겨났다. 나중에 Skinner와 다른 연구자들은 이 장치를 비둘기, 원숭이, 인간 그리고 다른 다양한 유기체에 적용하였으며, 이 장치는 지금도 다양한 학습 원리를 실험하는 데 사용되고 있다.

Skinner는 또한 자신의 조건형성 원리에 기초하여 처벌이나 다른 혐오스러운 통제가 제거된 이상사회를 묘사한 소설 『월든 투(Walden Two)』(1948)를 출간했다. Skinner는 인간이 자신의 운명을 스스로 결정하는 자유로운 주체인이라는 생각을 거부하였고 행동과 성격은 내적 영향에 의해서가 아닌 객관적 세계에서의 과거와 현재의 사건들에 의하여 결정된다고 주장하였다. 그는 심리학자들은 관찰 가능하고 검증 가능한 행동에 초점을 맞추어야 한다고 주장하였다. Skinner는 조작적 조건형성이론에 강화와 처벌을 이용함으로써 행동주의를 치료와 연계시키는 데 절대적 공헌을 하였다.

(2) 조작적 조건형성 원리

행동주의의 두 번째 이론적 배경은 조작적 조건형성(operant conditioning)이다. 조작적 조건형성은 Skinner의 상자로 알려진 유명한 실험으로 이해할 수 있다. 이 실험에서는 쥐를 상자 안에 넣고, 상자에는 지렛대가 있어 쥐가 그것을 누르면 먹을 것이 나오도록 설계하였다. 쥐는 상자 안을 돌아다니다가 우연히 지렛대를 눌러 먹을 것이 나와서 먹이를 먹게 되고, 지렛대를 눌러 먹이를 먹은 경험 이후 쥐는 더 자주 지렛대를 누르게 되며, 이 행동은 조건형성이 된다는 것이다. 즉, 지렛대를 누르는 행동이 학습된 것이다.

이는 어떤 행동 또는 반응이 뒤따르는 자극에 의해 강화되거나 약화된다는 조작적 조건형성의 원리를 나타낸다. 어떤 행동 뒤에 보상을 주거나 혐오자극을 제거하면 그 행동이 일어날 가능성이 증가한다. 반대로 어떤 행동 뒤에 보상이 줄어들거나 혐오자극이 주어지면 그 행동이 일어날 가능성은 줄어든다.

이와 같이 Skinner의 조작적 조건형성은 사람들이 단지 어떤 자극에 대해 수동적으로만 반응하는 것이 아니라 환경을 '조작'한다는 것을 보여 준다. Skinner의 조작적 조건형성의 원리에는 정적 강화, 부적 강화, 소거, 처벌 등이 있다. 이에 대해 자세히 살펴보면 다음과 같다.

① 강화

강화(reinforcement)는 어떤 행동의 빈도를 증가시키는 것을 말하는 것으로 정적 강화와 부적 강화 두 가지 방법이 있다. 강화 기법을 적용할 때는 행동 이후 즉각적으로 주어져야 하고, 발달수준과 보상에 대한 선호를 고려하는 것이 필요하다. 또한 효과적인 강화를 위해서는 강화를 언제 어떻게 제공할지와 관련된 강화계획을 구체적으로 세우는 것이 중요하다. 강화계획은 행동을 보일 때마다 매번 강화를 제공하는 연속적 강화와, 행동을 보일 때마다 매번 강화가 주어지지 않는 간헐적 강화로 나눌 수 있다. 간헐적 강화는 다시 일정한 시간 간격에 기준을 두고 강화를 주는 간격계획과 반응 횟수에 기준을 두고 강화를 주는 비율계획으로 나뉜다. Skinner는 강화계획에 따라 행동이 학습되는 속도와 지속성 등에 차이가 나타난다고 보았다.

• 정적 강화

어떤 행동 뒤에 긍정적인 결과를 경험하게 하여 행동의 빈도를 증가시키는 것을 정적 강화 (positive reinforcement)라 한다. 정적 강화는 아동에게 바람직한 행동을 습득시키거나 증진시킬 때 가장 흔히 사용되는 기법이다. 스티커, 선물, 칭찬 등이 긍정적 강화인(positive reinforcer)의 예로, 어떤 행동 뒤에 긍정적 강화인을 제공하면 그 행동의 빈도가 증가한다.

• 부적 강화

부정적인 결과를 피하기 위해 어떤 행동의 빈도를 증가시키는 것을 부적 강화(negative reinforcement)라 한다. 청소를 면제받기 위해 교사의 말을 따르는 행동을 많이 수행하는 것을 예로 들 수 있다. 부적 강화는 반복된 정적 강화로 인해 긍정적 보상이 더 이상 효과가 없을 때 유용하게 활용될 수 있다.

② 벌과 소거

강화가 어떤 행동의 빈도를 증가시키는 것이라면 벌과 소거는 행동의 빈도를 감소시키기 위한 방법이다.

• 벌

벌(punishment)은 혐오적인 자극을 주어 어떤 행동의 빈도를 감소시키는 것이다. 예를 들어, 말을 듣지 않는 아동에게 야단을 치는 것은 벌을 주는 것이다.

벌에는 두 가지 형태가 있는데, 하나는 부정적인 것을 제공하는 것이고 또 다른 형태는 긍정적인 것을 빼앗는 것이다. 숙제를 하지 않은 아동에게 화장실 청소를 시키는 것은 전자의 예이며, 숙제를 하지 않은 아동에게 친구들과의 재미있는 활동에 참여하지 못하도록 하는 것은 후자의 예다.

벌은 바람직하지 않은 행동을 하지 못하게 할 수는 있으나 다른 어떤 행동을 해야 하는지는 알려 주지 못한다. 또한 벌과 부정적 느낌이 벌을 주는 사람에게 연합되어 부정적 느낌을 갖게 될 수 있다는 점에서 벌은 가능하면 피하는 것이 좋다.

• 소거

소거(extinction)는 강화받아 학습된 행동을 강화해 주지 않음으로써 감소시키는 것이다. 예를 들어, 떼를 써서 원하는 바를 얻는 것을 학습한 아동에게 강화를 해 주지 않음으로써 떼쓰며 원하는 바를 얻으려는 행동을 감소시키고, 결국에는 그런 행동을 하지 않도록 하는 것이 소거다.

3) Bandura의 사회학습이론

(1) 연구자의 생애

Albert Bandura
(1925~   )

Albert Bandura(1925~   )는 캐나다의 알버타 지방에서 1925년에 6남매의 막내로 태어났다. 밴쿠버의 브리티시컬럼비아 대학교에서 심리학을 전공했으며, 대학원은 미국으로 건너가 아이오와 대학교에서 심리학 전공으로 석사 및 박사학위를 취득하였다. 당시 아이오와 대학교에서 사회학습이론의 선구자인 Sears와 함께 연구하였다. 이 시기에 반두라는 Miller와 Dollard의 『사회적 학습과 모방(Social Learning and Imitation)』(1941)을 읽었는데, 이 책은 그에게 많은 영향을 주었다. Miller와 Dollard의 사회적 행동과 모방 행동에 대한 설명은 20년 이상 심리학적 문헌들에 강력한 영향을 주었다. Bandura가 모방학습에 대한 이전 설명들에 도전하고 관찰학습에 관련한 논문과 저술들을 발표하기 시작한 것은 1960년대 초 이후였다. Bandura는 1953년 스탠퍼드 대학교의 교수가 되었으며, 그 후 1974년에는 미국심리학회(American Psychological Association)의 회장으로 선출되었다. 1977년에는 심리학에 큰 영향을 끼친 저서 『사회학습이론(Social Learning Theory)』을 출간하였다. 이러한 공로를 인정받아 Bandura는 1999년 미국심리학회에서 수여한 '손다이크상(Thorndike Award)'을, 2004년에는 미국심리학회에서 수여한 '제임스 맥킨 캐텔 상(James Mckeen

Cattell Award)'을 수상하였다.

(2) 사회학습이론

행동주의의 세 번째 이론적 배경은 Bandura(1977)의 사회학습이론이다. Bandura는 행동주의 이론이 행동의 결과에만 초점을 두는 것을 비판하면서 학습에 미치는 사회적 영향의 중요성을 주장하였다. 그의 이론은 환경 자체의 영향보다는 환경에 대한 인간의 반응으로서 자기조절 기제와 반응에 영향을 주는 동기에 초점을 둔다는 면에서 인지이론으로 분류되며, 이는 급진적인 행동주의와 구별되는 점이다.

Bandura는 인간이 행동을 습득하게 되는 것에 관심을 갖고 다른 사람의 행동을 관찰하고 모방하게 되는 과정에 초점을 두었다. 그는 인간의 행동은 관찰학습의 결과로도 형성됨을 주장하였다. 인간의 행동은 칭찬이나 강화물을 받음으로써 강화되기도 하지만 타인의 행동을 관찰함으로써 이루어지기도 한다는 것이다. 불우이웃 돕기를 하는 부모의 행동을 보고, 아동이 남을 돕는 행동을 학습하는 것을 예로 들 수 있다. 또한 관찰학습은 대리 강화를 통해서도 가능하다. 즉, 다른 사람이 강화를 받는 것을 관찰함으로써 간접적인 강화를 받는다는 것이다. 예를 들면, 친구가 숙제를 잘하여 교사에게 칭찬을 받는 것을 보고, 대리 강화가 되어 숙제를 잘하는 행동이 증가된다는 것이다.

이러한 관찰학습이 이루어지기 위해서는 다음의 과정을 거쳐야 한다.

- 주의집중 단계(attentional process): 관찰학습을 위하여 모델에 주의를 기울여 관찰하는 단계다.
- 기억단계(retention process): 관찰을 통해 얻는 정보를 기억하는 단계다. 이 단계에서는 관찰대상의 행동을 정신적으로 재현하는데, 모델의 행동을 시각적 이미지나 시각적 이미지에 언어적 설명을 함께 기억하면서 모방을 보다 정교화한다.
- 운동재생 단계(motor reproduction process): 주목하여 관찰하고 기억한 모델의 행동을 외현적으로 재현하는 단계다. 모방하고자 하는 행동을 기억한 이후에는 실제 실행을 해 볼 때 학습효과를 높일 수 있다.
- 동기화 단계(motivational process): 학습한 모델의 행동을 직접 수행할 것인지 아닌지를 결정하는 단계다. 다른 사람의 행동을 관찰하여 기억하고, 다시 그것을 행동화하기 위해서는 그 행동에 강화 및 처벌의 동기가 있어야 한다.

2. 기본 가정

앞서 살펴보았듯이, 행동주의 상담이론은 실험실에서 동물을 대상으로 한 연구를 통해서 얻어진 지식과 정보를 인간행동에 적용시키면서 발전된 학습이론을 기반으로 하고 있다. 이 이론에서는 인간의 모든 행동, 즉 적응행동뿐만 아니라 부적응행동도 환경의 조작에 의한 반응들의 연합, 강화, 모방 등을 통해 학습된다고 보았다. 이러한 원리로 부적응 행동 또한 같은 학습 원리에 의해 소거가 가능하며, 재조건화 또는 재학습에 의해서 교정될 수 있다고 가정하였다.

이와 같은 이론적 가정을 가지고 있는 행동주의적 상담이론에 입각해서 상담자는 객관적으로 관찰 가능한 행동을 중심으로 바람직하고 적응적인 행동을 학습시키고 바람직하지 않고 부적응적인 행동을 소거 및 재학습시키는 과정을 통해서 아동을 돕는 역할을 한다.

1) 인간관

행동주의 상담에서는 인간행동을 학습의 결과로 본다. 따라서 행동주의 상담에서는 어떤 환경에서 어떻게 배워 나가느냐에 따라 인간의 성격과 행동이 후천적으로 결정된다고 보았다.

행동심리학의 초기에는 환경에 의해 영향을 받는 수동적 인간관이 지배적이었지만, 최근에는 환경과 상호 영향을 주고받는 보다 능동적 인간관이 주목받으며 인간이 자기조절(self control), 자기지도(self direction)를 할 수 있는 능력을 가지고 있다고 강조하고 있다(Bandura, 1974). Bandura는 인간의 학습은 전적으로 환경의 영향을 받는 것이 아니라 인간과 환경 간의 지속적인 상호작용을 통해 이루어진다는 상호결정론(reciprocal determinism)을 주장하였다. 즉, 인간의 발달은 능동적으로 개입하는 인간과 인간의 행동 그리고 인간을 둘러싸고 있는 환경의 세 요소 간의 상호작용에 의해 이루어진다는 것이다.

행동주의 상담이론과 같이 행동변화를 강조하는 관점에서는 문제행동의 근원을 치료하기보다는 문제행동 그 자체를 다룬다. 만약 문제행동이 인간의 성격 내부에 있는 근본적인 문제로부터 비롯된 겉으로 드러난 행동에 불과하고, 그 근원은 과거의 어떤 선행조건에 있다고 본다면, 행동 자체를 직접 치료하기보다는 내재해 있는 근본적인 문제를 다루게 된다. 예를 들면, 강박증을 갖고 있는 아동의 경우 강박적인 행동 그 자체를 다루기보다는 내재해 있는 관련된 근본적인 문제를 다루게 된다. 그러나 보다 직접적인 행동변화를 지향하는 접근에서는 환경과 행동 그 자체를 중요시하고, 행동에 영향을 미치는 현재의 관련 요인을 찾고 문제행동 자체를 직접 다루며, 현재의 문제상황에 보다 효과적으로 대응하고 해결할 수 있는 방법을 학습하고 체험하도록 한다.

Skinner는 인간과 행동에 대한 이해를 설명하기 위해 이러한 과정을 검은 상자에 비유한다. 인간의 내면에서 어떤 일이 일어나고 있는지 모르기 때문에 검은 상자로 비유하는데, 안에서 무엇이 일어나는지는 환경적 선행사건과 결과에 의해 지배되는 행동을 설명하는 데 있어서 필수적이지 않다.

2) 상담목표

행동주의 상담에 있어 상담목표 설정은 핵심적인 요소다(Corey, 1991). 상담목표는 분명하고 구체적이고 행동적으로 진술되어야 하며, 내담자와 상담자에 의해 합의된 것이어야 한다. 상담목표 합의 과정에 있어 상담자와 내담자는 상담과정에서 필요에 따라 목표를 변경할 수 있다. 상담목표는 내담자와 상담자가 동의할 때까지 수정되어야 한다.

그동안 행동주의 상담의 목표에 대한 잘못된 관념들이 있어 왔다. 우선 행동주의 상담은 증상의 제거에 초점을 두므로 근본적인 원인이 없어지는 것이 아니기 때문에 새로운 증상이 다시 생길 수 있다는 것이다. 그러나 대부분의 행동주의 상담자는 부적응 행동을 보다 적응적 행동으로 대치시킴으로써 부적응 행동을 없애는 것이 상담자의 역할이라고 생각한다.

또 다른 잘못된 관념은 상담목표가 상담자에 의해 결정된다는 것이다. 그러나 최근의 행동주의 상담에서는 내담자 스스로 자신의 상담목표를 정하도록 하는 추세다. 초기의 상담자들은 상담자의 역할을 강조했지만, 최근에는 스스로 상담에 참여하지 않는 내담자에게는 상담목표를 부과할 수 없다고 생각한다.

3. 상담과정과 기법

1) 상담과정

행동주의 상담자는 내담자 개개인에게 맞는 개별적인 상담목표를 강조하기 때문에 일관된 상담과정을 제시하기는 어렵지만, 행동주의 상담의 상담과정은 다음과 같이 나눌 수 있다(천성문 외, 2009).

(1) 상담관계 형성

모든 상담적 접근법에서 상담자와 내담자 간의 좋은 라포 형성은 상담과정의 기본이자 중요 요소다. 행동주의 상담에서도 상담자는 온정적이고 공감적이며, 내담자의 말을 수용하고 이해하려는 태도를 가져야 한다. 상담자가 내담자와의 관계가 충분히 형성되기도 전에 내담자의 행동을 바꾸기 위해 여러 상담기술을 적용하고자 하는 것은 잘못이다. 상담자는 내담자와의 관계가 잘 형성된 후에 상담기술을 적용하여야 한다.

(2) 문제 행동 규명

내담자의 문제 행동을 확실하게 규명하는 단계다. 상담자는 내담자 스스로가 자신의 문제를 확실히 파악하고 구체적인 행동으로 나타낼 수 있도록 도와야 한다.

(3) 내담자의 현재 상태 파악

상담자는 내담자의 문제를 매우 구체적으로 분석해야 한다. ① 내담자에 의해 제시된 문제 행동, ② 문제 행동이 일어나는 장면, ③ 상담동기, ④ 발달 과정, ⑤ 자기 통제력, ⑥ 사회적 관계, ⑦ 사회적 · 문화적 · 물리적 환경 등을 분석한다.

(4) 상담목표 설정

행동주의적 상담에서는 상담목표가 매우 중요하다. 상담목표의 설정은 상담에서 상담자와 내담자의 행동 표적이 된다.

(5) 상담기술 적용

상담기술은 내담자의 현재 상태와 상담목표 설정 시 수집한 정보를 기반으로 하여 적용한다. 상담자는 내담자가 행동을 수정하고 싶어 하는 구체적인 환경에서 내담자의 행동수정을 도울 수 있는 상담기술을 구성하고 적용해야 한다. 상담과정에 적용되는 기술은 바람직한 행동을 하도록 돕는 기술, 바람직하지 못한 행동을 하지 않도록 돕는 기술, 자신의 행동을 스스로 통제할 수 있도록 돕는 기술로 나눌 수 있다.

(6) 상담결과 평가

상담의 진행과 상담기술이 효과적으로 이루어져 왔는지 평가한다. 행동주의 상담에서는 평가 결과에 따라 상담과정에 적용되는 기술을 계속 바꿀 수 있다.

(7) 상담 종결

최종 목표 행동에 대한 최종 평가 후에 상담 종결이 이루어진다.

2) 상담기법

행동주의 상담에서 사용되는 상담기법과 절차는 무수히 많다. 여기서는 가장 일반적으로 사용되고 있는 이완 훈련, 노출기법인 체계적 둔감법과 홍수법, 토큰 경제, 타임아웃, 모델링에 대해 살펴본다.

(1) 이완 훈련

이완 훈련(relaxation training)은 사람들에게 일상생활에서 받는 스트레스에 대처하는 법을 가르치는 방법으로 점점 보편화되었다. Jacobson(1938)은 점진적 이완 훈련의 절차를 발달시키는 데 기여하였다. 이완 훈련은 여러 가지 구성요소를 포함한다. 먼저, 내담자는 이완을 요구하는 강의를 받는다. 내담자는 스스로 계약을 맺고, 깊고 규칙적인 호흡과 함께 조용한 환경에서 근육을 이완시킨다. 동시에 내담자는 정신적으로 즐거운 상상을 한다. 연습 기간 동안 내담자에게 적극적으로 긴장을 느끼고 경험하게 하며, 그의 근육이 점점 긴장되는 것에 주의를 집중시키게 하고, 이런 긴장을 충분히 경험하도록 하는 것이 도움이 된다. 또한 긴장과 이완 간의 차이점을 경험하게 하는 것이 도움이 된다.

이완 훈련은 체계적 둔감화 과정의 한 부분으로 사용되어 왔지만, 최근에는 분리된 기법으로 또는 관련된 방법과 결합된 기법으로 다양한 심리적인 문제 해결에 적용되고 있다. 가장 일반적으로는 스트레스와 불안에 관련된 문제에 적용된다.

(2) 노출법
노출기법에는 체계적 둔감법과 홍수법이 있다.

① 체계적 둔감법

체계적 둔감법(systematic desensitization)은 특정한 상황이나 상상에 의하여 조건형성된 공포 및 불안 반응을 극복하도록 할 때 이용되는 기법이다. 체계적 둔감법은 내담자로 하여금 이완을 한 상태에서 불안 강도가 낮은 것에서부터 시작해 점차 불안 강도가 높은 자극이나 상황을 상상하도록 하여, 가장 불안 강도가 높은 자극이나 상황을 아무런 불안감 없이 머릿속에서 상상해 보고 경험할 수 있게 하는 기법이다.

Wolpe가 개발한 체계적 둔감법은 근육이완훈련, 불안위계목록표 작성 그리고 체계적 둔감법 실시의 세 단계로 나뉘어 실시되는데, 구체적인 치료과정을 살펴보면 다음과 같다(Corey, 1995 재인용). 첫 번째 단계는 긴장 이완 훈련(relaxation training)으로 근육의 긴장을 푸는 이완 훈련이 이루어진다. 두 번째 단계는 불안 요인에 대한 위계 설정(hierarchy construction)으로, 내담자의 두려움이나 공포증에 관한 구체적인 정보를 수집하여 증상과 관련된 행동들의 목록을 위계적으로 구성하는 단계다. 마지막으로 세 번째 단계는 역조건 형성을 통해 이완 반응이 불안을 대치하도록 하는 단계다. 행동주의 상담자들은 불안과 이완이 동시에 존재할 수 없는 반응이라고 가정하므로 불안 대신에 이완을 유발하도록 하는 것이다.

체계적 둔감법은 특별한 도구가 필요 없기 때문에 경제적이고, 내담자가 불안에 대처할 수 있는 자신만의 전략을 형성할 수 있다는 장점을 갖는다. 그러나 체계적 둔감법을 위해서는 상담자가 많은 훈련 경험이 있어야 하고, 자극을 상상하기 위하여 내담자도 어느 정도 지적 능력이 있어야 한다. 또한 상상된 자극에 대하여 불안이 감소되었더라도 실제 상황에서는 일반화되지 않는 경우도 있다.

② 홍수법

홍수법(flooding)은 두려움을 일으키는 자극들을 실제 현실에서 혹은 상상 속에서 지속적으로 제시하는 기법이다. 내담자는 자극에 노출되는 동안 불안을 경험하지만 두려워했던 결과는 일어나지 않는 것을 경험한다. 그러나 때때로 장시간의 집중적인 노출이 제시될 경우 이런 노출과 관련된 나쁜 기억 때문에 몇몇 내담자는 자극에의 노출을 거부한다. 또한 불안을 자극하는 상황에 대한 장시간의 집중적인 노출은 내담자에게 상담 전보다 두려움을 더욱 크게 느끼게 할 수 있다. 따라서 만약 상담자가 홍수법을 시행한다면 홍수법을 시행하기 전에 내담자에게 일시적으로 불안을 경험하게 된다는 사실을 충분히 설명해야 한다.

(3) 토큰 경제

토큰 경제(token economy)는 내담자가 적절한 행동을 할 때마다 강화물로 토큰이 주어지는 기법이다. 스티커, 플라스틱 조각, 점수 등의 물건을 강화물로 사용하는 조작적 조건형성의 원리를 적용시킨 상담기법이다. 그러나 직접적으로 강화 인자를 쓰는 대신에 나중에 내담자가 원하는 다양한 물건과 교환할 수 있는 토큰을 보상으로 제공한다. 바람직한 행동을 인정해 주는 것만으로는 별 효과가 없을 때 별표, 쿠폰, 스티커와 같은 토큰을 주어 나중에 음료수, 사탕 및 장난감 등 내담자가 원하는 물건이나 권리와 바꿀 수 있도록 하는 치료 절차다. 토큰 경제는 인정이나 다른 무형의 강화 수단이 작용하지 않을 때 행동 형성에 적용할 수 있다.

토큰 경제의 실시는 다음과 같은 장점을 갖는다. 첫째, 목표행동을 했을 때마다 강화물을 주는 대신 토큰을 준다는 점에 있어 편리성이 있다. 둘째, 토큰은 제공하기가 용이하기 때문에 행동이 일어난 후 즉시 줄 수 있어서 강화를 지연시키지 않을 수 있다. 강화물은 바람직한 행동을 한 다음 즉시 주어질 때 효과적이다. 셋째, 토큰으로 여러 가지 강화물을 교환할 수 있다. 한 가지의 강화물이 계속 주어지면 강화력이 저하될 수 있다(김재은 외, 1997).

그러나 토큰 경제를 활용하는 데 있어 유의할 점도 있다. 토큰 경제가 효과적이려면 아동이 바람직한 목표행동을 했을 때 받는 토큰의 수, 토큰으로 대체할 수 있는 후속 강화물의 종류와 양, 후속 강화물로 교환할 수 있는 토큰의 수 등 정해야 할 규칙이나 조건이 많고, 아동의 발달수준을 고려하여 아동과의 합의하에 적절하게 정해야 한다.

(4) 타임아웃

타임아웃(time-out)은 바람직하지 않은 행동에 대해 모든 정적 강화를 차단하여 그 행동을 감소시키는 기법이다. 실제로 타임아웃은 바람직하지 않은 행동을 할 때 일시적으로 다른 장소에 격리시키거나 그 자리에 있으면서 참여를 제한받는 방법으로 실시된다. 예를 들어, 학교에서 숙제를 해오지 않은 학생에게 일정 시간 동안 교실 밖에 서 있게 하는 것도 일종의 타임아웃이다.

타임아웃이 효과적으로 적용되기 위해서는 몇 가지 고려해야 할 사항이 있다(양명숙 외, 2013).

첫째, 부적절한 행동이 일어난 장소에 강화요인이 있어야 한다. 숙제를 하지 않은 학생을 수업에서 격리시켜 타임아웃이 되기 위해서는 수업이 이루어지고 있는 교실에 학생이 좋아하는 강화요인이 있어야 한다. 만약 수업에 참여하는 것을 싫어하는 학생이라면 교실에서 격리되는 것이 혐오 자극을 제거해 주는 부적 강화가 된다.

둘째, 격리되어 있는 장소에 강화자극이 없어야 한다. 격리된 장소가 좋아하는 것들을 할 수 있는 공간이라면, 일시적으로 정적 강화를 차단한다는 타임아웃의 의미가 없다.

셋째, 타임아웃의 시간은 너무 길지 않은 것이 좋다. 시간이 너무 길어질 경우 효과가 오히려 감소한다고 여러 연구에서 밝히고 있다. 타임아웃을 효과적으로 적용하기 위해서는 지속 시간에 대해 내담자와 상황의 특성을 고려하는 것이 필요할 것이다.

(5) 모델링

모델링(modeling)이란 타인의 행동을 관찰함으로써 학습이 이루어지는 것을 말하는 것으로 관찰학습의 원리를 기초로 한다.

모델링의 여러 유형이 상담 상황에서 사용될 수 있다. 살아 있는 모델을 통해 내담자에게 적절한 행동을 가르칠 수 있으며, 내담자의 태도와 가치에 영향을 주고, 사회적 기술을 가르칠 수 있다. 또한 상징적 모델(symbolic model)을 사용하기도 하는데, 상담자가 모델의 행동을 동영상을 통해 내담자에게 보여 주는 형태가 그 예다. 또한 복합적 모델(multiple model)을 사용하는데, 이는 집단상담에서 주로 사용된다. 관찰자는 집단에서 성공적으로 행동하는 동료의 행동을 관찰함으로써 자신의 태도를 바꾸거나 새로운 기술을 학습할 수 있다.

모델링의 장점은 경비가 많이 들지 않아 경제적이고, 시행착오를 줄이게 되어 시간을 절약할 수 있다는 점에서 효과적이다. 그러나 어떤 내담자는 모델링을 위하여 모델에 주의를 집중하거나 관찰행동을 기억하는 것을 따로 가르쳐야 할 수도 있다.

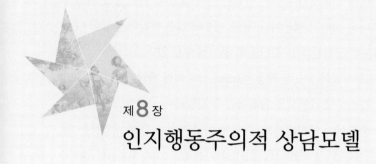

제 **8** 장

제 **8** 장
인지행동주의적 상담모델

최근 들어 상담에서 통합적 접근을 시도하는 움직임이 일고 있는데, 대표적으로 인지적 접근과 행동적 접근이 결합된 인지행동주의적 상담모델을 들 수 있다. 이 장에서는 인지행동주의적 상담모델의 발달 배경과 인간관, 상담기법 및 실제적 적용에 관해 고찰해 보고자 한다.

1. 인지행동주의적 상담모델의 발달 배경

인지행동 상담모델의 이론적 토대는 여러 이론으로부터 발전되었는데, 그중 가장 기초가 되는 이론은 행동주의에 입각한 행동치료이론이다. 1950년대에 미국과 남아프리카, 영국에서 동시에 시작된 행동적 접근은 당시 우세했던 정신분석적 관점에서 크게 벗어난 것으로, 문제행동을 치료하기 위해 고전적 조건형성과 조작적 조건형성의 원리를 적용했다. 행동치료의 초점은 행동조건형성기법들이 전통적 치료의 대안이며 효과적임을 증명하는 것이었는데 정신분석치료자들의 거친 비판과 저항에도 이 접근은 살아남았다. 고전적 조건형성과 조작적 조건형성의 행동주의자들은 사고과정, 태도, 가치의 역할과 같은 매개적 개념에 대한 언급은 하지 않았다. 이는 통찰 지향적인 정신역동적 접근에 대한 반발에서 나온 것이기 때문이다. 물론 이후에 많은 변화와 통합이 이루어진 현대 행동치료는 전통적 학습이론에 근거한 치료로 단순히 정의될 수는 없다.

인지과정의 중재역할을 고려하는 행동치료의 중요한 확장은 Bandura에 의해 제안되었다. 1960년대에 Bandura는 고전적 조건형성과 조작적 조건형성을 관찰학습과 결합하여 사회학습이론을 개발했다. 사회학습이론에서는 환경의 중요성이 인식되면서, 동시에 자극과 반응 간에 개입하는 인지의 중재효과가 강조되었다. 이 접근에는 환경과 개인적 요인(믿음, 선호도, 기대, 자기인지, 해석), 개별행동 등 세 요소 간의 상호작용이 포함되는데, 행동에 대한 환경적 사건 또는 환경의 영향이 개인에 의해 어떻게 인지되는지, 사건이 어떻게 해석되는지를 지배하는 인지적 과정이 주요한 역할을 한다고 본다. 즉, 인지 과정을 통해 환경에 대한 행동이 결정된다고 믿는다.

Albert Ellis
(1913~2007)

정서와 인지 간의 연계는 1956년 Albert Ellis가 합리정서치료(Rational-Emotive Therapy: RET)를 새롭게 주창하면서 이루어졌다. Ellis는 정서와 행동은 사건 그 자체보다는 사건이 구성되는 방식으로부터 유발된다고 제안하면서, 유발사건(A)이 어떠한 정서적 결과(C)를 가져오게 되는지는 신념(B)에 따라 결정된다고 하였다. 신념은 합리적일 수도 비합리적일 수도 있는데, 이때 비합리적인 신념이 부정적 정서 상태를 유발하거나 유지시키게 된다는 것이다. 이러한 Ellis의 RET 이론에 Corsini(1995)가 행동(B: Behavior)을 추가하면서 이후 합리정서행동치료(Rational-Emotive Behavior Therapy:

REBT)로 지칭되었다.

한편, Beck은 우울에 대한 연구를 하던 과정에서 인지치료(Cognitive Therapy: CT)를 개발했다. 그는 우울증 내담자들을 관찰한 결과, 이들이 삶의 사건을 해석하는 데 있어 부정적인 편견을 갖고 있음을 알아냈으며, 그것이 인지적 왜곡 탓이었음을 확인했다. 1960년대에 Beck은 우울장애와 불안장애의 부적응적인 정보처리에 중점을 두고 연구하면서 우울을 인지적으로 개념화하였다. 그는 우울증상이 세 영역(자기, 세계, 미래)에서의 부정적인 사고방식과 관련이 있다고 주장하였다. 이후 Beck은 역기능적인

Aaron Beck
(1921~   )

인지와 그에 따른 행동을 변화시키기 위해 인지적 접근의 치료를 제안하였으며, 이와 관련된 수많

은 연구를 행하였다. 그 결과 인지행동적 이론 및 기법들은 우울장애, 섭식장애, 정신분열증, 양극성 장애, 물질남용 등을 포함한 광범위한 영역으로 확장되어 커다란 영향력을 갖게 되었다. 인지치료는 REBT, 행동치료와 많은 유사점을 공유하고 있다. 이 치료들은 적극적이고 교육적이며, 시간 제한적이고 현재 중심적이다. 또한 문제 지향적·협동적·경험적이며, 구조화되어 있고 과제를 부과하며, 문제가 일어난 상황에 대해 확실한 확인을 한다(Beck & Weishaar, 2011).

Ellis는 임상적 경험을 토대로 정신장애를 이끄는 것은 인지적 요인임을 밝혀내었고, Beck은 유사한 시기에 Ellis와는 독자적으로 우울증 환자를 대상으로 인지치료이론을 개발하였지만, 결국 Ellis의 주장을 입증해 준 셈이 되었다. 이렇게 개발된 REBT는 최초의 인지행동치료의 하나였으며, 오늘날 중요한 인지행동접근으로 활용되고 있다. REBT의 기본 가정은 인간은 사상과 상황을 어떻게 해석하는가에 따라서 구체적 증상을 만들어 낼 뿐만 아니라 스스로의 심리적 문제를 만들어 낸다는 것이다. REBT는 인지와 정서, 행동이 중요한 방식으로 서로 영향을 미치며 호환 가능한 인과관계라는 가정에 토대를 두고, 이 세 양상 모두와 이들의 상호작용을 강조한 통합적 접근이라는 특징을 지닌다(Ellis, 2011).

행동과 인지 간의 의미 있는 통합은 Meichenbaum(1975)의 작업과 자기지시적 훈련의 개발에서도 이어졌다. Meichenbaum은 많은 행동이 사고나 내적 언어의 통제하에 있다는 개념을 부각시켰다. 자기지시를 변화시킴으로써 보다 적절한 자기통제기법을 개발시킬 수 있다고 보았다. 즉, 행동은 인지적 사건과 과정의 영향을 받으므로 인지과정의 변화가 행동의 변화를 이끌 수 있다는 것이다. 실제로, 이 모델에서는 아동 스스로 자신의 행동을 통제하도록 하기 위한 방법으로 자기지시적 훈련과정을 적용하였다. 즉, ① 누군가 과제를 수행하고 있는 것을 관찰시키기, ② 또 다른 누군가가 동일한 과제를 수행하기, ③ 과제 수행에 대해 자기 자신에게 큰 소리로 지시하기, ④ 지시를 속삭이기/침묵하기 등의 4단계 과정을 제시하였다(Stallard, 2004).

이와 같이 오늘날 인지행동이론에 영향을 준 대표적인 학자로는 Ellis와 Beck, Meichenbaum 등을 들 수 있다. Ellis는 합리정서이론(Rational-Emotive Therapy: RET)을 발전시켰고, Beck은 Ellis와 유사한 시기에 임상장면에서의 관찰을 토대로 인지치료를 개발하였는데, 결과적으로 Ellis의 이론을 뒷받침해 주었다. Meichenbaum 또한 자기대화(self-talk)와 인지구조의 변화를 통해 스트레스에 대응해 가는 전략을 중심으로 이론을 전개하여 인지행동적 상담모델에 큰 영향을 미쳤다.

1970년대 중반에 이르러 인지행동치료는 행동치료를 대치했는데, 이는 여러 분야에서 정서,

행동, 인지 차원 간의 상호작용을 강조하기 시작했기 때문이다. 1990년대 후반 행동인지치료학회(Association for Behavior and Cognitive Therapies: ABCT)─ 전 최신행동치료학회(Association for Advancement of Behavior Therapy: AABT)─회원은 4,500명 정도에 달했으며, 오늘날에는 약 6,000명의 정신건강전문가와 학생들을 회원으로 두고 있다. 이렇게 학회의 이름이 바뀐 것은 행동치료와 인지치료를 통합하는 오늘날의 생각을 반영하려는 것이다(Corey, 2013).

최근, 상담에 있어서 통합적 접근을 시도하려는 움직임이 일고 있다. 이러한 통합적 접근들은 두 가지 이상의 표준적인 접근을 한 가지 치료양식으로 결합하는 양상으로 나타난다. 인지적 접근과 행동적 접근법이 단일화되어 인지행동치료(CBT)로 나타난 것이 대표적 예가 된다. 인지행동적 접근에서는 행동변화 방법과 사고재구성 방법을 결합해서 내담자들에게 사고 및 감정 변화를 이끌어 내고자 하고 있다. 이처럼 두 가지 접근방식의 결합은 각 방법 중 한 쪽 혹은 양쪽 모두에서 바람직한 상담성과를 가져오는 데 결함을 지니고 있다는 사실로부터 초래된 것이다.

이처럼 전통적 행동치료가 확장되어 주로 인지행동치료 방향으로 이동하고 있는데, 인지행동적 접근은 전통적 행동치료의 기본 특징과 가정을 상당 부분 공유하고 있지만, 한편으로 다음과 같은 특징을 지닌다. 즉, ① 내담자와 치료자의 협동적 관계, ② 심리적 어려움이 주로 인지과정의 혼란으로 인해 생김, ③ 감정과 행동에서 바람직한 변화를 생성하기 위한 인지적 변화 강조, ④ 현재 중심적, 시간 제한적 집중, ⑤ 치료자의 적극적이고 직접적인 자세, ⑥ 구체적이며 구조화된 표적 문제에 대한 교육적 치료 등을 들 수 있다(Beck & Weishaar, 2011).

인지행동적 치료는 구조화된 심리교육적 모형으로, 숙제의 기능과 치료회기 동안 혹은 일상생활에서 내담자 자신이 적극적 역할을 하는 내담자의 책임을 강조하고, 변화를 이끌어 내기 위해 다양한 인지적 방략과 행동적 기법을 사용한다. 합리정서행동치료라 일컬어지는 REBT(Rational-Emotive Behavior Therapy)는 국내에서 인지·정서·행동치료라 번역되기도 하는데(박경애, 1997), 오늘날 인지행동적 접근의 모체로 인정받고 있다. 하지만 그 전에도 이런 생각은 있었다. Ellis는 Adler를 REBT의 개념적 틀을 형성하는 데 영향을 끼친 선구자로 보았고, Horney(1950)의 '당위의 횡포'에 대한 생각도 REBT의 개념적 틀에서 분명하게 드러난다. Ellis는 자신이 고대 그리스 철학자, 특히 스토아학파의 에픽테토스(Epictetus, AD 50~135)의 영향을 받았다고 진술했다. 에픽테토스는 2,000여 년 전 다음과 같이 말했다. "인간은 사건(events) 때문이 아니라 그것을 받아들이는 관점 때문에 혼란스러워한다." 에픽테토스의 격언에 대하여 Ellis는 "인간은 사건에 대한 경직되고 극단적인 신념으로 스스로를 혼란스럽게 만든다."로 재공식화하여 표현하였다(Ellis, 2001).

2. 인간관

　인지행동치료는 행동치료와 인지치료가 통합된 치료모델이라 할 수 있다. 먼저, 행동주의적 시각을 보면, 고전적 조건화 원리에서는 인간의 행동은 자연적으로 일어나는 반응(무조건 반응)과 반복적으로 연합시킴으로써 학습될 수 있으며, 정서반응(예: 두려움)도 특정 사건이나 상황에 조건화될 수 있다고 본다. 또한 정서반응은 길항반응을 만들어 내는 이차 자극과 짝지음으로써 상호 억제될 수 있다고 한다. 예를 들어, 두려움을 유발하는 자극을 길항반응(즉, 이완)을 만들어 내는 자극과 반복적으로 연합하여 조건화함으로써 두려움 반응이 억제될 수 있다는 것이다. 이러한 원리를 이용하여 Wolpe(1958)는 체계적 둔감화 절차를 개발하였으며, 이 절차는 오늘날 임상 장면에서 널리 활용되고 있다.

　조작적 조건화 원리를 제시한 Skinner는 행동에 미치는 환경의 중요한 역할을 강조하면서, 선행사건(조건 설정), 결과(강화) 그리고 행동 간의 관계에 초점을 두었다. 본질적으로 어떤 행동의 빈도가 증가되었다면 이는 긍정적 결과가 수반되기 때문이거나 혹은 부정적 결과가 뒤따르지 않기 때문에 그 행동이 강화된 것이라 하였다. Skinner는 행동은 선행사건 및 결과에 영향받고, 행동의 발생 가능성을 증가시키는 결과는 강화물이며, 선행자극 및 결과를 바꿈으로써 행동의 변화를 가져올 수 있다고 보았다. Skinner의 조작적 조건화 원리는 실제로 교육현장 및 임상 장면에서 많이 적용되고 있다.

　현대 행동치료는 앞서 살펴본 전통적 행동치료원리에서 진일보하여, 체계적이고 구조화된 치료접근을 함축하는 인간 행동에 대한 과학적 견해를 제시하고 있다. 구체적으로, 인간이 사회·문화적 조건형성의 부산물이라는 결정론적 가정에만 의존하지 않고, 인간이 환경을 만들기도 하고 또 환경에 의해 만들어지기도 한다는 탄력적이고 확장된 입장으로 발전하였다. 또한 최근의 행동치료 경향은 실제로 내담자에게 통제력을 부여하여 그들의 자유를 증가시키도록 하는 절차를 발달시키려 한다. 행동치료의 목표는 변화를 통해 선택할 수 있는 반응을 더 많이 갖도록 하는 것이다. 선택을 제한하는 취약한 행동들을 극복함으로써 사람들은 처음에는 유용하지 않았던 행동을 선택할 수 있게 되며, 이로 인해 개인의 자유가 증가된다는 것이다. 이렇듯 인간은 외부 환경 자극에의 반응 양식을 결정할 능력을 갖고 있으며, 치료자는 이러한 인본주의적 목표를 이루기 위해 행동주의적 방법을 사용할 수 있다는 것이다(Kazdin, 2001).

오늘날 행동치료는 통합적 접근을 시도하면서 '3세대 행동치료'라 불릴 만큼 큰 변화가 일고 있다. 행동치료의 '제3의 물결'이라 할 수 있는 인지행동치료의 새로운 양상은 그동안 행동치료에서 관심 밖이었던 마음챙김과 수용, 치료적 관계, 영적 차원, 가치, 명상, 현재에 있기, 정서적인 표현 등의 영역을 고려할 것을 강조하고 있다(Herbert & Forman, 2011). 인지행동치료란 인지치료, 합리정서행동치료, 인지적 행동수정 또는 인지·정서·행동치료라고 불리는 것들과 유사한 치료적 접근이다. 인지행동치료의 시작은 1950년대로 거슬러 올라간다. 당시 심리치료학에는 정신분석과 행동주의가 지배적 영향력을 행사하고 있었다. 그러나 정신분석은 치료기간이 길고, 비교적 과학적이지 못하다는 점에 대해, 그리고 행동주의는 지나치게 행동에만 초점을 두어 인간 내면과정을 무시했다는 점에 대해 비판받았다. 이처럼 두 이론 모두 여러 가지 한계에 부딪치게 되면서 새로운 이론을 모색하게 되었고, 인지행동적 접근이 그 대안으로 등장하게 된 것이다.

인지행동 상담이론은 인간의 정서와 행동을 변화시키기 위해서는 인간의 인지과정에 개입하는 것이 효과적이라 보는 입장으로, "행동 및 사고는 외부 사건에 의해서가 아니라 그것을 지각하는 사고에 의해 결정된다."라는 고대 스토아학파와 아들러의 현상학적 관점에 철학적 기초를 두고 있다. 인지행동적 치료접근의 대표적 모델이라 할 수 있는 REBT에서는 인간은 합리적이고 '올바른' 사고와 비합리적이고 '올바르지 못한' 사고를 할 수 있는 가능성을 모두 갖고 태어난다는 가정에 토대를 둔다. 인간은 자기보존, 행복, 사고와 언어, 사랑, 다른 사람들과의 대화, 성장과 자기실현 등을 향해 가려는 경향을 갖고 있다고 본다. 그런가 하면, 자기파괴와 사고 회피, 게으름, 실수의 끝없는 반복, 미신, 인내심 결여, 완벽주의자와 자기비난, 성장 잠재력의 실현 회피 등을 향해 가려는 경향도 갖고 있다고 한다.

REBT를 체계화한 Ellis는 인간이란 천성적으로 비합리적이고 실패를 자초하는 존재라고 보았다. 사람은 욕망에 대해 부정하게 생각하며, 그러한 생각들을 점차적으로 자기파멸을 초래하는 당위적 사고들(예: must, should, ought 및 demand)로 확대시켜 간다는 것이다. Ellis는 사람이 일반적으로 보유하고 있는 비합리적 신념의 세 가지 영역을 기술하였다. 즉, 그들은 완벽한 존재여야 하고, 타인도 완벽한 존재여야 하며, 세계가 완벽한 삶의 공간이 되어야 한다고 여기는 것이다. 이러한 비합리적 신념을 흡수하는 과정에서 정서적으로 왜곡되어 분노, 불안, 우울, 무가치함, 자기연민 또는 파멸적인 행동을 초래하는 여타의 부정적인 감정을 가지게 된다고 보았다.

Ellis는 우리의 비합리적 사고는 부분적으로는 생물학적 요인에 기인하지만, 대부분은 부모, 교사, 성직자 등 우리의 양육자들에게서 유래한다고 하였다. 그러나 우리가 아동기에 중요 타인으로부터 비합리적 신념을 처음 배우기는 해도 비합리적 독단이나 미신을 만들어 내는 것은 바로 우리 자신이라고 한다. 역기능적 태도가 현재에도 우리에게 영향 미치는 것은 부모가 비합리적 신념의 주입을 반복하고 있기 때문이라기보다는 초기 삶에서 교육받은 비합리적 사고를 우리 스스로가 반복하고 있기 때문이라는 것이다. 따라서 내담아동이 정서적으로 혼란되는 것은 환경이나 부모의 태도보다는 아동이 비합리적인 태도를 심각하게 받아들이고 계속 내면화해 왔기 때문이며, 정서적 혼란은 바로 아동의 내면화된 비합리적 사고에서 비롯된 것이다. 다시 말해 자기암시와 자기반복의 과정을 통해 자기패배적 신념을 능동적으로 강화하고 비합리적 신념이 유용한 것처럼 행동함으로써 생긴다는 것이다.

Ellis는 사람이 합리적 신념체계를 가지고 타인에게 반응할 경우에는 선하지도 악하지도 않다고 하였다. 또한 비합리적으로 사고하지 않을 경우에는 '천성적으로' 유익하고 사랑스러운 존재가 될 수 있다고 진술하였다. 그러나 비합리적인 신념을 가지고 반응하게 되면 자신이나 타인이 자신의 기대에 못 미칠 때마다 그들을 나쁘고 두렵고 무서운 존재로 보게 된다고 하면서 하나의 순환적 과정을 서술하였다. 비합리적 사고는 자기혐오를 낳고, 이는 자멸적인 행동을 초래하고 결국에는 타인을 미워하게 만들며, 이것이 또 다시 타인으로 하여금 자신에 대해 비합리적으로 행동하게 하고, 그래서 또다시 이러한 순환이 반복된다(천성문 외, 2001)는 것이다. 합리정서행동치료자들은 생애의 과거 사건에 집중하기보다는 오히려 현재 사건과 이 사건에 반응하는 방식을 강조한다. 인간으로서 우리가 선택권을 가진 존재라는 것을 강조하고, 우리는 우리의 생각, 태도, 감정, 행동 등을 통제하며, 우리 자신의 지시에 따라 삶을 배열한다고 본다.

Ellis의 REBT는 "인간의 마음을 어지럽히는 것은 사건 그 자체가 아니라, 사건에 대한 자신의 판단이다."라는 그리스 스토아학파의 에픽테토스의 철학에 기초한다. 우리에게 일어난 일이나 실제로 존재하는 것을 통제하기는 어렵지만, 세상을 바라보는 방식과 어려움들에 반응하는 방식에 대해서는 우리가 배운 방식과는 상관없이 선택하고 통제할 수가 있다는 것이다. REBT 기법에서는 내담자 자신 혹은 주위 사람들에게 내담자에 대해 묻고 그 결과를 보고하여 자신의 사고를 현실적으로 검증받는 기회를 가지는 절차를 수행한다. REBT의 중요 목표는 '삶의 역경에서 내담자가 불안, 우울, 수치심보다는 약간의 실망이나 슬픔 등 덜 고통스러운 반응을 하도록' 격려하는 것이다. 이 접근에서는 '실수하더라도 자시 자신을 수용하도록' 격려한다(박의순, 이동숙 역, 2011).

인간은 누구나 다른 사람에게 인정과 사랑을 받고 싶어 하지만 반드시 인정과 사랑을 받아야만 하는 것은 아니다. 그럼에도 인간은 소망하거나 선호하는 것에 대해서는 '하지 않으면 안 된다' '반드시 해야 한다' '당연히 해야 한다' 등의 당위적인 신념에 편승하려고 한다. 바로 이러한 요구들이 분열적 감정과 역기능적 행동을 만들어 낸다. 따라서 누군가 정서적 혼란에 빠져 있을 때는 '반드시 해야 한다'와 '당연히 해야 한다' 등의 신념을 주의 깊게 살펴야 한다고 Ellis는 주장하였다.

Beck은 Ellis와 다르게 당위성이나 평가적인 신념보다는 개인의 정보처리 과정에서 나타나는 오류와 왜곡을 인지도식인 스키마 문제와 관련시켰다. 스키마(schema)란 기본적인 신념과 가정을 포함하여 사건에 대한 한 개인의 지각과 반응을 형성하는 인지도식이다. 스키마는 이전 경험이나 타인과의 관계에서 얻은 관찰경험을 통해 이루어진다. 또한 Beck은 내담자의 자동적 사고, 즉 특정 자극에 의해 정서적 반응이 유발되는 개인적 관념에 초점을 맞추었다. 정서장애를 가지고 있는 사람들은 자기비하의 방향으로 객관적인 현실을 왜곡하는 '특징적인 논리적 오류'에 몰입하는 경향이 있는 것처럼 보인다고 하였다. 이러한 인지적 왜곡은 우울증 환자의 치료과정에서 발견되었고, 『우울증의 인지치료(Cognitive Therapy for Depression)』(Beck, 1976)의 출간을 통해 우울의 발달 및 유지에서 작용하는 부적응적이고 왜곡된 인지의 역할이 제시되었다. 개인은 자신, 타인, 세계에 대하여 나름대로의 가치와 신념, 지각, 즉 스키마(도식)을 형성하는데, 잘못된 가정이나 전제에 근거할 경우 역기능적 스키마를 발달시켜 부정적 사고를 만들어 내는 인지적 왜곡을 가져온다. 자신, 타인, 세계에 대해 부정적 스키마를 가지면 자신의 경험에 대한 지각 대부분이 부정적이게 된다.

인지과정이 자신의 정서 상태와 심리적 문제에 미치는 영향은 이미 널리 입증되었다. 오늘날의 관심사는 심리적 문제와 신념/스키마 간의 관계에 대한 탐색으로 확장되었다. 대개 고정된 신념은 생애 초기 경험에서 발달해 온 인지에 의해 결정되는데, 한번 활성화되면 이 고정된 신념은 자동적 사고를 만들어 낸다. 이때 역기능적인 자동적 사고와 신념들은 논리적 오류와 왜곡을 일으키게 되고, 결국 부정적인 정서를 유발한다. 이는 다시 더 부정적인 인지로 악순환되는 결과를 가져와 심리적인 문제를 악화시키게 된다. 부적응적 인지도식은 아동기 동안 발달하며, 어떤 특정의 양육방식과 연관되는데, 특히 아동의 기본적 정서욕구가 충족되지 못하면 발달하게 된다. 아동기 동안 형성된 부적응적 인지도식은 생애 전반에 걸쳐 반복되는 자기패배적 행동패턴으로 이어진다.

지난 40여 년간 인지치료는 많은 대상에게 적용되어 왔다. 이 대상에는 수감자, 환자와 같은 비정신의학적 대상뿐 아니라 우울증, 불안, 성격장애를 가진 정신의학적 대상이 포함되었다(Beck, 1996). 그러나 성인에게 수행된 인지치료를 발달적 특성에 맞는 접근이 필요한 아동에게 그대로 적용하는 데는 문제가 있다는 주장이 제기되었다. 유아와 초등학교 저학년 아동에게는 발달적 적합성을 고려한 치료적 접근이 필요할 것이다.

3. 주요 개념

인지행동치료는 행동주의와 Beck의 인지주의 모델이 결합되어 형성된 심리학적 치료모델이다. 행동주의 전통에서 시작되었지만, 인지, 정서, 행동 중 특히 인지적 측면이 정서나 행동에 큰 영향을 미친다고 가정한다. 개개인이 세상을 해석하는 방식은 주로 이들이 행동하고 느끼는 방식 그리고 삶의 상황을 이해하는 방식을 결정하는 데 영향을 미친다. 즉, 정서와 행동은 주로 인지의 산물이며, 이에 따라 인지행동적 개입이 사고, 감정, 행동에서의 변화를 가져올 수 있다는 전제에 기초하고 있다.

Beck은 정신분석가로 일하면서 많은 우울증 환자의 사고와 꿈을 분석하였다. 그는 우울증 환자들이 Freud가 말한 '자신에게 향해진 분노'보다도 실패나 거부당하는 것에 대한 두려움, 자신의 무능함 등과 관련된 부정적이고 비관적인 생각과 심상들을 가지고 있다는 것을 발견하였다. 따라서 인지행동치료에서는 비합리적이고 편향되고 왜곡된 생각을 변화시키고, 효율적인 문제 해결 방식을 교육함으로써 문제를 해결하려 한다(Kendall, 2012). 이를 위해 치료자는 때로 지시적이고 교육자로서의 역할을 하게 되며, 내담아동이 새로운 문제 해결 방식과 생각하는 방식을 학습할 수 있도록 다양한 기법을 활용한다.

인지행동치료는 두 가지 핵심 가정에 기초하고 있다. 첫째, 사고는 감정과 행동에 영향을 미친다는 것이고, 둘째, 행동양식은 사고패턴과 감정에 영향을 미친다는 것이다. 이러한 관점은 인지행동치료가 나오기 2,000년 전 이미 스토아학파의 에픽테토스, 키케로(Cicero), 세네카(Seneca) 등에 의해 소개된 바 있다(Beck, Rush, Shaw, & Emery, 1979). 예를 들어, 그리스 스토아학파의 에픽테토스는 "사람은 일어나는 사건보다 사건에 대한 생각에 의해 영향받는다."라고 말했다(Epictetus, 1991:

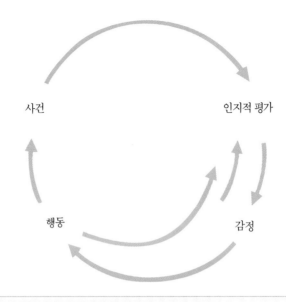

[그림 8-1] 인지행동모델

출처: Wright, Basco, & Thase(2006).

14). 전통적인 동양철학에서도 인간의 사고가 행동을 결정하는 주요한 힘이라고 여겼다(Campos, 2002). Dalai Lama(1999: xii)는 *Ethics for the New Millennium*에서 "만약 우리의 사고와 감정의 방향을 바꿔 행동을 재구성할 수 있다면 고통을 좀 더 쉽게 극복할 수 있을 뿐 아니라 고통이 시작되는 것 또한 예방할 수 있을 것이다."라고 주장하였다.

이와 같이 인지행동치료는 인지과정을 변화시킴으로써 심리적 고통과 부적응 행동을 감소시키는 심리치료적 개입을 기술하는 데 사용되는 용어(Kaplan, Thompson, & Searson, 1995)로서, 인지(무엇을 생각하는지), 정서(어떻게 느끼는지), 행동(무엇을 하는지) 간의 관계에 초점을 둔다([그림 8-1] 참조). 인지행동치료의 주요 개념을 살펴보면 다음과 같다.

Beck은 인지적 평가에 영향 미치는 요인으로 인지과정의 주요한 세 수준을 제시하였다(Clark et al., 1999). 첫 번째 인지과정의 수준은 합리적인 기초에 근거하여 결정을 내릴 수 있는 자각 상태인 의식(consciousness)이다. 의식적 주의(attention)는 ① 환경과의 상호작용을 모니터링하고 평가하며, ② 과거의 기억과 현재의 경험을 연결하고, ③ 미래의 행동을 통제하고 계획한다(Sternberg, 1996). 인지행동치료에서 치료자는 의식 수준에서 합리적 사고와 문제해결과 같은 적응적인 사고를 개발하고 적용하는 것을 강조한다.

　두 번째 수준은 의식 수준 바로 아래에서 일어나는 자동적 사고로, 어떤 상황 가운데 있을 때(혹은 어떤 사건을 떠올릴 때) 마음속에 빠르게 떠오르는 생각이다. '자동적'이라는 명칭이 붙은 것은 생각들이 자신의 의지와 상관없이 떠오르고, 생각을 했다는 것조차 자각할 수 없는 경우가 대부분이기 때문이다(황성원, 김경희, 오승아, 조현주, 권정임, 2012). 이러한 자동적 사고들은 대개 개인적이거나 밖으로 표출되지 않는 것들이며, 우리의 삶에서 일어나는 사건들의 의미를 평가할 때 속사포처럼 잇달아 일어난다. Clark 등(1999)은 자동적 사고를 설명하면서 '전의식적(preconscious)'이라는 용어를 사용하였다. 이는 주의를 집중할 경우 자동적 사고를 알아낼 수 있기 때문이다. 우울장애나 불안장애와 같은 정신장애를 가진 사람은 종종 부적응적이고 왜곡된 자동적 사고의 홍수를 경험한다. 이러한 사고들은 고통스러운 정서적 반응과 역기능적인 행동을 일으킨다.

　세 번째 수준은 개인의 비교적 안정된 인지패턴인 스키마(도식)다. 스키마는 자동적 사고의 기초가 되는 정보처리의 기본적인 틀 혹은 규칙들이다(Wright, Beck, & Thase, 2003). 스키마는 아동기 초기에 형성되기 시작하는 사고의 원리들로 부모의 가르침과 모델링, 공식적/비공식적 교육활동, 또래 경험, 외상, 성공 등을 포함한 다양한 삶의 경험에 의해 영향받는다. 이러한 스키마는 외부적으로 드러나 있지 않기 때문에 평가하기가 쉽지 않다.

　자동적 사고와 스키마는 의식에 비해 상대적으로 자율적인 정보처리에 해당한다(Beck et al., 1979; Wright et al., 2003). 비록 우리의 잠재의식에서 자동적 사고의 존재를 알고 있다 하더라도 보통 이러한 자동적 사고는 신중한 합리적인 분석과정을 거치지 않는다. 한편, 스키마는 정보처리의 기본틀 혹은 규범으로서의 역할을 하는 핵심 신념들이다. 환경으로부터 온 정보를 분류하여 걸러 내고 부호화하여 의미를 부여하는 중요한 기능을 담당하므로 부적응적으로 스키마가 형성되었을 경우, 자극에 대한 반응이나 정보를 처리하는 데 있어서 제대로 평가하지 못할 수 있다. 따라서 인지행동치료자는 내담자로 하여금 자동적 사고와 스키마 수준에서의 병리적인 사고를 찾아내어 이를 변화시키도록 한다. 자동적 사고가 일어나고 있다는 것을 알 수 있는 가장 중요한 단서들 중 하나는 강렬한 감정이 생길 때다.

　우울장애, 불안장애 및 다른 정신병리가 있는 경우 왜곡된 자동적 사고가 높은 빈도로 나타난다(Wright et al., 2003). 우울장애에서 주로 나타나는 자동적 사고는 절망, 낮은 자존감, 실패와 관련된 것들이다. 불안장애의 경우 자동적 사고는 대체로 위험이나 해로운 일에 대한 예견이며, 그것이 통제 불가능하리라는 예측, 혹은 그러한 위협에 대처할 수 없다는 생각과 관계가 있다(Clark, Beck, & Stewart, 1990). 인지행동치료에서는 정신역동치료와 대조적으로 사고를 자각하지 못하도록 하는 특정 구조 혹은 방어기제를 가정하지 않는다. 대신 내담자로 하여금 내적 사고(특히 우울, 불안, 분노와 같은 증상들과 연관이 있는)를 찾아내어 수정하도록 돕는 것을 강조한다. 또한 자동적 사고를 의식적 자각과 통제수준으로 가져오도록 내담자로 하여금 '그들 자신의 사고에 대해 생각하도록(think about their thinking)' 가르친다. 때때로 자동적 사고는 논리적으로 적절한 것일 수도 있고, 또 일어난 상황을 정확히 반영한 것일 수도 있다. 실제로, 심각한 어려움에 직면하고 있다면 인지행동적 기법들을 사용하여 그러한 상황에 대처하도록 도울 수도 있을 것이다. 그러나 정신병리를 가진 사람의 경우에는 인지적 왜곡을 찾아내어 수정하는 역할을 하게 된다.

Beck은 자신의 초기 이론에서 정서장애를 가진 사람의 자동적 사고 및 인지에는 특징적인 논리적 오류가 있음을 주장하고, 후속 연구들을 통해 인지적 오류가 병리적인 정보처리 방식과 관련이 있음을 보여 주었다. 예를 들어, 인지적 오류는 통제집단보다 우울장애 집단에서 훨씬 더 빈번하게 나타났다. Beck은 선택적 사고, 임의적 추론, 과잉일반화, 과장/축소, 개인화, 절대적 사고(흑백논리적 사고) 등 인지적 오류의 여섯 개 주요 범주를 기술하였다. 이러한 인지적 오류를 줄이기 위해 인지행동치료를 실행할 때 가장 중요한 목표는 논리상 맞지 않는 모든 오류를 찾아내는 것이 아니라, 내담자로 하여금 인지적인 오류를 범하고 있음을 깨닫도록 하는 것이다.

Bowlby(1985)는 매일 직면하는 많은 양의 정보를 다루고 시기적절한 결정을 내리기 위해 스키마가 발달한다고 주장하였다. 스키마란 세상을 기본적으로 이해하는 틀, 마음의 기반을 일컫는 것으로 세상에 대한 지식의 조직화가 이루어지면서 형성된다. 개인이 어떤 상황에 직면하게 되면 그 상황과 연관된 스키마가 활성화된다. 예를 들어, 한 사람이 '항상 미리 계획하기'라는 기본 규칙을 가지고 있다면 그는 사전 준비 없이 새로운 상황에 뛰어드는 것 대신 새로운 상황에 대처하기 위한 기초 작업을 시작할 것이다.

Clark, Beck과 Alford(1999)는 다음과 같은 세 가지 범주의 스키마를 제안하였다.

- 단순 스키마: 정신병리에 거의 혹은 전혀 영향을 미치지 않는 환경의 물리적 성질, 일상적 활동에 대한 규칙 혹은 자연의 법칙들(예: '방어적인 운전자가 되어라.' '좋은 교육은 그 값어치를 한다.' '천둥을 동반한 폭우가 내리면 피할 곳을 찾아라.')

- 중간신념과 가정: '만약 ~하면, ~할 것이다(if-then)'와 같은 조건적인 규칙들로 자아존중감과 감정조절에 영향을 미친다(예: '내가 인정을 받으려면 완벽해야 한다.' '항상 다른 사람들을 기쁘게 하지 못하면, 그들은 나를 거절할 것이다.' '내가 열심히 일한다면 성공할 수 있을 것이다.').
- 자신에 대한 핵심 신념: 자아존중감과 관련이 있는 상황적인 정보들을 해석하기 위한 포괄적이고 절대적인 규칙들(예: '나는 사랑스럽지 않다.' '나는 어리석다.' '나는 실패자다.' '나는 좋은 친구다.' '나는 다른 사람들을 신뢰할 수 있다.')

　인지행동치료자가 임상 현장에서 내담자에게 스키마의 여러 수준에 대해 설명하지는 않는다. 그러나 일반적으로 내담자가 스키마 또는 핵심 신념이 자아존중감과 행동에 강력한 영향을 미친다는 사실을 이해할 경우 더 많은 도움을 얻는다. 한편, 치료자는 내담자에게 모든 사람이 적응적인(건강한) 스키마와 부적응적인 핵심신념들을 함께 가지고 있다는 사실을 알려 준다. 인지행동치료의 목적은 부적응적인 스키마의 영향을 줄이거나 수정하는 한편, 적응적인 스키마를 찾아내는 것이다. Beck은 우울장애에서 스키마와 자동적 사고 간의 관계를 설명하면서 핵심 신념을 활성화시키는 스트레스 생활사건이 일어나기 전까지는 부적응적 스키마가 잠재되어 있다가 스트레스 생활사건이 일어나게 되면 부적응적 스키마가 강화되어 부정적인 자동적 사고들이 표면화된다고 주장하였다(Clark et al., 1999).
　〈표 8-1〉은 적응적인 스키마와 부적응적인 스키마의 예를 보여 준다.

〈표 8-1〉 적응적 스키마와 부적응적 스키마

적응적 스키마	부적응적 스키마
나는 어떤 일이 일어나든 대처할 수 있다.	내가 어떤 것을 하기로 했다면 반드시 성공해야만 한다.
나는 어떤 일을 열심히 하면 잘할 수 있다.	나는 어리석다.
나는 위기에서 살아남을 것이다.	나는 위선자다.
다른 사람들은 나를 믿을 수 있다.	나는 다른 사람들과 함께 있을 때 결코 편하지 않다.
나는 사랑스럽다.	그 사람이 없으면 나는 아무것도 아니다.
사람들은 나를 존중한다.	내가 인정받기 위해서는 완벽해야만 한다.
나는 미리 준비할 경우 대개 더 잘할 수 있다.	내가 무엇을 하든 나는 실패할 것이다.
나를 위협할 수 있는 것은 별로 없다.	세상은 나에게 너무 위협적이다.

출처: Wright et al.(2003).

4. 상담목표

인지행동치료의 목표는 부적응적인 정서와 행동들을 수정하고 바람직한 행동을 학습하도록 사고 패턴이나 문제 해결 방식을 합리적이고 효율적으로 변화시키는 것이다. 즉, 역기능적인 사고로 인한 부정적인 정서 및 행동의 순환을 기능적인 순환으로 바꾸는 것이다([그림 8-2] 참조). 부정적·자기비판적·편파적인 사고를 좀 더 긍정적이고 균형적인 사고로 변화시키는 것은 우울, 불안 및 분노 등의 부정적 정서 및 회피, 포기, 부적절감 등의 역기능적 행동을 감소시키는 데 효과적이다. 자신의 부정적인 사고 내용을 확인하고, 그러한 생각을 유발하는 편향되고 왜곡된 인지과정을 수정케 함으로써 정서 및 행동적인 문제의 해결을 도모한다.

한 가지 예로, 부모의 이혼 이후 자신은 사랑스럽지 않은 아이이고 잘못을 많이 했기 때문에 부모가 이혼하였다고 생각해 죄책감과 자기비난이 심한 아동이 있었다. 이 아동은 부모의 이혼이라는 부정적 사건에 대해 자신에게서 원인을 찾는 비합리적이고 편향된 귀인과정으로 인해 우울증을 보였다. 이 경우 치료목표는 단순히 우울을 감소시키는 것이 아니라, 아동의 비합리적이고 편향된 귀인양식을 수정하는 것으로 설정되어야 한다. 귀인양식이 변화되면서 부모의 이혼이 부모 간

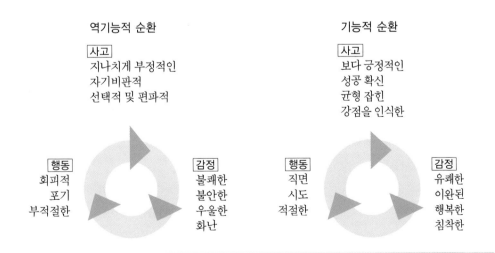

[그림 8-2] 기능적 순환 및 역기능적 순환

출처: Stallard(2004).

의 문제이지 아동 자신의 문제에서 비롯된 것이 아니라는 것을 받아들임으로써 불필요한 죄책감을 줄이고 더 이상 자기비난하지 않도록 하는 것이 목표가 된다.

인지행동치료는 범불안장애, 우울장애, 대인문제 및 사회공포증, 등교거부증, 성학대, 통증관리 등의 심리적 문제를 치료하는 데 효과적이라고 밝혀졌다. 뿐만 아니라, 품행장애, 섭식장애, 외상후 스트레스 장애, 강박장애 등의 문제들에도 긍정적 효과를 미치는 것으로 보고되고 있다. 오늘날 인지행동치료는 보편적인 심리 문제 대부분에 광범위하게 적용되고 있다. 특히 최근에는 아동을 대상으로 한 인지행동치료에도 관심이 증가하고 있다. 이러한 관심은 아동의 심리적 문제를 치료하는 데 유망한 효과적인 개입이라고 결론을 내린 많은 연구에 힘입고 있다(Stallard, 2004).

아동을 위한 인지행동치료가 성인 대상 치료와 다른 점은 다양한 발달적 요인과 사회문화적 요인을 감안하여 인지행동치료의 틀을 구성한다는 것이다. 인지행동치료를 성공적으로 적용하기 위해서는 기본적인 인지능력과 언어능력뿐 아니라 타인의 관점을 생각할 수 있는 능력과 언어추론 능력이 필수적이다. 현재의 발달단계와 발달 과제의 문제를 고려할 때 인지적으로 성숙되지 않은 아동의 경우에는 대화 형태의 치료과정보다는 실제 상황에 대한 노출 중심의 적극적인 인지행동치료를 고려하고, 이에 따른 치료 절차들을 마련해야 한다. 예를 들어, 언어적 접근이 어려운 아동의 경우에는 이해도 수준에 맞게 장난감이나 그림, 게임 등과 같은 비언어적 도구를 활용하여 인지행동치료의 목표를 달성토록 하고 증상을 감소시켜 나가게 한다. 사춘기 청소년의 경우에는 감정민감성이라는 발달적 특성으로 인해 감정조절과 연관된 문제를 많이 보이므로 감정조절 기술과 감정에 대한 이해를 습득시키는 훈련을 주요 치료전략에 포함시키는 것이 필요하다(박랑규 외, 2010).

인지행동치료자는 '코치로서의 치료자'로 묘사될 수 있다. 이는 세 가지 특성을 나타내는데, '자문가/협력자' '진단자' 그리고 '교육자'의 역할을 한다는 것을 뜻한다. 즉, 아동에게 기회와 피드백을 줌으로써 최상의 것을 끌어내는 지지적이면서도 엄격한 코치의 역할을 수행한다(Kendall, 2012). 치료자는 내담아동의 문제를 해결하기 위해 사고패턴 및 문제 해결 방식을 합리적으로 변화시키도록 돕는 과정에서 적극적·지시적·교육적인 역할을 한다. 그렇지만 치료자가 내담아동을 일방적으로 가르치거나 훈계하는 것은 아니다. 유능한 치료자는 내담아동에게 코치를 하지만, 결국 아동 스스로 문제 해결책을 찾아내도록 유도함으로써 자기통제감을 키워 준다.

치료자는 빠른 시간 내에 치료목표를 달성하고자 내담아동에게 처음부터 교육적이고 지시적으로 대하고 싶은 욕구를 갖기도 한다. 그러나 그에 앞서 내담아동과 친밀하고 좋은 관계를 형성하는 것에 신경 써야 한다. 기본적으로 라포가 형성되지 않으면 아무리 좋은 치료기법이라 하더라도 효과를 내기 어렵다. 인지행동치료 역시 치료관계가 매우 중요하므로 치료자는 아동을 존중하고 공감적으로 이해하여야 한다. 긍정적인 치료관계를 바탕으로 할 때 아동이 치료에 적극적으로 참여하게 되고, 시행착오를 거치면서 스스로 문제 해결 능력을 키워 나갈 수 있게 된다. 따라서 아동이 치료에 협조할 준비가 될 때까지 인지행동기법의 사용을 지연시켜야 할 때도 있다. 아동에 따라서는 치료 초기에 인지행동기법을 적용하는 것이 좋은 관계를 형성하는 데 부정적으로 작용할 수 있으므로 주의해야 한다.

치료자와 내담아동은 서로 협조하는 관계여야 한다. 성인을 대상으로 하는 인지행동치료에서는 치료 초기에 인지치료의 원리와 치료과정을 설명해 줌으로써 쉽게 협조를 구할 수 있지만, 아동 내담자의 경우는 협조를 구하는 것이 쉽지 않다. 특히 어린 아동일수록 자신의 문제에 대한 인식을 잘하지 못하고 치료동기도 부족하므로 전형적인 인지행동 치료절차에 따라 진행하기가 매우 어렵다. 따라서 치료자는 융통성 있게 치료 과정과 절차를 조정할 필요가 있다. 특히 어린 아동이나 치료에 거부적이고 반항적인 아동에게는 놀이나 게임을 활용하면서 인지행동치료를 실시하는 것이 효과적이다. 아동을 위한 인지행동치료의 목표는 아동이 자신의 왜곡된 인지를 새롭게 구성된 인지체계로 수정하고 현재의 정서 상황과 행동을 변화시켜 나가도록 돕는 것이다. 예를 들어, 부주의하고 충동적인 특성으로 인해 학습할 때 실수가 많고 또래관계에서도 자주 다투어 학교생활에 적응하기 어려운 아동에게는 당면한 상황에서 체계적이고 단계적으로 문제를 해결하는 구체적 과정을 학습하도록 하여 충동성을 감소시키는 것이 치료목표로 설정될 수 있다. 이러한 치료목표를 달성하기 위해서는 다양한 치료 전략이 적용될 수 있는데, 예를 들어 감정교육, 긴장이완 기술, 사회적 문제 해결 기술, 인지재구성 훈련, 모델링, 유관성 교육, 역할극 등을 들 수 있다.

5. 상담과정과 기법

인지행동치료는 인지와 행동(혹은 환경적 요인들) 중 어떤 부분을 강조하느냐에 따라 크게 두 개의 흐름으로 나눌 수 있다. 하나는 인지적 요인을 강조하는 흐름이다. 이 관점에서는 정신장애 문제의 핵심이 인지왜곡이나 잘못된 역기능적 사고에 있다고 가정하고, 이러한 인지적 문제를 적극적으로 해결하는 것을 주요 목표로 하고 있다. 따라서 치료적 활동은 대부분 왜곡된 인지체계를 수정하여 현실적이고 정확한 사고체계를 구축케 함으로써 감정과 행동의 변화로 이어지도록 하는 것이다. 다른 하나는 행동치료적 접근을 중심으로 하고 있는 경우다. 이들은 인지치료적 입장에서 강조하고 있는 생각과 감정반응을 행동의 일부분으로 보고, 이것들과 연관되어 있는 다양한 행동 패턴을 수정하는 것에 관심을 갖는다. 이러한 행동을 분석하고 수정하기 위해서는 행동주의적 이론과 분석도구, 아울러 심리사회적 기술훈련들을 다양하게 응용하여 적용하게 된다.

　인지치료와 행동치료는 접근방식으로 볼 때 다른 입장으로 보이기도 한다. 그러나 인지행동적 접근은 심리치료의 과학적 체계와 이론을 갖추고 있는 두 시스템이 과학적으로 절충되어 활용되는 상담모델로서, 인지행동치료라는 명칭으로 이 큰 두 개의 흐름을 연결하고 있다. 즉, 인지론적 방법과 행동론적 방법을 조화롭게 사용하면서 정서 및 행동을 수정하는 방법으로, 행동적 방법을 바탕으로 인지적 변화를 유도하는 데 초점을 둔다. 이와 같이 인지행동적 개입은 인지이론 및 행동이론의 핵심 요소를 모두 포함한다(그림 8-3] 참조).

　행동치료에 관한 연구들이 늘어나면서 Lewinsohn 등(1985)은 인지이론과 전략들을 행동치료 프로그램에 통합하기 시작하였다. 그 결과, 인지적 관점을 추가함으로써 행동적 개입의 깊이를 더할 수 있음을 깨달았다(Wright et al., 2006). 1970년대 초 이래로 행동주의는 사고의 정당한 지위를 인정해 왔으며, 심지어 인지적 요소가 행동문제에 대한 이해와 치료에서 중추적 역할을 하는 것으로까지 간주하게 되었다. 1970년대 중반에 인지행동치료는 행동치료를 대치했는데, 이는 여러 분야에서 정서, 행동, 인지 차원 간의 상호작용을 강조하기 시작했기 때문이다.

　한편, 인지이론을 체계화한 Beck은 초기 연구에서부터 행동주의적 기법들을 포함시킬 것을 주장하였다. 그는 이러한 기법들이 증상을 감소시키는 데 효과적일 뿐 아니라, 인지와 행동 간에 밀접한 관계가 있음을 간파하였기 때문이었다. 1960년대 이래 심리치료에서는 인지적 관점과 행동적 관점의 점진적인 연합이 이루어져 왔다. 많은 치료자가 인지적 기법과 행동적 기법이 이론적 측면과 실제적 측면에서 서로 효과적인 파트너라고 인정한 것이다. 인지이론과 행동이론이 함께 가는 좋은 사례로는 공황장애 치료 프로그램을 들 수 있다. 공황장애 내담자들의 경우, 전형적인 인지적 증상(예: 신체적 상해 혹은 통제를 상실하는 것에 대한 파국적 두려움)과 행동적 증상(예: 도피 혹은 회피)이 함께 나타난다. 이러한 특성과 관련하여 공황장애 환자를 대상으로 인지적 기법과 아울러 호흡훈련, 이완, 노출치료를 포함한 행동적 기법을 함께 사용한 결과, 매우 효과적임이 밝혀졌다(Wright et al., 2003).

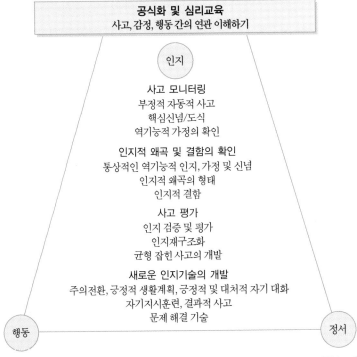

공식화 및 심리교육
사고, 감정, 행동 간의 연관 이해하기

인지

사고 모니터링
부정적 자동적 사고
핵심신념/도식
역기능적 가정의 확인

인지적 왜곡 및 결함의 확인
통상적인 역기능적 인지, 가정 및 신념
인지적 왜곡의 형태
인지적 결함

사고 평가
인지 검증 및 평가
인지재구조화
균형 잡힌 사고의 개발

새로운 인지기술의 개발
주의전환, 긍정적 생활계획, 긍정적 및 대처적 자기 대화
자기지시훈련, 결과적 사고
문제 해결 기술

행동   정서

활동 모니터링   **정서 교육**
활동, 사고, 정서 간 연관성   핵심정서 간 구별하기
강화물 확인   심리적 증상 확인하기

목표수립   **정서 모니터링**
목표의 확인 및 동의   사고 · 행동 · 정서의 연관성
                                   강도를 평가하는 척도
표적 설정
과제 수행하기   **정서 관리**
즐거운 활동 증가시키기   새로운 기술(예: 이완, 분노관리)
활동 재계획

행동실험
예측/가정 검증하기

단계별 노출/반응제지

새로운기술/행동학습
역할놀이
모델링
예행연습

강화 및 보상
자기-강화, 별 차트, 유관성 계약

[그림 8-3] 인지행동적 개입의 핵심 요소

출처: Stallard(2004).

1) 행동적 기법

인지행동적 상담모델에서의 행동적 요소는 Pavlov, Skinner 등 1950년대와 1960년대 실험주의 행동주의자들의 생각을 적용하기 시작한 것에서 비롯되었다. Pavlov는 고전적 조건형성 과정을 통해 자극들을 반복적으로 짝지음(pairing)으로써 자연적으로 일어나는 반응(타액 분비)이 특정 자극(종소리)과 연합될 수 있다는 것을 보여 주었다. 이러한 학습원리는 정서적 반응에도 적용되어 정서적 반응(예: 두려움)이 특정 사건이나 상황에 조건화될 수 있다는 것이 확인되었다. 고전적 조건형성은 체계적 둔감화 절차를 개발한 Wolpe(1958)에 의해 인간의 행동 및 임상적 문제들로 확장되었다. 체계적 둔감화는 두려움 유발 자극을 길항반응(즉, 이완)을 만들어 내는 이차적 자극과 짝지음으로써 두려움 반응을 완화시키는 것으로, 정서반응은 상호 억제될 수 있다는 것을 보여 준다. 이 절차는 오늘날 임상장면에서 널리 사용되고 있다.

Skinner의 조작적 조건형성 원리 역시 많이 활용되는 행동기법이다. 스키너는 행동에 미치는 환경의 중요한 역할을 강조하면서 선행사건(조건 설정), 결과(강화) 그리고 행동 간의 관계에 초점을 두었다. 행동은 선행사건 및 결과에 영향을 받으므로 선행자극 및 결과를 바꿈으로써 행동의 변화를 가져올 수 있다고 보았다. 본질적으로 어떤 행동의 빈도가 증가된다면 이는 긍정적 결과가 수반되기 때문이거나 혹은 부정적 결과가 뒤따르지 않기 때문에 그 행동이 강화된 것이라고 보았다.

Wolpe(1958)와 Eysenck(1966)는 두려운 대상 혹은 상황과 단계적으로 접촉하는 둔감법이나 이완 훈련과 같은 행동적 개입의 가능성을 연구한 개척자들이다. 행동적 원리를 사용한 초창기 대부분의 심리치료는 정신병리와 관련이 있는 인지적 과정에는 주의를 기울이지 않았다. 이들은 주로 강화물을 사용하여 행동의 빈도를 늘리거나 노출훈련을 통해 두려움을 나타내는 반응을 제거하는데 중점을 두었다. 또한 유아나 어린 아동에게 적용된 행동적 접근은 대개 부모나 중요한 다른 사람들에게 간접적으로 가르치는 방식으로 행해져 왔는데, 이런 방식이 아동의 불순종과 같은 문제에 제법 효과적인 것으로 나타났다. 그러나 현대의 행동치료는 아동에게 직접 수행하기도 한다. 특정 문제의 해결을 위해서는 직접적 접근이 필요하기 때문이다. 부모-자녀 관계가 아동의 자기숙달 발달을 억제하는 경우(Klonoff & Moore, 1986), 통제문제가 지배적인 경우 그리고 아동의 문제가 부모에게 혐오적인 경우 특히 그렇다(Knell & Moore, 1990). 치료가 직접적으로 수행되건 간접적으로 수행되건 간에, 치료자는 문제행동을 강화하고 유지하는 요인들을 확인해서 그것들이 변화되도록 한다.

아동을 대상으로 하는 구체적인 행동기법으로는 모방학습, 이완훈련, 역할극, 놀이 보상 활용 등이 자주 사용된다. 치료자는 회기 시작에 앞서 미리 치료계획을 세우고 관련된 놀잇감을 선정해 두는 등 놀이 상황을 설정하기도 한다. 또한 아동에게 효과적인 대처기술을 습득하도록 하기 위해 적절한 놀잇감이나 인형을 통해서 모방학습을 시도하기도 한다. 예를 들어, 성적 학대를 받은 아동을 대상으로 하는 치료에서는 인형을 사용해 외상 경험을 표현하고 처리하게 하며 이후의 학대를 예방하기 위한 대처기술을 가르칠 수 있다. 또한 인지적 기법을 사용하면서 부가적으로 칭찬이나 보상을 적절히 사용함으로써 아동의 바람직한 행동을 증가시킬 수 있다.

2) 인지적 기법

인지적 기법의 기본 전제는 정서는 인지의 영향을 받는다는 것이다. 즉, 비합리적 신념/도식 또는 부정적 인지가 부정저 정서를 유발하므로, 인지과정을 바꾸는 것이 정서의 변화로 이어진다는 것이다. 따라서 자신의 부정적인 사고 내용을 확인하고, 그러한 생각을 이끌어 내는 편향되고 왜곡된 인지과정을 수정케 함으로써 정서적인 문제가 해결될 수 있다고 본다.

주된 치료기법들로는 비합리적이거나 역기능적인 사고 내용 및 편향되고 왜곡된 인지과정의 수정, 효율적인 문제 해결 방식 훈련, 모방학습, 놀이와 보상 활동 등 다양하다. 개별 아동의 연령과 주된 문제, 인지능력 등을 고려하여 적합한 기법을 선택함으로써 치료효과를 높일 수 있다. 자기지시 등의 세련되지 않은 기법은 위기 상황에 있거나 정서적 고통이 심한 경우 또는 나이가 어리거나 인지발달 수준이 낮은 아동에게 적합하다. 합리적 분석을 통한 인지수정과 같은 세련된 기법은 인지와 언어 능력이 발달되어 있는 아동에게 적합하다.

비합리적인 생각들을 변화시키기 위한 구체적인 기법들을 살펴보면, 스스로 탐정이 되어 증거 찾아보기, 대안적인 해석 찾아보기, 재귀인하기, 생각 바꾸기, 기록지 작성하기 등 다양한 기법이 사용될 수 있다. 탐정이 되어 보는 것은 자신의 생각이 사실인지 입증하기 위해 여러 자료를 수집해서 객관적으로 판단해 보게 하는 것이다. 이때 유의할 사항은 인지행동치료가 부정적인 생각을 완전히 제거하고 항상 긍정적으로 생각하도록 교육하는 것은 아니라는 점이다. 긍정적 사고와 부정적 사고의 비율이 중요한데, 최적의 비율은 2:1이다. 따라서 과도하게 낙관적인 사고가 반드시 건강한 것을 의미하지는 않는다(Kendall, 2012).

효과적인 문제 해결 방식을 훈련하는 데는 멈추고 생각하기(stop & thinking), 4단계로 문제 해결하기, 자기지시하기(think aloud) 등의 방법이 사용된다(Kendall, 2012). 이 방법들은 자기통제와 조절력을 높이고자 할 때 주로 사용된다. 어떤 것이 옳고 그른지에 대해 알고 있지만, 행동 통제력이 부족한 아동은 일단 일을 저지르고 나서 후회하는 경향이 있다. 이런 아동에게 효율적인 문제 해결 방식을 훈련하게 되면, 자신의 행동에 대해 미리 생각해 보고 어떤 행동을 할지 선택하게 됨으로써 충동적인 행동이 감소될 수 있다. 이 기법은 충동적으로 다른 아동을 때리는 아동이나, 공부할 때 깊이 생각하지 않고 성급하게 문제를 풀어 자주 틀리는 아동에게 도움이 된다.

그러나 인지적 기법은 본래 우울증 성인을 위한 단기치료로, 행동의 기저에 있는 생각과 지각을 변화시켜 행동의 변화를 도모하려는 현재 중심의 인지치료다. 이 치료법을 아동에게 적용할 수 있도록 실행방법에 변화를 주긴 하였지만 이론적 골격은 그대로 적용되고 있다. 어린 아동은 비합리적·비논리적 사고와 합리적·논리적인 사고를 구별하는 데 필요한 능력이 발달적으로 제한되어 있어 어린 아동에 대한 인지치료의 적용은 어려움이 따른다. 이런 이유로 아동을 대상으로 하는 인지치료는 대부분 청소년이나 연령이 높은 아동에게 초점을 맞추고 있다. 따라서 어린 아동에게는 너무 복잡할 수 있는 언어를 강조하지 않으면서 인지치료를 수행하는 방법을 찾아내는 작업이 향후 인지행동치료의 발전을 위해 수행되어야 할 과제라 할 수 있다.

3) 인지행동놀이치료

전형적인 인지행동 치료과정은 구조화되어 있고 매뉴얼에 근거한 절차를 사용하는 경우가 많다. 그러나 아동을 대상으로 할 경우, 특히 치료 초기부터 인지행동 절차를 도입하는 경우에는 아동의 협조를 이끌어 내기 어려울 수 있다. 따라서 아동의 특성을 감안하여 융통성 있게 치료를 진행해야 하며, 인지행동치료와 놀이치료를 결합한 인지행동놀이치료를 하는 것이 효과적일 수 있다. 최상의 치료 성과는 '구조 안에서의 융통성'에서 얻을 수 있다(Kendall, 2012).

인지행동놀이치료는 인지적이고 행동적인 개입을 놀이치료 패러다임 안에 통합시킨 것이다. 처음에는 언어적 개입을 강조하는 인지치료와, 놀이를 강조하는 놀이치료는 병행될 수 없을 것으로 여겼다. 그럼에도 1980년대 중반 Phillips(1985)는 인지행동 기술을 놀이개입에 통합하면 인지치료 분야에 새로운 방향을 제시할 수 있을 것이라고 제안하였다. 1980년대 말엽에는 Knell과 Moore (1990)도 인지치료와 놀이치료를 통합하기 시작했다. Knell과 Moore가 1990년에 인지행동놀이치료를 유분증을 가진 5세 아동에게 적용한 사례보고는 인지적 개입과 놀이치료를 학령기 아동에게 통합하여 적용한 첫 공식 사례였다. 이후 학령전기 아동에게 인지행동놀이치료를 적용하려는 시도와 관심이 계속 증가하였으며, 2세 반에서 6세 사이의 아동에게 인지행동놀이치료를 적용하게 되면서 인지행동치료와 전통적 놀이치료의 통합이 본격화되었다. 놀이는 아동에게 일종의 언어로서, 놀이를 통해 간접적으로 의사소통이 가능하기 때문이다.

6. 적용 및 실제

인지행동치료(Cognitive Behavior Therapy: CBT)는 우울증과 불안장애, 섭식장애, ADHD, 부부 및 가족 문제에 이르기까지 다양한 정서행동장애에 광범위하게 적용되고 있는 심리치료기법이다. Winnett 등(1987)은 아동기 우울장애를 치료하기 위해 CBT 모델을 개발하였다. 이 모형은 네 수준의 치료로 구성되어 있다. 즉, ① 우발 강화, 조력, 격려, 모델링과 같이 사회적 상호작용을 증진시키기 위한 행동적 절차, ② 성공적인 과제 완성과 긍정적인 자기기술을 짝짓는 일과 이러한 자기기술에 대한 강화를 포함하는 CBT 중재, ③ 사회 기술 훈련, 역할연기, 자기관리와 함께 사용되는 인지적 중재, ④ 자기평가 및 자기강화와 같은 자기통제 절차 등이다.

아동·청소년을 위한 CBT 모델에서는 아동의 심리적 문제들은 행동적인 선행요인 및 인지적인 선행요인과 밀접하게 연관되어 있다는 전제를 갖는다. 따라서 아동·청소년을 위한 CBT는 역기능적이고 잘못된 인지 및 행동 체계를 파악하고, 이 문제에 대한 적절한 대처기술들을 제공하여 습득시킴으로써 새로운 행동패턴과 사고체계를 만들어 가도록 한다. 반사회적 행동이나 공격성을 보이는 아동들에게서 흔히 인지적 왜곡이나 결함을 발견할 수 있는데, CBT에서는 이들의 왜곡된 사회적 문제 해결 방식을 구체적으로 확인하고 수정하며 새로운 심리사회적 기술들을 습득케 함으로써 변화를 도모한다.

예를 들면, 시험불안을 겪고 있는 내담자에게 다음과 같은 자기대화(self-talk)를 연습하도록 할 수 있다. 즉, ① "시험은 별로 흥미 없지만 나는 다만 내가 할 수 있는 최선을 다하면 되는 거야." ② "시험에서 좋은 성적을 받는다면 더할 나위 없이 좋겠지만 꼭 그래야만 내가 훌륭하고 가치 있는 사람이 되는 건 아니야." ③ "내가 해야 하는 것은 시험을 준비하고 내가 할 수 있는 최선을 다하는 거야." 연습시험을 치르게 하면서 자기대화와 내담자의 시험 치기 자극 위계상의 단계들을 시각화하는 연습(체계적 둔감법)을 결합하는 것은 전형적인 CBT 방법의 하나다.

　　Warkins(1983)는 Maulsby(1976)의 합리적인 자기분석 형식을 아동의 발달수준에 맞게 조정하였다(〈표 8-2〉 참조). 구체적인 내용을 살펴보면 다음과 같다. 1단계에서는 아동이 일어난 일을 기록한다(예: "영희가 나를 욕하는 것은 나를 좋아하지 않기 때문이야."). 2단계에서는 아동에게 비디오카메라의 위치에서 자신들이 보고 들은 것을 쓰도록 요청한다(예: "내가 영희를 우리 팀에 넣어 주지 않았을 때 그녀는 그것을 기분 나빠 했어."). 2단계에서 객관성이 증가되면서 3단계에서는 아동에게 다음에 일어난 일에 대한 자신의 생각을 기록하도록 요청한다(예: "사람들이 나에게 화를 낸다면 나는 못된 인간이 되는 거야."). 4단계에서는 아동에게 자신이 어떻게 느꼈는지(예: 속상함, 분노), 그리고 무엇을 하였는지(예: "그를 때려 줬다.")를 적도록 요청한다. 5단계에서는 아동에게 6단계에 나열된 다섯 가지 질문을 통해서 자신의 생각을 검증하여 보고, 자신이 '합리적인' 생각을 해 왔는지를 살펴보도록 요청한다(예: "나의 생각은 내가 타인들과 마찰 없이 지내는 데 도움이 되었는가?"). 5단계의 상자 안에 대답을 표시한다. 만일 '아니요'가 많다면 아동은 7단계로 가서 자신이 느끼고 싶은 감정을 나열한다(예: 아동은 속상해하거나 짜증을 내거나 분노를 일으키는 대신에 슬퍼하거나 실망스러운 느낌을 선호할 수도 있다). 8단계에서는 아동에게 자신이 좀 더 나은 감정을 느끼는 데 도움이 될 만한 '좀 더 합리적인' 생각을 쓰도록 요청한다(예: "남들이 나를 혼란스럽게 만들면 일들이 더 잘못될 수도 있을 거야. 그러니 남들이 나의 행동을 통제하도록 그냥 놔두어선 안 돼."). 9단계에서는 다음에 누군가가 어떤 일로 아동의 기분을 나쁘게 할 때 자신이 사용할 수 있는 행동계획을 써 보도록 한다.

〈표 8-2〉 아동의 합리적인 자기분석

1단계. 무슨 일이 일어났는지 기록하라.	2단계. 비디오 카메라가 되어라. 만일 당신이 비디오 카메라가 되어 일어난 일을 녹화했다고 한다면, 당신은 무엇을 보고 들었겠는가?	3단계. 일어난 일에 관한 당신의 생각을 기록하라. 당신은 무슨 생각을 했는가? A. B. C.
4단계. A. 당신은 어떤 느낌이 들었는가? B. 당신은 무엇을 하였는가?	5단계. 당신의 생각이 '합리적'인지를 결정하라. 이렇게 하려면, 당신이 가지고 있는 생각을 하나씩 살펴보고 6단계에 있는 다섯 가지 질문을 자신에게 하라. 각 질문에 대해 '예, 아니요'로 대답하고, 아래에 그 대답을 적어라. 　(A)　　(B)　　(C) 　1.　　1.　　1. 　2.　　2.　　2. 　3.　　3.　　3. 　4.　　4.　　4. 　5.　　5.　　5.	6단계. 당신이 '합리적인' 생각을 하고 있는지 어떻게 알 수 있는가? 질문하기: 1. 나의 생각은 정말 사실인가? 내가 비디오 카메라라고 가정하고 본 것을 말하였는가? 2. 그 생각은 내가 살아 있고 건강한 모습을 유지하는 데 도움이 되는가? 3. 그 생각은 내가 원하는 것을 얻는 데 도움이 되는가? 4. 그 생각은 타인과 마찰 없이 지내는 데 도움이 되는가? 5. 그 생각은 내가 원하는 느낌을 갖도록 하는 데 도움이 되는가?
7단계. 당신은 어떤 감정을 느끼고 싶은가?	8단계. 당신이 가질 수 있는 생각 중에서 앞에 나열된 것보다 더 합리적이라고 보는 것을 기록하라. A. B. C.	9단계. 당신이 하고 싶어 하는 것은 무엇인가?

출처: Maultsby(1976); Warkins & Rush(1983).

CBT(Cognitive Behavior Therapy)를 처음 배우기 시작할 때 CBT 접근을 단순히 기법을 모아 놓은 것으로 여기는 오류를 범하기 쉽다. 이럴 경우, 치료자는 CBT의 중요한 요소들을 간과하고 사고 기록하기, 활동 계획하기, 둔감화와 같은 기법들만 사용하려 할 것이다. 이러한 기법들에만 초점을 맞춘다면 CBT의 본질을 놓치는 결과를 가져오게 된다. 치료자는 기법을 선택하고 적용하기에 앞서, 먼저 인지행동이론과 내담자의 심리적 기질 및 문제를 연결한 개별화된 사례 공식화(case formulation)를 하여야 한다. 사례 공식화는 CBT를 수행하기 위한 필수 지침이다. CBT의 또 다른 핵심요소들로는 협력적인 치료관계 형성, 소크라테스식 질문법의 적절한 활용, 효과적인 구조화하기 및 심리교육 등이 있다.

CBT 적용 시 유념해야 할 핵심 요소들을 살펴보면 다음과 같다.

① 치료 기간과 초점

CBT는 단기로 진행되는 문제 중심(problem-oriented) 치료다. 우울이나 불안과 같은 단순한 장애는 5~20회기로 이루어진다. 그러나 복합적, 만성적 혹은 난치성 증상을 가지고 있는 경우 좀 더 긴 CBT 과정이 필요할 것이다. CBT는 보통 45~50분의 회기로 진행된다.

CBT는 주로 '지금-여기(here and now)'에 초점을 둔다. 그러나 초기 아동기 발달, 가족배경, 외상, 긍정적/부정적 경험, 교육, 경력, 사회적 영향 등을 포함한 종단적 관점은 내담자를 온전히 이해하고 치료를 계획하는 데 매우 중요한 정보를 제공해 준다. 문제 중심의 접근은 현재의 문제에 주의를 기울이므로 절망, 무기력, 회피, 지연과 같은 증상들에 대항하는 활동계획을 세우는 데 도움이 된다. 또한 최근 사건들에 대한 인지적 · 행동적 반응들은 먼 과거의 사건들에 대한 반응보다 더 쉽게 접근할 수 있다. 현재의 사건들을 다룸으로써 얻게 되는 또 다른 유익은 치료적 관계에 대한 의존과 퇴행을 감소시킨다는 것이다(Wright et al., 2003).

② 치료계획 및 사례 공식화

CBT에서 치료자가 던지는 질문과 비언어적 반응, 치료자의 치료적 개입 및 내담자와의 원활한 의사소통을 위한 조정 등은 사례 공식화를 기초로 이루어진다. CBT는 신중하게 전략을 구상하는 것으로부터 시작한다. 유능한 CBT 치료자가 되기 위해서는 진단 평가, 내담자의 배경 관찰, 인지행동이론의 정보들을 통합하여 상세한 치료계획을 세우는 일을 연습해야 한다.

치료계획의 수립과 사례에 대한 이해는 치료적 가설을 만들고 이에 대한 효과를 검증하는 과학적 과정이다. 치료자는 인지행동치료를 시행하기 전에 먼저 철저한 치료계획을 세워야 한다. 치료 진행 순서와 타이밍 등 개입절차에 대한 치밀한 계획과 이를 수행하기 위한 구체적인 전략, 예상되는 치료방해적 장애요인에 대한 대비책 등을 미리 준비하는 것은 성공적인 치료를 위해 필수적이다. 발달적 상황과 인지능력 등 초기 진단이나 심리평가 과정에서 발견된 주요 정보들을 기반으로 치료를 위한 자료들을 준비한다. 인지발달 수준이 낮은 경우에는 시각적 자료를 미리 준비하고 내담아동의 주 증상에 맞게 자료와 기록지 등을 준비하도록 한다.

치료자는 각각의 개별 사례에 대한 정확한 이해를 위해 문제 행동과 관련된 인지적 · 행동적 · 정서적 · 신체적 · 대인관계적 증상 요인을 인지행동모델을 통해 파악해야 한다. 이러한 증상 요인들은 아동의 발달적 요인이나 문화적 요인, 이러한 증상을 일으키거나 강화시킨 행동적 선행조건들과 인지적 요인에 의해 발현되거나 악화된다. 인지행동치료에서 치료를 구조화할 때에는 모호하게 해석될 수 있는 용어들은 피하고 가급적 구체적으로 증상을 설명하고 이를 치료목표로 구체화시킨다.

③ 치료적 관계

치료적 관계를 형성하기 위해서는 CBT나 정신역동적 치료, 비지시적 치료 혹은 다른 형태의 심리치료 등 여러 심리치료에서 공통적인 유용한 요소들이 있다. 이해, 친절, 공감과 같은 속성이 여기에 포함된다. 다른 치료자들과 마찬가지로 CBT 치료자는 신뢰를 이끌어 내는 능력이 있어야 하며, 압박을 받는 상황에서도 평정심을 보여 주어야 한다. 그러나 다른 치료들과 비교할 때 CBT의 치료적 관계는 높은 수준의 협력, 경험주의 그리고 행동지향적 개입의 사용을 강조한다는 점에서 차이를 보인다.

Beck 등(1979)은 협력적 경험주의라는 용어를 사용하여 CBT에서의 내담자-치료자 간의 관계를 설명하였다. 내담자와 치료자는 한 팀이 되어 다양한 사고와 행동의 적응적 가치에 대해 함께 가설을 세운다. 그들은 보다 건강한 사고 양식을 개발하고 대처기술을 쌓으며 비생산적인 행동패턴을 바꾸기 위해 협력한다. CBT 치료자들은 다른 기법의 치료자들보다 좀 더 활동적이다. 이들은 회기를 구조화하고, 피드백을 주며, 어떻게 CBT 기법을 사용하는지 지도한다.

CBT에서는 내담자 또한 치료적 관계에서 중요한 책임을 지도록 한다. 그들은 치료자에게 피드백을 주고, 치료자와 함께 치료회기에서 다룰 의제(agenda)를 정할 뿐 아니라, 일상생활에서 CBT를 연습해야 한다. 일반적으로 CBT에서의 치료적 관계는 과제 지향적, 실용적, 팀 지향적 접근의 특징을 갖는다.

④ 소크라테스식 질문

CBT에서 사용되는 질문 양식은 내담자로 하여금 부적응적인 사고를 인식하고 변화시키도록 돕기 위한 것이다. 소크라테스식 질문에서는 내담자의 호기심을 자극하는 질문들을 던진다. 치료자는 내담자에게 치료개념을 가르치는 것 대신 내담자가 스스로 학습과정에 참여하도록 유도한다. 소크라테스식 질문 유형 중 하나인 '안내에 따른 발견(guided discovery)'은 치료자가 내담자의 역기능적 사고 패턴이나 행동을 드러내기 위해 일련의 귀납적 질문들을 던지는 것이다.

⑤ 구조화하기와 심리교육

CBT에서는 치료회기의 효율성을 극대화하고 내담자의 학습을 강화하기 위해 의제(agenda) 정하기와 피드백과 같은 구조화 기법을 사용한다. 치료회기에서 다룰 의제를 정하는 것은 회기의 명확한 방향을 설정하고 내담자의 진전을 평가하기 위한 것이다. 예를 들어, '직장으로 복귀하기 위한 계획 세우기' '자녀와의 긴장관계 완화하기' '이혼을 극복하는 방법 찾기' 등은 치료회기를 통해 다루어질 수 있는 분명하게 표현된 의제들이다.

치료회기 동안 치료자는 내담자로 하여금 중요한 주제들을 탐색하도록 인도하며, 치료목표를 달성하는 데 도움이 되지 않는 방향으로 벗어나지 않도록 한다. 그러나 치료자는 중요한 새로운 주제가 나타나거나 현재의 문제를 다루는 것이 별 소득이 없다고 판단될 경우 다른 문제를 정하기도 한다. 치료자와 내담자는 회기의 방향을 이해하고 있는지 점검하기 위해 정기적으로 피드백을 주고받는다.

CBT에서는 다양한 심리교육(psychoeducation) 기법을 적용하는데, 이를 위해 내담자의 삶에서 일어나는 상황들을 사용하곤 한다. 일반적으로 치료자는 간략한 설명을 하고 내담자를 학습과정에 참여시키기 위한 질문을 한다. 심리교육을 제공할 때 도움이 되는 도구로는 셀프 헬프(self-help) 워크북, 유인물, 평가척도, 컴퓨터 프로그램과 같은 것이 있다.

⑥ 인지적 재구조화

CBT는 주로 내담자로 하여금 부적응적인 자동적 사고들과 스키마들을 찾아내어 그것들을 바꾸도록 돕는 것에 중점을 둔다. 가장 빈번하게 사용되는 기법은 소크라테스식 질문이다. 사고기록지(thought records)도 많이 활용된다. 자동적 사고를 기록하는 것은 보다 합리적인 사고를 할 수 있도록 돕는다. 흔히 사용되는 그 밖의 방법으로는 인지적 오류 찾아내기, pro-con 분석, 재귀인, 합리적인 대안 나열하기, 인지적 예행연습 등이 있다. 이 중 인지적 예행연습은 심상이나 역할극을 통해 새로운 사고방식을 연습하는 것이다. 이러한 방법은 치료자의 도움을 받아 치료회기 중 실시되거나 혹은 내담자가 회기 중 수행해 본 후 과제로 집에서 혼자 실시할 수도 있다.

인지적 재구조화의 일반적인 전략은 치료회기에서 내담자의 자동적 사고와 스키마를 찾아내고 내담자에게 인지를 변화시키기 위한 기술을 가르친 후, 과제를 통해 이를 연습하도록 함으로써 내담자가 치료회기 때 배운 것을 실제 삶의 상황에 적용하도록 하는 것이다. 내담자가 습관적인 부적응적 인지를 쉽게 수정할 수 있으려면 반복된 연습이 필요하다.

⑦ 행동기법

CBT 모델은 인지와 행동 간의 관계가 양방향의 관계임을 강조한다. 인지적 개입들이 성공적으로 시행된다면 이는 행동에 유익한 영향을 미칠 것이다. 마찬가지로 행동의 긍정적인 변화들은 바람직한 인지적 변화와 관계가 있다.

CBT에서 사용하는 대부분의 행동기법은 회피나 무기력의 패턴 비끼기, 단계적으로 두려운 상황 대면하기, 대처기술 익히기, 고통스러운 감정이나 자율적 각성 감소시키기 등이다. 우울장애와 불안장애를 위한 효과적인 행동기법들로는 행동 활성화, 단계적 노출, 단계적인 과제 부여, 활동 및 즐거운 사건 계획하기, 호흡훈련, 이완훈련 등이 있다. 이러한 기술들은 증상을 감소시키고 긍정적인 변화를 촉진하는 데 유용한 도구들이다.

⑧ 재발 방지를 위한 CBT 기술

CBT 접근의 또 다른 유익 중 하나는 재발 위험을 감소시킬 수 있는 방법들을 습득케 한다는 것이다. 내담자는 자동적 사고를 찾아 변화시키는 방법을 배우고, 행동기법을 이용한 다른 방법들을 함께 실시함으로써 나중에 증상을 재발시킬 수 있는 요인들을 예방적으로 다룰 수 있게 된다. 예를 들어, 자동적 사고의 인지적 오류를 찾을 수 있는 내담자는 치료 종결 후 부딪히게 되는 스트레스 상황에서 파국적 사고에 빠질 위험이 더 적을 것이다. CBT의 후반부에서 치료자는 내담자로 하여금 치료가 끝난 후 문제가 될 수 있는 잠재적 요소들을 찾아내도록 도움으로써 재발을 방지하는 데 특히 신경을 쓴다. 예행연습 기법은 효과적인 대처방안을 연습하기 위해 자주 사용되는 방법이다.

☞ 인지행동치료의 주요 특성

- CBT는 이론적으로 검증가능한 모델에 기초하고 있다.

- CBT는 적극적인 협력모델에 기초한다.

- CBT는 단기적이며 시간제약적이다.

- CBT는 객관적이고 구조화되어 있다.

- CBT는 여기 그리고 지금, 즉 현재 문제에 초점을 둔다 .

- CBT는 인도된 자기발견 및 실험과정을 장려한다.

- CBT는 기술 기반 접근법(skill-based approach)이다.

　　CBT가 인지적 접근과 행동적 접근의 통합을 통해 광범위한 문제에 효과가 있는 강력한 치료모델이기는 하지만, 모든 내담자에게 유용한 것은 아니다. 효과적인 상담을 위해서는 내담자의 적합성을 살펴보아야 한다. 치료적 효과를 위해서는 내담자가 자신의 사고와 감정을 표현할 수 있어야 하고, 변화를 위한 책임을 받아들일 수 있어야 한다. 아울러, 합리적으로 사고할 수 있는 인지능력 및 치료에 대한 동기화 여부도 중요한 결정요인이 된다. 따라서 치료를 시작하기에 앞서, 내담자의 적합성 기준에 포함되는지 혹은 제외되는지 검토해 볼 필요가 있다.

☞ CBT 적용을 위한 내담자 적합성의 기본 기준

- 포함기준
  - 사고와 감정을 표현할 수 있는가?
  - 변화를 위한 책임 받아들이기
  - CBT의 합리성과 기본 구조화 이해하기
  - 상담자와 '충분히 좋은' 관계 형성하기
  - 상담에 대한 낙관성의 정도

- 제외기준
  - 인지기능 손상
  - 만성적 혹은 심각한 문제
  - 회피행동 버리기를 꺼림
  - 과제하기를 꺼림
  - 상담에 대한 회의적인 자세

출처: 박의순, 이동숙 역(2011).

　　인지행동 상담모델은 정신장애 개입방법 중 널리 시행되는 심리치료기법으로서, 고대에서 현재에 이르기까지 인간의 정서와 행동을 통제하는 인지의 역할을 강조한 철학자들의 사상에 기초하고 있다. CBT의 구성 개념들은 1960년대 초 Beck과 그 외 영향력 있는 정신과 의사들 및 심리학자들에 의해 발달되었으며, 이론적 타당성과 치료 효과는 이후 많은 경험적 연구를 통해 입증되었다. 숙련된 CBT 치료자가 되기 위해서는 먼저 기본 이론 및 기법들을 충분히 학습하고, 많은 CBT 치료 사례를 살펴본 후, 실제 내담자를 대상으로 치료적 접근을 연습하는 과정을 완수해야 한다.

제 **3** 부

아동상담의 과정

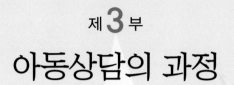

제 **9** 장
아동상담의 준비 및 상담 관련 서비스

1. 아동상담의 물리적 환경 구성

1) 상담실

상담실의 물리적 환경은 내담자인 아동이 안정감을 느끼고 효과적인 상담이 이루어지기 위해 매우 중요하다. 상담실의 물리적 환경 구성에 필요한 요소들은 다음과 같다.

상담실을 마련할 때 가장 중점을 두고 생각할 것은 안전과 사생활 보호다. 흔히 상담실이 위치하는 곳은 대형 건물이나 기관인데, 이러한 장소는 대체로 안전감을 느끼도록 하지만 한편으로는 사생활 보호를 해칠 수 있다.

상담실의 크기는 개별상담의 경우 약 11~14m²의 면적이 적절하며, 집단상담의 경우는 23~28m² 정도가 바람직하다(Brems, 1993). 상담실 공간의 크기가 너무 좁으면 아동이 답답함을 느낄 수 있고, 너무 넓으면 주의가 산만해질 수 있으므로, 아동의 활동을 방해하지 않는 적당한 공간이 필요하다. 상담실의 분위기는 밝고 편안한 느낌을 주도록 벽지의 색깔이나 조명에 유의해야 하고, 채광

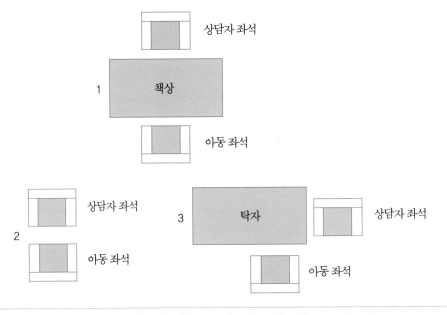

[그림 9-1] **아동상담을 위한 좌석 배치**

이나 환기가 잘 되어 쾌적한 분위기를 유지해야 한다. 상담실이 위치한 환경은 소음이 없는 조용한 곳이어야 하나 블라인드나 커튼을 사용하여 외부 자극을 차단하는 것이 좋다.

상담을 시작하기 전에 아동이 머무는 공간인 대기실도 필요하다. 대기실은 아동이 환영받는다는 것을 느낄 수 있어야 하고 이를 위하여 아동에게 적당한 크기의 소파나 간단한 활동 도구 및 아동이 읽을 수 있는 책이나 잡지 등을 준비한다. 또한 대기실은 아동을 기다리는 부모들을 위한 공간이기도 하다. 따라서 부모들이 읽을 수 있는 양육 관련 책이나 마실 수 있는 차를 준비해 두는 것도 필요하다.

상담실의 가구는 간단한 것이 좋으며 최소한 두 개 이상의 의자와 아동용 테이블을 준비한다. 아동상담은 상담자와 아동이 일대일로 마주앉아 언어적 대화를 통해 상담을 하기보다는 놀이나 모래상자 작업을 하거나 무언가를 그리거나 만들고 신체활동을 하면서 자연스럽게 자신의 문제를 표현하기 때문에 의자와 테이블이 반드시 필요한 것은 아니지만 그리기나 기타 작업을 위해 필요할 경우에는 1이나 2보다는 3과 같은 좌석배치가 효과적이다([그림 9-1] 참조).

또한 상담실 벽을 따라 치료도구나 장난감을 보관할 수 있는 선반이나 정리장이 필요하며 아동이 장난감을 쉽게 꺼낼 수 있을 정도의 높이가 적절하다. 상담실 바닥에는 청소가 가능한 재질의 세균 방지 카펫이나 비닐 장판을 깐다. 벽 역시 청소가 가능한 소재가 좋고 색깔은 밝은 색으로 한다. 싱크대와 상하수도 시설이 있으면 미술활동이나 모래를 사용할 때 유용하다.

2) 치료도구

아동상담에서는 언어상담을 주로 하기보다는 아동의 표현을 촉진할 수 있는 매개물을 사용하기 때문에 치료도구는 놀이치료, 미술치료, 음악치료, 모래놀이치료 등 상담자의 치료접근에 따라 매우 다양하며, 아동의 연령과 성, 지능, 문제유형에 따라 상담자의 선택에 의해 결정되기도 한다.

일반적으로 유아나 어린 아동과 상담할 때는 놀이치료적 접근을 주로 하기 때문에 놀잇감을 주로 사용하고, 청소년을 대상으로 하는 경우는 게임 등이 많이 사용되거나 일기 쓰기, 음악, 미술재료 등을 활용한다. 이러한 치료도구는 아동상담에서 치료의 중요한 매개체로서 상담자와 아동과의 관계를 촉진하고, 아동의 사고와 감정 표현을 격려하며, 상담자가 아동의 세계를 통찰하기 위해 사용된다. 여기서는 아동상담에서 주로 사용되는 치료도구를 살펴보고자 한다.

(1) 장난감

Ginott(1960)는 장난감은 여러 가지 치료 목적 중 한 가지에 대해 선택된다고 보았으며, 상담실에는 치료적 관계를 촉진시킬 수 있는 장난감, 카타르시스를 고려한 장난감, 통찰력 발달을 촉진해 줄 수 있는 장난감, 방어를 염두에 둔 도구들과 특히 승화를 위한 장난감이 필요하다고 제안하였다. 또한 Landreth(2002)는 장난감이 정서적이며 창조적인 표현과 놀이를 조작해 줄 수 있어야 하고, 탐구심을 자극하며, 비언어적 방식을 통해 아동들을 흥미롭게 해 주고, 비구조화된 활동을 고려하며, 깨지거나 위험하지 않은 것으로 선택되어야 한다고 제안하였다. 치료도구 선택의 일반적 지침은 다음과 같다(Landreth, 2002).

- 장난감이나 치료도구는 견고하고, 반복 사용으로 인해 쉽게 손상되지 않아야 한다.
- 장난감이나 치료도구는 성공의 기회를 제공해야 하고, 아동들이 자아존중감과 자기 확신을 갖도록 이끌어 주어야 한다.

- 장난감이나 치료도구는 아동에게 흥미를 유발할 수 있는 것이어야 한다.
- 장난감이나 치료도구는 말을 하도록 하지 않고, 탐색하고 표현하도록 촉진시킬 수 있는 것이어야 한다.
- 장난감이나 치료도구는 폭넓은 정서표현이 가능한 것이어야 한다.
- 장난감이나 치료도구는 상담자가 아동과 긍정적인 관계를 형성할 기회를 허락해야 한다.
- 장난감이나 치료도구는 아동에게 현실생활과 공상 모두를 탐색할 기회를 허락해야 한다.

치료도구인 장난감은 치료효과를 낼 수 있는 것으로 선택되어야 하며, 기본적으로 현실생활을 표현하는 장난감, 공격성과 부정적 감정을 표출할 수 있는 장난감, 창의적 표현과 정서 해소를 위한 장난감들이 포함되어야 한다(Landreth, 2002).

- 현실생활을 표현하는 장난감: 인형의 집, 가족 인형, 손 인형, 옷, 장신구, 부엌용품, 조형음식, 차, 트럭, 배, 전화, 돈과 금전등록기, 병원놀이 기구, 칠판 등
- 공격성과 부정적 감정을 표출할 수 있는 장난감: 군인, 군용장비, 총, 고무로 만든 칼, 수갑, 야생동물(악어, 뱀, 상어), 방망이, 드럼, 심벌즈, 공, 보보인형 등
- 창의적 표현과 정서 해소를 위한 장난감: 모래, 물, 찰흙, 이젤과 수채화 물감, 붓, 블록, 가위, 연필, 크레용 등

미술재료들은 내담자인 아동의 정서적 긴장을 풀어 주고 즐거움을 느끼게 하며, 조절을 통해서 많은 성취감을 경험할 수 있도록 해 주기 때문에 장난감과 함께 준비하면 상담과 치료에 효과적으로 사용할 수 있다. 다양한 크기와 재질의 도화지, 연필, 볼펜, 사인펜, 색연필, 크레파스, 물감, 밀가루 풀 등을 준비하면 그리기와 색칠하기에 사용되고, 색종이, 신문지와 잡지, 가위, 풀, 접착제, 수수깡, 고무밴드, 이쑤시개, 젓가락, 지점토, 고무찰흙, 밀가루 반죽 등을 이용하여 창의적인 작품도 만들 수 있다.

(2) 게임 및 기타

게임 역시 놀이도구로 많이 사용되며 보드게임이나 카드게임 형태로 국내에서 많이 활용되고

있다. 게임은 편을 가르고 하는 경우가 많은데 상담사들이 주로 경쟁자의 역할을 하기 때문에 치료의 적합성 논란이 있기도 하지만 상담사가 이기거나 아동이 이기도록 하는 방법을 사용하기도 한다(송영혜, 1998).

게임의 종류는 기술적 분류와 치료적 효과에 따라 분류된다(유가효 외, 2010). 외국에서는 상담과 치료목적으로 보드게임을 많이 개발하고 있으며, 우리나라에서는 원광아동상담소에서 개발된 '이상한 나라의 앨리스'가 잘 알려져 있고, 최근에 점차적으로 개발되는 중이다.

먼저, 게임의 기술적 분류를 살펴보면 다음과 같다.

- 신체적 기술을 요구하는 게임: 신체적 기술을 요하는 게임은 단순하고 신체 운동에 의해 승부가 결정되며, 아동의 시공간 지각능력과 사회-정서적 기능도 부가적으로 관찰할 수 있는 게임이다. 게임의 특성인 경쟁적 특성이 두드러지고 게임 과정에서 분노와 적개심이 드러나기 때문에 충동성을 조절하고 사회-정서적 기능을 향상시키기 위해 활용될 수 있다. 종류로는 낚시게임, 미니 농구, 볼링, 다트, 스매시 축구 등이 있다.
- 전략게임: 인지적 능력이 요구되어 아동의 지적능력을 관찰할 수 있고, 상징적으로 공격성을 표출할 수 있다. 지적인 노력과 집중력, 자기 조절 등을 활성화시키지만, 게임 시간이 길고 경쟁으로 인해 지나치게 긴장을 초래할 수 있다. 종류로는 장기, 체스, 오셀로, 바둑 등이 있다.
- 우연게임: 게임놀이의 초기에 많이 사용되며, 방법이 단순하고 우연에 의해 승부가 결정되므로 인지적 긴장감에서 벗어나 스트레스 해소에 도움이 된다. 유아나 위축된 아동이 즐겨 하며, 성취 욕구를 충족시켜 주지만 쉽게 흥미를 잃을 수 있다. 종류로는 빙고게임, 카드게임, 주사위게임 등이 있다.

다음으로 치료 효과에 의한 게임의 분류를 살펴보면 다음과 같다.

- 의사소통게임: 자기표현을 촉진시키기 위한 목적을 가지고 있으며, 경쟁이나 구조화가 덜하고 허용적인 분위기를 조성하는 게임이다. 아동이 배우기 쉬운 게임이 대부분이며, 아동의 현실검증능력이나 자아 고양, 통찰력, 상상력을 다루며, 저항이 심하거나 자기 개방이 힘든 아

동, 언어표현력이 부족한 아동, 억압이 심하거나 거부적인 아동에게 적합하다. 종류로는 앨리스게임, 생각하기 · 느끼기 · 행동하기게임(Talking, Feeling, Doing Game) 등이 있다.

- 문제해결게임: 문제해결게임은 행동치료에 근거하여 구체적인 사회적 상황에 대한 문제를 논의하고 해결하기 위한 것으로 치료사가 적극적이고 매우 구조적인 게임이다. 종류로는 내 생각 말하기, 사회적 기술 향상 프로그램 등이 있다.
- 자아 고양 게임: 집단이나 개별 치료에 사용되며, 경쟁과 도전을 첨가하여 만들었으며 집중력, 충동성 조절, 좌절 인내력, 현실검증능력, 인지적 능력, 자기 이미지 등을 다룬다. 치료사가 적절한 방법을 모델링하도록 시범을 보이고 적응행동을 가르칠 수 있다. 말수가 적거나 수줍음이 많은 아동, 저항이 심한 아동, 지나치게 경쟁적인 아동, 행동 조절이 안 되는 아동과 청소년에게 적합하다. 종류로는 윷놀이, 장기, 공기놀이, 체스 등이 있다.

그 밖에 치료도구로서 이야기책은 학령 전기부터 청소년 후기 아동들에게 유용하게 사용될 수 있다(김광웅 외 역, 2004). 특별한 제목이나 주제를 선택하도록 초점이 맞추어지거나 아동들에게 중요한 신념이나 행동을 가르치기 위해 책을 사용하게 되며, 아동의 생각을 확장시키고 아동으로 하여금 자신의 이야기를 구성하도록 한다. 그러나 언어능력이 부족한 아동에게는 별로 매력적이지 못하다.

상담에 필요한 이야기책은 친구 사귀기, 가족, 거부, 괴물, 동화, 우화 등 여러 가지 주제와 상황을 다루는 것이 포함되며, 자아존중감 문제를 반영하는 능력의 발달, 성학대, 방어 행동들, 가정 폭력, 성적 발달 등 교육적 목적을 위한 책들도 있다.

2. 아동상담의 윤리와 법적 문제

아동상담자는 정신건강전문가로서 윤리적 · 법적 문제를 고려해야 한다. 상담윤리와 법적 조항을 준비하는 것은 상담자를 보호하고, 치료를 성공할 수 있도록 하기 때문에 아동상담사는 상담전문직으로서 윤리적 방향과 내용에 민감해야 하고, 이러한 지침은 사회 변화에 따라 계속 달라지고 있으므로 지속적인 노력이 요구된다.

〈표 9-1〉 윤리강령의 구성요소

미국상담협회(ACA)	미국심리협회(APA)	한국상담심리학회
1. 상담관계	1. 일반 규범	1. 전문가의 태도
2. 비밀노트	2. 감정, 평가 및 중재	2. 사회적 책임
3. 전문적 책임	3. 광고 및 기타 공적 진술	3. 인간 권리와 존엄성에 대한 존중
4. 다른 전문가들과의 관계	4. 치료	4. 상담관계
5. 평가, 요구조사, 해석	5. 사생활과 비밀보호	5. 정보의 비밀
6. 교수, 훈련, 감독	6. 교육, 훈련, 지도, 감독, 연구, 발표	6. 상담연구
7. 연구와 출판	7. 법정 활동	7. 심리검사
8. 윤리적 논제 결정	8. 윤리문제 해결	8. 윤리문제 해결

출처: 최원호(2008).

상담의 기본적 원칙은 내담자의 비밀보장, 사생활보호를 위한 정보관리 등 다양한 내용을 포함하고 있으며, 미국뿐 아니라 우리나라에서도 상담 관련 학회를 중심으로 윤리강령이 마련되어 있고 상담자 교육 프로그램을 통해 자격 연수 시 교육되고 있다(〈표 9-1〉, 〈표 9-2〉 참조).

아동상담과 관련된 윤리적 쟁점으로 Lawrence와 Kurpius(2000) 그리고 Remley와 Herlihy(2005)는 상담자의 유능성, 부모의 허락, 비밀보장 그리고 아동학대 보고서 작성의 문제를 지적하였다(김택호 외 역, 2008). 이러한 내용은 상담 실제에서 일어날 수 있는 가장 일반적인 문제를 통하여 상담자를 안내하는 것이며 또한 상담자가 자신의 직업적 행동을 유지하고 상담 실제에서 내담자에게 가장 많은 혜택을 베풀고, 그들의 유능성 범위 내에서 상담을 할 수 있도록 하기 위함이다.

아동은 자신의 권리에 대해 명확히 알지 못하고, 의사 표현을 잘하기 어렵기 때문에 상담자는 성인을 대상으로 상담을 할 때보다 아동을 대상으로 상담을 할 때에 특별한 기술적 영역을 더 많이 필요로 한다. 아동상담자는 아동 · 청소년의 발달, 발달과업, 가족관계, 아동의 연령과 발달단계에 맞는 중재기술을 분명히 알고 있어야 하고, 유능한 아동상담자가 되기 위하여 특별한 교육, 훈련 및 슈퍼비전에 반드시 참여해야 한다. 미국상담자협회의 윤리강령(ACA, 2005)에 따르면, 아동상담자로서 직업적 유능성을 확보하기 위하여 지속적으로 교육에 참가해야 하고, 자격증과 면허를 갱신해야 하며, 내담자 집단에 대한 최신 정보와 최고의 상담 실제를 유지해야 한다.

〈표 9-2〉 한국놀이치료학회 놀이치료사 윤리전문위원회 규정

놀이치료사	• 태도: 전문적 능력, 성실성 • 사회적 책임: 질 높은 치료를 제공하기 위한 책임감, 자격 취득, 홍보, 공적 책임감
놀이치료활동	• 아동: 내담자 복지에 대한 위임과 책임감, 내담아동의 권리와 존엄성에 대한 존중, 내담아동과 권리, 다양한 자원에 의해 도움을 받는 내담자들, 집단치료, 비용 지불, 종결과 의뢰 • 부모와 가족: 부모, 가족 • 심리평가: 일반적 원칙, 사전 동의, 유능한 전문가에게 정보 공개하기, 검사의 선택, 검사점수 화와 해석, 정신장애에 대한 적절한 진단
놀이치료 정보의 보호와 비밀보장	• 사생활에 대한 권리: 비밀보장, 최소한의 공개, 비밀보장의 예외 • 기록: 신원보호, 신원공개에 대한 동의 • 조사연구 및 훈련, 의료보험, 신분보장, 타 기관과의 협력관계
교육	• 훈련 프로그램, 슈퍼비전 및 교육 분석, 슈퍼바이저의 자격과 역할, 슈퍼바이지
연구와 발표	• 책임감, 연구 참여 및 결과 보고, 발표 및 출판
놀이치료 업무와 관련한 윤리지침	• 전문가와 협력관계, 고용, 외부 강의에 대한 지침

출처: 한국놀이치료학회 홈페이지(http://www.playtherapykorea.or.kr)

1) 동의서

상담은 처음에 내담자와 상담자의 치료적 관계 설정으로 시작된다. 이때 내담자가 상담 참여 여부에 대하여 합리적인 결정을 내릴 수 있도록 하기 위하여 합당한 정보를 공개하는 것이다(박랑규외, 2011). 내담자가 상담자의 충분한 설명을 듣고 자유로운 선택을 하는 동의 절차가 요구되는데, 동의서(informed consent)는 상담에 참여하겠다는 내담자의 의사결정을 문서화한 것으로 상담 시작 전에 작성한다. 내담자가 치료과정에 영향을 줄 수 있는 모든 정보를 미리 알고 이에 동의한다는 내용으로, 치료 목적, 절차와 한계, 비밀 보장과 그 제한점에 대한 정보, 상담 수수료에 대한 정보, 위험이나 치료의 이점, 녹음 등이 포함된다.

또한 내담자의 자발적 동의를 원칙으로 한다. 그러나 내담 아동의 연령이 너무 어리거나 장애로 인해 동의할 자격에 문제가 있는 경우에는 부모 또는 법적 보호자가 대리로 서명할 수 있다. 아동의 연령이 11세 혹은 12세 이상이면 아동의 서명을 받는다(김춘경, 2004).

2) 비밀보장

내담자의 사생활 보호와 비밀보장(confidentiality)은 상담자가 상담 중에 알게 된 정보를 허락 없이 타인에게 알리지 않겠다는 약속이다. 상담자는 사생활과 비밀보장에 대한 내담자의 권리를 최대한 존중하며, 내담자의 사생활 보호에 대한 권리는 내담자나 내담자가 위임한 법적 대리인에 의해 유예될 수 있다. 또한 상담자는 내담자의 사생활 침해를 최소화하기 위해서 문서 및 구두상의 보고나 자문 등에서 실제 의사소통된 정보만을 포함시켜야 한다.

비밀보장의 한계점과 제한점은 처음 면접을 하고 면접동의서를 받을 때 분명히 알려 주어야 한다. 아동상담의 특별한 점은 아동의 사생활 보호와 부모의 알 권리를 균형 있게 고려해야 한다는 점이다. 상담자는 부모가 상담에 대해 관심을 표현할 수 있는 기회를 부여하고 부모의 걱정을 존중하는 태도를 가져야 한다. 상담의 내용에 대해 부모나 보호자가 알 권리 또한 제시되어 있다(Remley & Herlihy, 2005). 아동이 어릴수록 비밀보장이나 사생활 보호에 대한 필요성을 느끼지 못하지만 청소년은 사생활 보호에 대한 욕구가 강하므로 부모에게 알려야 할 것이 있을 때는 아동이나 청소년에게 이야기를 하여 물어보고 부모에게 알리는 것이 아동과의 신뢰관계를 유지하는 측면에서도 바람직한 방법이라 할 수 있다. 이 경우 부모상담은 따로 시간을 정하여 진행하는 것이 바람직하다.

Thompson과 Henderson(2007)에 의하면 비밀보장의 예외가 되는 상황은 다음과 같다(김택호 외 역, 2008).

- 내담자가 18세(법정 성년 기준) 이하인 경우
- 내담자가 자신, 타인 혹은 소유 권한을 손상시킬 의도를 나타낼 경우
- 내담자가 신체, 언어 혹은 성적 폭력 경험에 대한 사실을 진술하거나 그러한 사실이 의심될 경우
- 상담자가 법정 명령에 의해 진술을 하거나 자료를 제출해야 하는 경우

3) 보호와 경고의 의무

상담자는 아동이 '특정인에게 위해를 가하기 위해 특별한 위협을 하고 있을 때' 제삼자를 보호하거나 제삼자에게 경고를 해야 할 의무가 있다(Lawrence & Kurpius, 2000). 보호와 경고의 의무는 내담자의 생명이나 사회적 안전을 위협하는 폭력이나 자살, 감염성 있는 치명적 질병 등 극단적으로 위험한 내담자가 있을 때 상담자가 보호의 필요성을 느끼고 비밀보장이 어려운 경우다. 중대한 위협에 처한 희생자를 보호하기 위하여 피해 당사자가 될지도 모를 제3자에게 정보를 제공하거나 경찰에 신고하며 폭력에 따른 위험성 평가를 통하여 상담전문가들이 어떤 조치를 취하도록 요구하는 것이다(Welfel, 2006). 이것은 비밀보장의 원칙이 예외적으로 적용되는 상황에 해당되는 것으로 이러한 내용은 아동의 발달단계에 적절하게 설명해 주어야 한다. 또한 상담자는 예방적 노력을 기울여야 할 의무가 있으며 이러한 결정을 할 때는 다른 전문가들과 상의하는 것이 필요하다.

기록은 법적 책임으로부터 상담자를 보호하고, 경고의 의무나 보호의 의무와 관련된 상황을 증명하는 자료로 중요하며, 보고의 의무와도 관련된다. 한국상담심리학회 상담전문가 윤리강령에 의하면 상담자는 법, 규제나 제도적 절차에 따라 내담자에게 전문적인 서비스를 제공하기 위해서 내담자와의 상호작용 기록을 반드시 보존하는 것이 원칙이다.

4) 보고의 의무

상담자가 아동학대나 방임이 의심되는 경우를 접한다면 법에 따라 신고하고 보고할 의무가 있다. 아동학대는 방임, 신체적 · 정서적 · 성적 학대가 이루어지며 아동의 멍, 상처 등의 신체적 외상이나 다른 흔적 등에 의해 확인할 수 있다.

상담자가 아동학대를 신고할 경우 상담관계에 변화가 나타날 수 있으므로 이에 대비해야 한다. 부모가 상담을 그만두거나 부정적인 반응을 보일 수 있고 아동에게 충격이 될 수도 있으나 한편으로는 아동에게 더 이상 혼자가 아니라는 사실에 안도하고 힘을 얻게 할 수도 있다. 이러한 경우 어렵지만 상담자는 부모와 아동의 상한 감정과 거부감, 죄의식 등을 다루어야 한다. 그리고 궁금한 것이 있을 경우 아동학대예방센터에 문의하고 더 많은 정보를 구할 수 있다.

3. 아동상담 전문기관

상담이나 치료를 필요로 하는 아동들이 증가하면서 아동상담을 실시하는 다양한 유형의 아동상담 전문기관이 전국적으로 운영되고 있다. 여기서는 개인이 운영하는 아동상담센터와 육아종합지원센터 상담실 및 대학 부설 상담기관을 살펴보고자 한다.

1) 아동상담센터

아동상담센터는 아동상담의 전문성과 풍부한 임상경험을 가진 아동상담전문가들이 운영하는 사설기관으로 흔히 '○○아동(심리)상담센터' '○○아동·청소년 상담센터' 또는 '○○○ 아동·가족상담센터' 등의 이름으로 운영된다. 아동상담센터에서는 주로 정서 및 행동문제 또는 전반적인 발달문제를 다룬다.

1987년 5월에 개원한 '원광아동상담센터'는 우리나라의 대표적인 아동상담센터로서 놀이치료를 전문으로 하는 상담센터다. 그러나 최근에는 '놀이치료'뿐 아니라 언어치료, 학습치료, 감각통합치료, 사회성 훈련, 주의력 증진 훈련 등과 같은 다양한 접근을 통해 발달, 정서와 행동의 어려움을 가지고 있는 많은 아동의 성장과 적응을 돕는 상담과 부모들이 자신의 자녀를 잘 이해하고 적절하게 양육하고 훈육할 수 있도록 돕는 부모상담 등을 실시하고 있다. 또한 아동의 인지 및 정서 상태를 좀 더 객관적으로 이해하기 위하여 필요시 임상심리사나 임상심리전문가에 의해 지능검사, 성격검사 및 기타 심리검사 등을 사용하는 심리진단과 평가를 실시한다. 그 밖에 온라인 상담을 실시하고 놀이치료전문가를 위한 교육 및 훈련프로그램을 운영하고 있다.

2) 육아종합지원센터

육아종합지원센터는 육아지원을 위한 거점 기관으로서 어린이집 지원, 관리 및 가정보육보호자에 대한 맞춤형 지원, 보육컨설팅, 교직원 상담 및 교육 등 어린이집 지원기능과 부모상담 및 교육, 일시 보육서비스 등 가정양육 지원기능을 한다. 장난감 도서관과 놀이실, 체험실, 육아카페, 영유아를 맡길 수 있는 보육실, 부모상담실 등을 갖추고, 교재, 교구 장난감 대여, 아이들을 위한 체험 놀이, 특성화 프로그램을 운영하고 부모 교육과 상담, 어린이집 정보 등을 제공한다. 중앙육아종합 지원센터를 중심으로 전국의 도와 시에 지역 육아종합지원센터가 설치되어 운영된다.

육아상담 분야를 살펴보면 인구보건협회와 연계하여 소아청소년과 상담과 육아상담을 지원하고, 센터 내 놀이치료나 사회복지사 등의 자격을 가진 전문 육아상담위원이 순환 상담을 통하여 영유아행동심리와 영유아 양육방법에 대하여 사례별, 상황별 맞춤상담을 제공한다. 영유아의 건강한 성장과 발달을 도모하고 공평한 출발기회를 보장함으로써 건강하고 행복한 사회구성원으로 성장할 수 있도록 지원하며, 임산부(0세)와 만 12세(초등학생) 이하의 취약계층 아동 및 가족이 지원 대상이고, 아동 양육환경 및 발달 상태에 대한 사정을 파악하여 서비스 대상 아동을 선정한다. 국민기초수급 및 차상위계층 가정, 보호대상 한부모가정(조손가정 포함), 학대 및 성폭력피해아동 등에 대해서는 우선 지원한다.

3) 대학 부설 아동상담기관

전국 각 대학 아동 관련학과에서도 아동상담실이나 아동상담센터를 운영하고 있다. 대학에서 아동상담기관을 운영하는 목적은 첫째, 전공과 관련하여 아동상담사나 놀이치료사 교육과 훈련을 하기 위한 실습과 다양한 연구를 수행하기 위한 것이고, 둘째, 대학이 위치한 지역사회의 아동이나 가족복지 증진을 위해 대학이 기여하려는 것이다.

대학상담실에서는 아동상담의 임상 경험을 가진 담당교수들이 참여하여 심리, 정서, 행동 및 적응문제를 가진 유아와 아동을 위한 상담과 가족상담을 실습하는 학생들에게 철저한 이론 지도와 슈퍼비전을 통하여 상담이 진행되도록 하며, 심리검사와 집단프로그램을 운영하기도 한다.

숙명여자대학교 아동상담실, 연세대학교 아동가족학과에서 운영하는 어린이생활지도연구원 내의 아동·가족상담센터, 가톨릭대학교 아동청소년가족상담센터 등이 활발히 운영되고 있으며, 놀이치료, 모래놀이치료, 언어치료, 인지학습치료, 부모교육 및 상담, 심리진단과 평가 등을 실시한다.

대표적으로 연세대학교 어린이생활지도연구원 아동가족상담센터를 소개하면 다음과 같다. 첫째, 현장 경험이 풍부한 담당교수와 전문가들로 구성되어 심리, 정서, 행동, 적응문제로 어려움을 겪는 유아와 아동, 청소년상담, 부모의 양육상담, 의사소통 문제나 갈등을 가진 부부를 위한 부부상담, 가족 간의 원만한 관계를 도모하기 위해 가족상담을 실시하고, 아울러 아동발달이나 성격과 관련된 심리검사를 실시한다. 둘째, 부모집단프로그램, 예비부부와 신혼부부의 집단프로그램과 아동 사회성 증진을 위한 아동집단프로그램을 운영한다. 셋째, 대학과 대학원생들의 현장 경험을 위한 실습장으로 활용하고 더불어 아동과 가족의 삶의 질 향상을 위한 다양한 연구를 수행한다. 넷째, 지역사회와 연계하여 아동 · 가족을 위하여 전문적인 상담서비스가 필요한 학교, 복지기관 및 공공기관 등과 협력하여 다양한 서비스 제공하고 있다.

제 10 장
아동상담의 개념화와 계획

아동상담이 이루어지는 과정은 대체로 일정한 순서를 따라 진행된다. 아동상담 과정에서 가장 먼저 해야 할 것은 상담에 온 아동을 이해하는 작업으로서 아동과 부모 및 아동 주변의 중요한 사람들을 면접/관찰하고 심리검사를 실시함으로써 이루어지는 심리평가다. 심리평가가 이루어진 후에는 그 결과에 근거하여 사례개념화를 하고, 사례개념화에 따라서 상담의 목표와 방법을 정하여 상담계획을 수립한다.

이 장에서는 내담아동을 이해하는 것을 목표로 하는 아동상담 시작 단계가 어떻게 진행되는지를 살펴본다. 즉, 내담아동에 관한 기본적인 주요 정보를 파악하기 위한 접수면접, 내담아동이 겪고 있는 어려움의 현황, 원인, 어려움 지속 관련 요인 등에 관해 상담자가 가설을 설정하는 사례개념화, 사례개념화에 따른 상담계획 수립 과정을 살펴본다. 접수면접과 함께 심리평가의 주요 요소인 심리검사는 제11장에서 다루고 있다.

1. 접수면접

접수면접은 부모 또는 아동과 부모가 상담자와 처음 만나 아동의 어려움에 관하여 정보를 주고 받는 상호작용을 하는 것이다. 문제를 겪고 있는 아동의 보호자가 전문가의 도움을 받기로 하고 상담기관에 연락하면 상담기관에서는 아동과 아동의 문제에 대해 간략한 정보를 묻고 접수면접을 예약하게 해 주어 상담과정이 시작된다. 여기서는 접수면접의 목적, 구조 및 내용과 내담아동과의 접수면접을 살펴본다.

1) 접수면접의 목적

접수면접의 목적은 크게 두 가지로 치료적 관계 형성을 시작하는 것과 아동의 문제 및 아동에 관해 정보를 수집하여 사례개념화와 상담계획의 근거 자료를 마련하는 것이다. 접수면접은 상담자가 내담아동과 부모를 처음 만나는 것이므로 상담자와 내담아동의 관계, 상담자와 부모와의 관계가 여기에서 시작된다. 길지 않은 시간이지만 접수면접은 내담아동과 부모가 상담, 상담자, 상담기관에 대해 평가하고 상담을 시작할 것인지를 결정하는 데 큰 영향을 미친다. 따라서 상담자는 내담아동과 부모의 말을 따뜻한 마음으로 경청하고 수용적인 태도와 공감을 표현함으로써 신뢰할 수 있는 치료적 관계가 시작될 수 있도록 해야 한다.

접수면접의 목적은 또한 아동의 문제와 아동에 관해 정보를 수집하는 것이다. 즉, 아동의 문제가 무엇인지를 파악하고, 아동의 출생 및 발달과정과 현재의 기능수준, 강점과 약점, 가족환경, 보육 및 교육 기관에서의 경험 등에 대해 알아본다. 아동에 관해 알게 된 정보는 아동의 문제를 유발한 요인 및 문제를 지속되게 하는 요인이 무엇인지를 추정하고 그에 따라 상담을 계획하는 근거로 사용된다. 접수면접의 주된 목적이 아동과 아동의 환경에 대해 정보를 수집하는 것이지만 그 시간에는 동시에 치료적 관계가 시작되기도 한다는 점을 상담자가 염두에 두어 내담아동과 부모가 취조당하는 것처럼 느끼지 않도록 하는 배려가 필요하다(신현균, 2009).

2) 접수면접의 구조

접수면접은 상황에 따라 여러 가지 구조로 진행될 수 있다. 아동과 부모를 각각 면접할 수도 있고 함께 면접할 수도 있다. 아동과 부모를 각각 면접한다면 부모를 먼저 면접하고 나서 아동을 면접하거나 아동을 먼저 면접하고 나서 부모를 면접할 수도 있다. 또한 필요에 따라서는 부모 이외의 다른 가족원까지도 접수면접 대상이 될 수 있다. 그런데 아동상담에서 상담이 필요하다고 느끼고 상담을 받기로 의사결정하는 주체는 부모인 경우가 가장 일반적이므로 부모는 자연히 접수면접의 대상이 된다. 아동과 다른 가족원도 접수면접을 할 것인지, 어떤 형태로 할 것인지는 내담아동 관련 여러 요인을 고려하여 결정하게 된다.

접수면접은 구조에 따라 장단점이 다르므로 상담자는 그것을 고려하여 접수면접을 실시해야 한다. 부모가 상담을 의뢰하면서 부모만 먼저 접수면접을 하게 되는 경우에는 아동을 다른 날 따로 면접하게 된다. 부모와 아동이 함께 접수면접에 오게 되었고 부모와 아동을 각각 만난다면 부모와 아동 중 누구를 먼저 면접하는가에 따라 두 가지 상황이 있다. 부모를 먼저 만난다면, 아동에 대해 사전 정보를 얻어 아동을 이해하는 데 도움이 될 수 있으나, 아동이 부모가 상담자에게 자신에 대한 부정적인 정보를 제공했을 가능성 때문에 걱정하며 상담에 대해 거부적인 태도를 보일 수 있다. 아동을 먼저 만난다면, 상담과정에서 아동이 주도적인 역할을 한다는 것을 상징적으로 보여 주는 것이며 아동은 존중받는다고 느낄 수 있다. 또한 상담자가 아동을 조금이나마 파악하고 부모를 만나기 때문에 부모와의 면접과정에서 도움이 될 수도 있다. 그러나 아동이 자신이 한 말을 상담자가 부모에게 전했을지 모른다는 불안을 느낄 수도 있다. 이러한 단점을 보완하기 위해서는 부모 면접이 끝난 후 아동을 다시 만나 기다리는 동안 아동이 느꼈을 감정을 수용해 주고 다음에 만날 계획을 알려 주면 아동과의 관계 형성에 도움이 된다.

아동과 부모를 함께 만나 접수면접을 할 수도 있다. 특히 아동이 부모와 떨어지지 않으려고 한다면 함께 면접할 수 있다. 아동과 부모를 함께 만나게 되면 아동과 부모의 상호작용을 직접 살펴봄으로써 부모자녀 관계를 파악하는 데 유용한 정보를 얻을 수 있는 장점이 있다. 그러나 부모가 상담자에게 아동에 대해 이야기하는 것을 아동이 그대로 듣고 창피하게 느끼거나 화가 날 수 있고 이에 따라 상담에 대해 부정적인 인상을 갖게 될 수 있다. 또한 아동은 부모가 듣는 상황에서 자신에 대한 정보를 상담자에게 충분히 제공하지 않을 수 있고 부모 역시 아동 앞에서 가족의 문제에 대해 이야기하는 것을 주저할 수 있다. 따라서 이상적인 접수면접은 아동과 부모를 함께 만나는 시간과 아동과 부모를 각각 만나는 시간을 모두 갖는 것이다(Manassis, 2014). 현실적으로 그렇게 접수면접을 하는 것이 어렵다면 아동과 부모를 함께 만나 접수면접을 하고 상담을 해 나가면서 필요한 정보를 추가로 수집할 수도 있다.

접수면접 전에 부모는 접수면접지를 작성한다. 접수면접지는 접수면접을 통해 알고자 하는 사항에 대해 부모가 간략히 기록하도록 구성되어 있어서 이것을 활용하여 부모와의 접수면접 시간을 줄일 수 있다. 부모가 기록한 면접지 내용은 접수면접을 원활하게 진행하는 데 활용하기 위한 것으로 면접을 대체할 수 있는 것은 아니다(Brems, 2008). 따라서 접수면접지에 부모가 기록해야 할 사항을 지나치게 많이 요구하는 것은 상담기관의 첫 방문부터 부모에게 과도한 부담을 안기는 것이므로 적절하지 않으며, 30~40분 이내에 작성할 수 있는 정도가 적당하다. 부모가 접수면접을 위해 상담기관에 방문하면 접수면접지를 작성하도록 안내하며 그 취지를 설명하고 작성하기 편한 공간을 제공한다. 아동과 부모가 함께 방문하여 각각 면접하는 구조에서 아동을 먼저 면접한다면, 부모는 아동이 면접하는 동안 기다리면서 접수면접지를 작성할 수 있다. 접수면접지 양식의 예는 〈부록〉을 참조하기 바란다.

3) 접수면접의 내용

접수면접의 목적은 아동의 문제와 아동 및 아동의 환경에 대해 파악하는 것이다. 그러한 목적을 이루기 위하여 아동 및 부모와의 접수면접과 접수면접지를 통해 구체적으로 알아보아야 하는 사항을 살펴보고자 한다.

(1) 인적사항 및 가족사항
아동의 이름, 성별, 나이(생년월일), 가족구성, 가족원의 나이, 직업, 수입, 종교 등 아동의 인구사회학적 정보를 접수면접지에 기록하게 한다. 이러한 정보는 아동의 가족환경을 이해하는 데 필요하다.

(2) 주 호소 문제

접수면접을 통해 가장 먼저 파악해야 하는 것은 아동의 문제에 관한 것으로서 다음과 같은 사항을 알아보아야 한다(Adler-Tapia, 2012; Brems, 2008).

- 상담에 오게 된 이유 및 상담을 의뢰한 사람: 아동이 어떤 문제 때문에 상담에 오게 되었는지를 알아본다. 또한 아동이 상담을 받을 필요가 있다는 의견을 제시한 사람은 누구인지도 알아본다. 아동의 문제에 대해 부모와 아동의 보고가 다를 수도 있으므로, 대화가 가능하다면 아동에게도 문제에 대해 이야기해 보게 하는 것이 좋다.
- 상담에 의뢰된 원인이 되는 증상: 아동의 문제가 드러나는 구체적인 증상이 무엇인지를 알아본다. 예를 들어, 어린이집에서 적응을 못 하는 것이 문제라고 어머니가 접수면접지에 기록하여 보고했다면 이것은 매우 다양한 의미일 수 있다. 따라서 어머니와의 접수면접에서 이것이 구체적으로 아동의 어떤 행동으로 나타나는지를 질문하여 알아보아야 한다.
- 아동 문제의 병력: 아동의 문제가 처음 나타난 것이 언제이며 그때 아동이 처한 상황이 어떠했는지를 알아본다. 또한 처음 문제가 나타난 이후 지금까지 문제의 양상이 어떻게 달라져 왔는지, 문제에 대해 어떻게 대처해 왔는지를 알아본다.
- 부모 및 기타 양육자, 의사, 교사 등이 아동의 발달에 대해 우려를 표명했는지의 여부: 아동을 양육하고 돌보며 매일 긴밀히 접촉하는 사람이나 아동발달 및 건강 관련 전문가가 아동의 발달에 대해 염려한 적이 있는지를 알아본다. 아동의 문제에 대해 가능한 한 객관적이며 정확한 이해를 하기 위하여 아동을 알고 있는 여러 사람으로부터 정보를 얻어 종합하고, 이들의 의견이 일치하는지를 알아본다.
- 상담 이외의 검사나 치료를 받기 위해 다른 기관에 의뢰했는지의 여부: 발달평가나 청각 또는 시각 검사, 작업치료 등 상담 이외의 다른 치료나 검사에 의뢰된 적이 있는지를 알아본다.
- 발달에서 퇴행 여부: 정상적으로 발달되었다가 퇴보된 기능이 있는지를 알아본다.
- 다른 상담기관에서 평가 및 상담받은 경험 여부, 그런 경험이 있다면 그때의 심리평가 결과와 상담 경험: 다른 상담기관에서 심리평가 및 상담받은 경험이 있는지를 알아보고, 그런 적이 있다면 그때 받았던 심리평가의 결과를 해당 기관으로부터 받을 수 있는지 물어보고 가능하다면 받아 둔다. 또한 과거의 상담 경험에 대해서도 알아본다. 상담을 받았던 것이 언제이며,

누구에게 받았는지, 얼마 동안 받았고, 효과는 어떠했는지를 알아본다.

- 보육이나 교육 기관에서 아동의 행동에 대해 문제 제기 여부: 아동이 다니는 어린이집, 유치원, 학교에서 아동이 어려움을 겪거나 문제를 일으킨 적이 있는지를 알아보고 그로 인해 해당 보육 및 교육 기관에서 어떤 조치를 취했는지도 알아본다.
- 약물치료 여부, 약물치료 증상, 약물치료 효과: 아동이 약물치료를 받고 있는지 물어보고 약물치료를 받고 있다면 어떤 증상에 대한 치료인지, 약물에 대한 반응 및 효과는 어떤지, 약물치료를 하고 있는 의사와 필요에 따라 협력할 수 있는지를 알아본다.

(3) 아동의 생육사, 발달사

내담아동이 출생하기 이전과 출생 시부터 현재에 이르기까지 아동의 경험을 알아보아야 한다. 다음과 같은 사항은 아동의 문제를 이해하는 데 도움이 된다.

- 부모가 몇 살에 어떻게 결혼하게 되었는가
- 내담아동을 임신할 당시 부모의 건강과 심리 상태
- 내담아동 임신은 부모가 원했던 임신인가
- 임신 중 어머니와 태아의 건강
- 분만은 어떤 형태였으며 분만과정에서 어려움은 없었는가
- 출생 시 아동의 건강
- 수유 및 수면 습관
- 대소변 훈련 시작 및 완료 시기와 방법
- 출생 후 현재까지 아동의 건강 관련 사항으로 심하게 다치거나 아팠던 경험, 병원 입원 경험, 고열 경험, 현재 건강 문제 등
- 신체, 언어 및 인지, 사회 및 정서 영역에서 발달이 정상적으로 이루어져 왔는가
- 아동을 주로 양육한 사람 및 주 양육자의 교체 여부
- 아버지와 어머니의 성격과 양육태도
- 내담아동과 부모의 관계
- 발달과정에서 아동이 경험한 환경 변화 등 특이 사항

(4) 보육 및 교육 기관 적응

아동이 어린이집, 유치원, 학교에서 어떻게 지내는지는 아동을 이해하는 데 중요한 정보가 된다. 또래관계, 교사와의 관계, 규칙 지키기, 활동 참여, 학습 태도 및 학업 성취 등이 어떤지를 알아보아야 하며, 이러한 사항에 대해 정확한 정보를 얻기 위해 필요하다면 교사와 연락을 취할 수도 있다. 교사는 같은 또래의 많은 아동을 접하므로 부모에 비하여 객관적인 시각에서 아동을 살펴볼 수 있기 때문에 내담아동의 교사로부터 협조를 얻을 수 있다면 아동에 관해 매우 유용한 정보를 얻을 수 있다(신현균, 2009). 어린이집, 유치원, 학교는 아동이 또래관계 경험을 하게 되는 환경으로서도 중요하다. 내담아동이 또래와 관계를 형성하는 데 어려움은 없는지, 친한 친구가 있는지, 친구와의 관계는 어떤지 등 또래관계 특성은 보육 및 교육 기관에 잘 적응하는지를 알아볼 수 있는 하나의 척도이며, 사회성을 파악할 수 있는 정보이기도 하므로 부모 및 아동과의 접수면접에서 반드시 알아보아야 할 사항이다.

(5) 현재 일상생활

아동의 일상생활이 어떤지를 알아보는 것도 아동을 이해하는 데 필수적이다. 아동의 일상생활을 알아보기 위해서는 부모와 아동에게 평일 하루와 주말 하루를 보통 어떻게 보내는지를 자세히 말하도록 한다(Adler-Tapia, 2012). 유치원이나 학교에 다니는 아동은 일과 중 상당 시간을 부모와 떨어져 보내기 때문에 아동의 생활에 대하여 부모와 아동에게 각각 기술하게 하는 것이 좋다. 하루 생활을 동영상으로 촬영하여 보는 것처럼 시간 순으로 차례차례 말해 달라고 요청하는 것도 좋은 방법이 될 수 있다(Manassis, 2014). 부모와 아동에게 각각 이렇게 아동의 일상생활에 대해 상세한 정보를 얻는 것은 상황에 따라 행동이 다른 아동의 문제를 파악하는 데도 도움이 된다. 즉, 학교에서는 별다른 문제없이 잘 적응하지만 집에서 부모에게 저항적인 아동이나, 집에서는 정상적으로 발달하는 기능수준을 보이지만 학교에서는 위축되어 적응에 어려움을 보이는 아동의 예를 들 수 있다. 이런 아동을 이해하기 위해서는 특히 학교와 가정에서 교사, 또래, 가족과 함께 지낼 때 아동이 어떠한지를 부모와 아동의 진술을 통해 상세히 알아볼 필요가 있다. 학교와 가정에서 아동이 어떻게 행동하며, 주변 사람은 아동에게 어떻게 반응하고, 그 상황에서 아동은 또 어떤 행동을 보이는지를 상세히 알아보아야 한다. 이를 통해 아동의 문제가 나타나게 되는 구체적인 상황을 이해할 수 있고 이에 대해 더 자세히 알아보기 위해서는 추가적으로 누구에게서 정보를 얻어야 할지를 알 수 있게 된다.

(6) 가족관계 및 가족력

내담아동의 가족에 대한 정보는 조부모까지 3대를 포함하는 가계도(genogram)와 부모의 보고를 통해 파악한다. 가계도는 가족의 구성, 가족원의 생존 여부 등을 일목요연하게 보여 주는 것으로서 내담아동의 가족에 대해 기본적인 사항을 파악하는 데 유용하다. 가족에 대해 알아보아야 할 사항은 가족원 개개인의 성격 및 심리적 특성, 질병, 심리장애 등과 자녀 양육방식, 가족의 분위기, 가족관계 등이다. 부모의 심리장애나 양육방식은 자녀의 발달과 적응에 미치는 영향이 크므로 반드시 알아보아야 한다. 또한 아버지와 어머니의 부부관계, 조부모와 부모 간의 관계, 내담아동과 부모와의 관계, 형제자매, 형제자매의 특성 등이 모두 아동의 문제에 영향을 미칠 수 있으므로 상세히 알아보아야 한다. 예를 들어, 내담아동의 아버지와 어머니 간의 불화는 아동을 불안하게 하는 요인이 될 수 있으며, 불화를 겪는 부모가 그로 인한 스트레스에 어떻게 대처하는지가 아동을 대하고 양육하는 방식에 영향을 미칠 수 있다. 또한 부와 모의 불화나 이혼으로 인해 삼각관계(triangulation)를 경험하면서 정서적 고통을 겪는 아동의 경우는 가족 내 역동을 이해해야만 아동의 문제를 이해하는 것이 가능하다. 내담아동 부모와 조부모의 관계도 아동의 문제를 이해하는 데 핵심적인 정보가 될 수 있다. 고부갈등을 심하게 겪고 있는 어머니는 그에 따른 자신의 어려움으로 자녀를 방임하거나 학대하여 자녀의 정서적 문제의 원인이 될 수 있다. 아동기에 부모와 안정적 애착을 형성하지 못한 부모는 자신의 자녀와의 관계에서 어려움을 겪고 이에 따라 아동이 정서적 문

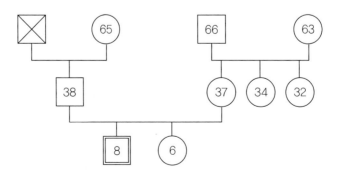

[그림 10-1] 가계도의 예

제를 보이게 될 수도 있다. 부모의 편애도 내담아동의 정서적 문제를 유발할 수 있으므로 내담아동에게 형제자매가 있다면 부모가 이들에 대해 어떤 감정을 느끼며 어떻게 대하는지도 알아보아야 한다.

한편, 가족관계에 대해 알아보는 과정에서 상담자는 내담아동과 부모가 가족에 대해 얼마나 알고 있는지, 무엇을 알고 무엇을 모르는지를 알게 되는데 그 자체도 의미 있는 정보가 된다. 즉, 가족원의 친밀도, 자기개방 정도, 의사소통 방식, 전반적인 가족 분위기를 알게 해 주는 정보라고 할 수 있다.

(7) 아동의 심리적 특성

아동의 심리적 특성에 대해 정보를 얻을 수 있으면 상담과정에서 보다 효과적인 방법을 찾는 데 도움이 되며, 아동의 관심사나 장래 희망을 알아보는 것은 아동과 부모의 가치관을 파악하는 데 도움이 된다. 또한 아동과 부모에게 각각 아동의 장단점을 말하게 하는 것은 아동의 자기 지각을 알아볼 수 있게 하며 아동과 부모가 아동을 바라보는 시각이 어떻게 다른지를 이해할 수 있는 정보가 된다. 또한 아동에 대해 아동과 부모가 알고 있는 것이 일치되는 정도는 부모-자녀관계를 파악하는 데 도움이 되는 정보다.

4) 내담아동과의 접수면접

내담아동과의 접수면접은 아동의 연령과 특성에 따라 방법을 달리해야 한다. 영유아는 언어를 매개로 한 접수면접을 할 수 없으므로 주로 놀이와 행동 관찰을 한다. 또한 나이와 상관없이 언어 사용에 어려움이 있는 아동도 놀이를 관찰한다. 대체로 학령기 아동은 대화를 통해 접수면접을 할 수 있다. 부모와 떨어지는 것을 견디지 못하는 아동은 접수면접 동안 부모가 상담실에 함께 있을 수밖에 없다. 부모와의 분리에 심한 불안을 보이는 것은 아동을 파악하게 하는 의미 있는 정보가 되며, 아동의 불안에 대한 부모의 반응과 대처 방식도 주의 깊게 살펴볼 사항이다.

접수면접은 아동을 이해하기 위한 목적으로 하는 것이므로 상담자와 아동이 상담실에서 하게 되는 상호작용이나 아동이 상담실에서 하는 놀이에만 관심을 두기보다는 아동이 상담기관에 처음 들어왔을 때 보이는 행동, 함께 온 부모와의 상호작용, 면접과정에서 부모와 떨어져야 할 때의 반응, 상담자를 처음 대면했을 때의 행동 등 아동에 대해 관찰하고 파악할 수 있는 모든 정보를 놓치지 말고 아동을 이해하는 데 활용해야 한다. 또한 접수면접은 아동에게 상담, 상담실, 상담자를 소개하는 기회이기도 하다. 상담실에서 아동이 무엇을 하게 될 것인지, 상담실에서 아동이 하는 것은 아동에게 어떤 도움이 되는지, 상담자는 무엇을 하는 사람인지에 관해 아동의 이해능력을 고려하여 적합한 표현으로 설명해 준다.

아동의 문제와 아동 및 가족에 대한 정보는 부모를 통해서도 얻게 되지만 부모가 아동에 대해 보고 느끼는 것과 가족에 대해 경험하는 것이 아동의 자신에 대한 지각이나 감정, 가족 경험과 다를 수 있다. 따라서 아동을 대상으로 하는 접수면접에서는 다음과 같은 사항을 알아보도록 유념해야 한다(정문자, 제경숙, 이혜란, 신숙재, 박진아, 2011).

(1) 주 호소 문제에 대한 아동의 지각

아동상담의 시작은 대개 부모의 결정에 의한다. 따라서 내담아동은 자신이 상담에 오게 된 이유를 모르는 경우도 있다. 따라서 언어 표현이 가능한 아동이라면 상담에 왜 오게 됐다고 생각하는지를 먼저 물어볼 필요가 있다. 상담에 오게 된 이유를 모른 채 접수면접을 하게 되면 아동은 불안을 느낄 수 있다. 또한 아동이 자신의 문제에 대해 아는 것은 상담을 통해 얻을 수 있는 변화에 대한 기대로 이어지므로 상담에 대한 동기를 부여할 수 있어 중요하다. 그러나 아동이 자신의 문제에 대해 말하는 것을 꺼린다면 대답하지 않아도 된다고 말해 주고 아동이 하고 싶은 말을 자유롭게 하도록 한다(신현균, 2009). 자신의 문제를 언어로 표현하기 어려운 아동에게는 자유놀이를 하게 하고 관찰한다.

(2) 아동의 자기 지각

아동에게 자신의 장점을 물어보고 그에 대해 이야기를 나눈 다음 자신의 단점이나 자신에 대해 바꾸고 싶은 점이 있는지를 물어본다. 이런 과정을 통해 아동이 자신을 어떻게 지각하는지를 파악할 수 있고 자신에 대해 바꾸고 싶은 점은 상담목표와 연결 지을 수 있다.

(3) 아동이 지각한 가족원과 가족관계

아동은 가족에 대한 의존도가 높으므로 가족으로부터 많은 영향을 받을 수밖에 없다. 따라서 가족원 개개인과 가족관계의 특성을 알아보는 것은 아동을 이해하는 데 필수적인 요소다. 그런데 가족에 대한 지각은 가족원마다 다를 수 있고 부모가 보는 가족과 아동이 보는 가족이 다를 수도 있으므로 아동이 가족을 어떻게 지각하는지를 반드시 알아보아야 한다. 가족에 대한 아동의 지각은 언어로 표현될 수도 있고 동적 가족화나 가족원을 상징하는 놀잇감을 통해 표현될 수도 있다. 상담자는 아동이 표현한 것에 대해 추가적인 질문을 하면서 아동의 경험에 따른 가족원의 특성과 가족관계를 상세하게 파악할 수 있다.

(4) 학교 적응

학교는 교사 및 또래와 사회적 관계를 경험하고 정해진 규칙을 지키며 주어진 과제를 해내야 하는 등 모든 발달영역의 적응력을 발휘해야 하는 환경이다. 따라서 아동을 이해하기 위해서는 학교에서 어떻게 지내는지를 알아보아야 한다. 아동의 학교생활은 부모가 직접 경험할 수 없는 측면이므로 부모로부터 얻는 정보와 함께 아동으로부터 얻는 정보가 더욱 중요하다고 할 수 있다. 친구가 몇 명인지, 친한 친구가 있는지, 친구와 잘 지내는지, 선생님은 어떤 분이며, 선생님이 어떻게 대해 주시는지, 좋아하는 과목과 싫어하는 과목은 무엇인지 등을 질문하며 아동이 어려움을 겪는다고 판단되는 점에 대해 좀 더 깊이 있게 이야기를 나눈다.

(5) 아동 관찰

내담아동을 관찰한 내용은 어느 연령에서도 아동을 이해하는 데 중요한 정보이지만 취학 전 아동의 경우는 언어를 통해 접수면접을 할 수 없으므로 관찰이 접수면접의 주요 방법이 된다. Greenspan(2003)은 아동을 관찰할 때 파악할 내용을 다음과 같은 7개 범주로 제시하였다.

① 신체적 · 신경학적 발달

아동의 신체적 · 신경학적 측면을 살펴보고 추가적인 검사가 필요한지 여부를 결정한다. 신체적 · 신경학적 발달에 대한 관찰은 아동을 처음 본 순간에 시작될 수 있다. 아동의 키, 몸무게, 안색과 전반적인 건강 상태를 살펴보고, 자세, 걸음걸이, 균형감각, 대소근육 운동, 언어능력, 목소리, 감각기능을 살펴본다. 또한 아동이 어떤 감각자극에 대해 과소 반응하거나 과도한 반응을 하는지도 관찰할 필요가 있다. 또한 전반적인 활동수준과 상황에 맞게 활동수준을 조절할 수 있는지도 관찰한다.

② 기분

아동을 처음 보았을 때부터 아동의 기분을 살펴보고 아동을 면접하는 과정에서도 기분의 양상이 어떤지를 관찰한다. 아동이 하는 말의 내용과 아동의 표정 및 행동에 근거하여 아동의 기분에 대해 면접자가 지각한 것을 통합적으로 판단하게 된다. 아동의 기분이 어떤지를 파악하기 위해서는 가능한 모든 단서를 활용한다. 얼굴표정, 대기실에서 다른 사람과 상호작용하고 있는지, 활발한지, 지나치게 들떠 있는지 등을 볼 수 있다. 또한 접수면접 중에 아동이 보이는 행동과 놀이 주제를 통해서도 기분을 파악할 수 있다. 면접자의 주관적인 느낌도 아동의 기분을 판단하는 데 매우 유용한 정보다.

③ 관계

아동의 대인관계에 대해서도 파악해야 한다. 아동이 대기실에서 함께 온 사람과 어떻게 상호작용하며, 대기실에 있는 다른 사람들과 어떻게 상호작용하는지를 관찰한다. 또한 아동이 면접자와 어떻게 관계를 맺는지를 관찰한다. 아동이 면접자를 어떻게 대하고 관계가 어떻게 발전되어 가는지를 관찰한다. 아동과의 관계를 관찰하는 과정에서도 면접자가 아동과 관계가 형성되었다고 주관적으로 느끼는지가 중요하며, 아동이 공간적 거리를 얼마나 두는지, 언어와 눈맞춤을 통한 접촉은 얼마나 어떻게 하는지, 아동이 면접자에게 보이는 반응과 놀잇감에 보이는 반응이 어떻게 다른지 등 관계를 알 수 있는 다양한 정보를 활용한다.

④ 정서

아동이 보이는 다양한 정서에 주목한다. 면접을 시작할 때, 면접이 진행되어 가는 과정에서, 면접을 마치고 헤어질 때 어땠는지에 관심을 가지고 정서의 변화를 추적한다. 같은 정서라도 강도가 다를 수 있으므로 어떤 정서를 얼마나 강하게 표현하는지에 주목해야 한다. 또한 정서의 깊이도 관찰해야 한다. 누군가를 흉내 내는 것처럼 피상적인 정서인지 아니면 내적으로 깊이 느끼는 정서인지를 구분할 수 있다. 또한 정서가 나타나는 맥락도 고려되어야 한다. 표현되는 정서가 맥락에 비추어 적절한지 여부가 중요하다.

⑤ 환경 사용

아동이 환경을 사용하는 방식도 관찰 대상이다. 아동이 놀이실 전체를 통합할 수 있는지를 관찰해야 한다. 통합하는 능력이 있는 아동이라면 놀이실에 처음 들어갔을 때 방을 전체적으로 살펴보고 나서 영역들을 돌아다니며 그중 몇 곳을 개발한 후 그 영역들을 통합하는 식으로 환경을 사용할 것이다. 예를 들면, 걱정스러운 모습으로 놀이실에 처음 들어간 아동이 어떤 영역에 가서 불안을 드러낸 다음 놀이실을 탐색하기 시작한다. 돌아다니면서 놀이실에 놓여 있는 것을 모두 둘러본 다음 가장 마음에 드는 놀잇감 몇 개를 선택하여 그것들 사이에 관계를 만들어 낸다. 경찰관 피겨, 남자와 여자 피겨, 사자 피겨를 각각 다른 영역에서 선택해 온 다음 경찰관이 남녀를 사자로부터 보호하는 주제를 만들어 내어 피겨들 사이에 관계를 만들어 내는 것을 통합의 예로 들 수 있다.

⑥ 주제 발달

아동의 주제를 조직화, 풍부함, 깊이, 연령 적절성, 순서에 관해 분석하여 얻은 정보는 아동의 성격 구조와 주요 문제에 관한 가설을 설정하는 근거 자료가 된다. 주제는 언어적 의사소통 내용뿐만 아니라 아동이 제스처, 그림, 놀이, 그 외의 모든 활동을 통해 의사소통한 것까지를 모두 포함한다. 주제 발달을 살펴봄으로써 아동의 특성에 대해 전반적으로 파악할 수 있고 아동이 경험하고 있는 구체적인 갈등도 파악할 수 있다. 먼저, 조직화를 살펴보는데, 조직화는 주제를 구성하는 요소들 간 연결이 논리적인지 여부다. 아동의 논리성은 성인과 다르며 발달 수준에 따라 차이가 있으므로 정상적으로 발달하고 있는 아동의 사고능력을 충분히 이해하고 있어야 조직화를 살펴볼 수 있다.

주제 발달에 풍부함과 깊이가 있는지도 살펴보아야 한다. 풍부함과 깊이는 아동의 사고와 정서의 범위를 보여 주는 것으로서 성격적 · 신경증적 원인에 의해 사고와 정서가 제한적인지를 보기 위한 것이다. 풍부하고 깊이 있으며 연령에 적절한 주제를 발달시킬 수 있는 아동은 자신의 내면과 그만큼 풍부하고 깊이 있게 접촉할 수 있다고 할 수 있다. 반면에, 주제가 단편적이고 피상적이거나 고정관념에 입각한 주제를 만들어 내는 아동은 자신의 내면에 대한 의식이 제한되어 있다고 할 수 있다. 아동이 몇 가지 놀잇감을 잠깐씩 가지고 놀면서 그것들 간에 아무런 관련성을 만들지 못한다면 주제 발달이 이루어지지 않는 것으로서 풍부함과 깊이가 없다고 할 수 있다.

주제의 순서는 친밀함에 대한 두려움, 분리에 대한 두려움, 동생과의 경쟁과 같은 아동이 지닌 구체적인 문제를 파악하는 단서가 된다. 예를 들면, 한 아동이 가족 인형을 모두 변기에 집어넣고는 두려워하며 그 놀이를 중단하고 보보 인형을 난폭하게 때리다가 진정된 후 가족 그림을 그리고 미소를 짓는 것을 관찰했다면, 여기서 나타난 주제의 순서를 살펴보면서 아동이 경험하고 있는 주요 문제와 함께 그 문제들 간의 관련성도 추정할 수 있다.

⑦ 상담자의 주관적 반응

상담자의 주관적 반응은 내담아동과 한 상호작용의 일부로서 중요하다. 상담자의 주관적 반응으로 살펴보아야 하는 것은 접수면접 중에 상담자에게 아동이 유발한 전반적 감정과 상담자가 경험한 공상이다. 면접이 끝나면 상담자는 아동으로 인해 기분이 어떤지를 알아야 한다. 진이 빠졌거나, 신나거나, 화나거나, 좌절감을 느낄 수도 있고, 면접을 잘 못했다고 느끼거나, 아주 잘했다고 느낄 수도 있다. 면접 후 상담자의 기분이 중요한 것은 이것이 아동의 특성을 반영하기 때문이다. 접수면접 중 상담자는 공상을 하게 될 수 있는데 이것도 살펴보아야 한다. 개인적인 기억이나 이미지같이 일상적이지 않은 것이 떠오르거나 이런 개인적 연상 때문에 면접에 집중하지 못한 순간이 있었다면 그 아동에 대한 전이 때문이라고 볼 수 있다. 따라서 그 아동이 그러한 반응을 일으킨 이유가 무엇인지를 이해할 필요가 있다.

2. 사례개념화

1) 사례개념화의 정의와 필요성

사례개념화(case formulation)는 심리평가 과정에서 실시한 접수면접, 아동관찰, 심리검사를 통해 내담아동과 부모 등으로부터 수집된 모든 정보를 종합하여 아동의 문제가 무엇인지, 문제의 발생 원인은 무엇이며, 문제가 사라지지 않고 현재까지 지속되는 원인은 무엇인지에 대해 잠정적 가설을 설정하는 것이다. 즉, 아동의 증상, 아동의 생육사와 발달사, 아동의 환경에 대해 폭넓게 수집된 정보를 종합하여 아동과 아동의 문제에 대해 최대한 이해하는 과정이다. 사례개념화는 아동의 문제를 유발하는 요인에 대한 가설이자 아동의 문제에 관한 복잡하고 상충되기도 하는 정보를 체계화하는 방법이며 상담을 안내하기 위한 계획이기도 하다(Manassis, 2014).

　상담을 시작하기 전에 이루어진 사례개념화는 상담이 진행되면서 밝혀지는 효과에 따라 검증받게 되고 수정되기도 한다. 사례개념화는 가설로서 그에 반하는 증거가 발견될 때마다 수정되고 보완될 수 있는 것이다. 사례개념화를 검증하는 주요 증거는 상담에 대한 아동의 반응이다. 즉, 아동의 문제에 대해 상담의 효과가 없다면 사례개념화가 잘못된 것일 수 있으므로 필요에 따라 추가적인 정보를 수집하고 사례개념화를 수정하게 된다. 상담에 대한 아동의 반응은 사례개념화의 가설을 지지하거나 지지하지 않는 증거를 제공함으로써 시간이 흐름에 따라 사례개념화가 정확해지게 한다.

　사례개념화는 상담목표를 설정하고 상담전략을 수립하는 상담계획의 토대가 되는 것으로서 상담과정에서 필수적인 것이다. 사례개념화를 하지 않고 상담을 하는 것은 가야 할 방향을 모르는 채 떠돌아다니는 것과 같으며, 사례개념화가 잘못된 경우에는 내담아동에게 적합하지 않은 상담을 하게 된다(신현균, 2009). 사례개념화를 적절히 할 수 있으려면 아동정신병리, 아동발달, 심리평가, 상담에 대한 이론적 지식과 임상경험 등으로 길러진 전문성이 요구된다. 사례개념화가 적절히 되어 있으면 이에 기초하여 상담목표를 설정하고 상담목표에 적합한 상담전략을 세울 수 있으므로 효과적인 상담이 이루어질 가능성이 높다.

2) 사례개념화의 방법

　사례개념화는 아동의 문제에 대해 수집한 모든 정보를 통합적으로 체계화하여 문제의 의미를 규정하고 문제 유발 원인과 지속시키는 원인에 관해 가설을 설정하는 것이다. 따라서 아동에 관한 정보를 체계화하는 방식이 사례개념화 과정에서 매우 중요하다. Manassis(2014)는 아동 관련 정보를 관련성에 따라 범주화하고 각 범주의 내용에서 아동의 문제에 대한 위험요인과 보호요인을 찾아 기록하여 그것이 아동에게 어떤 영향을 미치는지를 기록하는 방법을 제안하였다. 이 방법에 따르면, 아동 관련 정보는 생물학적 요인, 심리적 요인, 사회적 요인, 문화 및 종교적 요인으로 범주화될 수 있는데, 모든 요인은 아동의 문제에 대해 위험요인으로 작용하는 측면도 있고 보호요인으로 작용하는 측면도 있으며 아동발달에 어떤 영향을 미친다. Manassis(2014)가 제시한 사례개념화의 요인을 살펴보면 다음과 같다. 사례개념화에는 이러한 요인 관련 내용들이 포함되어야 한다.

(1) 생물학적 요인

사례개념화에서 생물학적 요인을 다루는 것은 벅찬 작업으로 여겨질 수 있다. 의학계가 급격한 발전을 이루는 과정에서 발견되는 새로운 의학적 지식을 상담자가 모두 알기는 어렵기 때문이다. 그러나 상담자가 정신건강이나 정신장애에 영향을 미치는 주요 생물학적 요인들을 파악하고 그러한 요인들이 아동발달에 어떻게 영향을 미치는지를 이해하며 어떤 아동을 의사에게 의뢰해야 할 것인지를 판단할 수는 있다. 사례개념화에 포함되어야 할 생물학적 요인은 크게 체질적 요인, 생물학적 요인의 직접적 영향과 간접적 영향, 신체화 증상으로 구분해 볼 수 있다.

① 체질적 요인

체질적 요인은 아동의 생애 초기부터 있었던 것으로 원인을 알 수 없는 경우도 많다. 유전적 원인에 의한 것일 수도 있고, 태내기나 출생과정의 문제에서 비롯된 것일 가능성도 있으며, 유전적 소인과 출생 직후 경험 간 상호작용에 의한 것일 수도 있다. 부모가 아동에 대헤 말할 때 "얘는 태어났을 때부터 항상 그랬어요."라고 보고하는 점이 체질적 요인이라고 할 수 있다. 체질적 요인을 알아보기 위해서는 가족력, 아동이 태내기일 때 환경, 분만과정, 아동의 초기 기질, 아동의 기질에 대한 부모의 반응, 아동의 초기 발달과정에 대한 정보를 사용한다.

② 생물학적 요인의 직접적 영향

머리 부상이나 뇌질환이 아동의 뇌에 부정적인 영향을 미침으로써 아동의 심리적 발달에 문제가 생길 수 있다. 머리에 부상을 입어 뇌에 손상이 발생한 경우 심리적 기능이 저하될 수 있고, 인지적·정서적 발달에 문제가 생길 수도 있다. 또한 ADHD, 투렛 증후군(Tourette syndrome), 강박장애 등 많은 정신장애는 신경학적 원인이 있는 것으로 알려지고 있다.

③ 생물학적 요인의 간접적 영향

아동의 질병에 대한 아동과 가족의 반응이 아동의 심리적 문제에 영향을 미칠 수 있다. 예를 들면, 아동이 난치병 진단을 받은 경우에 아동과 가족이 겪게 되는 슬픔과 상실감, 미래가 불확실하다는 느낌은 아동의 불안수준을 높이게 된다. 생물학적 요인의 간접적 영향은 질병의 특성과 치료, 아동의 심리적 발달수준, 아동의 환경 등에 따라 다르게 나타나며, 아동, 아동의 환경, 질병, 치료 간에는 다양한 상호작용이 있을 수 있다.

④ 신체화 증상

신체화 증상은 신체적 증상으로서 질병이 있을 가능성을 시사하는 것이지만 전적으로 또는 부분적으로 심리적 요인에 의해 발생하는 것이다. 신체화 증상이 지속되고 아동의 일상생활에 지장을 일으키면 장애로 본다. 그런데 신체화 증상은 생물학적 요소를 지닌 다른 장애와 관련되어 나타나기도 한다. 예를 들면, 불안한 아동은 신체감각에 과도하게 신경을 쓰기 때문에 통증을 강하게 지각하는 경향이 있고 통증을 강하게 지각하는 것은 근육긴장과 통증 원인에 대한 불안을 야기하며, 이렇게 야기된 근육긴장은 통증을 더욱 증가시켜서 결국 불안을 가중시킨다.

(2) 심리적 요인

사례개념화에 포함될 내용으로 아동의 내면적 특징도 빼놓을 수 없다. 내담아동이 인지적 · 심리적 영역에서 연령에 맞게 발달하고 있는지를 알아야 하며, 인지적 · 심리적 발달 과정에서 겪는 도전에 대해 아동이 사용하게 되는 대처방식 또는 방어양식이 어떤 것인지를 이해해야 한다. 이러한 방어양식은 문제가 되는 증상을 야기할 수 있으므로 더욱 중요하다. 아동의 인지적 · 심리적 발달은 환경과 밀접한 관련이 있으므로 사례개념화에는 환경에 대한 이해도 포함되어야 한다.

① 인지발달

아동의 인지적 측면은 Piaget의 인지발달 이론에 근거하여 이해될 수 있다(Piaget, Gruber, & Vonèche, 1977). 인지발달 이론을 이해함으로써 아동이 발달단계별로 어떤 도전과 과제에 직면해 있는지를 알고 아동을 보다 정확히 파악할 수 있으며 아동의 연령에 맞는 현실적 기대를 하게 된다. 만약 부모가 아동의 인지적 능력에 대해 잘못된 인식을 갖고 있는 경우에는 아동에게 비현실적으로 높은 기대를 하거나 아동의 의도를 왜곡하여 해석하게 되므로 양육행동이나 아동과의 상호작용이 부정적 특성을 띠게 되고 이것이 아동에게 문제를 야기할 수 있다. 따라서 사례개념화에는 아동의 인지발달 상황과 그에 대한 부모의 이해 정도 및 부모가 아동의 인지발달에 대해 이해가 부족하여 나타나는 문제가 반영될 수 있다.

② 심리적 발달

아동의 심리적 발달은 Erikson(1959)의 심리사회적 발달단계에 근거하여 이해될 수 있다. 아동이 발달단계에 따라 어떤 과업을 이루어야 하는지, 그러한 과업을 순조롭게 이루기 위하여 필요로 하는 가족과 사회의 지원은 무엇인지를 이해함으로써 내담아동의 삶에서 심리적 발달에 어려움을 초래하는 것으로 보이는 요인들을 알고 더욱 깊이 탐색할 수 있다.

③ 대처방식

많은 정신장애의 증상은 부적응적인 대처방식을 보여 주는 것이므로 연령에 따라 다른 특징을 보이는 아동의 대처방식을 이해하는 것은 증상이 발생되는 과정을 이해하는 데 도움이 된다. 대처방식의 기능은 부정적이며 고통스러운 감정을 조절하는 것인데, 아동이 성장하면서 점차 성숙한 대처방식을 사용할 수 있게 된다. 영아는 괴로울 때 스스로 할 수 있는 것이 별로 없고 양육자에게 지원을 요청할 수 있을 뿐이다. 그러다가 아동이 이동할 수 있는 신체능력이 발달되면 행동으로 대처할 수 있게 된다. 예를 들면, 분노 발작(temper tantrum) 등으로 행동화하는 것인데, 이렇게 해서 괴로운 상황을 회피하려는 것이다. 아동이 인지적으로 발달하게 되면 주의를 다른 쪽으로 돌리거나 상황을 긍정적으로 해석하는 등 좀 더 발달된 대처방식을 사용할 수 있게 된다. 사례개념화에서 대처방식을 다룰 때는 아동이 바꾸지 못하는 부적응적 행동 패턴을 살펴보는 것이 도움된다. 아동이 부적응적 대처방식을 사용하는 것은 부모가 그런 패턴을 강화한 것이 원인일 수 있기 때문이다.

④ 심리적 발달의 맥락

아동의 심리적 발달은 가족의 영향과 사회 환경 안에서 이루어진다. 출생 시에는 체질적 요인이 가장 영향력이 크지만 곧 부모와 가족이 영향을 미치기 시작한다. 부모와 가족은 아동발달의 전 과정에 영향을 미치며 아동이 성장함에 따라 사회적 환경의 영향력이 점차 증대된다. 그런데 어린 아동은 사회적 환경과 직접 상호작용하지 않고 가족이 아동과 사회적 환경의 상호작용을 중재한다. 따라서 가족은 아동에게 직접 영향을 미치며 사회적 환경의 영향을 허용하거나 허용하지 않음으로써 간접적으로도 영향을 미친다. 따뜻하고 지지적인 가족이 아동과 사회적 환경의 상호작용을 제한하는 것은 그렇게 부정적 결과를 초래하지는 않겠지만 문제성이 큰 가족이 그렇게 한다면 아동에게 매우 심각하게 부정적인 결과를 야기할 수 있다. 따라서 사례개념화에서는 아동의 심리적 발달에 가족과 사회적 환경이 맥락으로서 어떻게 영향을 미치고 있는지를 반드시 다루어야 한다.

(3) 사회적 요인

사례개념화의 사회적 요인은 아동발달에 영향을 미치는 인간관계에 관한 것이다. 가족관계, 아동과 학교나 보육기관 교직원의 관계, 또래관계, 지역사회 및 사회의 영향 등을 사례개념화에 포함시킬 수 있다.

① 가족관계

가족 안에서 일어나는 상호작용은 순환적인 것이 특징이다. 가족원이 서로에게 반응하고 반응을 일으키므로 누가 상호작용을 시작했는지를 확인하기는 거의 불가능하다. 하지만 상호작용에서 일정한 패턴을 발견할 수는 있다. 추구–철회 패턴의 예를 들어 보면, 부모가 아동에게 숙제를 하라고 잔소리를 하면 할수록 아동은 더욱 더 숙제를 하지 않으려고 한다. 따라서 사례개념화에서는 가족 간 상호작용에서 나타나는 이러한 부정적 패턴을 찾아 가족이 그것을 인식하게 하는 것이 중요하다. 누가 그런 상호작용을 시작했는지는 중요한 문제가 아니다. 또한 아동의 증상이 가족 내에서 어떤 목적을 달성하기 위한 것인가를 탐색해 보는 것도 의미 있다.

가족 상호작용의 패턴을 찾는 것과 함께 가족에 관해 살펴보아야 할 것으로는 가족의 친밀함과 거리감, 아동의 정신장애에 영향을 미친다고 알려져 있는 가족특성, 가족 내의 보호요인이 있다. 부모와 정서적으로 지나치게 밀착되어 있는 것이 아동의 등교 거부의 원인일 수 있으며, 가족원 중 어느 한 사람과 지나치게 가까운 것은 다른 가족원과의 관계를 소원하게 할 수도 있다. 또한 과잉보호하는 부모의 양육방식이 아동의 불안장애 발생 가능성을 높일 수 있고, 방임적인 부모의 자녀는 비행을 저지를 가능성이 높다고 보고되고 있다. 아동의 정신장애 발생 위험을 낮추고 정신건강에 도움이 되는 가족 내 보호요인으로는 안정적인 애착, 부와 모의 안정적인 관계, 감정을 표현하고 다루는 능력, 따뜻한 분위기, 변화에 대한 적응력 등이 있다. 따라서 사례개념화에서는 아동의 문제와 관련하여 이러한 요인들이 어떻게 작용하는지를 다루어야 한다.

② 보육 및 교육 기관

어린이집, 유치원, 학교는 아동이 많은 시간을 보내는 환경으로서 가족 다음으로 아동에게 큰 영향을 미친다. 학교는 특히 아동이 많은 도전에 직면하게 되는 환경이므로 이에 대한 이해가 사례 개념화의 주요 요소가 된다. 학교에 입학하게 되면 아동은 가정으로부터의 분리에 적응해야 하며, 정해진 시간 동안 앉아서 집중해야 하고, 다양한 또래들과 어울려야 하는 등 여러 가지 도전에 직면하고 거기에서 적응의 어려움을 겪는 것이 심리적 문제를 야기할 수 있다. 한편, 학교에도 아동의 심리적 문제에 대한 보호요인과 위험요인이 있다. 교사는 보호요인으로서 영향력이 매우 크며 아동에게 역할 모델이 되기도 한다. 반면에, 경쟁을 지나치게 강조하거나 또래괴롭힘 문제를 방치하는 학교특성은 아동에게 위험요인으로 작용한다.

③ 또래관계

또래관계는 아동의 심리적 발달과 적응에 중요한 요소다. 또래관계를 이루는 친구관계와 또래수용 모두 아동의 긍정적 자아개념 형성과 심리적 적응에 도움을 주는 보호요인으로 작용한다. 특히 친구관계는 아동이 겪을 수 있는 정서적 어려움을 덜어 줄 수 있는 요인으로서 중요하다. 반면에, 또래괴롭힘은 아동의 정신건강을 해치는 위험요인이다. 또래관계는 긍정적 측면과 부정적 측면 모두 아동의 심리적 문제와 정신건강에 영향을 미치는 주요 요인으로서 사례개념화에서 반드시 다루어져야 한다.

④ 지역사회 및 사회의 영향

부모와 가족이 아동에게 직접적으로 가장 큰 영향을 미치기는 하지만 지역사회와 사회의 영향도 간과해서는 안 된다. 이웃이나 친척, 종교기관, 방과 후 교실, 복지센터 등 지역사회의 구성원과 기관은 아동과 가족에게 지원자 역할을 할 수 있다. 빈곤, 편견, 기업의 근무 패턴 등 사회적 환경의 특성도 아동의 정신적 · 신체적 발달에 모두 영향을 미칠 수 있으므로 사례개념화에 포함되어야 할 요소다.

(4) 문화 및 종교적 요인

아동의 문제를 이해하고 상담의 방향을 잡아나가는 데 있어서 가족의 문화적 · 종교적 배경도 고려의 대상이 된다. 정신건강이나 심리적 문제를 바라보는 시각이나 심리적 문제를 해결해 나가는 적절한 방법에 대한 의견이 문화나 종교적 요인의 영향을 받기 때문이다. 특히 다문화 가정 아동이 최근 급격히 증가하고 그들의 적응 문제가 이슈가 되고 있는 상황을 고려할 때 아동의 문제를 이해하는 과정에서 문화적 · 종교적 요인을 포함하는 것이 더욱 중요해지고 있다.

앞서 살펴본 바와 같이, 사례개념화를 하기 위해서는 아동에 대해 다양한 요인들을 고려해야 한다. 즉, 아동과 관련하여 생물학적 요인, 심리적 요인, 사회적 요인, 문화 및 종교적 요인에 대한 정보를 수집하여 아동의 문제에 위험요인으로 작용하는 것과 보호요인으로 작용하는 것을 확인하고 무엇이 아동의 문제를 일으켰고 지속되게 하는지에 관해 가설을 만들어 내야 한다. 사례개념화의 예시를 제시하면 다음과 같다.

지희의 출생은 계획되지 않은 임신에 의한 것으로서 지희 어머니에게는 감당하기 어려운 사건이었다. 어머니의 이러한 상황은 지희의 까다로운 기질이라는 어려움이 더해지며 모-자녀관계 형성에 부정적인 영향을 미쳤고 안정적 애착 형성을 방해했던 것으로 보인다. 그리고 불안정 애착, 어머니의 임신 스트레스, 까다로운 기질은 모두 지희의 집행기능 발달에 영향을 미쳤을 것이다. 할머니와의 관계가 안정적이기는 하지만 만 2세가 되어서야 할머니와의 관계가 형성되었기 때문에 불안정 애착의 어려움을 완전히 제거할 수는 없었을 것이다. 그럼에도 할머니의 지원은 지희와 어머니의 관계가 안정적으로 유지되고 지희가 안정감을 느낄 수 있게 하는 요인이다.

---

3. 상담계획

사례개념화를 통해 아동의 문제를 파악하고, 문제를 발생시킨 요인과 문제를 지속시키는 요인을 이해한 다음에는 상담목표를 정하고 상담방법을 선정하는 상담계획 수립을 한다.

1) 상담목표 설정

아동상담의 목표는 일반적으로 세 가지를 꼽을 수 있다. 즉, 아동의 현재 문제를 완화하거나 제거하는 것, 심리정서적 적응 능력을 전반적으로 증진하는 것, 모든 발달영역에서 아동의 연령에 적합한 발달을 이루는 것이다(김춘경, 2004). 아동의 현재 문제를 완화하는 목표를 설정할 때는 아동의 문제 중에서 가장 중요한 것만을 선정해야 한다(Jongsma, Peterson, McInnis, & Bruce, 2014). 아동이 보이는 여러 가지 문제를 모두 해결하고자 한다면 방향성 없는 상담이 될 수 있기 때문이다. 따라서 아동의 문제 중 먼저 해결되어야 할 것을 선정하여 그것을 해결하는 것을 상담목표로 해야 한다. 아동의 현재 문제를 완화 또는 제거하는 것과 함께 일반적인 아동상담의 목표인 심리정서적 적응 능력을 높이는 것과 연령에 적합한 발달수준에 이르는 것도 간과되어서는 안 된다. 세 가지 목표 모두 상담과정에서 중요한데, 목표들은 서로 관련성이 있어서 목표 하나가 달성되면 그에 따라 다른 목표가 자연히 달성되기도 한다(신현균, 2009).

상담목표는 분명해야 하며 객관적으로 측정할 수 있도록 구체적으로 표현되어야 한다. 따라서 상담목표는 추상적이고 포괄적 수준인 상위목표와 구체적이고 객관적 측정이 가능한 하위목표를 모두 설정해야 한다(Brems, 2008). 예를 들어, 우울증을 겪고 있는 아동의 경우, 아동의 현재 문제인 우울증을 완화하는 것은 상담의 상위목표이고 체중이나 우는 행동의 빈도 같은 우울증의 구체적 지표를 개선하는 것은 상담의 하위목표다. 우울증 완화라는 상위목표는 추상적이며 측정하기 어려우므로 체중을 몇 kg 증가시킨다거나 우는 빈도를 하루에 몇 번 이하로 줄인다는 등 구체적인 하위목표를 설정해야 상담과정에서 상담목표가 달성되고 있는지를 평가할 수 있다.

상담목표는 시간과 관련하여 단기적인 것과 장기적인 것으로 나누어 설정할 수도 있다. 단기적인 상담목표는 현재 겉으로 드러난 문제, 변화되기 어렵지 않을 것으로 보이는 문제에 관하여 설정하는 것이 적합하며 장기적인 상담목표는 변화에 시간이 상당히 걸릴 것으로 판단되는 문제, 내면적 측면을 근본적으로 변화시키는 것에 관해 설정하는 것이 적합하다. 상담목표에 대해서 상담자, 부모, 아동 간에 의견이 다를 수 있으므로 함께 논의하여 설정하는 것이 바람직하다.

2) 상담방법 선정

상담목표를 설정한 후에는 상담목표 달성을 위한 상담방법을 결정하게 된다. 상담방법은 상담자의 이론적 배경이나 내담아동의 특성에 따라 달리 선정될 수 있지만 다양한 방법을 통합적으로 사용하는 경우가 일반적이라 할 수 있다. 사례개념화에 기초하여 내담아동에게 가장 효과적일 수 있는 방법을 선정하게 된다. 어린 아동을 상담하는 경우에는 언어 표현이 미숙하므로 다양한 상담매체를 사용하게 된다. 가장 일반적인 것은 놀이이며, 그 외에도 미술, 모래놀이, 게임, 음악, 이야기 등을 활용하게 된다. 상담매체 선택은 아동의 연령과 여러 가지 특성을 고려하여 하게 되며 상담자의 훈련 배경과 상담기관의 환경특성에 의해서도 달라질 수 있다.

상담대상의 범위도 결정해야 하는데, 아동상담에서는 아동에게 많은 영향을 미치는 부모가 아동과 함께 대상이 된다. 가족환경은 아동의 문제 발생의 주요 원인일 수 있고, 문제를 지속시키는 원인이기도 하다. 따라서 아동의 문제를 해결하거나 완화하기 위해서는 가족환경 변화가 반드시 동반되어야 하기 때문에 부모에 대한 상담이 필요하다. 부모의 특성에 따라서는 아동상담의 협력자로서뿐 아니라 개인으로서 별도의 상담을 받아야 할 수도 있고 부부상담이나 가족상담이 필요한 경우도 있다. 보육 및 교육 기관이 아동의 문제에 많은 영향을 미친다면 교사와 연락을 취하여 협조를 구할 수도 있다. 교사가 협력하는 경우에는 상담목표의 달성과정을 교사가 평가해 줄 수도 있다.

제 **11**장
아동 심리검사 및 심리평가

1. 심리검사의 이해

1) 심리검사의 정의

아동의 행동을 이해하고 아동의 문제를 객관적으로 진단하기 위한 한 방법으로 다양한 형태의 심리검사를 사용하여 아동의 심리적 특성을 측정할 수 있다. 심리검사(psychological testing)는 심리평가(psychological assessment)와 때때로 구분하지 않고 혼용해서 사용되는 경우가 있는데, 명확히 얘기하자면 심리검사는 심리평가의 한 부분이며 수단이다. 즉, 심리검사가 검사를 시행하고 점수를 내고 검사결과를 해석하기에 이르기까지 검사에 관한 모든 것을 일컫는 개념인 반면, 심리평가는 심리검사만이 아니라 행동관찰이나 면담 등 피검자와 관련된 자료들을 통합하여 종합적인 평가를 하는 보다 포괄적인 개념이다(Cohen & Swerdlik, 2005).

심리검사에 대한 정의는 학자에 따라 차이가 있는데, 심리검사를 '개인의 인지적 · 정의적 · 행동적 · 사회적 특성을 객관적으로 측정하는 데 사용되는 방법'이라고 하는 고전적 정의가 있는가하면(Thurstone, 1938: 강문희, 박경, 정옥환, 2012 재인용), 현대의 심리검사의 대가인 Ananstasi는 심리검사란 '개인의 어떤 심리적 또는 행동 특성에 대한 객관적이고도 표준화된 측정도구'라고 정의한다(Ananstasi & Urbana, 1997). 이러한 정의는 심리검사의 객관적이고 표준화된 측정과 평가를 강조하고 있다. 그러나 심리검사라고 해서 표준화된 검사만 유용한 것이 아니라 표준화되지 않은 검사(예: 투사적 검사)도 인간의 심리적 특성과 행동을 이해하는 데 매우 유용하다.

　　최근에는 심리검사를 통하여 개인의 문제를 진단하고 문제의 원인을 탐색하며 적절한 개입방법을 결정하는 데 도움을 주는 심리검사의 기능적 측면이 강조되고 있으며, 표준화된 검사이든 표준화되지 않은 검사이든 심리검사는 인간의 능력, 지각, 흥미, 동기, 성격, 적응, 태도 등 개인이 가지고 있는 심리적 특성과 그 정도를 밝히기 위한 목적으로 일정한 조건하에서 준비된 문제나 자극 또는 작업을 제시한 다음 피검자의 반응을 질적·양적으로 기술하는 조직적인 절차(김영환, 문수백, 홍상황, 2006)라고 종합적으로 정의할 수 있다.

2) 심리검사의 특성

　　심리검사가 어떤 행동표본에 대한 객관적이고도 표준화된 측정방법이라고 할 때, 임상 상황에서 적합한 심리검사를 선택하는 기준이 되는 준거는 검사가 표준화되었는가 그리고 그 검사의 신뢰도와 타당도가 있는가 하는 점이다. 여기서는 심리검사의 특성으로서 검사의 표준화와 검사의 신뢰도 및 타당도의 개념을 간략히 살펴보기로 한다.

(1) 검사의 표준화

　　검사의 표준화(standardization)란 검사의 실시와 채점 과정이 일률적이며 규준(norms)이 있는 것을 말한다. 검사의 표준화에서 중요한 과정이 적절한 규준의 설정이다. 즉, 검사를 표준화한다는 것은 규준을 설정하는 것을 의미하며, 규준이란 검사를 실시할 대상을 대표할 수 있도록 표집한 규준집단(norm group)의 정상적인(normal) 또는 평균적인(average) 수행을 말한다(김영환 외, 2006). 대부분 개인의 검사점수는 대표성 있는(representative) 표준화집단의 다른 사람들이 획득한 점수와 비교함으로써 비로소 의미 있게 해석할 수 있다. 예를 들어, 정상적인 8세의 아동들이 언어검사에서 50문제 중 28문제를 맞혔다면 이 검사의 8세 아동의 규준은 28점이다. 여기서 만약 A 아동이 21점을 얻게 되면, 이 21점은 A 아동의 원점수(raw score)다. 표준화검사에서 개인의 원점수 자체는 별 의미가 없으며, 표준화집단의 규준과 비교하여 대상아동의 상대적 위치를 파악할 수 있을 때 점수의 의미가 있게 된다. 규준의 종류에는 연령규준, 학년규준, 백분위규준 등이 있으며, 같은 종류의 규준일지라도 연령, 성별, 학력, 지역에 따라서 구분하여 제시되는 경우가 있다. 하지만 성격검사 등 정의적 검사에서는 규준의 문제가 크게 강조되지 않는다(정옥분, 2012).

표준화된 심리검사에서는 검사 실시를 위한 구체적인 지시사항, 즉 검사 실시방법, 순서, 시간 제한, 채점방법 등에 관한 것을 검사요강이나 지침서(test manual)에 제시하고 있다. 특히 표준화된 검사에서는 검사에서의 지시사항을 그대로 따라야 하는데, 그렇지 않을 경우 다른 검사결과가 나올 수 있고 해석상의 문제가 발생할 수 있게 됨을 유의해야 한다.

(2) 검사의 신뢰도와 타당도

심리검사가 객관적인 평가가 되려면 검사의 신뢰도와 타당도가 있어야 한다. 신뢰도(reliability)란 기본적으로 한 검사가 측정하고자 하는 내용을 어느 정도 일관성 있게 측정하고 있는지를 의미하는 것으로, 검사의 안정성, 일관성, 예측성, 정확성 등을 나타내는 것이다. 즉, 검사의 신뢰도란 동일한 사람들에게 재검사를 실시하였을 때 일관성 있는 점수를 얻을 수 있어야 함을 뜻한다. 신뢰도를 구하는 대표적인 방법으로는 검사-재검사(test-retest), 동형검사(parallel-form), 반분검사(split-half) 방법 등이 있다.

신뢰도가 측정의 일관성에 중점을 두는 반면, 타당도(validity)는 검사가 무엇을 정확하게 측정하는가를 평가한다. 즉, 검사의 타당도는 그 검사가 과연 무엇을 측정하고 있느냐와 그것을 얼마나 잘 측정하는가를 의미하는 것이다. 따라서 타당도는 검사가 측정하고자 하는 것을 제대로 측정하고 있는지의 여부와, 주어진 검사가 어떤 목적으로 얼마나 적절하게 사용될 수 있는 유용한 검사인지를 말해 주는 정도라고 할 수 있다. 일반적으로 검사에서 타당도 없이 신뢰도가 높을 수는 있지만, 반대로 신뢰도 없이 타당하다는 것은 가능하지가 않다. 따라서 타당도에 대한 필수 전제조건은, 검사는 반드시 적절한 수준의 신뢰도를 가져야 한다는 것이며, 타당한 검사는 측정하고자 하는 변인을 정확하게 측정해야 하는 것이다(강문희 외, 2012). 타당도를 설정하는 방법으로는 내용타당도(content-related), 준거타당도(criterion-related), 구인타당도(construct-related) 등을 들 수 있다.

3) 심리검사의 기능

심리검사는 병원이나 상담센터, 학교, 군대를 비롯한 공공기관이나 기업체 등에서 개인이나 집단의 특성을 객관적으로 이해하고 그 결과를 유용하게 활용하기 위한 목적으로 다양하게 사용되고 있다. 심리검사를 올바르게 이해하고 활용하기 위해서는 심리검사의 기능을 정확하게 아는 것이 필요하다. 심리검사에는 여러 가지 기능이 있지만 대표적인 기능으로는 자기이해의 증진, 분류, 진단, 평가 및 검증을 들 수 있다(김영환 외, 2006; 정옥분, 2012).

(1) 자기이해의 기능

심리검사는 본질적으로 개인을 이해하기 위한 것이다. 심리검사를 통하여 개인의 심리적 특성과 개인차를 이해할 수 있게 되고 개인들이 자기 자신을 보다 정확하게 이해함으로써 객관적인 자기이해와 보다 효율적인 자기성장이 가능할 수 있다.

(2) 분류의 기능

심리검사의 분류(classification) 기능은 개인이 가지고 있는 능력이나 적성, 성격 등의 특성에 따라서 개인을 여러 범주 중의 한 범주에 할당하는 것을 말한다. 분류에는 선발(selection), 선별(screening), 배치(placement) 등의 형태가 있다.

선발은 특정한 목적에 따라 그 목적에 적합하다고 판정되는 사람을 선발하기 위해서 검사를 실시하여 필요한 사람만을 뽑는 것을 말한다. 선별은 여러 사람 중에서 특별한 필요가 있는 사람을 가려내는 것을 말한다. 한 예로, 정신지체아를 가려내기 위해 아동을 대상으로 검사를 실시하는 경우다. 이때 선별이 잘못되지 않도록 선별된 아동을 대상으로 좀 더 정밀한 검사를 실시하여 잘못 분류하는 일이 없도록 하는 것이 필요하다. 배치는 개인의 능력이나 적성, 욕구 등에 따라 분류된 사람들을 적재적소의 자리에 두는 것을 말한다. 한 예로, 학교에서 배치고사를 실시하여 학생들을 성적이나 특성에 따라 적절한 반에 배치하는 경우를 들 수 있다. 이와 같이 심리검사를 통하여 개인을 적절한 범주에 배분함으로써 어떤 종류의 처치를 할 것인지 결정할 수 있게 된다.

(3) 진단의 기능

심리검사의 진단(diagnosis) 기능은 매우 중요한 기능의 하나로, 진단은 검사대상자의 행동특성을 단순히 증상에 따라 분류하거나 명명하는 것 이상의 의미를 지닌다. 즉, 심리검사를 통하여 한 개인의 문제되는 행동의 근원이 무엇인지 밝혀내고, 개인의 행동 문제나 지능, 성격, 정서장애 문제 등의 증상과 원인을 파악하여 그에 따른 치료계획을 세울 수 있다. 이를테면, 한 아동의 학업부진에 대한 원인을 파악하고 문제를 해결하고 치료하는 계획을 수립하는 데 심리검사의 결과가 활용되는 것이다. 임상 장면에서 지능검사는 정신지체를 진단하는 데 중요한 역할을 하며, 성격검사는 불안이나 충동성 등 정서문제의 정도나 특성을 진단하는 데 중요하다.

(4) 평가 및 검증의 기능

심리검사는 심리치료나 교육 프로그램을 실시한 후 그 결과를 객관적으로 측정하여 효과를 확인하는 평가의 기능이 있다. 이러한 평가를 통하여 특정의 치료나 프로그램의 활용 여부를 결정하게 되고 필요할 경우 수정·보완을 하기도 한다. 또한 사회과학 분야에서 과학적 탐구 또는 가설검증의 목적으로 심리검사를 활용한다. 예를 들어, 아동학에서 새로운 특정 프로그램을 개발하여 대상 아동에게 실시한 후 아동의 행동이나 정서 등에 긍정적인 변화를 가져왔는지 아닌지의 가설을 세워 검증하는 데 심리검사가 활용되어 이론적 측면을 연구하는 데 도움이 된다.

4) 아동심리검사 시 고려 사항

아동상담전문가는 임상 상황에서 아동을 이해하고 아동의 문제를 해결하는 데 도움이 되는 정보를 수집하고 임상적 판단을 내리는 데 필요한 심리검사를 선택해서 실시하는 일련의 과정을 가진다. 이러한 과정을 통해 대상 아동을 진단하고 평가하게 되는 것이다. 심리검사를 통하여 의뢰된 아동에 대한 정보를 얻고 문제 상황에 있는 아동을 평가해서 아동의 문제를 해결하는 데 도움을 주기 위해서는 검사의 시행에 신중해야 하고 검사가 오용되지 않도록 각별히 유의해야 한다.

주로 임상 현장에서 상담전문가는 아동에 대해 전반적인 심리평가를 위해 필요한 여러 가지 일련의 검사들, 즉 '검사 배터리(Full Battery)'를 활용하는데, 이는 아동에게 일련의 검사(예: 지능검사, 성격검사, 투사검사 등)를 실시함으로써 아동의 특성과 전체적인 심리 상태를 파악하고 이해하는 데 도움이 되기 위한 것이다(Groth-Marnat, 1997).

다음은 아동심리검사를 선택하여 실시하는 데 있어서 고려해야 할 요소들이다(강문희 외, 2012; 정옥분, 2012).

(1) 실제적 문제

심리검사는 아동의 특정 문제에 대한 심층적인 이해를 얻고 그 문제를 해결하는 데 적절한 도움을 주고자 시행하는 것이므로 검사자는 대상 아동에게 적합한 심리검사를 선택해야 하며, 또한 실시하는 검사의 내용과 구성을 잘 이해하고 있어야 한다. 특히 검사요강을 잘 숙지하는 것이 매우 중요하다. 검사자는 심리검사의 점수에 의미를 부여하고 검사의 결과를 기초로 진단과 예측을 하는 등 평가과정에서 중요한 역할을 하게 되므로 검사실시에 대한 지시사항을 잘 알아야 할 뿐 아니라 검사의 내용 자체에도 익숙해야 한다. 따라서 검사의 실시에 앞서 검사자가 그 검사를 직접 받아 보거나 시행해 보는 것이 필요하다.

아동심리검사를 실시하기 전에는 다음의 사항을 고려해야 한다.

첫째, 검사의 내용이 아동의 연령과 능력 수준에 적합한지를 점검한다. 즉, 아동이 검사의 내용이나 지시를 이해하고 적절히 반응하는 데 필요한 읽기능력이나 언어능력이 충분히 적합한지 살펴봐야 한다. 둘째, 검사의 길이가 아동의 연령이나 주의집중 능력에 적합한지를 점검한다. 검사 실시에 필요한 시간이 너무 길어질 경우 아동에게 피로감이나 좌절감을 줄 수 있으므로 심리검사의 소요 시간을 미리 파악하여 적절한 검사를 선택해서 실시하는 것이 중요하다. 셋째, 검사자는 심리검사를 실시하는 데 필요한 아동용 책상이나 의자 그리고 검사실의 조명, 온도, 통풍, 소음, 기타 물리적 환경 등이 만족스러운 상태가 되어야 하고, 검사 실시에 방해가 되지 않도록 준비하는 것이 필요하다. 넷째, 심리검사의 올바른 실시와 해석을 위해서는 검사자의 전문적인 지식과 기술, 훈련, 경험 등이 중요함을 인식하고 이를 갖추기 위해 최대한 노력한다.

(2) 윤리적 문제

아동을 보다 심층적으로 이해하기 위해서 아동에게 필요한 심리검사를 실시하고 아동의 행동을 관찰하며 아동과 부모, 기타 관련된 사람을 면접하게 되는데, 이러한 과정에서 검사자는 아동이라는 특수성을 인식하고 아동의 상황에 대하여 특별한 고려를 할 수 있어야 한다. 아동심리검사와 관련된 윤리적인 문제를 살펴보면 다음과 같다.

첫째, 아동을 검사할 때는 아동과 검사자 간의 전문적인 관계 형성이 중요하다. 즉, 아동에게 실시하는 심리검사가 무엇이며 검사결과가 어떻게 이용되는지, 검사의 목적과 조건은 어떠한지 등을 검사가 실시되기 전에 서로 논의되고 숙지한 후 동의서를 작성해야 한다. 만약 아동이 어리거나 인지능력이 부족하여 사전동의서(informed consent)를 작성하기 어려울 경우에는 부모나 보호자가 대신 작성할 수 있다. 또한 아동이 특정 검사의 시행을 원하지 않을 경우 검사를 받지 않을 권리도 있음을 인정해야 한다.

둘째, 아동과 검사자 간의 공감적인(라포, rapport) 관계 형성은 전반적인 검사과정에 영향을 주어 검사결과에 영향을 미치게 된다. 예를 들어, 아동과 검사자 간의 지지와 신뢰를 바탕으로 한 좋은 관계가 형성되는 경우 지능검사에서 보다 좋은 점수를 얻게 될 가능성이 있다. 반대로, 아동이 불안해하는 상태에서 지능검사를 실시하게 될 경우 지능검사 결과의 신뢰도가 떨어질 수 있다.

셋째, 심리검사 자료는 비밀보장(confidentiality)이 되어야 한다. 검사과정에서 얻어진 정보는 아동을 위한 목적으로만 사용되어야 하며, 아동 또는 부모의 허락 없이는 어떤 정보도 타인이나 외부 기관에 노출될 수 없다. 다만, 검사 정보에 대한 비밀보장이 아동이나 타인에게 위험을 초래할 가능성이 있거나 또는 아동학대의 경우에는 법에 따라 비밀보장의 원칙이 예외가 될 수 있다. 아울러, 검사과정에 대한 녹음이나 녹화 시에는 사전에 반드시 아동이나 부모(보호자)의 허락을 받아야 한다.

넷째, 심리검사의 결과를 해석할 때에는 검사점수만이 아니라 검사와 관련된 가능한 모든 측면을 고려하여 아동의 독특성을 이해할 수 있도록 해야 한다. 아동의 검사결과는 가능한 자세하고 정확하게 설명하되, 검사결과에 대해 아동이나 부모의 예상되는 정서적 반응, 심리검사에 대한 일반적인 지식수준 등을 고려하여 검사결과를 전달하는 것이 바람직하다. 특히 아동의 지능검사 해석에서는 지능지수 점수 자체보다는 아동의 잠재력을 강조하고 부모에게 격려, 가능성, 동기 부여 등을 제시하도록 한다.

이 밖에도, 아동심리검사를 올바르게 실시하고 해석하기 위해서 검사자는 철저한 훈련을 받아야 하며, 슈퍼바이저의 지도를 받는 것이 필요하다.

2. 심리검사의 종류

아동심리검사는 아동의 행동을 평가하는 행동평정척도, 인지적 발달 수준을 평가하는 지능검사 그리고 정서적 상태 및 인성을 파악하는 투사적 성격검사의 형태로 구분할 수 있다. 여기에서는 상담현장에서 주로 많이 사용되는 한국 아동ㆍ청소년 행동평가척도(K-CBCL), 웩슬러 유아용 및 아동용 지능검사(K-WPPSI, K-WISC) 그리고 투사검사로서 아동용 BGT 검사, 집-나무-사람 검사(H-T-P), 동작성 가족화 검사(KFD), 동작성 학교화 검사(KSD), 아동용 문장완성검사(SCT) 등을 살펴본다.

1) 행동평정척도

(1) 한국 아동ㆍ청소년 행동평가척도(Korean-Child Behavior Checklist: K-CBCL)

한국 아동ㆍ청소년 행동평가척도는 Achenbach와 Edelbrock(1983)이 제작한 미국판 아동ㆍ청소년 행동평가 척도(Child Behavior Checklist: CBCL)를 우리나라에서 오경자, 이혜련, 홍강의 및 하은혜(1997)가 번역하여 표준화한 행동평가 도구다. K-CBCL은 아동ㆍ청소년기의 사회적 적응 및 정서ㆍ행동 문제를 부모 혹은 아동ㆍ청소년과 함께 생활하는 어른이 평가하도록 하는 부모설문 형식의 행동조사표로서, 아동과 청소년의 심리장애 진단에 유용한 임상적 도구다.

K-CBCL은 1991년 개정판 CBCL을 기초로 하여 크게 사회능력 척도(Social Competence Scale)와 문제행동증후군 척도(Behavior Problem Scale)로 구성되어 있다. 사회능력 척도는 친구나 또래와 어울리는 정도, 부모와의 관계 등의 사회성을 평가하는 사회성 척도(Social Scale)와, 교과목 수행 정도, 학업수행상의 문제 여부 등을 평가하는 학업수행 척도(School Scale) 그리고 총사회능력 척도 등 모두 3개로 이루어져 있다. 문제행동증후군 척도는 위축, 신체증상, 불안/우울, 사회적 문제, 사고의 문제, 주의집중 문제, 비행, 공격성, 내재화 문제, 외현화 문제 등 10개의 하위척도와 4~11세에만 적용되는 특수척도인 성문제 척도, 우리나라 특유의 정서불안정 척도 그리고 총문제행동 척도 등 모두 13개의 척도로 구성되어 있다. 하위척도에 따른 문항은 모두 119개의 문제행동으로, 각 문항은 '전혀 없다'에 0점, '가끔 보이거나 정도가 심하지 않은 경우'에 1점, '자주 있거나 심한 경우'

〈표 11-1〉 K-CBCL의 전체 척도 구성 내용

구성	하위 척도	문항 수	비고
사회 능력 척도	사회성(Social)	6	사회능력 척도는 6세부터 사용
	학업수행(School)	7	학업수행 척도는 초등학교 이상에만 해당
	총사회능력(Total Social Competence)	13	
문제 행동 증후군 척도	위축(Withdrawn)	9	
	신체증상(Somatic Complaints)	9	
	불안/우울(Anxious/Depressed)	14	
	사회적 미성숙(Social Problems)	8	
	사고의 문제(Thought Problems)	7	
	주의집중 문제(Attention Problems)	11	
	비행(Delinquent Behavior)	13	
	공격성(Aggressive Behavior)	20	
	내재화 문제(Internalizing Problems)	31*	위축, 신체증상, 불안/우울 척도의 합
	외현화 문제(Externalizing Problems)	33	비행, 공격성 척도의 합
	총문제행동(Total Behavior Problems)	117	문항 2, 문항 4를 제외한 전체 문항의 합
	성 문제(Sex Problems)	6	4~11세만 적용
	정서불안정	10	6~11세만 적용. 한국판에만 추가

* 문항 103은 위축 척도와 불안/우울 척도에 모두 포함되므로 합산 시 한 번 빼 줌
출처: 오경자 외(1997).

에 2점을 주는 3점 척도로 평가하도록 되어 있다. 이 중 임상집단과 정상집단 간의 변별력이 매우 낮은 문항 2(알레르기)와 문항 4(천식)를 제외한 총 117개의 문항에 대한 점수의 합이 문제행동 점수가 된다. 따라서 가능한 점수의 범위는 0~234점이다. K-CBCL의 전체 척도 구성 내용은 〈표 11-1〉과 같다.

K-CBCL은 만 4~17세 아동·청소년을 대상으로 실시하며, 검사 소요 시간은 약 15~20분 정도다. 검사 시작 전에 검사의 목적, 결과의 용도 및 비밀보장 여부 등에 관해 설명해 준다.

검사결과의 해석에 있어서는 행동 문제가 의미 있게 높다고 판단되는 아동을 선별(screening)해 내는 경우와 임상 장면에서 각 하위척도의 어떤 특정 증상이 유의미하게 높은지를 판단하는 경우에 따라 기준을 다르게 적용할 수 있다. 대체로 8개의 문제행동증후군 척도들에 대해서는 전체 상위 98%에 해당하는 표준점수 70을 기준으로 그 이하는 정상, 70T 이상은 임상적으로 유의미한 수

준으로 해석할 수 있다. 한편, 내재화 문제, 외현화 문제, 총문제행동 척도 점수는 63T(90%tile) 이상
이면 임상 범위에 해당하는 것으로 본다(오경자 외, 1997).

2) 지능검사: 웩슬러 지능검사

지능검사는 표준화된 검사인 웩슬러 유아용 지능검사(WPPSI)와 웩슬러 아동용 지능검사(WISC)
가 임상현장에서 주로 많이 사용되고 있다. Wechsler는 지능이란 '개인이 자기의 주변세계를 이해
하고 적응할 수 있는 전반적인 능력'이라고 정의한다. 따라서 웩슬러 지능검사는 지능을 구성하는
다양한 영역을 측정하고 있어 지능에 대한 다차원적이고 총체적인 평가가 가능하다(강문희 외,
2012; 정옥분, 2012). Wechsler는 1939년에 처음 미국 정신과 병원의 환자들을 대상으로 임상적 시험
을 거쳐 성인용 지능검사를 제작하였고, 그 이후 1949년에 아동용 지능검사(WISC)를, 그리고 1967년
에는 유아용 지능검사(WPPSI)를 개발한 이래, 계속해서 후속 연구와 보완 작업을 거쳐 개정판이 만
들어졌다.

우리나라에서는 1989년 유아용 개정판인 WPPSI-R을 박혜원, 곽금주 및 박광배(1996)가 한국판
K-WPPSI로 번안하여 제작하였으며, 박혜원, 이경옥 및 안동현(2014)이 한국 웩슬러 유아지능검사
4판(K-WPPSI-IV)을 번안하여 제작하였다. 아동용으로는 1991년 개정된 WISC-III를 곽금주, 박혜
원 및 김청택(2001)이 한국판 K-WISC-III를 제작하여 사용해 왔으며, WISC-III를 수정 · 보완한
WISC-IV(2003)를 2011년에 곽금주, 오상우 및 김청택(2011)이 K-WISC-IV를 제작하여 보급하였다.

(1) 한국 유아용 웩슬러 지능검사(Korean Wechsler Preschool & Primary Scale of Intelligence: K-WPPSI)

한국 유아용 웩슬러 지능검사는 만 3세부터 7세 3개월까지의 아동의 지능을 측정하기 위한 것이
다. 유아의 발달, 교육, 치료에 도움을 주기 위해 사용할 수 있으며, 특히 특수교육이 필요한 영재
아동이나 지체아동을 발견하는 데 사용할 수 있다. 만 3세부터 7세 3개월 된 아동을 대상으로 개발
되었으나, 나이 어린 영재아동이나 나이가 많은 발달지체 아동의 경우에는 이 연령범위를 벗어나
더라도 사용할 수 있다. K-WPPSI를 실시할 수 있는 연령의 아동 중에서 보통 수준 이상의 의사소
통 능력이 있는 아동(만 6~7세)에게는 K-WISC를 사용하여 평가할 수 있는데, 대체로 의사소통 능

력이 평균 이하인 아동에게는 K-WPPSI를 사용하는 것이 바람직하다. 또한 K-WPPSI에서 낮은 점수를 받았다는 것 자체만으로 지적 결함을 언급하는 것은 위험한 일이며(곽금주, 2002), IQ가 낮게 나오는 경우 이는 검사수행이 평균이하임을 의미할 뿐, 지적 결함 자체를 반영하는 것이 아닐 가능성이 있음을 유념해야 한다. 아동의 정서적 문제, 낮은 자존감, 주의산만 그리고 자폐증이나 청각장애 등이 아동의 IQ 측정치에 영향을 줄 수 있으므로 지적 결함이라고 진단하기 위해서는 다른 정보들을 종합하여 해석해야 한다(박혜원 외, 1996).

〈표 11-2〉 K-WPPSI 소검사

동작성 검사	설명	문항 수	언어성 검사	설명	문항 수
1. 모양 맞추기	여러 조각을 나열하여 제시한 후 제한된 시간 내에 그 모양을 맞추도록 한다.	6	2. 상식	일상의 사건이나 물건에 대한 지식을 알아보기 위한 것이다.	27
3. 도형	아동에게 그림을 제시한 후 제시 그림과 똑같은 도형을 4개의 보기에서 찾는 것과 아동이 그림을 보고 따라 그리도록 한다.	16	4. 이해	행동의 원인과 사건의 결과에 대한 생각을 표현하도록 한다.	15
5. 토막 짜기	제시된 모양과 같은 모양을 제한된 시간 내에 주어진 토막으로 재구성하도록 한다.	14	6. 산수	기본적인 수 개념에 대한 이해의 정도를 알아보기 위한 것이다.	23
7. 미로	제한된 시간 내에 점점 더 어려워지는 미로의 통로를 찾는 지필검사다.	11	8. 어휘	구체적인 실물에 대한 의미부터 추상적인 의미까지 단어들의 의미를 묻는다.	25
9. 빠진 곳 찾기	일상적인 물건의 그림에서 빠진 부분을 찾아낸다.	28	10. 공통성	사물의 공통성을 알아내는 검사다.	20
11. 동물 짝짓기 (보충검사)	동물 그림 아래에 있는 구멍에 맞는 색깔의 원통막대를 끼우는 것이다.	20	12. 문장 (보충검사)	검사자가 기록용지에 있는 문장을 읽어 주면 아동은 이를 그대로 따라한다.	12
비고	각 소검사 앞에 붙은 번호는 검사가 시행되는 순서를 나타내며, 아동이 검사 실시 동안 흥미를 계속 유지하도록 동작성 검사와 언어성 검사를 교대로 제시한다.				

K-WPPSI는 동작성 검사와 언어성 검사로 분류될 수 있는 총 12개의 하위 소검사로 구성되어 있으며, 이 중에는 보충검사 2개가 포함되어 있다(〈표 11-2〉 참조). 검사결과는 동작성 IQ, 언어성 IQ, 전체 IQ의 3개 지표점수를 제공한다. IQ를 산출할 때에는 '문장'과 '동물짝짓기'의 두 보충검사를 제외한 10개의 소검사만이 사용된다. 5개의 동작성 소검사의 합을 통하여 동작성 IQ 점수를 산출하고, 5개의 언어성 소검사의 합을 통하여 언어성 IQ 점수를 산출한다. 동작성 소검사와 언어성 소검사의 점수를 합하여 전체 IQ 점수를 산출한다. 검사결과를 해석할 때에는 아동의 연령에 따른 규준에서의 아동의 위치를 파악할 뿐 아니라 아동의 총체적 능력 안에서의 강점(strong point) 과 약점(weak point)을 분석하는 것이 필요하다(송영혜, 강지예, 이정자, 2000).

(2) 한국 아동용 웩슬러 지능검사(Korean Wechsler Intelligence Scale for Children: K-WISC)

한국 아동용 웩슬러 지능검사의 3판인 K-WISC-III는 2001년에 곽금주, 박혜원 및 김청택이 우리나라의 실정에 맞게 표준화한 검사로, 만 6세부터 16세 11개월까지의 아동·청소년을 대상으로 한 지능검사다. K-WISC-III는 총 13개의 하위 소검사(언어성 검사 6개, 동작성 검사 7개)로 구성되어 있으며, 이 중 보충검사 3개가 포함되어 있다. 주로 언어적 이해 능력을 측정하는 언어성 검사에는 '상식' '공통성' '산수' '어휘' '이해' '숫자'가 있으며, 시공간 능력을 측정하는 동작성 검사로는 '빠진 곳 찾기' '기호 쓰기' '차례 맞추기' '토막 짜기' '모양 맞추기' '동형 찾기' '미로' 등이 있다. 이 중 언어성 검사의 '숫자'와 동작성 검사의 '동형 찾기' '미로'는 보충검사로 사용되며, 언어성 IQ 및 동작성 IQ 점수를 계산하는 데 사용되지 않는다. 다만 10개의 소검사 중 어떤 한 검사가 잘못 실시되었거나 실시될 수 없는 경우, IQ 산출 시에 언어성 검사에서는 숫자 검사로, 동작성 검사에서는 동형 찾기, 미로로 대치할 수 있으며, 동형 찾기는 기호 쓰기에만 대신할 수 있다.

K-WISC-III는 언어성 IQ, 동작성 IQ, 전체 IQ 점수뿐만 아니라, 언어 이해, 지각 조직, 주의 집중 그리고 처리 속도의 4개의 요인에 근거한 지표점수들이 계산될 수 있다(〈표 11-3〉 참조). 요인 I의 언어 이해(VCI)에는 상식, 공통성, 어휘, 이해가 포함되어 있으며, 요인 II의 지각 조직(POI)에는 빠진 곳 찾기, 차례 맞추기, 토막 짜기, 모양 맞추기가 포함되어 있다. 요인 III의 주의 집중(FDI) 에는 산수와 숫자가, 그리고 요인 IV의 처리 속도(PSI)에는 기호 쓰기와 동형 찾기가 포함되어 있

〈표 11-3〉 K-WISC-III의 구성요인과 소검사들

요인	언어성 검사	문항 수	동작성 검사	문항 수
언어 이해 (Verbal Comprehension Index: VCI)	상식	30		
	공통성	19		
	어휘	30		
	이해	18		
지각 조직 (Perceptual Organization Index: POI)			빠진 곳 찾기	30
			차례 맞추기	14
			토막 짜기	12
			모양 맞추기	5
주의 집중 (Freedom from Distractivility Index: FDI)	산수	18		
	(숫자)	(15)		
처리 속도 (Psycho-motor Speed Index: PSI)			기호 쓰기	A: 59, B: 119
			(동형 찾기)	(A: 45, B: 45)
비고	( )는 보충검사			

다. 언어 이해력, 지각 조직력은 인지적인 부분을, 그리고 주의 집중력, 처리 속도는 행동적 또는 정서적인 부분을 측정하게 된다(강문희 외, 2012).

K-WISC-IV는 미국의 WISC의 최신판인 WISC-IV(2003)를 토대로 2011년 곽금주, 오상우 및 김청택에 의해 제작되었다. K-WISC-III와의 가장 큰 차이는 K-WISC-III에 있던 차례 맞추기, 모양 맞추기, 미로의 3개 소검사를 삭제하였고, 더 이상 언어성 IQ와 동작성 IQ로 구분하여 IQ를 제시하지 않는다는 점이다.

최근의 WISC는 유동적 추론, 작업 기억, 처리 속도에 대한 측정을 중시하고 있는데, 이러한 점에서 K-WISC-IV는 새로운 소검사인 '공통그림 찾기' '순차연결' '행렬추리' '단어추리' '선택' 등 5개를 추가하여 15개의 소검사로 구성되어 있다. K-WISC-IV의 15개 소검사는 주요 소검사 10개(토막 짜기, 공통성, 숫자, 공통그림 찾기, 기호 쓰기, 어휘, 순차연결, 행렬추리, 이해, 동형 찾기)와 보충 소검사 5개(빠진 곳 찾기, 선택, 상식, 산수, 단어추리)로 구성되어 있다(〈표 11-4〉 참조).

〈표 11-4〉 K-WISC-IV의 소검사와 특징적 내용

소검사	약자	내용
토막 짜기	BD	제한시간 내에 흰색과 빨간색으로 이루어진 토막을 사용하여 제시된 모형이나 그림과 똑같은 모양을 만든다.
공통성	SI	공통적인 사물이나 개념을 나타내는 두 개의 단어를 듣고 두 단어가 어떻게 유사한지를 말한다.
숫자	DS	'숫자 바로 따라하기'에서는 검사자가 읽어 준 것과 같은 순서로 따라한다. '거꾸로 따라하기'에서는 검사자가 읽어 준 것과 반대 방향으로 따라한다.
공통-그림 찾기	PCn	제시된 그림들을 보고 공통된 특성으로 묶일 수 있는 그림을 고른다.
기호 쓰기	CD	간단한 기하학적 모양이나 숫자에 대응하는 기호를 그린다. 기호표를 이용하여 해당하는 모양이나 빈칸 안에 각각의 기호를 주어진 시간 내에 그린다.
어휘	VC	그림문항에서 소책자에 있는 그림들의 이름을 말한다. 말하기 문항에서는 검사자가 크게 읽어 주는 단어의 정의를 말한다.
순차연결	LN	연속되는 숫자와 글자를 읽어 주고, 숫자가 많아지는 순서와 한글의 가나다 순서대로 암기하도록 한다.
행렬추리	MR	불완전한 행렬을 보고, 나섯 개의 반응 선택시에서 제시된 행렬의 빠진 부분을 찾아낸다.
이해	CO	일반적인 원칙과 사회적 상황에 대한 이해에 기초하여 질문에 답한다.
동형 찾기	SS	반응 부분을 훑어보고 반응 부분의 모양 중 표적 모양과 일치하는 것이 있는지를 제한된 시간 내에 표시한다.
(빠진 곳 찾기)	PCm	그림을 보고 제한시간 내에 빠져 있는 중요한 부분을 가리키거나 말한다.
(선택)	CA	무선으로 배열된 그림과 일렬로 배열된 그림들을 훑어보고 제한된 시간 안에 표적 그림들에 표시한다.
(상식)	IN	일반적인 지식에 관한 광범위한 주제를 다루는 질문에 답을 한다.
(산수)	AR	구두로 주어지는 일련의 산수 문제를 제한된 시간 내에 암산으로 푼다.
(단어추리)	WR	일련의 단어에서 공통된 개념을 찾아내어 단어로 말한다.
비고		( )는 보충검사

출처: 오상우, 오미영(2011).

〈표 11-5〉 K-WISC-IV의 구성지표와 해당 소검사들

지표	주요 소검사	보충 소검사
언어이해 (Verbal Comprehension Index: VCI)	공통성, 어휘, 이해	상식, 단어추리
지각추론 (Perceptual Reasoning Index: PRI)	토막 짜기, 공통그림 찾기, 행렬추리	빠진 곳 찾기
작업기억 (Working Memory Index: WMI)	숫자, 순차연결	산수
처리속도 (Processing Speed Index: PSI)	기호 쓰기, 동형 찾기	선택
전체검사 IQ (Full Scale IQ: FSIQ)	주요 소검사 10개 점수의 합계	

출처: 강문희 외(2012).

K-WISC-IV는 전체검사 IQ(FSIQ)와 네 개의 지표점수를 제공하는데, 언어이해지표(VCI), 지각추론지표(PRI), 작업기억지표(WMI), 처리속도지표(PSI)다. 전체 IQ를 산출하는 10개의 주요 소검사로는 언어이해 3개, 지각추론 3개, 작업기억 2개, 처리속도 2개의 소검사가 해당되며, 보충 소검사는 주요 소검사를 대체하는 경우에 사용될 수 있다. K-WISC-IV의 구성은 〈표 11-5〉와 같다.

K-WISC-IV 검사의 결과 해석을 위해서는 먼저 프로파일 분석이 이루어져야 한다. 아동의 검사 수행 패턴과 각 소검사의 점수 양상을 비교하며, 강점과 약점을 파악한다. 프로파일 분석이 제대로 이루어지기 위해서는 아동의 다양한 정보를 참조하여야 한다. 즉, 아동의 출생과 발달, 병력, 가족적·문화적 배경, 사회적·교육적 요인 등 가능한 한 최대한의 정보를 얻으려고 노력해야 한다. 전체 IQ는 정신지체, 영재성, 낮은 성취, 학습장애 아동을 확인하는 데 유용하다.

3) 투사검사

(1) 아동용 BGT 검사(Bender Gestalt Test: BGT)

아동용 BGT 검사는 종합심리검사(Full Battery)를 할 때 제일 먼저 시행하는 검사로서, 도형 9장을 보고 그대로 따라 그리는 쉬운 검사이기 때문에 아동과 검사자 간의 라포 형성에 도움이 되며 검사에 대한 심리적인 부담과 긴장감을 줄이는 데 유용하다.

BGT는 L. Bender(1938)가 게슈탈트 심리학에 기초한 여러 도형 가운데서 9개의 도형을 택하여 만든 검사로서, 임상장면에서 아동의 성격특징, 기질성 장애 및 정서장애를 진단하는 데 널리 사용되고 있다. 아동용 BGT는 5~10세 아동을 대상으로 실시하게 되며, 충동성이나 정서적 혼란, 긴장, 불안, 위축감, 계획성 및 강박성 등의 성격적인 측면이 나타나게 된다. 아동이 정서적으로 미성숙하거나 자아 기능이 약할 경우 자극 도형의 재모사가 어렵기 때문에 BGT를 통하여 정서적인 부적응을 조기에 발견할 수 있으며 성격 결함이나 정서 문제, 학습곤란 등을 진단할 수 있다.

검사 실시방법은 A4용지(2장 정도)와 연필(HB, B), 지우개를 준비하고, 종이를 세로로 제시한다. 검사자는 BGT 도형을 보여 주면서 "여기 그림이 그려진 카드 9장이 있는데, 이것을 종이에 그려 보세요. 한 장씩 제시된 그림을 보고 종이에 그대로 따라서 그리면 됩니다."라고 말한다. 보통 10분 정도 걸리는데, 시간제한은 없지만 소요된 시간을 적어 둔다. 너무 빨리 하거나 오래 끄는 것 자체가 진단적 의미가 있기 때문이다. 그림을 잘 그리는지 평가하는 것이 아니므로 보이는 대로 그리라고 지시하고, 아동의 질문에 대해서는 "좋을 대로 하세요."라고만 답한다. 검사자는 아동이 그림 그리는 방식이나 검사 행동을 잘 관찰하여 기록해 두었다가 검사해석 시 보충적으로 활용한다(강문희 외, 2012).

아동용 BGT 검사의 채점은 Koppitz의 방법으로 채점되는데 동형 모사에서 왜곡이 있으면 1점, 없으면 0점으로 한다. 총점이 30점이며, 점수가 낮을수록 좋다. 또한 정서적인 적응을 채점하기 위한 정서적 지표는 10가지로, 도형배치의 혼란, 파선, 원 대신 봉헌, 크기의 점증, 과대모사, 약한 선, 가중모사, 반복시행, 확산, 압축이다. [그림 11-1]은 Koppitz 아동용 BGT 기록지다.

BGT

Koppitz 아동용

성명 _____ 생년월일 _____ 나 이 _____
날짜 _____ 시 간 _____ 평가자 _____

전체 오류 [   ] 표준점수 [   ]

도형	오류 비율	관점
A	1. 왜곡	
	a. 형태(모양)	
	b. 비례(어울림)	
	2. 회전	
	3. 통합	
1	4. 왜곡(5개 이상 원으로)	
	5. 회전	
	6. 고집(15개 이상)	
2	7. 회전	
	8. 통합	
	9. 고집(14개 이상)	
3	10. 왜곡(5개 이상 원으로)	
	11. 회전	
	12. 통합	
	a. 형태 상실(손상)	
	b. 선으로 연결	
4	13. 회전	
	14. 통합	
5	15. 왜곡(5개 이상 원으로)	
	16. 회전	
	17. 통합	
	a. 형태 손상	
	b. 선으로 연결	
6	18. 왜곡	
	a. 분명한 각도	
	b. 직선	
	19. 통합	
	20. 고집(6개 이상 곡선으로)	
7	21. 왜곡	
	a. 비례	
	b. 모양	
	22. 회전	
	23. 통합	
8	24. 왜곡	
	25. 회전	

[그림 11-1] BGT 기록지

(2) 집-나무-사람 검사(House-Tree-Person Test: HTP)

투사적 그림검사(projective drawing test)는 1940년대에 그림이 개인의 정서와 성격을 평가하는 도구로 사용될 수 있다는 주장이 대두되면서, "그림은 개인의 심리적 현실 및 주관적 경험을 드러내 준다."(신민섭 외, 2007: 16)는 인식에 바탕을 두고 발전하게 되었다. 즉, 그림을 개인의 내적 심리상태에 대한 시각적 표상으로서 바라본다는 것이다. 따라서 투사적 그림검사에서는 사람이나 집, 나무와 같은 특정 형상에 대한 그림이 개인의 성격이나 지각, 태도를 반영해 준다고 가정한다.

집-나무-사람 검사는 가장 잘 알려진 투사적 그림검사 중의 하나로, Buck(1948, 1966)이 개발하였다. Buck은 아동들에게 그리고 싶은 것들을 자유롭게 그리게 한 연구를 통하여 아동들이 집, 나무, 사람 그림을 가장 선호한다는 것을 발견하였다. 집, 나무, 사람의 세 가지 주제는 누구에게나 친숙하고 쉽게 그릴 수 있으며, 무의식적 상징성이 풍부한 내면세계를 드러낼 수 있고, 자신의 그림에 대해 비교적 솔직하고 자유롭게 설명하는 것이 가능하며, 자신도 모르게 성격특성과 정서적인 면들을 나타낼 수 있다는 점이 HTP의 강점이다.

HTP에서는 집, 나무, 사람의 주요 특징들이 다 그려졌는지, 그림의 크기와 비율, 위치, 색깔, 형태 그리고 사후 질문과정(post drawing inquiry)을 통하여 아동의 성격이나 특정 태도, 욕구와 갈등 등의 내면세계를 분석한다. 집은 가족이 함께 거주하는 장소로, 집 그림을 통해 아동이 내면에 지니고 있는 집의 상황과 가정생활, 부모-자녀관계 및 형제자매관계 등의 생각과 감정, 소망을 알 수 있다. 나무와 사람 그림은 신체상과 자아개념을 나타낸다고 보는데, 나무 그림에서는 좀 더 무의식적 수준에서 느끼는 자신의 모습과 감정을 반영한다. 그리고 사람 그림에서는 자신의 모습에 대한 지각과 대인관계 방식, 타인에 대해 느끼는 감정들이 투사된다(박경, 최순영, 2010; 신민섭 외, 2002).

검사에 필요한 도구는 연필(2B), 지우개, A4 용지 4장이다. 실시방법은 집, 나무, 사람의 순으로 그리며, 사람 그림에서 남자를 먼저 그릴 경우 다음에 여자 그림을 그리게 하고, 여자를 먼저 그린 경우에는 다음에 남자 그림을 그리게 한다. 집을 그릴 때는 종이를 가로 방향으로 제시하고, 나무와 사람을 그릴 때는 종이를 세로 방향으로 제시한다. 그리고 싶은 대로 자유롭게 그리도록 하며, 그림을 그리는 데 시간제한은 없으나 각 그림을 그리는 데 소요된 시간을 기록한다. 그림의 크기, 모양, 위치, 방법 등에 대해서 검사자는 어떠한 언급도 하지 않으며, 그림 솜씨를 보려는 것이 아니므로 안심하고 마음대로 그리라고 한다. 그림을 다 그리고 난 뒤에는 각 그림에 해당하는 질문을 한다(그림 11-2) 참조). 집, 나무, 사람 그림에는 아동의 가정환경, 자아상, 이상적인 모습, 대인관계, 중요한 타인과의 관계, 내면의 갈등과 소망 등 다양한 의식적 · 무의식적 욕구가 반영된다고 가정한다. 따라서 해석할 때에는 그림에 나타난 세부적인 특징뿐만 아니라 그림검사 시의 행동과 그림에 대한 언어적 반응을 함께 고려하여 해석해야 한다(송영혜 외, 2010).

• 집 그림의 지시문

"그리고 싶은 집을 마음대로 그려 봐.

그리고 싶은 어떤 종류의 집을 그려도 되고,

고치고 싶으면 수정해도 되고, 시간은 얼마든지 줄 거야.

(이 검사에서는) 너의 그림 솜씨를 보려고 하는 것이 아니라

네가 어떻게 그리는지에 관심이 있으니 편안하게 그려 봐."

• HTP 사후질문

집

1. 누구네 집인가? 누가 살고 있는가?

2. 누구와 이 집에서 살고 싶은가?

3. 이 집의 분위기는 어떠한가?

4. 이 집이 멀리 있나? 가까이 있나? 너보다 위에? 아래? 비슷한데?

5. 이 집을 보니 어떤 생각이 나는가? 누가 생각이 나는가?

6. 어떤 사람이(또는 무엇인가가) 집을 망가뜨린 적 있는가?

7. 이 집은 무얼 제일 갖고 싶어 하는가? 왜?

8. 나중에 이 집은 어떻게 될 것 같은가?

* 각 방의 문과 창문 모습, 입구 등을 기록함

나무

1. 무슨 나무인가?

2. 나무의 나이는 몇 살쯤 되었는가?

3. 나무는 지금 어디에 있는가? 혼자 있나? 여럿이 함께 있나?

4. 나무의 상태는 어떠한가? 나무는 살아 있나? 죽어 있나?

5. 나무를 보니까 무슨 생각이 나는가? 누가 생각이 나는가?

6. 어떤 사람이(또는 무엇인가가) 나무를 다치게 한 적이 있는가?

7. 나무는 무얼 제일 갖고 싶어 하는가?

8. 나중에 이 나무는 어떻게 될 것 같은가?

*나무의 흠집, 부서진 가지, 죽은 가지, 그 외 특이한 것 등을 기록함

사람

1. 이 사람 남자? 여자?

2. 누구인가? 몇 살인가?

3. 이 사람은 무엇을 하고 있는가?

4. 이 사람은 어떤 생각을 하고 있는가?

5. 이 사람의 기분은 어떠한가? 왜?

6. 이 사람을 보니 무슨 생각이 나는가? 아는 사람 중 누가 생각나는가?

7. 이 사람의 건강 상태는 어떠한가?

8. 이 사람을 다치게 한 사람(또는 사건)이 있었는가? 어떻게? 언제?

9. 이 사람의 소원이 있다면 무엇일까?

10. 나중에 이 사람은 어떻게 될 것 같은가?

[그림 11-2] 집-나무-사람 검사(HTP)의 질문지

(3) 동작성 가족화 검사(Kinetic Family Drawing: KFD)

Burns와 Kaufman(1970, 1972)은 '가족원이 무엇인가를 하고 있는' 그림을 그리게 하는 동작성 가족화 검사를 개발하였다. 가족화는 아동이 자신의 가족에 대해 주관적으로 느끼는 심리적인 내면의 상을 시각적으로 표현하는 것이다. 따라서 가족 내에서 아동에게 긍정적 혹은 부정적 영향을 미치는 인물, 아동이 가족 내에서 자신의 위치를 어떻게 지각하고 있는지를 알 수 있다. 특히 KFD는 가족원이 무언가를 하고 있는 모습, 즉 움직임이 있도록 그리게 함으로써 가족원 간의 상호작용의 모습을 알 수 있고 가족원 간에 형성된 친밀감이나 단절감과 같은 가족 내 역동성을 엿볼 수 있다.

검사에 필요한 도구는 연필, 지우개, A4 용지다. 검사자는 아동에게 "자신을 포함해서 가족들 모두가 무엇인가를 하고 있는 그림을 그려 보세요."라고 말한다. 만화나 졸라맨 같은 그림이 아니라 가족원이 무엇인가를 하고 있는 장면, 즉 어떤 동작을 하고 있는 것을 그리도록 한다. 아동이 그림을 그리는 데 시간제한은 없으나 그림을 그리는 데 소요된 시간을 기록한다. 검사자는 아동이 그림

〈표 11-6〉 동작성 가족화(KFD) 검사의 실시 내용

검사자 기록 사항	사후질문 내용
• 어떤 가족 순서로 그림을 그리는가? • 아동 자신을 포함하여 가족 중에 빠진 사람은 없는가? • 가족원이 아닌 사람을 그리지는 않았는가? • 가족원의 동작이 어떤 동작인가? • 각 가족원과 아동 간의 관계, 거리, 크기, 위치 등이 어떠한가? • 그림을 완성하는 데 소요된 시간은?	• 무엇을 하고 있는 모습인가? • 그림 속의 각 인물은 누구인가? 그 특징은? • 이 그림을 보면서 무슨 생각이 드는가? • 이 그림의 상황 전에는 어떤 일이 있었는가? • 앞으로 이 가족은 어떻게 될 것 같은가? • 만일 이 그림에서 무언가를 바꿀 수 있다면, 무엇을 바꾸고 싶은가?

그리는 순서를 기록하고, 그리기가 끝난 후 아동에게 그림에 대해 적절히 질문한다(〈표 11-6〉 참조).

동작성 가족화 검사를 해석할 때는 인물의 활동(action) 내용과 그림의 양식(style) 그리고 그린 사물에 대한 상징(symbol)의 의미를 총체적으로 고려하여 이루어져야 한다(Burns & Kaufman, 1970). 우선, 그려진 가족 모두가 상호작용하고 있는지의 여부, 가족원의 위치를 용지 안에 어떻게 구성하였는지 그리고 그려진 사물에 대한 상징적인 의미를 조심스럽게 해석해야 한다. 아동의 동작성 가족화에 대한 보다 객관적인 평가를 위해 Burns가 제시한 채점 기준을 토대로 한 KFD 분석 용지([그림 11-3] 참조)를 사용한다.

동작성 가족화 검사의 분석 용지(Burns의 채점기준)

이름: _____   연령: _____   성별: _____

I. 스타일

　1. 구획 나누기　　　　　　　　　　　　　2. 포위하기

　3. 밑선 긋기　　　　　　　　　　　　　　4. 어떤 특정 인물 아래에만 밑선 긋기

　5. 외형만 그리거나 검사지의 테두리를 따라 그리기　　6. 검사지 윗부분에 선 긋기

　7. 검사지를 접은 후 구획을 나눠 그리기

II. 상징

　1. 아버지상에 사용된 상징:

　2. 어머니상에 사용된 상징:

3. 자기상에 사용된 상징:

4. 기타 인물에 사용된 상징:

Ⅲ. 활동 내용

1) 가족원 각자의 활동 내용

인물	활동 내용
1. 자신	
2. 어머니	
3. 아버지	
4. 형, 오빠	
5. 누나, 언니	
6. 남동생	
7. 여동생	
8. 기타	

2) 가족원들 간의 활동

인물	활동 내용	대상
1. 자신		
2. 어머니		
3. 아버지		
4. 형, 오빠		
5. 누나, 언니		
6. 남동생		
7. 여동생		
8. 기타		

Ⅳ. KFD에 나타난 각 인물의 특징

1. 팔을 더 길게 늘여서 그린 경우 (   )

　　① 자신　 ② 어머니　 ③ 아버지　 ④ 형, 오빠　 ⑤ 누나, 언니　 ⑥ 남동생　 ⑦ 여동생　 ⑧ 기타

2. 받침대 위에 올라가 있는 것으로 그린 경우 (   )

　　① 자신　 ② 어머니　 ③ 아버지　 ④ 형, 오빠　 ⑤ 누나, 언니　 ⑥ 남동생　 ⑦ 여동생　 ⑧ 기타

3. 그렸다가 지운 경우 (　　)

　①자신　②어머니　③아버지　④형, 오빠　⑤누나, 언니　⑥남동생　⑦여동생　⑧기타

4. 검사지 뒷면에 그린 경우 (　　)

　①자신　②어머니　③아버지　④형, 오빠　⑤누나, 언니　⑥남동생　⑦여동생　⑧기타

5. 매달려 있도록 그린 경우 (　　)

　①자신　②어머니　③아버지　④형, 오빠　⑤누나, 언니　⑥남동생　⑦여동생　⑧기타

6. 신체 부위를 생략하여 그린 경우 (　　)

　①자신　②어머니　③아버지　④형, 오빠　⑤누나, 언니　⑥남동생　⑦여동생　⑧기타

7. 어떤 인물을 생략하고 안 그린 경우 (　　)

　①자신　②어머니　③아버지　④형, 오빠　⑤누나, 언니　⑥남동생　⑦여동생　⑧기타

8. 눈을 피카소의 그림 같이 다소 특이하게 그린 경우 (　　)

　①자신　②어머니　③아버지　④형, 오빠　⑤누나, 언니　⑥남동생　⑦여동생　⑧기타

9. 모습을 회전해서 그린 경우 (　　)

　①자신　②어머니　③아버지　④형, 오빠　⑤누나, 언니　⑥남동생　⑦여동생　⑧기타

V. KFD의 역동성(모눈종이 사용)

1. 신장(cm)

자기　_____

아버지　_____

어머니　_____

2. 자신의 위치:

3. 가족구성원 간의 거리(cm)

어머니　_____

아버지　_____

자기　_____

4. 그린 순서:

5. 인물의 위치:

6. 인물의 방향:

7. 가족 외 타인 묘사:

[그림 11-3] 동작성 가족화 검사(KFD)의 분석 용지

출처: 신민섭 외(2002).

(4) 동작성 학교화 검사(Kinetic School Drawing: KSD)

동작성 학교화 검사는 KFD를 변형한 형태로서, 아동이 학교생활에서 어떻게 자신을 지각하는지를 알아보기 위한 검사다. 검사자는 아동에게 학교에서 아동 자신을 포함해 교사, 친구들이 무언가를 하고 있는 그림을 그리도록 한다.

KSD를 해석할 때는 학교에서의 자신의 모습을 어떻게 그리는지, 교사와 친구에 대해 아동이 어떤 행동을 하고 있는지 등이 중요한 요소로 고려된다. KSD를 통하여 아동의 학교 적응과 또래 관계에 대한 정보를 얻을 수 있다(송영혜 외, 2000).

(5) 문장완성검사(Sentence Complete Test: SCT)

문장완성검사는 투사검사들 중에 가장 의식적인 수준의 검사로서 반투사검사라고도 한다. 개인의 욕구 상태, 부모 및 교사, 동성과 이성 친구에 대한 태도를 파악하며, 성격 역동에 대한 정보를 얻고, 전반적인 심리적 적응 또는 부적응 여부를 판단하는 데 사용된다.

아동용 SCT는 가족, 사회, 학교, 자기 자신 등 네 가지 영역에 관한 총 33문항으로 구성되어 있으며, 주어, 동사 부분만 제시되어 있는 미완성 문장을 아동이 자신의 생각대로 나머지 부분을 작성하여 문장을 완성하도록 한다(〈표 11-7〉 참조). 나이 어린 아동이나 검사자가 대신 읽어 주기를 원하는 불안한 아동의 경우에는 구조화된 면접의 형태로 검사를 진행할 수도 있다. 검사의 시간제한은 없으나 너무 오래 생각하지 말고 가능한 빨리 쓰도록 하며, 검사에 소요된 시간을 기록한다.

〈표 11-7〉 아동용 문장완성검사(SCT)의 구성 내용

아동 세계의 4가지 영역	평가 영역	문항 내용
가족	어머니, 아버지, 가족에 대한 지각, 정서적 관계 등을 파악한다.	5. 우리 엄마는 _____ 13. 우리 아빠는 _____ 29. 우리 엄마 아빠는 _____
사회	또래에 대한 지각, 또래와의 상호작용, 일반적인 대인관계를 파악한다.	3. 나는 친구가 _____ 4. 다른 사람들은 나를 _____ 9. 대부분의 아이들은 _____ 11. 내가 가장 좋아하는 사람은 _____ 12. 내가 가장 싫어하는 사람은 _____ 18. 여자애들은 _____ 24. 남자애들은 _____
학교	학교에 대한 지각, 성취와 욕구에 대한 지각을 파악한다.	25. 선생님들은 _____ 27. 나는 공부가 _____
자기	자기지각, 미래 지향, 소원, 일반적인 정신건강 등의 개인내적 기능을 파악한다.	1. 내가 가장 행복한 때는 _____ 2. 내가 좀 더 어렸다면 _____ 6. 나는 _____ 공상을 잘한다. 7. 나에게 가장 좋았던 일은 _____ 8. 내가 제일 걱정하는 것은 _____ 10. 내가 좀 더 나이가 많다면 _____ 14. 내가 가장 무서워하는 것은 _____ 15. 내가 가장 좋아하는 놀이는 _____ 16. 내가 가지고 있는 것 중에서 제일 아끼는 것은 _____ 17. 내가 가장 가지고 싶은 것은 _____ 19. 나의 좋은 점은 _____ 20. 나는 때때로 _____ 21. 내가 꾼 꿈 중에서 제일 좋은 꿈은 _____ 22. 나의 가장 나쁜 점은 _____ 23. 나를 가장 슬프게 하는 것은 _____ 26. 나를 가장 화나게 하는 것은 _____ 28. 내가 꾼 꿈 중에서 제일 무서운 꿈은 _____ 30. 나는 커서 _____이(가) 되고 싶다. 31. 내 소원이 마음대로 이루어진다면, _____ 32. 내가 만일 먼 외딴 곳에서 혼자 살게 된다면 _____ 와 제일 같이 살고 싶다. 33. 내가 만일 동물로 변할 수 있다면 _____ 이(가) 되고 싶다. 왜냐하면 _____

SCT는 임상적 패턴이나 사고과정 등 아동의 상태를 파악하는 데 유용한 검사로, 정확한 해석 방법은 제시되지 않았지만 단독으로 사용하기보다는 다른 검사들과 함께 사용할 때 보다 더 정확한 결과 해석이 가능하다.

3. 검사 보고서의 작성

심리검사 보고서는 심리학적 평가의 최종 산물로서, 보고서에 담은 정보가 내담자의 문제를 해결하고 치료적 결정을 하는 데 도움이 되도록 평가자료를 전체적으로 통합하여 제시되어야 한다(박경, 최순영, 2010).

심리검사 보고서에는 검사 대상에 대한 인적 사항(이름, 연령, 생년월일 등), 의뢰 사유, 발달력, 성장환경, 가족관계, 인상, 행동 관찰, 심리검사 자료 등을 포함해야 하며, 아울러 문제해결을 위한 방향과 중재 및 대응방안 등에 대한 권고를 종합적으로 제시해 주어야 한다.

아동의 심리검사 보고서에 포함해야 할 내용은 다음과 같다.

---

(1) 이름   (5) 검사 연월일

(2) 만 연령(생년월일)   (6) 보고서 작성일

(3) 성별   (7) 검사자 이름

(4) 학년   (8) 검사 의뢰인

I. 의뢰 사유   II. 평가절차

III. 행동 관찰

IV. 배경 정보(아동의 인상, 가족관계, 발달력 및 양육환경 등)

V. 검사결과   VI. 느낌 및 해석

VII. 권고

이 외에도 내담아동의 교우관계, 학교생활, 학습 문제 등을 함께 기록하는 것도 필요하다.

① 의뢰 사유

심리검사를 원하는 이유를 적고, 특히 내담아동의 문제의 성격과 본질에 대해 간략히 기술한다. 의뢰 사유를 잘 정리하여 기술하면, 앞으로 논의될 문제가 무엇인지 알게 되고 또한 어떤 심리검사들이 필요한지를 예측할 수 있다. 다음은 의뢰 사유의 일반적인 예다(박경, 최순영, 2010; 임호찬, 2010).

- 지능평가: 지능이 평균에 속하는지, 지적장애가 의심되는지 혹은 영재인지 판별
- 심리적 장애: 심리적(기능적) 어려움인지 아니면 기질적 손상이 있는지에 대한 감별
- 심리치료가 필요한지, 필요하다면 어떤 치료방법이 도움이 될지, 치료 진행과정에서 발생할 수 있는 어려운 점은 무엇인지 확인
- 대인관계에서 어려움을 겪는 이유에 대한 통찰
- 내담아동의 상태를 파악하는 데 도움이 되는 평가들의 정보 필요

② 평가 절차

주로 어떤 검사를 하였는지 기록하고, 검사가 시행된 날짜와 소요된 시간을 적는다. 또한 면담이 이루어진 경우에는 어떤 구조화된 면접을 실시하였으며 면담 시간이 얼마나 소요되었는지를 기록한다. 평가에는 치료기록, 상담기록, 교육기록 등 관련 자료를 포함할 수 있으며, 부가적으로 부모, 형제, 친구, 교사와의 면담 자료를 사용할 수도 있다.

③ 행동 관찰

내담아동의 문제를 이해하는 데 중요한 자료가 되며, 아동의 신체적 외모(예: 얼굴표정, 옷차림, 체형, 독특한 모습 등), 행동 특징, 검사자와의 상호작용에 관한 정보를 포함한다. 행동관찰에 대한 기술은 구체적으로 표현해야 하며, 검사자의 추론을 반영해서는 안 된다. 예를 들어, 내담아동이 '우울한 모습이다.'라고 추론하기보다는 '말하기를 거부하고 눈 맞춤을 피한다.'라고 적는 것이 좋다. 또한 검사 시 아동이 말하는 평범치 않은 답변이나 특이한 행동특성이 있다면 주의를 기울여 기록해야 한다.

④ 배경 정보

내담아동의 문제와 관련된 개인력을 제시하는데, 대체로 아동의 연령, 성별, 출생순위, 가족관계, 발달력, 문제력, 현재 상황 등이 포함된다.

⑤ 검사결과

객관적인 지능검사부터 시작해서 투사검사의 순서로 제시한다. 웩슬러 지능검사의 경우 전체 지능지수를 소검사 점수와 함께 제시하며, 유의미한 강점('S')과 약점('W')을 표시한다. 투사적 검사의 경우에는 검사에서 나타난 특성을 요약하는 형태로 언급한다.

⑥ 느낌 및 해석

검사 보고서의 주요 부분으로, 평가를 통해 나타난 내담아동의 특징 및 문제점 등을 통합된 가설의 형태로 기술하며, 인지기능과 사고특성, 행동대처 양식, 정동/기분/정서조절 등으로 세분화하여 기술할 수 있다. 해석에서 제시되는 모든 추론은 검사 자료와 행동 관찰 그리고 부모나 교사와의 면담 등 부가적 자료를 이용하여 통합적으로 이루어져야 한다. 내담아동의 지적 능력은 성격 변인의 다양성을 살펴보는 데 기초가 되므로 처음에 논의되는데, 기억력, 문제해결력, 추상적 개념화, 주의집중 등의 분석을 제시하고, 실제 수행능력과 잠재적인 지능수준을 비교하는 것도 유용하다. 또한 내담아동의 정서적 특징, 대인관계 양상, 의사소통 양식 등을 포함한다. 아울러, 내담아동의 어려움이 계속될 것인지, 치료 예후가 좋은지 여부에 대해서도 검토해야 한다(박경, 최순영, 2010).

⑦ 권고

보고서의 궁극적인 목적이라 할 수 있다. 즉, 의뢰된 내담아동의 문제를 해결하기 위해 어떠한 점이 필요한가를 제안하는 것이다. 가장 좋은 보고서는 검사 의뢰자를 돕고 내담아동이 직면한 문제를 해결할 수 있게 하는 보고서다(Ownby, 1987: 박경, 최순영, 2010 재인용). 그러므로 보고서의 권고는 일반적이고 애매하게 기술되기보다는 구체적으로 진술할 때 유용하다.

제 12 장
아동상담의 단계

상담의 과정은 상담자가 지향하는 상담이론이나 상담양식에 따라 달리 구성된다. 하지만 여기서는 일반적인 아동상담의 과정을 살펴보고자 한다. 일반적으로 아동상담은 상담의뢰 단계를 시작으로 접수상담 그리고 치료과정으로 나뉘며, 치료과정은 다시 초기, 중기, 종결 과정으로 나뉜다.

아동상담의 치료과정을 이해하는 것은 치료의 진행에 따라 아동과의 관계를 형성해 나가는 데 매우 중요하다. 또한 치료과정에서 각 상담과정마다 상담자와 아동 사이에 형성되는 유대감이 어떻게 나타나고 변화되는가를 살펴보는 것도 중요하다. 만약 상담자가 상담과정의 각 단계에서 아동에게 적절한 반응을 보이지 못한다면, 각 단계로 진행되는 것은 불가능할 것이며, 치료의 효과에도 부정적인 영향을 미칠 것이다.

1. 상담의 초기 단계

상담의 초기 단계는 전체 상담과정을 위한 기초를 마련하는 시기다. 상담에 대한 안내를 시작으로 내담자에 대한 이해와 탐색을 위한 노력들이 시작되는 시기다. 또한 아동이 상담에 친근감과 편안함을 가질 수 있도록 아동과의 신뢰로운 상담 관계를 형성하는 것이 초기 상담과정에서의 중요 과업이다. 상담 초기 단계의 상담과업과 주요 기법에 대해 자세히 살펴보고자 한다.

1) 상담의 치료과정 및 각 단계의 상담과업

(1) 상담 안내 및 탐색

상담 초기 단계는 아동과의 본격적인 상담이 시작되는 시기다. 아동에게 있어서 상담장면은 처음 접하는 낯선 환경이다. 더욱이 심리적인 어려움으로 상담소를 방문하는 아동의 경우 낯선 환경에 대한 불안감이 더 심할 수 있고, 이는 상담에 대한 저항으로 이어질 수 있다. 따라서 상담사는 아동이 편안하고 안전한 분위기를 느낄 수 있도록 상담에 대한 안내가 이루어지도록 해야 한다.

이를 위해서는 상담자가 우선적으로 편안한 치료적 환경을 구성해 주어야 한다. 치료적 환경이란 아동이 자신의 감정을 자유롭게 표현할 수 있고 신뢰감을 느끼며 비밀이 보장된다는 확신이 드는 환경이다. 이러한 환경은 아동에게 안정감을 주고 자발적인 자기노출과 감정표현을 돕는 역할을 한다. 우선 상담자는 상담실에 대한 안내와 상담자가 항상 아동을 위해 대기하고 있다는 것을 알려 주는 것이 필요하다. 이는 아동에게 상담장소와 상담시간, 상담자와의 관계가 아동에게 특별한 장소와 시간, 관계라는 인식을 갖게 하고, 안정감과 신뢰를 주어 아동을 더 쉽게 변화시키는 데 도움을 줄 것이다. 또한 상담자는 아동에게 상담실이 아동을 위한 방으로, 이 방에서 아동이 원하는 것을 마음껏 할 수 있다는 것을 알려 주는 것이 필요하다.

때때로 상담자는 아동과 상담자를 보호하기 위한 상담규칙을 설명하고 상담실에서 주의해야 할 제한점을 알려 주는 것도 필요하다. 상담실에서의 제한과 규칙은 안전을 보장하는 울타리 역할을 한다. 따라서 규칙이 너무 엄격하거나 금지사항이 많아서는 안 되며, 안전을 보장하는 선에서 이루어져야 한다. 예를 들어, 아동이 자기 자신이나 상담자에게 신체적인 해를 야기하는 공격적인 행동을 한다거나 상담도구 및 기타 상담매체 또는 상담실 내의 장난감이나 물건을 부수는 행동을 해서는 안 된다는 것 등을 알려 주는 것이 필요하다. 또한 아동이 상담실에 있는 장난감을 가져가고자 할 때는 장난감을 집에 가져갈 수 없다는 점과 상담실에 남겨 두어야 한다는 점을 명확하게 설명할 필요가 있다.

이러한 안전한 치료적 환경은 치료적 관계를 형성하여 수용적인 분위기 속에서 아동 자신이 존중받고 있다고 느끼고 자신의 내부세계를 충분히 표현할 수 있다는 신뢰감을 형성하는 데 도움이 된다. 아동은 이러한 신뢰로운 환경과 관계 속에서 상담이나 상담자 또는 상담실에 대한 거부감 없이 자기인식, 자기탐색, 자기노출을 할 수 있게 되는 것이다.

(2) 상담관계의 형성

상담자와 내담자 간에 서로 신뢰 있는 관계를 형성하는 것은 상담효과에 매우 중요한 요인이다. 신뢰로운 상담관계 형성을 위해서 상담자는 내담자의 이야기를 적극적으로 경청해야 할 뿐만 아니라 내담자로 하여금 상담자가 자신을 지지해 주는 안정되고 신뢰성 있는 사람으로 여겨지도록 해야 한다. 내담자가 상담자를 신뢰할 수 있기 위해서는 상담자가 내담자에게 일관된 관심을 보이고 공감하며 민감하게 반응하여야 한다. 아동과의 관계 형성을 위한 중요한 요인들로 Brems (1993)는 아동과 상호작용함에 있어서 아동에게 초점을 맞출 것, 아동이 안전과 편안함을 얻을 수 있도록 배려하고 보살필 것, 아동을 존중할 것, 적절한 신체적 접촉을 사용할 것, 아동의 은유와 상징을 이해할 것을 제안하였다. 여기서 유의할 점은 신체적인 접촉이 남용되어서는 안 되지만 적절한 때에 상담자의 진실하고 긍정적인 감정을 표현하는 방법으로 사용하는 것은 아동과의 관계형성에 도움이 될 수 있다는 점이다. 또한 많은 경우에 있어 아동은 은유를 통해 의사소통을 하게 되는데, 상담자는 아동이 표현하는 은유와 은유 속에 내포된 상징을 이해할 수 있어야 한다. 아동 개개인은 각자의 독특한 방법으로 상징과 은유를 사용하므로 아동이 표현한 상징이나 은유가 그 아동에게 무엇을 의미하는지, 전체적으로 어떤 의미를 갖는지에 대해 파악해야 한다. 이를 통해 안정되고 신뢰로운 상담관계가 바탕이 될 때, 내담아동은 상담자를 자신의 생각과 감정의 세계 속으로 받아들일 수 있을 것이다.

(3) 내담자의 이해와 평가

상담의 초기 단계에서 상담자는 내담자의 문제나 어려움이 무엇인지를 명확하게 파악해야 한다. 이를 위해서 상담자는 계속적인 상담과정을 통해 내담자의 행동패턴, 주요한 문제와 갈등의 원인, 그동안 수집했던 자료 등을 통합적으로 이해해 나가는 과정이 필요하다. 상담자가 내담자에 대하여 막연하게 추측하던 것들이 명백해질 때 내담자를 어떻게 도울 수 있을지에 대해서도 구체적으로 파악하게 될 것이다.

또한 초기 상담에서 명확하게 해야 할 또 다른 중요한 문제는 내담자가 자신의 문제나 어려움을 무엇이라고 생각하는가다. 상담자와 내담자가 상담목표를 수립하기 위해서는 내담자가 무엇이 해결되기를 바라는지, 어떤 변화를 바라는지를 명확히 하는 것이 중요하다.

(4) 목표 설정

상담자는 내담자와 협의하여 상담의 구체적인 목표를 설정하여야 한다. 목표 설정이 매우 중요한 이유는 상담이 잘 진행되고 있는지, 언제 종결해야 하는지를 알 수 있는 기준이 되기 때문이다. 또한 설정된 목표는 상담과정 동안 어떠한 개입이 이루어질지에 대한 방향을 제시해 주는 기능을 하기 때문이다. 구체적인 상담목표를 설정함에 있어, 상담자는 기본적으로 내담자의 주요 문제, 가장 효과적인 것으로 여겨지는 접근방법이나 절차, 상담과정에서 생길 수 있는 어려움 등에 대해 생각하여야 한다. 이러한 내용은 상담이 진행되면서 수정되기도 하지만 그 방향은 일정해야 한다.

2) 초기 단계에서 사용되는 상담기법

수용, 주목하기, 경청 등은 보다 효과적인 상담을 위하여 초기 단계뿐만 아니라 상담 전반에 걸쳐 이용되는 기본적인 상담기법이라 할 수 있다.

(1) 수용

수용(acceptance)은 안전과 보호를 해치지 않는 범위 내에서는 아동이 하는 행동이나 말, 아동이 표현하기를 원하는 어떠한 것이라도 수용하고 존중하는 상담자의 태도를 말한다. 상담자의 수용적 태도를 통해 아동은 상담과정에서 자신이 안전하고 보호받고 존중받고 있다는 것을 느끼게 된다. 또한 상담자의 이러한 수용적 태도는 아동이 놀이나 언어를 통해 자신의 경험을 드러내게 하여 궁극적으로 치료적 효과를 거두게 한다. 상담 초기에 시간이 지남에 따라 때때로 제한이 시험당하고 아동의 공격적 행동이 나타나기도 한다. 이때 아동의 공격적 행동 및 부정적 감정의 표출은 상담자의 아동에 대한 무조건적인 수용능력이 있을 때만 가능하다. 부정적인 감정을 표현해도 있는 그대로 받아 주는 상담자가 있을 때 아동은 마음속에 내재해 있는 부정적인 감정을 죄책감이나 수치감 없이 표출하고, 아동 자신의 참모습에 직면하고 대처하는 방법을 스스로 탐색하고 해결 방안을 찾을 것이다(Saint-Exupery, 2000).

(2) 주목하기

주목하기(attention)는 상담자가 아동에게 관심을 갖고 아동의 모든 것에 집중하는 상담자의 태도다. 아동이 수용받고 존중받는다는 느낌을 갖게 하기 위해서 상담자는 아동의 모든 것을 집중하여 관찰해야 한다. 주목하기는 아동과 진심으로 함께하는 것으로 상담회기 내내 아동에게 오롯이 집중하기란 쉽지 않은 일이다. 상담자는 아동에 대한 관심집중을 통해 아동의 욕구, 정서, 무의식적 표현 등을 민감하게 파악할 수 있을 것이다.

(3) 경청

경청(listening)은 내담자의 언어적 · 비언어적 표현을 주목하여 듣는 것으로 상담에서 가장 중요한 요소 중 하나다. 상담자는 내담자의 언어적 표현뿐만 아니라 얼굴표정, 안색, 자세 등의 비언어적 표현도 경청할 수 있어야 한다. 언어적 표현으로 나타나는 의미와는 반대로 비언어적 표현이 나타나는 경우도 있기 때문이다. 예를 들어, 아동이 부모에 대해 긍정적으로 언어적 표현을 하더라도, 이야기할 때 눈치를 본다거나 안절부절못하는 태도를 보인다면 아동의 언어적 표현과는 달리 부모에 대해 부정적이고 두려운 감정을 가지고 있을 수 있는 것이다. 따라서 적극적 경청이 중요한데, 이는 내담자가 이야기하는 내용을 파악하는 것은 물론이고, 그의 몸짓, 표정, 음성 등에서 나타나는 미묘한 변화를 알아차리고 저변에 깔려 있는 심층적인 의미와 감정을 파악하여 표현하는 과정을 포함한다. 내담자에게 경청받고 있다는 느낌을 주기 위해서는 상담자가 언어적으로나 비언어적으로 적절한 반응을 보여 주는 것이 중요하다. 예를 들어, 상담자가 아동의 말을 들으면서 가끔씩 고개를

끄덕이거나, '음' '그랬구나' 등의 감탄사나 느낌을 전하는 말로 반응을 보이는 것이 그 예다.

2. 상담의 중기 단계

상담의 중기 단계는 초기 단계가 끝나는 시기부터 시작해서 상담목표가 어느 정도 달성될 때까지의 과정에 해당한다. 때때로 아동상담을 초기와 중기로 명확히 구분하기 어려운 경우가 있다. 아동 문제의 심각도나 치료양식 등에 따라 중기 단계에서나 나타나는 내용이나 변화가 초기 단계에서 나오는 경우도 있다. 또는 상담기간에 따라 초기와 중기 단계가 모호한 경우도 있다. 하지만 초기 단계가 아동이 상담자와 관계를 맺고, 자신의 문제를 드러내기 시작하는 시기라면, 중기 단계는 본격적으로 아동이 내면 깊은 곳의 무의식적인 욕구나 충동을 탐색하며 치료적 효과가 나타나는 시기라 할 수 있다.

1) 상담 중기 단계의 상담과정

상담이 초기를 지나 중기 단계로 접어들면 상담자와 내담자 간의 신뢰관계가 더욱 깊어진다. 이러한 심리적인 안정을 바탕으로 아동은 자신의 문제에 대해 심층적으로 탐색하고 통찰을 얻으며 문제를 해결할 수 있다.

상담의 중기 단계에서 상담자는 내담자에 대한 깊이 있는 탐색과 분석을 보다 구체적으로 실시한다. 상담자의 상담이론적 배경과 철학에 따라 상담의 내용과 기술이 달라질 수는 있지만 어떤 이론적 접근에서 상담을 진행하든 중기 단계의 중요한 상담과제는 아동과 아동의 문제에 대한 심도 깊은 탐색과 분석이다(Nugent, 1990). 심층적인 탐색과 분석을 통해 아동은 자신에 대해서뿐만 아니라 자신의 관점이나 태도가 자신의 문제와 어떤 관계가 있는지에 대해서도 보다 잘 이해하게 된다. 그러므로 상담자는 상담과정의 중기 단계에서 아동이 지속적으로 자기탐색을 계속하고 자기 이해를 발전시켜 나갈 수 있도록 도와주어야 한다.

따라서 상담의 중기 단계는 상담목표로 설정했던 주 호소 문제를 해결하기 위해 노력하는 상담의 핵심 단계라고 할 수 있다. 이에 따라 아동 내면의 상처나 고통, 투쟁 등이 상담 장면에서 나타나는 시기이므로, 상담자는 무엇보다 아동이 상담을 통해 안전하고 보호받고 있다는 느낌을 가질 수 있게 하는 것이 중요하다. 때로는 아동의 문제가 내면의 감정 표출로 나타나면서 저항이 일어나기도 한다. 이때는 상담자가 아동의 저항에 대해 인정하고 수용 · 존중해 주는 태도가 필요하며, 아동이 안전하고 보호받고 있다는 느낌을 갖게 된다면 상처나 고통에 직면할 수 있게 되는 것이다 (Barlow, Strother, & Landreth, 1985). 아동이 자신의 상처나 고통에 직면할 수 있게 된다면 스스로 심리적인 문제에 대한 통찰이 이루어지고, 통찰한 내용을 생활에서 실현해 나가는 경험을 하게 되는 것이다.

한편, 중기 단계에는 아동이 자신의 문제를 드러내면서 심리적 또는 행동적으로 퇴행을 보이기도 한다. 이 단계는 상담자와 내담아동 간의 신뢰관계가 형성된 후 긴장이 풀어지는 시기로, 내담아동이 핵심적인 갈등과 무의식적 욕구를 표출하게 된다. 이에 따라 아동은 일시적으로 거부적 혹은 부정적 반응을 보이면서 상담 전과 같은 행동문제를 표출하는 경우가 있다. 이때 상담자나 부모는 아동이 다시 나빠졌다고 잘못 생각할 수 있지만, 이러한 일시적인 퇴행현상은 아동의 행동이 변화되는 과정에서 일어나는 저항과 같은 것이다. 따라서 상담자는 이를 상담의 자연스러운 진행과정으로 인식하고 상담계획을 진행시켜 나가야 한다. 아울러 상담자는 부모에게도 이에 대한 적절한 상담과 교육을 해야 할 것이다. 치료적 퇴행의 의미와 필요성에 대해서 부모교육을 실시하고, 이러한 어려움을 극복할 수 있도록 부모를 심리적으로 지지하고 적절한 대처기술을 교육하는 것 또한 필요하다.

2) 중기 단계에서 사용되는 상담기법

상담 중기 단계에서 내담자의 자기 탐색과 통찰을 가져오게 하기 위해 상담자들이 많이 사용하는 상담기법으로는 다음과 같은 것이 있다. 앞에서도 언급하였듯이, 상담의 초기와 중기 단계를 분명하게 구별하기 어려우므로 다음에 제시되는 상담기법은 초기 단계에서도 사용될 수 있다.

(1) 심층적 공감

공감(empathy)은 내담자가 경험한 정서를 상담자가 같이 경험하는 것을 의미하는 것으로 내담자의 감정을 그의 입장에서 이해하고 느낄 뿐 아니라, 이해하고 느낀 감정을 내담자에게 말로 표현해서 전달해 주어야 한다. 상담자는 내담자의 입장이 되어 보려고 시도해야 하며, 그의 마음 깊숙이 들어가려고 시도해야 한다. 상담자는 내담자의 눈, 마음 그리고 가슴을 통해 그들의 세계를 보아야 한다.

공감이 중요한 이유에 대해 Mearns와 Thorne(1988)은 다음과 같이 설명하였다(김춘경 외, 2010 재인용).

첫째, 공감은 상담자가 내담자를 잘 이해하고 있다는 사실을 말해 주는 것이기 때문에 이러한 사실은 내담자의 자기존중감을 증진시킨다. 둘째, 공감을 통하여 내담자의 소외감을 해소시킬 수 있다. 셋째, 내담자는 이 새로운 경험을 중요하게 여기고 진실로 자기를 이해해 주려고 노력하는 사람이 자기 앞에 있다는 사실을 깨닫고 느낀다. 넷째, 정확한 공감을 통해서 내담자의 자기각성을 증진시키고 보다 깊이 있게 자기탐색을 할 수 있도록 격려하게 된다.

공감은 초기 단계에 내담자의 경험과 감정을 이해한 것을 표현하는 수준에서부터 중기 단계로 갈수록 내담자 스스로 자기를 탐색하고 통찰을 가져오기 위한 보다 깊은 수준으로 확장해 간다. 이러한 공감을 심층적 공감이라 한다. 심층적 공감이란 내담자의 대화 속에 포함되어 있기는 하지만 분명하게 겉으로 표현되지 않은 것을 상담자가 파악하는 것이다(Patterson & Welfel, 2000). 심층적 공감은 내담자가 표현하지 않은 부분까지 상담자가 찾아내어 전달함으로써 내담자로 하여금 자신을 더 깊이 이해하도록 돕는 기법이다.

(2) 감정의 반영

반영(reflection)은 내담자가 말한 내용 자체보다는 그 내용 뒤에 숨어 있는 감정을 파악하고 그것을 다시 내담자에게 전달하는 것을 말한다. 반영은 내담자가 이야기한 내용에 대한 반영뿐만 아니라 내담자가 직접 언급하지 않은 감정까지도 반영해 줄 수 있다. 또한 말의 속도, 안색의 변화, 말을 더듬는 등의 내담자의 인상을 통해서도 내담자의 감정을 파악하여 반영해 줄 수 있다. 감정, 내용 그리고 행동의 반영은 아동이 깊게 이해하는 것을 느낄 수 있게 할 것이다.

상담자는 아동이 표현하고자 하는 내용이나 감정을 정확한 타이밍에 적절한 용어를 사용하여 반영할 수 있어야 한다. 아동이 말하는 내용에 있는 감정을 표현하는 단어에 민감하게 반응하여 반영해 주어야 한다. 정확한 감정의 반영이 이루어지면 아동은 '네' '정말 그래요'와 같은 반응을 하게 된다. 상담자의 언어적 기법 중 반영은 아동이 그들의 독특한 자기지각을 계속적으로 탐색하고 이야기할 수 있도록 격려하는 가장 강력한 기법이다.

(3) 재진술

재진술(restatement)은 내담자의 이야기를 듣고서 상담자가 자신의 표현 양식으로 바꾸어 말해 주는 기법이다. 재진술 기법은 내담자를 이해하고 있음을 전달하고, 좀 더 간결한 방식으로 내담자의 대화 내용을 요약하며, 내담자의 말을 상담자가 올바로 이해하고 있는지 확인해 보기 위한 목적으로 사용된다. 감정의 반영이 대화 뒤에 숨겨진 '내담자의 느낌'에 초점을 둔다면, 재진술은 대화의 '내용'에 초점을 둔다는 차이점이 있다.

(4) 직면

직면(confrontation)이란 내담자가 잘 모르고 있거나 인정하지 못하는 생각이나 감정을 바라보도록 하는 상담기법이다. 직면을 통해 상담자는 내담자가 현재의 문제와 과거의 경험을 연관시킬 수 있게 하며, 말과 행동, 감정의 불일치를 살펴볼 수 있게 한다. 직면을 통해 내담자가 자신이 모르는 내적인 자원이나 강점을 확인하게 할 수도 있다.

그러나 직면은 내담자가 알면서도 받아들이지 못하는 충동, 욕구, 사고, 감정들을 바라보도록 하는 것이기 때문에 내담자 자신의 내면의 힘이나 상담자와의 신뢰가 전제되어야 한다. 직면은 내담자의 통찰을 일으키는 강력한 기법이지만 부정적인 결과를 초래할 수도 있다. 내담자가 받아들일 준비가 안 되었는데 상담자가 무리하게 내담자를 직면시킨다면, 내담자의 저항으로 인하여 상담은 효과적으로 진행되지 않을 수 있다. 따라서 상담자는 직면기법을 효과적으로 사용하기 위해서 적절한 시기를 선택하여야 한다. 즉, 내담자가 상담자를 신뢰할 수 있을 때, 내담자가 상담자의 어떤 이야기도 받아들일 준비가 되었을 때, 내담자가 자신의 성장과 변화에 대한 관심이 높을 때가 직면을 사용할 수 있는 적절한 시기다.

(5) 해석

해석(interpretation)은 내담자가 어떤 특정한 방식으로 행동하는 이유를 파악하게 하는 기법이다. 구체적으로, Brammer(1988)는 해석에 대해 내담자에게 사건의 의미를 설명하는 적극적인 조력과정으로서 내담자들이 새로운 방식으로 문제를 볼 수 있게 한다고 설명하였으며, Muro와

Dinkmeyer(1977)는 해석은 유익한 감정이나 행동에 대한 대안적 견해를 제공하는 방식이라고 정의하였다. 즉, 상담자의 해석을 통해 내담자는 자기 자신의 감정과 행동, 문제에 대한 통찰력을 발달시키고, 새로운 관점으로 생각하고 폭넓은 대안을 탐색할 수 있다.

상담자의 해석에 대해 내담자는 다양한 방식으로 반응할 수 있다. 내담자는 상담자의 해석을 받아들일 수도 있고 거부할 수도 있으며 무관심할 수도 있다. 상담에서 해석이 매우 긍정적으로 반영되는 경우는 상담자가 내담자의 감정이 자신의 행동에 어떻게 영향을 미치는가, 그리고 그 행동이 자신의 세계에 있는 중요한 타인의 생활에 어떻게 영향을 미쳤는가를 해석해 줄 때다. 이와 관련하여 Gumaer(1984)는 상담과정에서 해석이 내담자에게 긍정적으로 활용되기 위해 몇 가지 고려해야 할 사항들을 설명하였다(김춘경 외, 2010 재인용).

첫째, 해석하기 전에 치료적 관계가 형성되었음을 확신할 수 있어야 한다. 해석은 내담자가 받아들일 준비가 되어 있는 때에 이루어지는 것이 가장 적절하고 효과적이기 때문이다. 둘째, 너무 빨리 해석하지 않는 것이 필요하다. 해석이 추측이 아니고 돕고자 하는 교육적 행동이 되기 위해서는 상담자가 내담자와 문제 상황에 대해 충분한 정보를 가지고 있어야 한다. 셋째, 해석할 때는 내담자에게 상담자 자신의 가치나 태도, 감정을 투사시키지 않아야 한다.

다시 말하면, 해석의 가치는 언제 사용되는가, 무엇이 해석되는가, 내담자가 해석으로부터 무엇을 얻을 수 있는가와 관련된다. 해석은 오로지 내담자가 그것을 수용해서 이해하고 활용할 수 있을 때에만 효과적이다.

3) 중기 단계에 나타날 수 있는 문제

상담 초기 단계를 지나 상담 중기 단계에 접어들면서 내담자는 자신에 대해 조금씩 알아 가면서 정서적으로 힘겨워하는 경우가 있다. 중기 단계에는 내담자 자신의 심층적 탐색과 자각이 다루어지면서 내담자 자신의 사고, 감정, 행동 등에 불일치와 모순이 나타나기 시작한다. 이로 인하여 내담자는 자신이 이야기하는 내용에 대해 불안을 느끼며 다양한 방식으로 상담에 대한 저항을 나타낼 수 있다. 이때 상담자는 내담자의 저항에 대하여 적절한 시기에 적절한 방법에 따라 직면시키거나 해석을 할 수 있다.

또는 어떤 내담자의 경우 상담 초기를 지나 중기 단계에 들어서면, 했던 이야기를 반복하거나 관련 없는 주제를 이야기하며 상담에 진전이 보이지 않는 경우가 있다. 이때는 상담자가 내담자와 상담과정을 재검토하고 다시 상담의 초점을 분명하게 하는 것이 필요하다.

3. 상담의 종결 단계

아동상담의 마지막 단계는 종결이다. 상담 후기에 이르면 아동에게 여러 가지 변화가 나타난다. 그동안 되풀이되던 핵심갈등과 관련된 놀이가 줄어들고 보다 긍정적이고 건설적인 놀이로 변한다. 상담이 진행됨에 따라 아동은 적절한 자신감, 통제력, 안정감 등을 획득하게 되면서 상담의 욕구가 감소한다. 이는 종결 단계의 시기에 접어들었다는 것을 의미하는 하나의 신호다.

1) 상담 종결 시기

상담의 종결 시점을 결정하는 것은 매우 어려운 일이다. 만약 종결 시점이 너무 이르다면 아동은 상실감, 자신이 거부되었다는 감정을 갖게 될 수 있고, 이는 새로운 문제를 야기할 수 있기 때문이다. 따라서 종결 시점은 신중히 결정해야 한다.

상담 종료의 기준은 우선적으로 상담목표를 어느 정도 실제적으로 이루었는지를 포함할 것이다. 불안 감소, 자신감 증진, 보다 나은 적응전략, 또래와 성인과의 좋은 관계, 만족스러운 학교생활 등이 포함된다. 가장 좋은 상담 종료 시기는 아동이 자신의 연령에 맞는 발달단계의 과제를 다루는 시기에 왔을 때다(하승민 외, 2008). 그러나 모든 상담사례가 상담목표를 완벽하게 이룰 수는 없다. 따라서 종결 단계 시기에 접어들었음을 나타내는 아동의 변화를 살펴보는 것은 종결 시점을 가늠하는 데 있어 중요하다. 다음은 그 기준이 되는 특징들이다(최영희, 김영희, 심희옥, 심미경, 2009).

- 아동이 스스로가 계속 성장할 수 있는 힘을 가졌다고 판단되면 종료를 결정할 수 있다.
- 아동이 친구들과의 사회적인 활동에 즐겁게 참여하여 더 이상 상담을 원치 않을 때 종결을 고려해 볼 수 있다.

• 부모나 교사로부터 아동 행동의 변화가 보고될 때 종결할 수 있다. 문제행동이 사라지고 긍정 적인 행동이 증가한 것이 종결에 대한 신호가 될 수 있다.

2) 상담 종결과정

상담자는 종결할 시기에 접어들었다고 판단이 들면, 종결을 위한 준비를 해야 한다. 상담자는 초기에 부모와 함께 설정했던 상담목표들이 상담과정 동안 어떻게 달성되었는지 부모와 함께 논 의한다. 부모가 종결에 동의하면 아동과 종결에 대해 다루어야 한다. 아동이 종결에 대하여 부모를 통해 듣게 된다면, 부정적인 태도를 보일 수 있다. 어떤 아동은 상담자와 친밀한 관계가 형성되어 종결을 원하지 않을 수도 있고 불안해하거나 퇴행을 보이기도 한다. 이때는 적절하게 이를 다루어 주면서 종결에 대한 준비를 시켜야 한다. 상담과정 동안 아동의 바람직한 변화들, 예를 들어 친구 들과 관계가 좋아진 점, 자신의 감정을 표현할 수 있게 된 점, 좋아진 학교생활 등에 대해 이야기 하면서 불안한 감정을 다루어 줄 수 있다. 또한 이 기간 동안 상담자는 아동이 원하면 언제든지 다 시 도움을 받을 수 있다는 것을 알려 주는 것도 중요하다.

어떤 경우에는 상담자가 아동보다도 상담 종결에 어려움을 겪기도 한다. 상담자 역시 아동과의 상담과정을 통해 아동의 문제를 함께 다루면서 가졌던 여러 가지 경험 때문에 지나치게 밀접한 관 계를 갖게 될 수 있기 때문이다. 이러한 경우 종결 단계에 접어들어 상담을 더 이상 원하지 않는 다는 아동의 태도를 접하면 상실감으로 힘들어질 수 있다. 상담자가 역전이를 겪는 경우에도 종 결에 대해 어려움을 느낄 수 있다. 따라서 상담자도 종결을 위한 심리적 준비를 해 나가야 한다.

종결은 서서히 진행되어야 하며, 종결 준비과정에서 상담자는 곧 다가올 이별에 대해 솔직하게 말하고 이별에 대한 아동의 감정을 다루도록 해야 한다. 특별한 종결 회기를 통해 아동이 상징적으 로 상담관계를 끝낼 수 있도록 하는 방법도 좋다. 또한 상담이 종결되고 나서도 아동이 어려움을 겪게 되면 상담자가 도와줄 수 있다는 것을 아동에게 인식시켜 주는 것도 매우 중요하다. 때로는 계획된 추후과정을 통해 아동과 계속 접촉을 유지함으로써 종결 상황으로 인해 아동이 힘들지 않 도록 도움을 줄 수 있다. 추후과정에서는 편지나 전화 혹은 추후상담을 통해 아동이 종결 후 얼마 나 잘 적응하고 있는지 평가하게 되며, 상담자도 상담효과에 대한 자료를 얻고 점검하는 기회를 가 질 수 있다.

제 **4** 부
아동상담의 주요 기법 및 실제

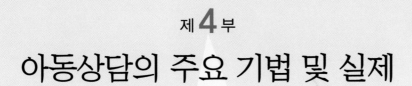

제 **13** 장
놀이치료

여기서는 대표적인 아동상담 접근인 놀이치료의 전반에 대해 살펴보도록 한다. 불과 100여 년이라는 짧은 역사를 가진 놀이치료의 발전과정부터, 치료적인 놀이의 특성과 바람직한 놀이치료실의 물리적 환경 및 가장 중요한 인적환경인 놀이치료자에 대해 살펴본다. 나아가, 대표적 놀이치료 접근인 정신분석적 놀이치료, 아동중심 놀이치료에 대해 소개한다.

1. 놀이치료의 개념 및 역사

1) 놀이치료의 개념

아동의 상담에서 가장 많이 활용되는 심리치료 접근법은 놀이치료다. 아동은 언어적으로 표현하는 데 미숙하며 자신의 정서 상태를 인지하는 것에도 한계가 있다. 성인은 자신의 감정과 어려움 등을 언어적으로 표현하나, 아동은 놀이를 통해 자신의 감정, 욕구, 소원, 희망을 표현하고, 자기성취를 이룬다. 놀잇감은 아동의 단어이고, 놀이는 아동의 언어가 되는 것이다(Landreth, 1991). 그렇기에 아동은 '놀이'를 통해 자기를 표현하고 일상의 스트레스나 발달적 위기를 놀이를 통해 극복하고 성장해 나간다.

이렇듯 놀이는 아동의 자연스러운 표현 매체이자 치유적 힘을 갖고 있어 아동의 심리치료에 매우 중요한 기능을 한다. 놀이치료는 이러한 놀이의 치유적 힘을 빌려 정서적 어려움이나 발달상의 위기 그리고 문제를 겪는 아동의 회복과 성장을 돕는 심리치료다. 훈련받은 치료자는 아동의 놀이를 통해 아동의 세계로 들어가 아동이 놀이를 통해 표현하는 감정, 사고, 행동을 이해할 수 있으며, 아동은 치료자와의 신뢰관계와 안전한 심리적 환경에서 놀이를 통해 자신을 표현하고 탐색하며 건강한 자아를 성장시켜 나가는 것이다.

2) 놀이치료의 역사

여기서는 놀이가 어떻게 치료적으로 활용되기 시작했으며, 하나의 치료적 접근법으로 발전되어 왔는지에 대해 살펴보도록 한다. 놀이치료 시작 이전에 아동이 최초로 정신분석의 대상이 되었던 Hans의 사례부터, 현재 다양한 놀이치료 접근법의 등장까지 불과 100여 년의 시간 동안 괄목할 만한 성장을 이루었다. 이 짧은 시간 동안 놀이치료는 다양한 접근과 시도, 활발한 임상 적용 및 효과를 거둔 심리치료 접근으로 현재에도 아동 임상 현장뿐 아니라 예방적 차원에서의 다양한 프로그램의 적용에도 활용되고 있다.

(1) 초기: 놀이의 도입(1900~1920년대)

이 시기는 아동이 심리치료의 대상이 되고 나아가 적극적으로 놀이라는 매체가 아동의 심리치료에 접목되기 시작한 시기다. 아동을 대상으로 한 놀이치료의 시작은 Freud가 처음으로 친구의 아들인 Hans의 공포증을 오이디푸스 콤플렉스와 거세 공포로 풀어낸 사례로 시작되었다. 즉, 성인이 대상이 되었던 심리치료에서 아동의 갈등과 문제 역시 심리치료로 풀어 낼 수 있다는 가능성을 보여 주게 된 '최초의 아동심리치료'의 시작이 된 것이다. 이때 Freud는 아동의 정신세계를 분석하기 위하여 그의 아버지로 하여금 아동의 놀이를 관찰하도록 하였기 때문에 직접적으로 아동을 치료하지 않았지만, 이것을 시작으로 이후 1919년 오스트리아의 심리학자인 Hug Hellmuth는 아동에게 직접 놀잇감을 제공하여 최초로 놀이상황을 아동의 정신치료에 도입하게 된다.

곧이어, 영국의 Melanie Kline 역시 아동의 심리치료에 놀이를 적극적으로 활용하기 시작했는데, 성인의 자유연상과 같은 것이 아동의 놀이라고 보고 아동의 놀이를 분석하고 해석해 주기 시작했다. 1926년 Freud의 딸인 Anna Freud 역시 놀이를 아동의 정신분석치료에 활용하기 시작하였지만, Melanie Kline처럼 놀이 자체를 성인의 자유연상과 같은 것으로 보지 않고, 단순히 아동과의 치료적 동맹을 맺기 위한 수단으로 놀이를 활용한 후 점차 언어적 상호작용으로 치료 방향을 변화시켰으며, 아동의 꿈이나 백일몽을 주로 분석하였다. 즉, Anna Freud는 Melanie Kline과 달리 놀이를 아동 문제의 진단과 치료적 관계 형성에 사용하였다.

(2) 형성기: 놀이치료 이론과 기법의 등장(1930~1950년대)

놀이가 아동의 심리치료에 도입된 이후 1930년부터 1950년대에 아동 심리치료 이론과 기법들이 급성장하였다. 이 시대의 대표적인 놀이치료 기법으로 나타난 것은 Levy(1939)의 이완놀이치료와 Taft(1933)와 Allen(1939)의 관계놀이치료다(Landreth, 2002).

① 이완놀이치료

이후 구조적 놀이치료로 발전한 이완놀이치료는 놀이치료를 구조화하고 형식화하는 데 크게 기여한 접근법으로 아동의 놀이는 정화작용(카타르시스)의 효과를 갖는다는 입장이다. Levy(1939)는 감정의 발산이라는 놀이의 정화 효과를 강조했으므로 굳이 놀이를 해석할 필요가 없으며, 이를 위해 치료자는 치료과정에서 적극적 역할을 해야 한다고 주장했다. 이완놀이치료는 처음에 자유놀이를 통해 치료자와 치료적 관계를 형성한다. 이후 적절한 시기가 되면 아동에게 스트레스를 일으키는 외상적 사건을 놀이로 재연출하도록 하여 아동이 자신의 고통과 불안, 긴장을 방출하도록 도와 감정의 정화와 이완을 경험할 수 있도록 돕는다. 즉, 외상적 사건과 관련된 부정적인 사고와 감정을 반복하여 재현하고 경험하면서 부정적 사고와 감정을 동화할 수 있게 되는 것이다. 또한 아동이 현실에서 수동적으로 외상적 사건을 경험했다면, 놀이를 통한 재연 과정에서는 능동적 행위자로서 놀이를 통제할 수 있기 때문에 치료적이 된다는 입장이다.

이완놀이치료에서 발생할 수 있는 활동은 다음과 같은 것이 있다(Landreth, 2002).

- 물건을 던지거나 종이를 찢는 등 공격적 행동을 방출하는 것
- 젖병을 빠는 구강기적 즐거움을 방출하는 것
- 일반화된 갈등 상황에 대한 감정을 발산하는 것(예: 형제간의 갈등을 암시하는, 엄마에게 안겨 있는 아기 인형 보여 주기)
- 아동의 개인적 스트레스 경험을 놀이로 재현하여 감정을 발산하는 것

Slomon(1938)은 놀이를 통해 분노와 공포를 표현하도록 도와주어 감정의 정화를 가져오는 적극놀이치료를, Hambridge(1955)는 Levy의 이완놀이치료를 보다 정교화시켜 완전히 구조화시킨 '구조화된 놀이치료'를 발전시켰다.

이완놀이치료는 이후 상징적 놀이를 촉진시켜 아동이 놀이를 통해 정서를 표현하도록 돕는 방법들로 발전하게 되었다(김광웅, 유미숙, 유재령, 2004).

② 관계놀이치료

관계놀이치료는 '지금-여기'를 중요시하는 Rank(1936)의 철학적 근거에 그 출발점이 있다. Rank는 Freud의 제자 중 한 명으로 이후 인간중심 상담의 창시자인 Carl Rogers에게도 영향을 주었다. 그는 인간이 과거 경험에 의해서 결정된다는 Freud와 달리 인간은 자아의 적극적인 의지로 지속적으로 성장하고 발전하는 존재라고 생각하였다. 따라서 아동의 과거 경험이 아닌 현재의 감정이 더욱 중요하다고 보고 과거 경험을 해석하지 않는다. 오히려 치료자와 아동의 정서적 관계가 치료적 힘으로 작용한다고 강조한다. 또한 아동은 스스로 자신의 문제를 해결하고 건설적인 방향으로 성장할 수 있는 내적인 힘을 가진 존재로 보았다. 이러한 관점은 이후 비지시적 놀이치료의 발전에 영향을 준다.

따라서 관계놀이치료에서는 놀이 활동의 선택권과 놀이의 주도성은 아동에게 주어지며, 치료자는 내담아동의 어려움에 집중하고 그들과 안정적이고 건강한 치료적 관계를 유지한다. 이러한 치료적 관계 속에서 아동은 자신의 능동성을 되찾고 개별화할 수 있다.

이러한 배경에 영향을 받은 관계놀이치료의 대표적 학자는 Moustakas(1959)다. 그는 아동의 문제는 욕구가 충족되지 못한 양육환경에서 형성한 부모-자녀관계에 기인하기 때문에 치료자와의 안전한 관계를 통해 아동의 문제가 치료될 수 있다고 하였다(유미숙, 2014).

(3) 놀이치료 확대기: 아동중심 놀이치료의 등장과 확대

인간중심 상담을 주장한 Rogers는 관계놀이치료자들의 작업을 비지시적 치료로 더욱 발전시켰다. Rogers의 인간중심 상담은 과거 경험과 외적인 조건에 의한 수동적인 존재로 인간을 보는 정신분석과 행동주의에 반대하며 등장했다. Rogers 역시 Rank에 의해 영향을 받아 내담자의 자기실현 경향성을 신뢰하고 그 힘을 발휘할 수 있도록 치료자의 진실성, 무조건적인 긍정적 존중과 공감적 이해가 중요하다고 하였다.

Axline(1947)은 Rogers의 비지시적 치료를 아동 놀이치료에 적용하였으며 이를 비지시적 놀이치료라고 불렀다. 이후 Landreth에 의해 아동중심 놀이치료로 발전하였으며, 오늘날 아동상담 분야에서 가장 기본적이고 널리 활용되는 놀이치료 접근법이 되었다.

Axline의 유명한 저서 『딥스(Dibs)』는 아동이 진정한 자기를 찾아가는 놀이치료의 과정을 그려 낸 실화로서 아동에 대한 상담자의 신뢰가 아동의 자기실현 경향성을 발휘하도록 하는 데 얼마나 중요한지를 보여 준다. 비지시적 놀이치료에서 가장 중요한 것은 아동이 선천적으로 갖고 있는 자아성장의 욕구를 신뢰하는 것이다. 아동의 변화를 치료자가 주도하지 않으며 아동에 대한 평가나 통제를 하지 않아야 한다. 아동에 대한 믿음을 바탕으로 아동을 있는 그대로 수용하며, 비판하지 않고, 아동의 감정을 공감적으로 반영하며, 아동의 성장에 대한 능력을 존중해 주었을 때 치료적 변화가 일어나는 것이다.

(4) 놀이치료 발전기: 다양한 접근법 등장(1950~1990년대)

이 시기는 아동중심 놀이치료의 등장과 더불어 놀이치료의 다양한 접근이 등장하고 발전한 시기다. 이러한 다양한 접근은 크게 두 가지로 나뉘는데, 놀이치료에 부모를 참여시키는 놀이치료와 다양한 상담이론 및 기법이 결합된 놀이치료의 접근이다.

부모를 놀이치료에 참여시키는 부모놀이치료(Gurney, 1964), 발달놀이치료(Brody, 1978), 치료놀이(Jernberg, 1979)의 등장은 아동상담이 갖는 치료적 환경의 제한에 근거한 것이라 볼 수 있다. "부모는 자녀의 최고의 선생님"(Gurney, 1964)이라는 말처럼 아동의 가장 중요한 환경인 부모의 환경 역시 변화해야 하기 때문이다. 이러한 필요성에 의해 등장한 부모놀이치료는 부모를 놀이치료자로 훈련시켜 놀이를 통한 부모-자녀의 상호작용을 촉진하고 관계를 강화하는 것으로, 1990년대에 Garry Landreth가 개발한 CPRT(Child Parent Relationship Traning)로 발전하였다(김양순, 2009).

다른 하나는 다양한 상담이론과 결합된 놀이치료가 등장한 것인데, 인지행동 놀이치료, 생태학적 놀이치료, Adler 놀이치료, 게슈탈트 놀이치료, 분석심리학적 놀이치료, 대상관계 놀이치료 등이 그것이다. 이 외에도 미술, 음악, 연극과 같은 표현예술을 활용한 치료분야가 발달하였다.

이와 같이 놀이치료의 역사를 통해 놀이치료가 불과 100여 년 동안 괄목할 만한 성장을 이루었음을 알 수 있다. 우리나라에는 1970년대 중반 주정일에 의해 놀이치료가 처음 소개되었고, 1997년 한국놀이치료학회가 발족하면서 점차 발전하고 있다.

2. 놀이의 치료적 기능

놀이의 특성 중 가장 큰 것은 '재미와 즐거움'이라는 긍정적 정서다. 어린 시절 시간이 가는 줄도 모르고 놀았던 기억을 누구나 갖고 있을 것이다. 아이들은 그렇게 논다. 하루 종일 지치지도 않고 놀고, 다음날 지루해하지도 않으며 또 논다. 아무리 놀이도 모지리고 반복해도 지루하지 않다. 이것이 놀이다. 노는 동안 시간이 화살처럼 지나가는 몰입의 경험은 또 경험해 보고 싶은 것이다. 도대체 놀이의 어떤 특성이 아동을 몰입하게 하는 것일까? 놀이치료실에 찾아오는 아동 중 치료자와 낯선 치료실에 낯을 가리는 아동도 다음 시간이면 놀이치료실을 찾는 것을 기다린다. 도대체 무엇이 아동을 놀이로 이끄는 것일까? 놀이에는 치유적 힘이 존재하기 때문이다. 여기서는 놀이가 갖는 치료적 힘을 구체적으로 살펴본다.

1) 즐거움과 희망

재미없는 놀이는 놀이가 아니다. "신난다! 재미있겠다!"는 아동이 놀이에 대한 즐거움이 기대될 때 하는 말이다. 한낮의 뜨거운 햇볕 속에서도, 한겨울의 추위 속에서도 아동은 더위와 추위를 잊을 만큼 재미있고 신나게 논다. 그뿐만 아니라 놀이 속에서 공주도 되고, 힘센 영웅이 되기도 하면서 현실에서의 소망과 바람을 충족하기도 한다. 즉, 놀이는 즐거움과 재미, 희망이라는 치유적 힘을 갖고 있고, 이러한 특성이 아동이 자발적으로 놀이를 하도록 하는 힘이다.

아동은 놀이를 하는 동안 일상의 스트레스로부터 벗어날 수 있으며, 놀이를 통해 얻은 즐거움으로 스트레스를 극복하는 힘을 얻기도 한다. 즉, 놀이는 즐거움이라는 긍정적 정서를 가져다줄 뿐 아니라 현실의 불안과 두려움을 극복하고 이길 수 있는 희망을 주는 치유적 힘을 갖고 있다. 그러나 안타깝게도 현대사회의 많은 영유아는 생의 초기부터 보육기관을 이용하며, 너무 일찍 집단생활 속에서의 스트레스를 경험하게 된다. 이후 학령기에는 학업 스트레스가 놀이가 주는 즐거움과 재미를 아동으로부터 앗아가 버린다. 과거에 비해 아동에게 진정한 놀이의 시간은 현격히 줄어들었고, 이는 놀이의 자연스러운 치유 기능이 발휘되기 힘들다는 것을 의미한다. 그 어느 때보다도 아동의 건강한 발달에 놀이의 중요성이 강조되어야 할 것이다.

2) 자발성 증진

억지로 노는 아이는 없다. 즉, 놀이의 특성 중 가장 분명한 것은 놀이는 내적 동기에 의해 발생한다는 것이다. 칭찬받기 위해 혹은 상을 받기 위해 노는 것도 아니다. 보상과 목적이 없는 내적 동기에 의한, 즉 자발성이 놀이의 중요한 특징 중 하나라는 것이다. 누구와 놀 것인지, 어디에서 놀 것인지, 무엇을 하고 놀 것인지, 누가 먼저하고 나중에 할 것인지, 규칙을 어떻게 정할 것인지 등 놀이과정에서 발생하는 수많은 선택 상황을 아동은 자유의지로 선택하며 논다.

문제행동을 보이는 아동은 대개 낮은 자기통제력을 갖고 있다. 자기통제력이란 상황에 맞게 자신의 행동을 조절하는 능력으로(Brody & Flor, 1997), 자신의 목적과 계획에 맞게 스스로를 통제하는 능력이다. 아동은 성장하면서 이러한 자기통제력을 키워 나가지만, 자기통제력이 낮은 아동은 적응상의 어려움을 보인다(김선희, 2014; 우소연, 박경자, 2009, 전숙영, 2009). 자기통제력이 낮은 아동은 놀이치료 과정 동안 놀이를 스스로 선택하는 자발성을 경험하고, 수많은 선택을 통해 성취감과 책임을 경험하여 자기통제력을 향상시킬 수 있다.

3) 상상력을 통한 자아 성장

아동은 극화 능력을 갖고 있다. 일상의 경험뿐 아니라 동화의 이야기나 자신의 환상을 놀이 속에 극적으로 풀어 낸다. 뿐만 아니라 아동은 현실에 존재하면서 환상의 세계를 넘나드는 능력도 갖고 있다. 하굣길 인도의 빨간 보도블록이 악어가 우글대는 강의 징검다리가 되기도 하며, 엄마가 먹여 주는 밥이 독수리가 되어 동굴로 변한 내 입속으로 들어오기도 한다. 무서운 엄마의 모습은 티라노사우루스처럼 보이고, 내 장난감을 뺏는 동생은 초원의 하이에나처럼 보인다. 그뿐이 아니다. 아동은 놀이 속에서 멋진 아버지가 되기도 하고, 대통령이 되기도 하며, 아이언맨이 되기도 한다. 즉, 아동은 놀이 속에서 상상하는 것은 무엇이든지 될 수 있다. 현실에서의 약점과 한계를 놀이 속에서 보완하고, 소원을 충족시키며(김광웅, 1999), 이를 통해 아동은 현실의 부족한 자기를 스스로 치유하고 힘을 얻는다.

4) 성취감 경험

아동은 놀이 속에서 자유의지로 놀이를 계획하고 주도하며 성취감을 맛본다. 모래성을 쌓는 아동에게 멋진 모래성의 완성은 중요치 않다. 파도가 밀려와 한순간에 모래성이 무너져도 아동은 깔깔 웃으며 다시 모래성을 만든다. 왜냐하면 아동에게 놀이의 결과는 중요치 않기 때문이다. 단지 실패의 두려움이 없는 안전한 놀이과정 속에서 주도적으로 자신의 능력을 미음껏 발휘하며 이를 통해 성취감을 경험하고자 하기 때문이다.

인간은 성취감을 경험함으로써 자기효능감을 갖게 되고 긍정적 자아를 발달시킨다. 인간이면 누구나 내면에 이러한 성취감에 대한 욕구가 있으나, 현실에서 상대적으로 약한 존재인 아동이 성취감을 경험하는 것은 쉬운 일은 아니다. 그러나 아동은 이러한 욕구를 놀이라는 안전한 환경에서 충족시키며 이를 통해 성장할 수 있다.

낮은 자존감과 부정적 자아상을 가진 아동은 놀이치료 과정에서 놀이 속에서의 성취감의 경험이라는 치유적 힘을 통해 긍정적 자아상을 발달시켜 나갈 수 있다.

5) 불안과 두려움의 극복

아동은 발달과정상 많은 불안과 두려움을 경험하며 이를 놀이를 통해 자연스럽게 해소하고 극복한다. 아동의 놀이에는 긴장과 불안이라는 주제가 담겨 있는 경우가 많은데, '무궁화 꽃이 피었습니다' '술래잡기' '얼음 땡' 등 긴장감이 고조되는 놀이를 흔히 발견할 수 있다. 또한 아동은 〈콩쥐팥쥐〉〈신데렐라〉〈빨간모자〉〈늑대와 일곱 마리 아기양〉 등 부모의 상실과 두려움이 고조되는 동화를 좋아한다. 왜냐하면 이러한 긴장과 불안은 '가짜'여서 안전하기 때문이다. Freud의 반복 충동의 개념에서 본다면 아동은 불안과 두려움을 반복해서 동화시키려는 욕구가 있으며, 이 때문에 아동은 '안전한' 불안과 두려움을 놀이 속에서 반복하여 현실의 두려움과 불안을 극복할 수 있는 힘을 얻게 된다. 이러한 놀이의 치유적 특성은 불안장애 아동의 놀이치료에 적용되고 있다.

6) 감정의 정화

현실에서 표현하기 어려웠던 감정들은 놀이 속에서 안전하게 표현될 수 있다. 카타르시스는 Freud가 고통스러웠던 어린 시절의 경험을 재구성하여 힘들었던 감정들을 배출하는 치료요법이다. 이완놀이치료에서는 이러한 놀이의 감정 정화 기능을 치료적으로 활용한다. 즉, 외상의 경험을 놀이로 재현하여 부정적 감정을 표출하게 함으로써 감정을 순화하고 조절하게 하여 극복하는 것이다. 건강한 아동도 일상에서 수동적으로 경험하는 스트레스를 놀이 속에서 무의식적으로 표현하여 배출시켜 버린다. 즉, 아동은 누구나 일상의 스트레스를 놀이의 감정 정화의 힘을 빌려 극복하고 성장해 나간다.

이와 같은 놀이의 감정 순화와 정화의 치유적 힘은 정서적 문제를 갖고 있는 아동의 놀이치료에 중요한 치료요인으로 작용한다.

3. 놀이치료의 환경

놀이치료가 이루어지는 환경은 놀잇감이 구비된 놀이치료실이라는 물리적 환경과 놀이치료자라는 인적 환경이다.

1) 놀이치료실

놀이치료실은 단순한 공간 이상의 의미를 가진다. 아동이 자신의 내적 갈등과 소원을 풀어내는 심리적 환경이자 안전하게 보호받는 피난처이기도 하다. 이런 의미에서 놀이치료실의 물리적인 환경 조건은 매우 중요하다. 일단, 따뜻하고 편안한 인상을 주어야 하며, 다양한 물리적 조건을 충족시켜야 한다.

(1) 시설

일단 놀이치료실의 크기는 안정감을 주는 데 중요한 요소다. 너무 큰 방이나 너무 작은 방은 안정감을 주지 못한다. 방이 크면 아동과의 거리가 멀어져 아동이 산만해지거나 불안해질 수 있으며, 너무 좁은 방은 치료자와 너무 밀착되어 있다는 느낌을 주어 불편감을 초래할 수 있기 때문이다. Landreth(2002)는 대략적으로 약 3.6×4.5m 크기가 놀이치료실의 크기로 적정하다고 주장한다.

또한 놀이치료실에는 창문이 없는 것이 좋지만, 있다면 부드러운 블라인드로 가려 놓는 것이 좋다. 이는 놀이실에서 일어나는 일에 대한 비밀 보장의 의미를 가진다. 바닥은 너무 고급스럽거나 사무실 같은 딱딱함을 주어서는 안 된다. 청소가 쉬운 비닐 장판이 가장 적절하다. 놀이치료실의 벽 역시 부드러운 회색이나 아이보리색을 띠도록 하여 안정감을 주는 것이 좋다. 놀이에 물을 활용할 수 있도록 싱크대를 구비하는 것이 좋다. 온수는 위험할 수 있으므로 밸브를 잠가 두고 찬물만 나오도록 하되, 많은 양의 물이 나오지 않도록 밸브를 반 정도 잠가 두는 것이 좋다.

놀잇감을 올려 두는 선반은 견고하고 튼튼해야 하며, 특히 넘어지지 않도록 벽에 단단히 고정되어 있어야 한다. 어린 시절 옷장 속이나 책상 밑에 들어가 놀았던 경험이 있듯이 아동은 가끔 놀잇감을 치우고 선반에 들어가는 경우가 있기 때문에 안전하게 설치하도록 한다.

(2) 놀잇감

Landreth(2002)는 놀잇감은 아동의 단어이고 놀이는 아동의 언어라고 하였다. 그러므로 놀잇감은 아동이 자신의 감정을 잘 표현하고 표출할 수 있으며, 자신을 잘 표현할 수 있는 것으로 선택되어야 한다. 〈표 13-1〉은 놀잇감 선택 시 고려해야 할 사항이다(Landreth, 2002).

〈표 13-1〉 놀잇감을 선택할 때 고려해야 할 사항

놀잇감의 선택 요건	내용
아동과 긍정적 관계 형성	아동의 놀이의 의미를 쉽게 이해할 수 있는 놀잇감 예: 가족관계를 알 수 있는 가족 인형
폭넓은 감정 표현	아동이 자신의 감정을 쉽게 표현할 수 있는 놀잇감 예: 손인형
실생활 경험 탐색	실생활의 경험을 표현할 수 있는 놀잇감 예: 병원놀이
제한점에 대한 현실 검증	허용되는 것과 되지 않는 것의 한계를 검증할 수 있는 기회를 주는 놀잇감 예: 다트
긍정적인 자기상의 발달	쉽게 조작이 가능한 놀잇감 예: 블록
자기이해의 발달	부정적인 감정의 표현이 치료자에게 수용되는 감정을 경험하도록 할 수 있는 놀잇감 예: 펀치백
자기조절 발달의 기회 제공	스스로 선택하고 결정할 수 있도록 하는 조작이 자유로운 비구조적 놀잇감 예: 모래, 물

〈표 13-1〉에서 보여 주듯이, 놀잇감은 여러 필수 요건을 충족시킬 수 있는 것들로 신중하게 선택되는 것이다. 이러한 요건을 충족시키는 놀잇감은 실생활 놀잇감, 공격성을 표출할 수 있는 놀잇감, 창의적 표현을 가능하게 하는 놀잇감, 정서적 해소와 이완을 가능하게 하는 놀잇감으로 구분된다(Landreth, 2002).

- 실생활 놀잇감: 내담아동이 일상생활에서 경험하는 다양한 감정과 욕구 등의 표현을 가능하게 해 준다(예: 가족 인형, 인형집, 소꿉놀이, 가게놀이, 병원놀이, 자동차, 비행기, 배 등).
- 부정적 감정표출을 돕는 놀잇감: 내담아동의 내면에 있는 부정적 감정이 놀잇감을 통해 표현되며, 이는 치료자에게 수용되는 경험을 가능하도록 해 준다(예: 공룡, 맹수, 악당, 군인, 총, 칼, 수갑, 펀치백, 점토 등).
- 창의적 표현 및 정서적 해소를 돕는 놀잇감: 내담아동이 놀이를 통해 자기조절을 경험하고 정서적 해소를 통한 이완 경험이 가능하도록 해 준다(예: 모래, 물, 블록, 물감, 점토 등).

이 외에도 놀잇감은 튼튼하고 복잡하지 않아야 한다. 쉽게 망가지거나 조작하기 어려운 놀잇감은 아동에게 불안감과 좌절감을 줄 수 있기 때문이다. 또한 놀이방의 구석에는 아동이 숨을 수 있는 안전한 피신처의 기능을 하는 장소가 있는 것이 좋다. 부드러운 담요나 쿠션을 깔아 두거나, 작은 텐트는 치료자로부터 분리와 자율성의 발달, 보호받는 의미 등으로 활용될 수 있다.

2) 놀이치료자

놀이치료자는 놀이치료에서 핵심이다. 놀이치료를 위한 물리적 환경이 완벽하게 구비되었다 하더라도 치료자의 역량이 부족하다면 이는 무용지물이 된다. 반대로, 물리적 환경이 다소 미비하더라도 치료자의 역량이 충분하다면 놀이치료는 성공적으로 진행될 수 있다. 아동의 발달과 심리적 문제 및 이에 영향을 주는 환경적 요인의 이해는 기본적으로 갖추어야 할 능력이다. 또한 아동의 가장 중요한 환경인 부모와 치료적 동맹관계를 맺는 능력도 갖추어야 한다. 때로는 부모교육 및 부모상담을 진행하거나 의뢰할 수 있으며, 가족치료도 안내할 수 있는 역량을 갖추어야 한다.

그러나 가장 중요한 놀이치료자의 역할은 내담아동과의 관계에서의 치료자의 역할이다. 놀이치료자는 내담아동에게 매우 특별한 성인이다. 놀이치료자는 내담아동에게 민감한 태도로 그들을 받아들이고 존중해야 한다. 이러한 태도가 내담아동이 놀이치료자를 다른 성인과 다른 '특별한' 성인으로 만들어 주기 때문이다(Landreth, 2002).

> ○○은 기차를 레일 위에 놓다가 말고 치료자를 빤히 쳐다본다. ○○은 곧 "선생님은 참 이상한 사람이에요. 학원 선생님도 아니고, 학교 선생님도 아니고……." 치료자는 ○○을 보며 미소 짓는다. "하여튼 선생님은 재밌고 좋은 사람인 것 같아요"
>
> −놀이치료 기록 中에서−

이 사례는 치료적 관계가 형성되어 가는 놀이치료의 초기과정에서 나타난 일화다. 아동은 이제껏 자신의 삶에서 경험한 '선생님'과는 다른 '특별한' 놀이치료자에 대해 지각하며 자신의 경험과 다른 새로운 관계를 만들고 있음을 깨닫는다. 즉, 놀이치료자는 내담아동에게 다른 성인과는 다른 차이를 만들어 줌으로써 새로운 건강한 관계의 경험을 가능하도록 해 주며, 해당 아동은 이러한 경험을 통해 성장하고 발달할 수 있게 된다. 이러한 놀이치료자의 아동에 대한 민감하고 수용적인 태도는 가장 기본적이며 중요한 놀이치료자의 역량이다.

4. 놀이치료의 유형

놀이치료는 여러 이론적 접근에 따라 그 강조하는 바가 다소 차이가 난다. 여기서는 놀이치료의 역사과정에서 처음으로 등장한 정신분석적 놀이치료와 놀이치료를 널리 보급하는 데 기여하였으며 아동상담에 가장 널리 적용되고 있는 아동중심 놀이치료에 대해 소개하고자 한다.

1) 정신분석적 놀이치료

(1) 정의와 특성

아동을 놀이대상으로 하는 정신분석적 놀이치료는 아동의 문제를 정신 역동적으로 평가하고 이해하여 아동에게 갈등과 불안을 야기하는 무의식적 요인들을 발견하여 해결하는 것으로 성인의 정신분석 치료과정을 포함하고 있다. 그러나 성인의 정신분석치료와 다른 점은 아동은 정신 심리 기제가 성장하고 발달하는 양상이 지속적으로 진행하는 과정을 동반하고 있다는 점이다. 즉, 아동은 그 시기에 따른 발달 과제가 있으며, 그들만의 독특한 심리적 특성과 행동양상을 보인다는 점에 주목하는데, 이러한 것이 다른 놀이치료와 다른 점이다(신석호, 2007).

정신분석적 놀이치료는 크게 두 가지 접근으로 나뉜다. 아동의 놀이에서의 해석을 강조하는 접근과 놀이과정 자체를 치료적으로 보는 접근이다. 전자는 전통적인 정신분석적 접근으로 아동의 놀이에 수많은 상징과 무의식적 공상이 나타나며 이를 통해 자신의 갈등을 표출하기 때문에 놀이치료자와의 상호작용을 통해 명료화하고 언어화하며 해석하는 것을 강조한다. 처음에는 전적으로 놀이에 의존하지만 치료가 진행됨에 따라 치료자의 해석을 중심으로 치료가 이루어진다. 그러나 아동은 언어적 발달이나 인지적 기능이 미숙하기 때문에 이러한 접근에는 한계가 있다.

후자는 놀이 자체가 갖는 치료적 힘에 관심을 갖고 놀이하는 과정 자체를 치료적으로 보는 관점으로 아동이 치료 상황에서 놀이를 통해 마음껏 상상의 나래를 펼치게 되면, 일상생활보다 더 유연하게 적응할 수 있으며 자신의 갈등을 자연스럽게 놀이와 연결할 수 있다고 본다. 따라서 치료 상황에서 정신분석가나 놀이치료자가 아동과 같이 참여하는 자발적인 놀이를 조장하고 촉진시키는 것이야말로 치료에 중요한 기여를 하는 것이라고 주장하였다(신석호, 2007). Winnicott의 '전이적 대상'(중간대상, transactional object)과 '전이 현상'의 개념으로 아동의 놀이를 설명하였는데, 아동의 놀이는 개인적이고 주관적인 영역과 외부 현실 사이를 연결하는 다리 역할을 하는 독특한 세계로서 아주 친밀한 관계에서만 공유할 수 있다고 하였다(Winnicott, 1958). 즉, 놀이 자체가 전이 현상인 것이다. 따라서 아동의 놀이를 해석하지 않아도 치료자가 아동의 놀이에 대해 공감적이고 비판적이지 않으며 일관되게 수용해 줌으로써 아동의 부정적 내적 표상이 바뀌게 되어 치료적이 된다.

이와 같이 살펴볼 때 정신분석적 놀이치료의 특징은 정신분석적이거나 또는 정신치료적 과정이며, 아동의 발달적 과정에 초점을 둔다는 것이다.

(2) 치료목표

정신분석적 놀이치료의 목표는 고착, 퇴행의 문제로 아동의 정상발달을 방해하는 원인을 해결하여 정상적인 발달경향성을 회복시키는 것이다. 성인의 정신분석과 달리 자신의 억압된 과거 기억을 직면하도록 하는 것이 아니라, 정신분석적 관점에서는 내담아동의 문제를 '갈등'과 '결핍'의 문제로 이해한다. 내적 갈등으로 인해 어려움을 겪는 아동의 경우는 발달적으로는 지체되어 있지 않기 때문에 전통적인 정신분석적인 기법, 즉 아동의 놀이를 해석함으로써 내적 갈등을 극복하도록 하는 것이 목표가 된다. 이를 통해 정상발달을 방해하는 고착, 퇴행, 방어 등의 원인을 탐색하고 이해하며 이를 해결하는 것이다(O'Connor & Braverman, 1997). 놀이치료 초기에는 아동의 내적 갈등이 놀이를 통해 표현될 수 있도록 유도하고 적절한 시기에 아동의 내적 갈등의 의미를 해석하여 치료한다.

그러나 발달상의 문제를 보이거나 미성숙한 자아를 갖고 있는 아동의 경우는 '결핍, 결함'의 문제로 본다. 이 경우는 언어적 발달이나 인지적 발달이 충분치 않기 때문에 아동의 놀이를 언어적으로 해석하지 않는다. 치료자는 공감적인 태도로 아동의 놀이에 적극 참여하고 이를 통해 아동의 발달을 촉진하도록 한다. 그렇기 때문에 발달지체가 심한 아동의 경우는 정신분석적 놀이치료에는 적합하지 않을 수 있다.

따라서 정신분석적 놀이치료의 궁극적 목표는 다음과 같이 요약될 수 있다(Schaefer, 2011).

- 행동이나 증상의 변화뿐 아니라 아동의 내적 갈등의 보다 본질적인 측면에 대한 변화를 추구한다.
- 아동이 자기 발견을 하여 자기 생활을 책임질 수 있도록 한다.
- 발달과업을 달성하여 건강한 발달을 시작할 수 있도록 한다.

(3) 치료기법

정신분석적 놀이치료에서는 치료자와 아동 간의 치료적 관계를 중시한다. 내담아동이 자신의 내적 갈등과 욕구를 놀이로 표현하기 위해서는 치료자와 아동 간의 친밀감을 바탕으로 한 안전한 심리적 환경이 우선되어야 하기 때문이다. 따라서 치료실은 물리적 환경 그 이상의 의미로, 아동이 두려워하던 결과 없이 마음속에 지니고 있는 욕구들이 표현되고 보호받는 심리적 공간(Loewald, 1987)이며, 이를 가능하게 하는 것은 치료자와 아동 간의 치료적 관계다. 그러나 안전하고 수용적인 치료적 분위기만으로는 부족하다. 정신분석적 놀이치료 과정에서 나타나는 치료자의 역할과 기법을 살펴보면 다음과 같다.

① 버텨 주기

정신분석적 놀이치료의 일차적 목표는 아동이 자신의 생각, 느낌, 소망을 놀이를 통해 능동적이고 간접적으로 표출하도록 하는 것이다. 이를 위해서 치료자는 아동이 놀이실에서 기물파손, 자해나 자살과 같은 위험한 상황을 제외하고는 최대한 자유롭게 놀도록 한다. 이러한 과정 속에서 정신분석적 놀이치료자는 아동을 '치료적으로 버텨 주려고' 노력한다(김은정 역, 2014). 치료자는 어머니가 하듯이 내담자의 심리적 고통을 담아 줄 큰 그릇이 되어 이를 담아 내고 버텨 주어야 한다. 아동과 함께 버텨 내어 주며 지켜봐 줌으로써 아동은 수용받는 안전한 분위기 안에서 자신의 경험을 탐색하고 지각하며 진정한 자기를 만날 수 있게 되는 것이다.

② 공감적 반영

내담아동을 버텨 줌과 동시에 치료자는 아동의 놀이에 대해 공감적으로 반영하여 아동이 자신의 갈등, 방어, 불안을 놀이로 표현할 수 있도록 돕는다. 치료자의 공감적 반영을 통해 내담아동은 자신이 이해받는 것을 기뻐하게 되고, 반대로 치료자가 공감적 반영을 놓치게 되면 내담아동은 무시받거나 거부당한 느낌을 받게 된다.

상담실을 찾은 내담아동은 자신의 갈등과 감정에 대해 주변 환경에서 지속적으로 거부당해 온 경험을 갖고 있다. 내담아동의 내적 갈등과 같은 복잡하고 어려운 감정들에 민감하게 치료자가 공감적 반영을 해 줌으로써 아동은 자존감을 향상시키게 되고 보다 건강한 자기를 발달시킬 수 있게 되는 것이다.

③ 명료화

정신분석 치료자는 아동의 놀이를 통해 그들의 무의식을 이해할 수 있게 되는데, 아동의 놀이가 반복되는 양상이 있을 때 치료자는 이를 명료화한다. 아동의 놀이 속에서 반복되는 행위나 반복되는 인물의 욕구 및 감정들을 명료화한다. 만약 내담아동이 자동차 놀이를 하면서 공사차, 경찰차, 소방차, 군인차 등으로 분류하면서 일렬로 나열하거나, 음식점 놀이를 하면서 음식재료들을 과일, 채소 등으로 나누거나, 블록놀이에서 색깔별로 구분하는 놀이를 반복한다면, 치료자는 "정리하는 것은 너에게 매우 중요한 것이구나."라고 언어적으로 명료화해야 한다.

이러한 치료자의 언어적 반응을 통해 아동은 자신의 내적 감정과 욕구, 생각들을 언어적으로 의사소통할 수 있는 방법을 배우게 된다.

④ 해석

아동의 놀이를 처음부터 해석하는 것은 치료적이지 않다. 앞서 언급하였듯이, 아동이 놀이 속에 자신의 갈등과 욕구를 안전하게 표현할 수 있도록 치료적 관계가 형성된 뒤에 조심스럽게 이루어져야 한다. 만약 아동이 준비가 되지 않은 상태에서 해석에 직면하게 되면 아동은 불안감을 느끼게 되어 놀이를 통한 의사소통을 중단하게 될 것이다(O'Connor & Braverman, 1997).

치료자의 역할은 아동이 장난감이라는 수단을 통해 자신의 갈등을 연기해 내도록 하는 것이며(Sandler, Kennedy, & Tyson, 1980), 아동이 놀이에 초대하면 참가하거나 뒤에서 관찰하는 것이다. 해석이 적절한 시기와 장면이 되었을 때 치료자는 아동의 놀이 속에 등장하는 인물을 통해 은유적이고 상징적으로 놀이 상황에 국한하여 해석한다.

2) 아동중심 놀이치료

(1) 정의와 특성

아동중심 놀이치료는 Axline(1947)이 Rogers의 인간중심 이론을 아동상담에 가져와 비지시적 놀이치료에 적용한 것을 시작으로 Garry Landreth에 의해 발전하였다. 아동중심 놀이치료란 용어 그대로 치료는 '아동을 중심으로' 이루어진다. 이 말의 의미는 치료자의 관점이 아닌 오롯이 아동의 관점에서 아동 스스로 자신을 치료적으로 이끄는 힘을 따라간다는 의미다. 그렇기에 치료자는 아동의 변화를 위해 그 어떤 것도 주도하지 않으며, 오로지 자아를 발견하려는 아동의 힘든 여행을 함께 떠나는 동료일 뿐이다. 아동을 위해 무엇인가를 해 주는 것이 아니라 '같이 있는 것, 함께하는 것'이 중요하다.

아동중심 놀이치료는 Rogers의 인간중심 이론을 근간으로 하기 때문에 아동을 내담자가 아닌 '인간 그 자체'로 보는 것에 초점을 두고 이러한 입장이 놀이치료의 전 과정에 영향을 준다. 아동의 선천적인 성장 잠재력에 대한 믿음을 가질 때 가능한 이러한 태도는 아동중심 놀이치료가 얼마나 어려운지 짐작하게 해 준다.

> 아동중심 놀이치료는 놀이치료자가 놀이치료실에 들어갈 때 입고 나올 때 벗는 외투가 아니라, 아동과의 관계 안에서 살아가는 삶의 태도와 행동에 대한 기본 철학이다(Landreth & Sweeny, 1997).

아동중심 놀이치료를 이해하기 위해서는 제6장에서 살펴본 Rogers의 인간중심 이론의 주요 개념인 유기체, 자기, 현상학적 장, 자아실현 경향성의 개념에 대해 다시 살펴볼 필요가 있다. 인본주의에서는 인간의 신체·정서·행동·사고가 상호작용하는 유기체라고 보며, 아동중심 놀이치료 역시 아동을 그렇게 바라본다.

아동중심 놀이치료자는 이러한 인간중심적 철학을 갖고 놀이치료 상황에 임해야 하며, 아동의 문제 해결에 초점을 두기보다는 아동과의 인간 대 인간으로의 참 관계를 맺을 때, 즉 치료적 관계를 성공적으로 맺을 때 비로소 아동은 진정한 자기를 만나고 자기를 수용·신뢰하며 주도적이 되어 치유의 방향으로 스스로를 나아가게 한다는 것이다. 따라서 치료의 성공과 실패는 놀이치료자가 아동과 얼마나 치료적 관계를 잘 발달시키고 유지하느냐에 달려 있다.

(2) 치료목표

사실 아동중심 놀이치료의 철학과 치료목표라는 개념은 어울리지 않는다. 목표라는 것은 특별하고 구체적이며, 다소 평가적인 의미를 갖고 있기 때문이다. 아동중심 놀이치료의 가장 큰 핵심은 치료자가 아동이 스스로 자신을 변화시키고 성장시킬 내적인 능력을 갖고 있음을 신뢰하는 것이다. 즉, 아동을 목표에 도달하였는지를 평가하는 대상이라기보다는 이해되어야 할 '인간'으로 본다.

이와 같이 아동에 대한 치료자의 신뢰 속에서 놀이치료를 경험하는 것은 아동이 자기를 발견할 수 있는 현상학적 장이 되고, 아동의 행동은 자기개념과 일치할 수 있게 되며, 놀이치료 경험은 자기개념의 긍정적인 변화를 촉진한다. 따라서 아동중심 놀이치료의 목표라는 것은 아동이 스스로 자기 실현을 향해 나가는 내적인 자기-지시 노력과 일치하므로, 다음과 같은 일반적인 치료목표를 세울 수 있다(Landreth, 2002).

- 긍정적인 자기 개념 개발하기
- 자기 책임 갖기
- 자기 주도적으로 되기
- 자기 수용적으로 되기
- 자기 신뢰적으로 되기
- 자기 결정적인 의사결정에 참여하기
- 통제감 경험하기
- 대처 과정에 민감해지기
- 평가의 내적 준거를 개발하기
- 자신에 대해 신뢰하기

(3) 치료기법

다음은 아동중심 놀이치료에서 치료자가 아동과의 치료적 관계를 형성하기 위한 기법들이다. 기법을 습득하고 연습하기에 앞서 아동중심은 치료적 관계가 치료적 힘으로 작용하는 것을 강조하기 때문에 다음의 기법은 치료자의 '인본주의적 태도' 그 자체임을 명심해야 한다.

① 비언어적 행동 이해하기(tracking)

놀이치료실에서 아동이 비언어적 행동으로 놀이할 때 치료자가 관계를 형성하기 위해 질문을 하거나 또는 아무 반응도 하지 않는다면 아동은 치료자에게 이해받고 있다는 느낌을 전달받을 수 없다. 아동이 비언어적 놀이를 할 때도 치료자는 이를 관찰하고 언어적으로 반응해 주는 것이 매우 중요한데, 이로써 아동은 치료자가 자신의 세계에 관심을 갖고 있으며 이해하려 하고 있고, 함께하고 있다는 느낌을 받을 수 있기 때문이다.

- (너는) 그걸(기차) 거기(레일) 위에 놓는구나.
- (너는) 그걸(블록) 쌓고 있구나.
- (장난감을 잡지 못하고 쳐다만 보는 아동에게) 그쪽에 여러 가지 장난감이 있구나.

아동의 비언어적 놀이를 너무 자주 말하는 것은 마치 스포츠 중계와 같은 느낌을 전달할 수 있다. 반대로 너무 반응하지 않는다면 아동은 치료자에게 관심을 받지 못한다고 느낄 것이다. 치료자 역시 적절한 비언어적 행동(미소짓기, 끄덕이기 등)으로도 반응할 수 있으며, 비언어적 행동을 읽어 주는 언어적 반응이 적절히 이루어져야 한다. 즉, 아동의 행동을 언어적으로 반영해 주는 이유는 치료자가 아동의 세계를 이해하고 관심 있다는 메시지를 전달하기 위함이므로 기술적인 것이 아닌 태도임을 명심해야 한다.

② 감정 · 사고 · 내용 반영하기

치료자는 아동의 놀이에 나타난 감정과 사고, 놀이의 내용을 반영해 주어야 한다. 이는 아동에게 치료자가 아동의 말에 귀를 기울이고 있으며 너를 이해하고 있고 수용한다는 메시지를 전달하는 것이다. 동시에 아동은 치료자의 반영을 통해 자기이해를 할 수 있는 기회를 제공받게 된다.

아   동: (높이 쌓은 블록을 넘어뜨리며 웃는다.)

치료자: 블록을 무너뜨리는 것이 무척 재미있구나.

아   동: (아이스크림 가게 놀이를 하며) 이 아이스크림은 엄청 맛있어요. 근데 공짜예요. 엄청 좋
          겠죠?

치료자: 맛있는 아이스크림이 공짜라니, 그건 아주 행운이라고 생각하는구나.

아   동: (모래상자 위에 놓은 공룡들 위에 모래를 뿌리며) 모래바람이 불어서 다 사라져요.

치료자: 모래바람은 다 사라지게 하는구나.

아동의 놀이에 민감하게 내용과 감정에 대한 반응을 하는 것은 쉬운 일이 아니다. 놀이치료자가 범하기 쉬운 실수 중의 하나는 감정을 반영해야 할 때 내용을 반영하고, 내용과 사고를 반영해야 할 때 치료자의 평가나 호기심을 함께 말한다는 것이다. 치료자의 조바심이나 불안, 호기심 등은 치료적 반영의 실패 원인이 된다. 아동에 대한 흔들리지 않는 믿음을 바탕으로 인내하는 과정 속에서 치료자는 마침내 아동의 관점을 이해할 수 있게 되며, 그때 진정한 치료적 반영이 가능하게 된다. 아동은 이러한 치료적 반영을 통해 이해되고 수용되는 느낌을 경험하고 자기를 온전히 탐색하며 발전할 수 있다.

③ 의사결정권과 책임감 촉진하기

자율성은 아동이 발달적으로 성취해야 하는 중요한 능력이다. 그러나 많은 부모는 자녀를 위해서라는 명목하에 자녀의 생각과 행동을 결정해 주며 실수의 경험을 통해 배울 수 있는 기회를 앗아 버린다. 놀이치료실을 찾는 아동은 종종 놀이치료실에서 무엇을 갖고 놀지, 어떻게 갖고 놀지, 어떤 놀이를 할지 치료자에게 물어보고 도움을 요청한다. 아동 스스로 의사결정권을 행사하고 책임감을 갖는 경험을 해 보지 못한 것이다. 결국 아동은 자신의 행동에 대한 책임을 스스로 질 수 없게 되며, 이는 결국 자신을 통제하고 조절하는 능력에 문제를 줄 수 있게 만든다.

그러므로 놀이치료 상황에서 치료자는 아동이 스스로 선택하고 결정하며 그에 따른 책임감을 가질 수 있도록 격려해 주어야 한다. 이러한 상호작용 속에서 아동은 의사결정과 책임감을 학습할

기회를 경험하게 되고, 자신의 생각과 행동에 좀 더 주도적이 되며 통제감을 발휘할 수 있게 된다.

> 아　동: 이거 갖고 놀아도 돼요?
> 치료자: 여기에서 네가 원하는 것을 결정하는 사람은 너란다.

④ 치료적 제한 설정하기

제한이 없는 치료는 불가능하다(Moustakas, 1959). 실생활의 관계에서 역시 제한이 없는 관계는 가치 없는 것이다. 제한은 치료관계를 안정적으로 구조화해 주며, 놀이치료실에서의 경험을 실제 생활과 연결시켜 준다.

놀이치료자에게 제한 설정이라는 것은 다소 부담스럽고 어려운 문제다. 치료자 스스로 제한 설정의 상황이 오면 내담아동과의 치료적 관계에 해가 될까 하는 불안감에 주저하게 된다. 반대로 내담아동의 공격적 행동을 처벌한다는 느낌을 전달하는 식의 제한을 하는 실수를 범한다. 어떻게 하는 것이 치료적 제한일까?

아동중심 놀이치료의 '수용'은 '허용'의 의미는 아니라는 점을 명심해야 한다. 그 감정과 느낌은 수용하지만 행동은 '허용'되지 않는다는 메시지를 전달하는 것이 치료적 제한이다. 즉, 허용되는 구조화된 제한을 명확히 주는 것은 아동으로 하여금 스스로를 통제할 수 있고 선택권을 가질 수 있도록 만든다. 결국 아동은 자기통제를 스스로 경험할 수 있고 이를 통해 자기통제력을 배우게 되는 것이다.

제한 설정은 다음과 같은 것을 가능하게 한다.

- 아동을 보호한다.
- 치료자를 보호한다.
- 놀잇감과 놀이치료실을 보호한다.
- 놀이치료 회기에서 현실로 잇는 역할을 한다.
- 놀이치료 회기를 구조화한다.
- 사회적으로 허용하지 않는 행동을 제한한다.
- 아동이 자기 통제력을 학습한다.

이러한 이유로 제한 역시 치료이며(Landreth, 2002), 제한은 구체적이고 일관적이어야 하고, 그 상황에 즉각적으로 이루어져야 한다. 이를 위해서 제한을 설정하는 단계가 있는데 그 내용은 다음과 같다(Landreth, 2002).

- 1단계: 아동의 감정 인정하기

  아동의 감정을 수용하고 이해하는 것만으로도 아동의 강한 감정은 완화될 수 있다.

- 2단계: 제한 설정하기

  그러나 모든 행동이 수용되는 것이 아님을 전달하여야 한다. 간단하지만 명확한 제한을 전달함으로써 아동은 자신의 허용 가능한 행동의 범위를 알게 된다. 단, 주의할 점은 '~해서는 안돼!'라는 행동의 금지라는 의미보다는 '~는 하는 것이 아니란다'와 같은 사실적 설명으로 전달되어야 한다는 것이다.

- 3단계: 대안 제시하기

  치료자는 아동에게 허용되는 대안을 제시하고 아동이 이를 선택하도록 하여 아동 스스로 자기 통제력을 발휘할 수 있는 기회를 준다. 결국 아동은 자신의 욕구를 허용되는 방법으로 표현할 수 있게 된다.

다음은 제한설정 3단계의 예다.

〈물감을 바닥에 칠하려고 하는 아동에게〉
나는 네가 물감을 칠하고 싶어 하는 걸 안단다(1단계).
하지만 벽은 물감을 칠할 수 있는 곳이 아니야(2단계).
도화지에 물감을 칠할 수 있어(3단계).

⑤ 격려하기

흔히 칭찬은 아동에게 좋은 것이라고 생각한다. 물론 칭찬은 아동을 변화시키기도 한다. 그러나 칭찬은 평가적인 요소를 갖고 있기 때문에 아동이 점차 자신의 가치가 외적인 평가에 의하여 달라질 수 있다고 느끼게 된다. 결국 아동은 '잘했다' '착하구나'와 같은 칭찬을 듣기 위해 행동하며,

이는 아동이 진정한 자기의 가치를 발견하는 것을 방해하는 것이 된다.

　이와 달리 격려는 아동의 노력과 과정을 인정하는 것이다. 즉, 아동의 내적 동기의 과정을 인정함으로써 아동은 스스로의 노력과 성취감에 기뻐할 수 있게 되는 것이다.

잘했다. (×)	→	열심히 했구나. (○)
진짜 높이 쌓았다. (×)	→	네가 쌓은 탑이 자랑스럽구나. (○)
공룡 박사구나. (×)	→	공룡에 대해 많이 아는구나. (○)

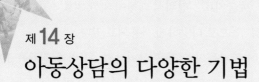

제 **14** 장
아동상담의 다양한 기법

1. 미술치료

1) 미술치료의 정의 및 주요 개념

미술치료란 전문 미술치료사의 도움으로 미술재료를 사용하여 자기표현과 성찰을 하는 것 (Wood, 1998)으로 미술치료의 궁극적인 목적은 심신의 어려움을 겪고 있는 사람들을 대상으로 다양한 미술작업을 통해 그들의 심리를 진단하고 치료하는 데 있다.

미술(art)은 인류의 역사와 더불어 시작되어, 인간의 문화적 · 사회적 · 인격적 발달과정을 보여 주는 시각예술로서, 인간의 삶과 밀접한 관계를 지니고 있다. 인간은 누구나 잠재된 창조성을 가지고 있으며, 태어나서 첫 번째로 하는 표현작업이 미술이다. 이처럼 미술은 인간의 심리적 · 정서적 · 교육적 · 사회적 영역 등 전반의 발달에 영향을 준다. 또한 미술을 통해 개인의 심리적 상황과 실존적 물음, 창조적 표현 등을 자연스럽게 표현할 수 있다. 미술활동을 통해 개인이 처한 삶의 어려움을 표현하고 수용하며, 삶에 대한 용기와 지지를 얻을 수 있다(Schafer, 1973).

이러한 미술과 치료라는 두 영역에서 탄생한 미술치료는 이론적 관점과 방법적 관점이 학자마다 다르기 때문에 한 가지의 개념으로 정리하기는 어렵다. 그러나 미술치료는 일반적으로 의학적 기준, 심리학적 기준, 교육학적 기준, 인간학적 기준에 따라 분류되어 발전되고 있으며(Menzen, 1994; Rubin, 1999), 학자들의 관점에 따라 '예술치료' '창의적 매체에 의한 치료' '표현치료' '창의성 치료' 혹은 '미술매체에 의한 심리치료' 등으로 다양하게 사용되고 있다.

미술활동의 심리치료적 속성에 비추어 학자들의 입장을 살펴보면, 첫 번째 견해는 1940년대의 Margaret Naumburg의 이론으로 치료에 중점을 두는 입장인 '치료에서의 미술(Art in Therapy)'이다. Naumburg는 처음으로 미술치료를 심리치료의 독특한 형태로 기술한 사람 중 한 명이다. 그녀는 정신분석적 시각에 동조하여 무의식의 이미지를 드러내기 위한 방법으로서 미술표현을 인식하게 하여, 내담자에게 자신의 꿈과 이미지를 단순히 언어만으로 표현하게 하기보다는 그림으로 그리게 함으로써 Freud의 개념을 한 걸음 더 발전시켰다. Freud와 Jung, Sullivan의 영향을 많이 받아 치료자와 환자 사이의 치료적 관계 형성, 전이와 역전이의 해결, 자유연상, 자발적 그림표현과 해석, 그림의 상징성 등을 중시하여, 심리치료 과정에서 그림을 매개체로 이용하였다.

두 번째 견해는 1950년대의 Edith Kramer의 미술을 중시하는 입장으로, 미술표현의 활동과정을 통해 부정적이고 파괴적인 에너지가 분출함으로써 에너지가 감소되고 전환된다는 견해다. 미술활동 과정이 치료적이라는 '치료로서의 미술(Art as Therapy)'이다. Kramer는 단지 시각적으로 상징화된 회화의 의사소통이 아니라 창조성을 미술치료 과정으로서 강조했다. 미술표현은 직접적으로 갈등을 해결하지는 않지만, 새로운 태도와 감정을 표현하고 철저히 따져 볼 수 있는 기회를 제공한다. 미술활동은 상상력을 동원하여 진실하고 자발적으로 자기 자신을 표현하는 기회이며, 개인적인 변화와 감정적 보상, 성취감으로 이끌어 가는 경험이 된다. 이러한 시각에서 보면 창조적인 작업과정 그 자체가 제작 경험의 성장과 건강 증진을 가능하게 한다.

즉, 환자는 미술작업 과정에서 자신의 원시적 충동이나 환상에 접근하면서 갈등을 재경험하고 자기훈련과 인내를 배우는 과정 속에서 그 갈등을 해결하고 통합한다는 것이다. 치료자의 역할은 환자가 만든 작품을 해석하는 것이 아니라 승화와 통합과정을 도와주는 것이라고 하였고, 작품을 만드는 과정 자체를 치료라고 보았다.

세 번째 견해는 1960년대의 통합적 입장이다. 미술과 치료의 두 가지 측면 모두를 중요시하는 것으로, 치료적 측면과 창조적 측면을 모두 내포한다.

치료자들이 미술치료를 할 때 그들 자신의 철학과 개인적인 요구 및 목표에 따라 어떤 하나의 입장이 더 강조될 수도 있다.

2) 미술치료의 목적 및 치료적 가치

미술치료의 본질은 '미술을 매개로 내담자를 치료하는 것'이다. 그림 그리기를 통해서 자유롭게 내담자의 내면세계를 표출하게 하고, 이를 통해 내담자의 내면세계를 이해하며 보다 적응적인 상태로 이끌어 가는 치료방법이다. 미술작업을 통하여 개인의 정서적 갈등과 심리적인 증상을 완화시킴으로써 한 개인이 원만하고 창조적인 삶을 살아갈 수 있도록 도와준다.

따라서 미술치료는 이러한 창작을 통한 내면세계의 외면화 과정 속에서 개인의 갈등적인 심리 상태나 정서 상태를 파악하고, 이에 연루된 갈등관계에 있는 심리적 · 정서적 요소를 창작이라는 과정을 통하여 조화롭게 해결하도록 도와줌으로써 개인의 심리적인 갈등을 완화시키거나, 병리적인 정신구조를 재편성하게 하는 목적을 갖는다.

미술치료에서 미술은 강력한 치료적 힘을 가지는데, 이를 정리하면 다음과 같다.

첫 번째 속성은 내면의 시각화로, 내담자가 미술작업을 통해 자신의 내면을 눈으로 볼 수 있게 된다. 외상의 경험이 이미지로 마음속에 기호화되고 미술표현을 통해 부담스럽지 않은 방법으로 무의식을 끌어내어 외상에 대한 이미지를 표현하도록 한다. 미술과 꿈의 시각적 상징을 중요하게 생각했던 Carl Jung은 기분이나 문제를 형상화하거나 꿈이나 그림을 통해 이미지를 재현함으로써 그 속에 내재된 감정을 경험하고 보다 깊고 분명하게 이해할 수 있다고 하였다.

두 번째 속성은 감각적 경험이다. 미술활동은 다양한 수공적 활동으로, 그림을 그리고 색칠하고 조각하는 활동은 정신 운동적 경험이기도 하다. 이러한 경험들은 재료에 따라 시각, 촉각, 움직임, 청각 등을 포함하는 감각적 활동으로 감각을 자극하고 활성화시키며 증폭시킨다. 감각은 감정으로 처리되기 이전의 정보이며, 영유아기 감정이 분화되기 이전 감각기능을 통해 나를 경험한다. 그러므로 내담자의 정신 구조 깊은 곳에 도달하기 위해서 감각을 활성화시키고 감각적 자료를 다룰 필요가 있다.

세 번째 속성은 거리두기다. 미술작품은 구체적인 실제 대상으로 만들어져 존재하므로 축소된 현실에 대한 조망권을 가질 수 있다. 이러한 거리두기는 외상적인 이미지와 관련된 강력한 정서로부터 거리를 가질 수 있도록 해 준다(Howard, 1990). 고통스러운 기억이나 감정을 미술작품으로 만들었다면, 시각적으로 구분되는 외현화(externalization)된 대상이다. 따로 구분되어 나온 외현화는 정서적으로 거리두기를 가지게 되므로 문제를 다루기가 더 용이하다.

네 번째 속성은 미술의 담아 내는 기능(container)이다. 아직 조절되지 않는 강력한 감정들은 이것이 무엇인지 알지 못하며, 찰흙을 만지작거리고 그림을 끄적이면서 점진적으로 쏟아 내기 시작한다. 미술재료들은 이러한 감정들을 받아들이고 형상을 부여한다. 자신의 감정이 형상으로 구체화되면서 감정은 이름을 가지게 되고 의미를 지니며, 내담자는 자신의 감정을 바라볼 수 있게 된다.

다섯 번째 속성은 감정해소(카타르시스, 정화)에 효과적이라는 것이다. 여러 형태의 미술작업은 괴롭고 고통스러운 감정으로부터 안도감을 느끼게 해 주고 자신의 감정을 표현하게 하는 정화기능이 있다. 창조적인 활동을 통해 기분을 환기시키고 이완시키는 생리학적인 반응을 일으켜 두려움이나 스트레스를 완화할 수 있다.

여섯 번째 속성은 미술작품의 창작이다. 미술은 역사적으로 인간의 기본족인 욕구인 '특별한 것을 만들어' 장식하고 꾸미기 위해 사용되어 왔다. 자신의 손으로 직접 무엇인가를 만들 수 있다는 창조의 과정은 자신의 여러 부분을 통합하고 표현할 수 있도록 도와준다. 미술활동을 통해 활력과 즐거움을 주는 흥미를 경험하고, 창조적으로 문제를 해결하는 직관을 갖게 되며, 자아실현을 이루고, 좀 더 융통성 있는 태도를 가지게 된다. 또한 미술활동을 통해 새로운 관점과 표현방법 그리고 새로운 생각을 탐구하게 된다.

일곱 번째 속성은 상호관계를 형성한다는 점이다. 미술치료의 효과는 작품제작자와 치료자의 관계에 따라 달라진다. 치료자는 내담자의 미술재료에 대한 탐구를 지지하며 안내하고 개개인의 이미지와 내용을 검토하도록 도와준다. 또한 작품제작자의 창의적인 표현에 공감하는 반응을 통해 만족스러운 미술작품이 완성되며, 치료자와의 진정한 관계는 치료로서의 미술활동의 잠재성을 증가시킨다. 또한 집단미술활동은 자신의 작품을 공유하고 다른 사람의 창의력에 영향을 주고받으며 개인의 변화에 대한 가능성을 열어 두는 것이다.

여덟 번째 속성은 미술은 인식의 방법이라는 것이다(Allen, 1995). 그림을 그리면서 자신의 믿음을 탐구하기 시작하고 창조적 잠재성과 즐거움의 근원을 확인하거나 우울과 고통의 원인을 찾을 수 있다. 미술은 미술이 가진 모든 차원에서 개인적 감정, 생각, 경험, 가치, 믿음을 이야기할 수 있게 한다. 미술로 이런 것들을 표현하는 과정 중에 우리는 새로운 시각에서 자신을 이해하는 방법과 시각을 변화시킬 수 있는 기회를 갖게 된다.

이처럼 미술은 치료로서의 강력한 힘을 가지고 자기 자신을 알아 가기 위한 뛰어난 방법이다.

3) 미술치료의 특성

미술치료에서 미술활동은 매개체를 통하여 편안하게 풀어 낼 수 있도록 도와준다는 장점이 있다. 또한 심리적인 불안감을 완화시켜 주고 육체적 고통 또한 덜어 주며 내담자와의 면담과 치료를 통하여 자아 성장을 촉진한다. 미술치료를 함에 있어 치료사의 관점, 치료 대상, 공간 그리고 치료 대상자의 심리증상에 따라 다양한 관점을 갖게 되지만, 일반적인 미술치료의 특성은 다음과 같다(Wadson, 1980).

첫째, 미술은 심상의 표현이다. 인간이 삶의 초기에 경험한 내용은 중요한 심상의 요소가 되며, 그 심상은 개인의 성격 형성에 중요한 역할을 한다. 미술치료에서는 꿈, 경험, 환상이 말로 해석되기보다는 심상으로 그려진다. 말이라는 형태를 취하기 전에 심상으로 사고한다. 인간의 심상은 주관적인 내적 경험이 그대로 마음의 형상적 모습으로 나타나며 미술이 심상의 표현을 돕는 데 유용하다.

둘째, 미술은 방어를 감소시킨다. 미술은 비언어적 수단으로 주로 미술활동을 통해 표현되기 때문에 부담이 적고 자기방어의 영향과 의식의 통제를 적게 받는다. 의식의 의도와는 완전히 반대이기도 한 창조적 표현을 통해 새로운 인식과 통찰, 성장으로 유도되기도 한다.

셋째, 구체적 유형의 자료 미술활동은 시각적 · 촉각적인 결과물을 남긴다. 결과물을 창조해 나가는 과정 자체가 치료적 의미를 가지며, 결과물을 통해 문제나 갈등을 재인식하고 바람직한 방향으로 나아가도록 도움을 준다. 저항적인 내담자의 경우 내담자를 직접 다루기보다는 결과물(내담자의 그림)을 통해 접근할 수 있다. 또한 내담자의 감정, 사고 등이 구체적으로 표현되므로 시간이 흐르면서 자신의 작품을 통해 개인의 실존을 깨닫기도 한다.

넷째, 미술은 자료의 영속성이 있어 회상이 가능하다. 미술작품은 그림이 지속적으로 남겨지게 되고 보관이 가능하므로 필요한 시기에 재검토하여 치료의 효과를 높일 수 있다. 미술활동을 통해 남겨진 결과물들은 치료 종결 시에 결과물들을 통한 회상과 통찰, 마음의 재정리 등의 중요한 역할을 한다. 또한 내담자 기억의 주관적인 왜곡을 방지하며, 치료의 과정을 한눈으로 이해할 수 있다.

다섯째, 미술은 공간성을 지닌다. 언어는 순서에 따라 의사소통방식이 이루어지지만 미술은 규칙성과는 상관없이 자율적인 특징이 있다. 미술은 내담자가 원하는 것을 즉각적으로 표현하여 상황, 감정, 장소 등의 관계가 한 공간 속에서 동시에 자율적으로 표출된다.

여섯째, 미술치료는 창조적 형태를 나타내며 건강한 에너지를 촉진시키는 데 도움을 준다. 미술치료를 시작하기 전에 내담자는 심신이 약한 상태이지만, 미술활동을 진행하면서 토론 및 감상 등의 과정을 거치며 다소 심리적 변화가 일어나 활기를 띠는 양상을 보이게 된다. 이것은 단순한 신체적 변화가 아닌 창의력에서 나온 에너지의 발산으로 해석된다. 큰 원을 그리는 팔의 움직임, 못을 박거나 흙을 내리치는 공격적인 행동, 세밀한 작업을 위한 조심스러운 손놀림과 호흡의 조절 등 미술매체가 가진 촉각적 체험을 통해 신체적 차원에서의 경험을 환기하게 되며, 자유롭고 다채로운 미술활동을 통한 신체적 에너지를 발산시켜 미술활동 자체가 주는 감각적 움직임에 대한 기쁨을 만끽할 수 있다. 이러한 미술활동 과정으로 만들어진 내담자의 작품은 내담자로 하여금 경험을 통한 큰 만족감을 불러일으키고 자신감을 고취시킨다.

4) 미술치료의 실제

(1) 아동미술치료의 대상과 목적

미술치료의 대상은 보통의 아동을 포함하여 경미한 정신적 · 심리적 문제로 인해 정상적인 궤도에서 일탈한 아동 그리고 장애를 가진 아동으로 나눌 수 있다. 미술치료는 아동의 자아 성장을 돕는 동시에 경미한 문제 행동이지만 방치하여 장애로 발생하는 것을 예방할 수 있다. 장애아동에게는 병의 악화와 2차적으로 발생할 수 있는 장애를 막기 위한 치료적 차원에서 미술치료가 필요하다.

① 예방적 차원의 목적

정상아동을 위한 미술치료의 목적은 교육의 내재적 목적과 비슷하다. 즉, 아동이 성장하면서 갖추어야 할 지적 · 도덕적 · 미적 가치를 포함하여 사회구성원으로서 더불어 살아가기 위해 필요한 요소들을 배우는 것이다. 그러나 정상아동 중에 이러한 교육적인 목적을 충족시키지 못하고 적응하지 못하여 주변을 배회하며 소소하게 문제행동을 일으키는 아동이 있다. 이러한 아동은 대개 가정과 주위 환경에 영향을 받으며, 자신의 나이에 맞는 자율성과 독립성이 부족하여 타인에게 의존하려는 경향 또는 유아독존적인 성격으로 또래와의 관계에서 소외를 받기도 한다. 이러한 아동에게 미술치료는 자존감과 사회성 함양을 목적으로 매우 좋은 결과를 기대할 수 있다.

② 치료적 차원의 목적

치료적 차원의 목적은 아동 개인의 문제성을 잘 파악하고 그들의 병리에 따라 지연된 발달(인지적 · 사회적 기능)을 촉진하며, 문제행동을 감소시켜 나가는 것을 목적으로 한다. 특히 아동의 병리는 초기에 발병하는 질환으로, 이러한 질환이 성인이 되었을 때 사회인의 한 사람으로 살아가기에 별 다른 어려움이 없도록, 지속적이며 계획적이어야 한다.

아동의 대부분이 특수교육을 필요로 하며, 장애의 유형 또한 여러 가지가 복합적으로 나타나서 정확한 병명을 알기 힘든 경우가 많다. 장애 유형은 미국 정신의학회(APA)의 DSM-IV, 세계보건기구(WHO)의 국제질병분류법 제10판(ICD-10), 특수교육학적 관점에서 보는 장애 유형을 참고할 수 있다.

(2) 집단미술치료

① 집단미술치료의 목표

- 미술매체로 하여금 생활문제 해결에 필요한 태도와 자기관리 능력을 습득하고 대인관계 기술을 향상시킨다.
- 미술을 매체로 하여 대인관계 속에서 자신의 문제를 인식하고 통찰하며 내적 성숙을 도모한다.
  * 아동의 경우 활발한 또래활동을 통해 다른 아동의 감정을 이해하고, 자신의 감정을 조절하며 대인관계의 기술 배우기에 초점을 둔다.

② 집단미술치료의 방법

- 집단의 크기: 대략 6~12명이 적합하다.
- 집단미술치료의 구성
  - 비지시적 방법: 치료기간이 장기적이고 집단원의 자아능력이 신뢰로울 때
  - 지시적 방법: 치료기간이 단기적이거나 집단원의 자아능력이 미성숙할 때 혹은 집단상담 초기일 때

③ 프로그램의 선택

- 집단 초기 단계: 재료관찰 프로그램이나 자아개념 프로그램
- 집단 중기 단계: 공동작업
- 집단 종결 단계: 집단의 변화를 인식할 수 있는 프로그램이나 미래 지향적인 프로그램

④ 진행과정

- 도입: 서로 친밀해지면서 편안한 분위기를 조성
- 활동: 활동 자체에 몰입할 수 있도록 불필요한 질문을 하지 않는다.
- 토론: 작품을 만드는 과정에서의 느낌과 작품 내용을 소개하고 그것에 대한 다른 사람의 느낌을 나눈다.

(3) 미술치료의 기법

① 진단도구로서의 미술치료기법

- 집-나무-사람 검사(HTP)
  - 네 장의 종이 위에 집, 나무, 남, 여 사람을 각각 그린다.
  - 사전, 사후 진단도구로 사용한다.
- 동적 집-나무-사람 검사(K-HTP)
  - 한 장의 종이에 집, 나무, 무엇인가 하고 있는 사람을 그리게 한다.
  - 역동성과 내담자의 내면세계를 반영한다.
- 동적 가족화(KFD)
  - 자신을 포함한 가족이 무엇인가 하고 있는 모습을 그리게 한다.
  - 가족의 체계나 내담자의 가족에 대한 무의식적 지각과 역동성을 파악할 수 있다.
- 학교생활화(KSD)
  - 내담자의 학교생활에서 위치, 역할, 적응 상태를 파악할 수 있다.
- 인물화 검사(DAP)
  - 성격검사, 지능검사로 사용한다.

- 빗속의 사람검사
  - 비 오는 날의 사람을 그리게 한다.
  - 스트레스의 양, 방어기제를 파악할 수 있다.
- 풍경구성법
  - '강, 산, 밭, 길, 집, 나무, 사람, 꽃, 동물, 돌, 더 그려 넣고 싶은 것'을 순서대로 그리면서 풍경화를 그리게 한다.
  - 치료 가능성의 평가와 문제점의 추측 및 관찰에 유용하다.

② 치료도구로서의 미술치료기법

- 자유화
  - 재료나 방법을 내담자가 선택하고 결정하여 그린다.
  - 자발적인 표현은 무의식의 의식화에 유용하다.
- 자기표현하기
  - 자화상을 그리거나, 콜라주를 통해 자기표현과 피드백을 통해 통찰한다.
  - 자아감각의 발달과 긍정적인 자아개념을 형성한다.
- 조소로 표현하기
  - 언어화가 어려운 내담자에게 효과적이며, 이완과 발산, 성취감에 효과적이다.
  - 분노, 적개심 등의 표현 시 유용하다.
- 손, 신체 본뜨기
  - 긍정적 자기이미지와 자아존중감 형성에 유용하다.
- 감정사전 만들기
  - 긍정적인 감정과 부정적인 감정을 확인할 수 있다.
- 협동화
  - 집단의 이해, 협동심을 높일 수 있다.
- 만화 이어 그리기
  - 즐거움과 흥미 유발이 높으며, 방어를 줄여 내적인 부정적 표현에 용이하다.

2. 모래놀이치료

1) 모래놀이치료의 정의 및 주요 개념

(1) 모래놀이치료의 정의

모래놀이치료는 심층심리학인 Jung의 분석심리학 개념이 Kalff에 의해 접목된 심리치료법으로, 모래상자에 소품들을 가지고 자신의 내면세계를 표현하여 심리적 상처의 치유를 도모하고 발달의 숨어 있는 원동력을 찾아가는 치료방법이다(김태련 외 역, 2009). 주요 분석가에 따른 모래놀이치료의 정의를 살펴보면 다음과 같다.

[그림 14-1] 모래놀이치료실 전경[1]

[1) 아동·청소년 전문상담기관 Smart & Happy 심리상담센터.

① LowenFeld의 모래놀이치료

1929년, 런던의 소아과 의사로 활동하던 LowenFeld는 아동을 위한 심리치료로서 해석이나 전이 없이 치료할 수 있는 방법인 모래놀이치료를 고안하게 되었다. 어른과 달리 아동은 '사상, 감정, 감각, 관념, 기억이 엉켜 있는 불가사의한 상태'이므로, 이를 적절하게 표현해 내려면 시각과 더불어 촉각 등의 감각 요소를 모두 발현하는 기법이 필요함을 인식하였다. 이러한 기법을 통해 아동의 내면세계를 적절하게 표현하는 것이 가능하게 된다는 의미에서 세계 기법(The World Technique)으로 불렸다(우종태 역, 2000).

또한 LowenFeld가 고안한 진단적 도구인 모자이크 테스트(Mosaic Test)는 아동에게 다양한 크기, 모양, 크기, 색깔을 지닌 플라스틱 타일을 사용하여 작품을 만들게 한 뒤, 이것을 아동이 만들었던 모래작품과 비교 및 분석하는 방법이다. LowenFeld는 이런 과정을 거치면서 아동의 내적 세계를 확실하게 인식하게 되었다(김보애, 2003).

② Kalff의 모래놀이치료

Kalff는 LowenFeld의 모래놀이와 Jung의 분석심리이론을 연계시키는 작업을 하여 모래놀이치료를 발전시켰다. 그는 자아가 성장, 발달하여 생후 2~3년간 절정에 이르는데, 이는 모자일체성에 의해 강화가 된다고 보았다. 또한 모래놀이치료를 통하여 내담자는 모자일체성을 체험하고 자기 내면세계의 표현 및 정신적 외상을 풀어 나갈 수 있는 좋은 기회를 가질 수 있다고 보았다(권미선, 2010).

내담자의 자기 상징은 언어가 수단이 되지 않고 '보호된 장면에서 상징체험'에 의해 치료과정이 이루어지며 이때 상징의 의미 해석을 내담자에게 알리지 않아도 치료가 된다. 특히 아동의 경우 실제 어떠한 해석도 필요하지 않다고 본다(김보애, 2003).

이처럼 Kalff가 정의하는 모래놀이치료는 치료기법의 외형적이며 형식적인 부분보다는 지지하는 안전한 공간을 통해 내담자 자기 스스로 치료하는 힘을 깨우치고 내담자 스스로를 돌아보게 하는 것이다(Kalff, 2003).

③ 가와이 하야오의 모래놀이치료

1965년, 가와이 하야오가 '모래상자요법'이라 명칭을 정하고 일본 전역에 모래놀이치료를 소개하였다. Kalff가 모래상자의 상징과 해석에 의미를 더 부여한 것과 달리, 가와이 하야오는 모래상자의 전체성과 조화에 초점을 두고 해석보다는 모래상자를 감상한다는 마음으로 모래놀이치료를 발전시켰다. 그의 모래놀이치료에 따르면 치료자는 내담자의 작품을 해석하기보다는, 작품을 내담자의 있는 그대로의 모습과 작품 전후의 흐름 속에서의 연결 관계 등에 따라 파악한다. 즉, 내담자 각자가 꾸미는 상자는 모두 다르고 상투적인 해석이 존재하지 않으며 그 하나하나에 대하여 온 힘을 쏟아야 한다는 것이다. 또한 모래상자는 내담자가 자기 자신의 내부로 들어갈 수 있는 문이며, 치료자에게 내담자 자신의 집 안으로 들어갈 수 있도록 열어 주는 통로이므로 치료자와 내담자 간의 깊은 전이관계는 치료에 도움이 된다(김보애, 2003).

(2) 모래놀이치료의 주요개념

분석심리학에 근거한 모래놀이치료의 주요개념은 모자일체성, 자기실현, 개성화 과정, 전이와 역전이가 있다.

① 모자일체성

모자일체성(mother-child unity)은 치료자와 내담자의 관계를 나타내는 것으로, 이 관계가 성립하면 내담자 스스로 자기치유력이 나타나 전체성의 상징을 표현하게 되고 자기실현 과정이 촉진된다(권미선, 2010). 다시 말해, 내담자에게 모래상자를 만들게 하는 것은 간단하지만 그 사람 자신의 내면을 표현한다는 것은 안정된 기반이 없으면 불가능하고 그 기반이 되는 것이 바로 치료자와 내담자의 관계임을 강조하는 것이다.

모래놀이치료는 치료자와 내담자의 관계가 어머니와 아이처럼 서로 온전하게 신뢰하고 깊게 사랑하는, 전폭적으로 믿는 관계에서만 가능하다. 또한 내담자와 치료자가 공유하고 함께하는 것으로 치료자와 내담자의 관계가 성립되면 그것을 기본 토대로 내담자는 모래놀이를 시작하게 된다. 치료자는 마음을 비우고 내담자의 무의식 안에 존재하는 자기치유력을 전적으로 신뢰해야 한다. 이는 내담자에게 무의식 세계의 문을 열 수 있게 내담자 스스로가 이끄는 방법을 부여하는 것을 의미한다(김보애, 2004).

② 자기실현, 개성화 과정

모래놀이과정을 통해 자아, 사회성이 발달할 수 있고 이런 모래놀이치료 과정을 통해 내담자는 자신에게 잠재되어 있는 자기치유적인 능력으로 자신의 고통과 두려움을 경감시키고 통합하여 심리적으로 전체적인 개인이 되는 개성화 과정을 경험하게 한다. 개성화 과정은 다르게 표현하면 자기실현을 의미한다. 내담자가 내담자 자기 자신이 되도록 하는 인간 무의식 존재의 근본적인 가능성인 자기 원형과 연결해 볼 때, 자기실현은 이러한 근본적인 가능성을 자아의식이 수용하여 실천에 옮기는 적극적 행위로 볼 수 있다. 진정성 있는 개성의 실현은 바로 그 사람 전부, 자신의 전부가 되어 간다는 의미인 것이다(이부영, 2013).

모래놀이치료를 통한 개성화 과정은 자기발전 과정으로서, 그 스스로 그림자의 측면을 받아들이고 경험하기 시작할 때 시작된다. 이때, 모래놀이치료는 내담자가 많은 상징 중에서 자유롭게 스스로가 상징을 고를 수 있다는 것과 함께 상징을 응축하여 자기표현의 형태를 만들 수 있게끔 길을 트는 통로상황을 만들어 준다. '통로'로서 모래상자는 모래놀이치료에서의 전이가 '깊은' 전이가 될 수 있으며 이것이 치료적인 것이다. 즉, 모래놀이치료 시 이 과정을 지켜 주는 치료자 그리고 통로로서 모래상자가 존재할 때 내담자 스스로의 자율적인 힘이 발휘될 수 있는 것이다(김보애, 2004).

③ 전이와 역전이

모래놀이치료는 내담자와 치료자와 함께하는 공간이며, 그대로 있어 주고 그곳에 존재한다는 것 자체가 내담자에게는 치료자의 힘을 받는 과정이다. 내담자가 자신이 선택한 소품을 가져와서 모래상자 안에 놓으면 치료자의 마음속에서 파동이 일어나게 되며 이것이 내담자에게 다시 전해진다. 내담자가 자신의 무의식과 새롭게 연관해 나갈 때 치료자에게 힘을 받으면 내담자에게 전이가 일어나게 된다. 이것은 다시 치료자에게 역전이가 일어나게 되는데 이것을 공감, 모래놀이치료의 꽃이라고 표현한다(김보애. 2003).

내담자 자신이 모래놀이 과정을 통해 자기실현을 표현하고 그것에 의해 저절로 나아가게 되는 것으로, 이러한 과정이 생기는 토대로서 치료자와 내담자 관계가 존재하며 이것을 전이와 역전이라고 하는 관점으로 본다(어해룡, 2011).

2) 모래놀이치료의 목적 및 치료적 가치

모래놀이치료의 목적은 통합이며, 분석심리학적 관점에서 Jung은 인간의 목적은 통합이라고 하였다. 이러한 통합은 Jung에 따르면 개성화의 과정이며 자기실현이다. 자기실현은 자아가 자기의 그림자를 뚫고 나가 심층에 숨어 있는 아니마와 아니무스의 긍정적인 부분을 경험하고 아니마와 아니무스의 초대를 통해 자기를 만나게 되는 것이다. 자기를 만난 후 다시 의식으로 오르게 되면서 외부세계로 실현하는 것이 바로 자기실현이다(김보애, 2004).

전이나 해석 없이 아동을 치료해 가는 체험이 잘 될 때에는 내담자가 모래상자를 놓기만 해도 치료가 가능해진다. 진정으로 무조건적인 수용을 하는 모래놀이치료의 창조적 활동은 무의식이 자아가 배제되고 억압된 심리적 내용만이 아니고, Jung이 자기라고 부르는 인간마음의 중심 및 그 작용에 의해 생기는 심적 내용까지 포함한다는 것에 주목해야 한다. 그리하여 그 작용이 자아에 의해 파악되고 모래상자로 표현됨으로써 이에 따른 방법이 발견되면 내담자는 자발적인 자기실현 활동에 의해 저절로 치유되어 가는 것이다. 이와 같이 모래놀이의 목표는 모-자 단위의 정서적인 은유로서 심리학적인 자궁을 제공하는 섯이며, 이 모성적 공간에서 정신내면의 상처가 치유되고 창조성과 다시 태어남의 가능성이 샘솟게 되는 것이다(김광웅 외, 2004).

모래놀이치료의 치료적 가치에 대한 여러 학자의 주장을 정리하면 다음과 같다.

첫째, 내담자들은 모래놀이를 통해 치료자로부터 충분한 지지를 받고 내담자 자신의 내면을 마음껏 표현하여 개인의 자아가 튼튼해진다. 특히 모래놀이치료는 모래라는 치료매체를 사용, 내담자 스스로 숨겨 놓았던 감정과 정서적 상처를 표현해 내어 알아차리며 자기 자신과 소통할 수 있게 도와주는 과정이다(Grubbs, 1995).

둘째, 모래놀이는 자신의 세계를 자신의 손으로 직접 꾸미게 되어 내면의 사고나 감정을 있는 그대로 보고 만지고 경험할 수 있다. 이에 의식적·무의식적으로 표현된 세계를 객관적으로 바라보고 내담자 스스로 치유 및 성장을 도모할 수 있다(김보애, 2004).

셋째, 모래놀이에서 사용되는 소품과 모래는 그 자체로서 언어가 된다. 모래놀이는 비언어적인 것이 구체화되어 자기 내면을 이미지를 통해 상징적으로 표현하게 된다. 그리고 모래놀이치료는 언어화하지 않더라도 표현하는 그 자체로서 치료적 효과를 가진다. 소품들은 환상의 여러 가능성을 표현해 내며, 모래놀이치료는 무의식과 연관된 체험을 현실에 반영해서 나타낼 수 있다

(김보애, 2003).

넷째, 모래놀이는 내담자를 안전하게 보호해 준다. 치료 장면에서 어색한 분위기로 무슨 말부터 해야 할지, 어떻게 개입할지 고민할 필요 없이 내담자와 치료자는 모래상자를 통해 편안하고 안전한 분위기 속에서 이야기할 수 있다. 또한 치료자가 내담자와 함께 있어 줌으로써 내담자의 자유로운 표현을 받아들여 줄 수 있으며 이를 통해 모자일체성을 느끼게 되고 온전한 신뢰감 속에서 내적 평화를 줄 수 있게 된다(김광웅 외, 2004).

다섯째, 모래놀이치료사는 자유롭게 보호된 공간인 모래상자를 제공하고 내담자가 이곳에서 자유와 보호가 있는 안정된 기반을 경험하게 하여 자기 자신을 표현할 수 있으며 내면을 확실하고 명확하게 구체화시킬 수 있다(김보애, 2003). 즉, 모래놀이치료는 망가지고 부서진 어머니의 이미지를 변화시키고 수정할 수 있게 하는 과정으로서 인큐베이터 안에 있는 안전한 공간을 제공한다. 이러한 공간에서 자신을 찾아내고 부활시키며 정서적 상처가 스스로 치유될 수 있게 심리적인 재탄생을 도와준다(Weinrib, 2004).

여섯째, 모래놀이는 좀 더 깊고 초기 수준의 정신에 접근하게 해 주어 내담자의 외상, 관계문제, 개인의 성장, 자기와의 통합과 변형 같은 다양한 삶의 사건을 다룰 수 있다. 그런 과정을 통해 모래놀이는 내담자 무의식의 자가 치유력을 활성화시킨다. 내담자가 스스로 선택한 이미지를 통해 숨어 있던 심리적 외상과 내적 무의식의 세계를 반영하여 자기 자신에 대한 이해력을 확장시키고 이를 통해 치유와 통찰의 경험을 하게 된다(김보애, 2004).

일곱째, 모래놀이는 치료자를 성장시키는 심리치료다. 내담자를 통해 트라우마, 관계문제, 개인의 성장, 자기의 통합과 변용이 포함된 삶의 여러 사건을 다루게 하며 역전이를 경험함으로써 치료자 자신과 만나게 되는 것이다(이숙형, 2012).

3) 모래놀이치료의 특성

모래놀이치료의 가장 큰 특성은 내담자가 자기주도적으로 모래상자 안에 세계를 창조한다는 것이다. 치료자가 내담자에게 "모래상자를 해 보시겠습니까?"라고 말을 시작했을 때, 내담자가 관심을 가지며 시작하게 되면서 치료가 전개된다. 이때 치료자는 내담자의 에너지 흐름을 방해하지 않게 해야 하며 경이로움과 존경, 사랑의 마음을 가지고 내담자의 마음의 세계를 음미해야 한다.

처음에는 눈으로 소품을 바라보다가 마음에 이끌리는 소품으로 손이 가게 된다. 손에 소품이 접촉되는 순간 손에 의해 마음으로 전달해 오는 소품의 존재는 더 이상 장난감이 아닌 것이다. 그 순간 마음이 변화되면서 자기 자신의 세계로 빨려 들어가게 되며 흥미로운 자신만의 세계를 모래상자에 표현하게 된다(김보애, 2004).

치료자가 깊은 신뢰를 내담자에게 품을 때 이는 숨김없이 그대로 내담자에게 전이되고, 내담자는 어머니 앞에 있는 아이처럼 전적으로 치료자와 모래상자에 자신을 내맡기게 된다. 이에 내담자는 보호되고 안전하며 따스한 분위기에서 내담자의 세계로 자유스럽게 들어오고 나가는 것을 되풀이하면서 무의식과 그림자를 마주 대하게 된다(김보애, 2003).

두번째 특성은 매체적인 특성으로 모래, 모래상자 및 소품이 있다.

모래는 고운 입자로, 젖은 모래와 마른 모래를 다 사용할 수 있다. 마른 모래는 정신 에너지의 흐름과 똑같으며, 마른 모래는 물과 같은 것이다. 젖은 모래는 모래를 쌓아올리기가 좋으며, 강한 내적 충동을 불러일으킬 수 있다. Lowenfeld는 갈색의 굵은 모래, 고운 모래, 흰 모래의 세 종류를 사용하며 Kalff는 갈색과 백색의 두 종류를 사용하였다(김보애, 2003).

모래놀이치료에서 모래는 감각 자극, 퇴행 촉진의 과정을 통해 의식에서 무의식의 세계로 자연스럽게 여행을 하게 하는 촉진매개체가 된다. 즉, 모래가 사용되는 것은 모래가 의식과 무의식 간

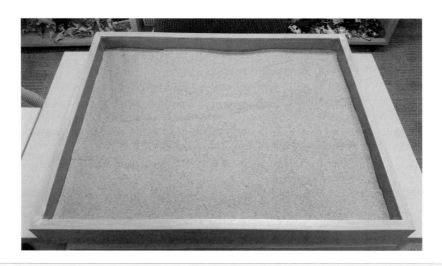

[그림 14-2] 모래놀이치료 모래상자

의 메시지를 보내고자 하는 상징적인 매개로 의미 있게 변화되고 모래 접촉을 통한 촉각적 경험이 치료적 경험이 되는 것이다(김유숙, 야마나카, 2005). 선택은 내담자가 스스로 하는 것이다. 물을 제공할 때 물을 뿌리거나 붓거나 흘러내리게 할 수 있으며, 내담자가 다양하게 창조적으로 모래와 물을 사용하게 된다(김광웅 외, 2004).

　모래를 담는 상자는 모양, 크기, 종류가 다양하게 있다. 두 가지 이상의 모래상자, 즉 젖은 모래를 담는 상자와 마른 모래를 담는 상자를 준비하면 내담자가 이 중에서 고를 수 있다. 특히 아동에게는 빈 모래상자가 잘 활용되므로 준비해 두면 도움이 된다. 치료자가 내담자 개인의 욕구를 원활하게 탐색할 때 내담자의 상황에 맞는 모래상자를 선택할 수 있다(이진숙 외 역, 2012). Kalff의 모래상자는 나무로 만들어져 있고, 모래상자의 안쪽 치수는 57×72cm이며 깊이는 7cm다. 내부의 면은 청색으로 되어 있는데, 이는 모래를 팠을 때 물이 나오는 느낌을 주기 위한 것이다.

[그림 14-3] 모래놀이치료 소품

출처: 쌘뿔나우리(spc nawoori).

모래놀이치료에서 소품(miniature)은 특별히 지정되어 있지 않지만 가능하면 많은 종류를 준비하는 것이 좋다. 사용 가능한 소품이 많을수록 내담자의 어휘는 더욱더 풍부해지고 창조적이게 되며, 오감을 자극하고 내담자의 상징적인 어휘를 확장시킬 수 있다. 다채로운 표현을 창출할 수 있도록 같은 종류의 소품이라도 다양한 크기와 색깔을 다 갖추는 것이 좋다.

반대로 어떤 치료자들은 소품을 단순하게 갖추어 놓는 것을 더 좋아하기도 한다. 압도적인 경험을 당한 내담자의 경우 단순한 것이 혼란과 자극을 덜하게 할 것으로 보기 때문이다(이진숙 외 역, 2012).

배치를 할 때는 세심하게 범주별로 구분하여야 하며, 소품의 범주로는 인간과 인간생활, 동물과 동물사회, 식물의 세계, 광석, 인간과 환경의 조화, 교통수단 및 의사소통에 관련된 물건, 잡동사니 등 일곱 가지 범주가 있다(김광웅 외, 2004).

세번째 특성은 내담자가 자연적인 회복력이 발휘되도록 지켜봐 주고 안전한 장소를 제공하는 치료자다.

치료자는 내담자와의 동맹을 통해 내담자의 내면에 있는 원형을 자극한다. 모래상자라는 공간에서 퇴행, 의식세계의 여러 요구에서 해방을 인정하며 심리적 갈등과 경험을 드러내게 된다. 이런 경험의 결과로부터 회복이 일어나며 변형이 일어나는 것이다(김광웅 외, 2004).

내담자의 자기 치유력이 적절히 작용하기 시작하면, 치료자도 그 흐름 속에 자신을 맡기는 것이 중요하며, 말함으로써 그 흐름을 왜곡하거나 파괴하지 않도록 주의해야 한다. 가장 중요한 것은 내담자가 모래놀이를 시행하는 동안 치료자도 거기에 함께 있어야 한다는 것인데 치료자는 해석하지 않고 그 자리에 있기만 하면 되는 것이다(김보애, 2003).

4) 모래놀이치료의 실제

모래놀이치료는 개별로 진행되는 개인모래놀이치료와 커플 또는 소집단으로 진행되는 집단모래놀이치료로 구분할 수 있다.

(1) 개인모래놀이치료

치료자와 내담자의 일대일 관계에서 이루어지는 모래놀이치료의 사례는 다음과 같다.

아이가 두 살 때, 아버지가 사업에 실패한 후 알코올 남용으로 가정 안에서 잦은 부부싸움이 있었으며, 지속적으로 아버지가 어머니를 구타하는 모습을 보면서 자라났다. 어머니의 경우도 남편과의 싸움 후 아이를 방치하거나 언어적인 폭력을 행사하는 모습을 보였다. 또래에 비하여 언어표현이 빠르나 의사소통 시 자꾸 거친 욕을 하고 아빠에 대한 공포심을 가지고 있다. 현재 유치원에서 또래 친구들과 잘 어울리지 못하며 선생님을 독점하려고 하고 본인 뜻대로 되지 않으면 소리를 지르고 물건을 던지는 등의 공격적 문제를 보여 주고 있어서 의뢰된 사례다.

　　어머니가 취업을 하게 되는 가정환경의 변화로 치료실에 오지 못하게 되면서 총 10회기로 종결되었으며 6회기에 진행된 모래놀이치료 사진은 [그림 14-4]와 같다.

상담 내용은 다음과 같다.

[그림 14-4] 6세 남아의 모래놀이치료- 6회기
주제: 없음 / 처음 선택한 소품: 화산 / 마지막 선택한 소품: 머리가 두 개 달린 밤색 공룡

모래상자를 시작하기 전 장난감 세제 스프레이통을 가지고 상담자의 몸 여기저기에 세제를 넣는 흉내를 내면서 공격하는 놀이를 하였고 실제 모래상자놀이에서 상담자로 상징되는 '선생님이 제일 좋아하는 노란 차'를 모래 산 위에 올려놓고는 공룡으로 내리치는 놀이활동 그리고 상담자에게 눈을 감고 있으라고 하고는 모래상자를 빼곡하게 공룡으로 가득 채운 후 선생님을 공격하는 것이라고 하면서 언어적 표현으로 선생님을 갉아먹게 하려고 한다고 말하고 있다. 마지막에는 날짐승과 큰 공룡들을 배치한 후 선생님을 다 공격하는 것이라고 말하면서 매우 즐거워하는 모습을 보였으며, 이는 내담아동이 자신이 품고 있던 내면의 공격성을 모래놀이치료실에 마음껏 표현해 내는 것으로 생각되었다. 이에 보다 안전한 울타리 역할을 하면서도 적절하게 한계설정을 하면서 모래놀이치료를 진행해 나가야 할 것이다.

(2) 집단모래놀이치료

집단모래놀이치료는 구성원이 두 사람 이상이며, 집단 내 상호 관계 의사소통을 활발하게 하여 개인 내면의 관계에 서로 영향을 미치는 것에 의미가 있다(유승은, 2011). 집단모래놀이치료 관련 사례는 다음과 같으며, 이 사례는 만 6~7세 아동 남아-여아 각각 4명씩 8명으로 구성된 집단모래놀이치료 사례다.

이 치료 목적은 집단모래놀이치료를 통해 만 6~7세의 아동 집단원이 긍정적인 자아개념을 형성하게 하고 그들의 자아발달을 촉진하는 것이다. 집단모래놀이치료 실시 시기는 주 1회로, 매회 40분씩 20주 동안 진행하였다. 집단모래놀이치료 과정은 아동이 자유롭게 모래를 만지는 접촉의 시간 5분, 집단모래상자를 꾸미는 시간 30분, 마무리하면서 이야기를 나누는 시간 5분으로 총 40분간 진행되었다. 보다 구체적으로 과정을 살펴보면, 집단모래상자를 할 때 아동이 자신의 순서가 되면 3개의 소품을 가지고 와서 꾸미는 것을 원칙으로 정하였고 모두 3번의 기회가 주어지게 한다. 마지막으로 다른 친구가 놓은 소품 1개, 자신이 놓았던 소품 1개씩을 이동할 수 있게 하였다(유승은, 2011).

3. 음악치료

1) 음악치료의 정의 및 주요 개념

아동은 노래를 부르거나 노래에 맞춰 춤을 추는 것을 좋아한다. 그래서 놀이 또는 활동을 할 때 무의식적으로 콧노래를 하거나 흥얼거리는 모습, 기분이 좋을 때 노래를 부르는 모습, 들려지는 음악소리에 몸을 자연스럽게 움직이는 모습, 무엇인가 두드리며 소리 내기를 좋아하는 모습, 음악을 들으면서 정서적인 안정감을 얻는 모습 등이 자주 관찰된다. 이처럼 음악에 반응하는 아동의 모습은 거의 본능적이라 할 수 있으며, 음악은 그들의 삶과 밀접한 관계를 지니고 있다. 그렇기에 음악은 아동의 생각, 감정, 삶을 표현하는 데 매우 중요한 매체가 된다. 그렇다면 음악을 아동에게 어떻게 치료적으로 적용할 수 있을까?

음악치료는 '음악'과 '치료'의 영역이 함께 공존하는 분야로, 음악치료협회(American Music Therapy Association)에 따르면, 치료적인 목적, 즉 정신과 신체 건강을 복원·유지 그리고 향상시키기 위해 음악을 사용하는 것을 의미한다. 즉, 내담자의 행동을 바람직한 방향으로 변화시키기 위해 음악치료사가 음악을 단계적으로 사용하는 것이다.

Bruscia(1989)는 음악치료를 음악치료사가 환자를 도와 건강을 회복시키기 위해 음악적 경험과 관계를 통해 역동적인 변화를 이끌어 내는 체계적인 치료과정으로 정의하고 있고, Peters(2000)는 개인 내담자의 특정한 욕구를 충족하는 것을 지향하기 위해 음악 또는 음악에 기초한 경험을 사용하는 하나의 과정으로 정의하고 있다. 따라서 음악치료에서는 아동의 심리적·정서적·신체적·인지적·사회적 능력 향상을 위해 전문적으로 훈련된 치료사가 단계적이고도 체계적으로 음악을 사용한다.

2) 음악치료의 목적 및 치료적 가치

음악치료의 목적은 음악을 치료적인 도구로 사용하여 아동의 정신, 사회, 심리적인 영역에서의 건강을 가져오게 하는 것이다(Bruscia, 1998). 따라서 음악치료는 음악 자체를 목적으로 하지 않으며, 아동의 변화·성장과 관련된 의사소통의 발달, 정서표현 및 정서조절, 감정의 정화 및 안정, 사회성 향상, 인지능력의 증진, 신체·운동 기술능력의 증진에 치료적인 목적이 있다.

음악치료는 인간의 삶과 매우 밀접한 매체이며, 인간의 행동 변화와 심리적 변화에 영향력을 행사하는 음악을 기본적인 수단으로 사용한다. 따라서 음악의 치료적 특성이 음악치료의 가치라 할 수 있다. 음악의 치료적 가치를 정리하면 다음과 같다(Gaston, 1968; Merriam, 1964; Sears, 1968).

첫째, 음악은 언어·비언어적인 표현과 의사소통을 가능하게 한다. 평소 잘 처리하지 못했던 생각이나 감정을 전달하는 의사소통 도구의 역할을 한다. 특히 언어적인 표현이 미숙한 유아·아동에게 음악은 다른 사람과 소통하는 수단이 된다.

둘째, 음악은 사회적으로 수용되는 자기표현의 방법을 제공하며 긴장감 해소의 특별한 수단이다. 음악을 통한 자기표현은 신체와 목소리 그리고 감정의 카타르시스를 경험하게 할 뿐만 아니라 내적 긴장감의 격렬한 외부적 폭발을 방지한다.

셋째, 음악은 감각을 자극하고, 감정과 정서를 불러일으켜 생리적·신체적·정신적 반응을 유발하고 활력과 즐거움을 촉진시킨다.

넷째, 형식과 일정한 구조를 지니고 있는 음악은 현실적인 참여와 질서·구조에 입각한 행동을 요구한다.

다섯째, 음악은 협동과 비경쟁적인 성취를 허용한다. 성공적인 음악적 경험에 의한 성취감과 만족감은 아동의 자긍심을 향상시킨다.

여섯째, 음악은 사회적으로 허용되는 상과 그렇지 않은 행동을 위한 기회를 제공한다. 아동은 집단 안에서 같이 연주하고, 노래 부르는 등의 음악활동을 통해 자신의 역할을 인식하고 타인과의 관계 형성을 발달시킬 수 있을 뿐만 아니라 다양한 사회적 행동을 발달시킬 수 있다.

일곱째, 음악의 힘은 집단에서 극대화된다. 음악치료 활동 참여에 대한 동기를 유발하고, 다른 사람과의 친밀감을 촉진시키며, 결속력을 갖게 한다. 이에 타인과의 생산적이고 긍정적인 관계가 증진되어 자신과 타인에 대한 책임감을 경험하게 된다.

3) 음악치료의 특성

음악치료는 음악을 주요 매체로 사용하고 있으므로, 치료에서 활용되는 음악의 특성을 음악의 요소와 음악도구로 나누어 살펴보고자 한다.

(1) 음악의 요소

음악이 치료적 기능으로 대상자에 맞게 적절하게 사용되려면, 음악을 이루고 있는 요소들의 개별적인 특성에 대해 알아야 한다. 왜냐하면 음악치료는 음악이 지닌 치료적인 기능과 더불어 음악을 이루는 구성요소의 특성을 치료적으로 활용하기 때문이다. 음악의 요소인 박, 리듬, 음고, 강도, 음색, 멜로디, 화성은 음악이라는 정서적 감동의 힘으로 막강한 영향력을 행사할 뿐만 아니라 (Boxill, 1985), 음악의 치료적 기능을 극대화하는 데 매우 중요한 요소다.

① 박

박은 리듬의 가장 작은 구성요소로 박의 일정하고, 규칙적인 나열은 아동에게 안정감과 예측성을 제공한다. 박의 이러한 특성은 아동의 정서적인 안정감을 강화시켜 주며, 안정적 범위의 에너지 수준을 유지하도록 해 주는 역할을 한다.

② 리듬

리듬은 음악에서 중요한 기본 조직체로 음악에서의 질서, 조직력 그리고 에너지를 제공하는 역할을 한다. 또한 리듬은 에너지의 수준과 활동 수준을 결정하고, 활력을 주며, 타인과 함께 일하도록 돕는 역할을 한다. 특히 리듬은 동작이나 활동, 감정을 조정하는 데 효과적인 역할을 한다(Thaut, 1988). 부적응 행동을 보이는 아동은 외현적으로 드러나는 문제 행동으로 인해 또래로부터 소외를 경험한다. 악기를 활용하여 같은 리듬을 연주하고, 리듬에 맞춰 움직이는 것은 집단 안에서의 연합과 조직력, 에너지를 일으키는 역할을 할 수 있다.

③ 음고

음고란 진동수에 의해 생기는 것으로 빠르면서 급격한 진동은 대체로 자극적이고, 신경에 강한 자극을 일으켜 긴장을 유도하는 반면, 느린 진동은 이완을 유도한다. 그렇기에 긴장도가 많은 아동에게 높은 진동이 계속 진행되는 음악을 제공할 경우 좋지 않은 반응을 나타낼 수도 있다.

④ 강도

강도는 진동의 폭에 의해 생기는 음악적 요소로 표현하고자 하는 감정과 에너지의 크기를 의미한다. 강도에 의해 만족감과 음악의 힘을 경험한다. 진동의 폭이 크면 음량이 커지고, 소리의 전달력이 증대된다. 부드러운 음량은 듣는 아동에게 친밀감을 가져다주며, 안전한 분위기를 조성시킨다. 그러나 강한 감각을 구하는 아동에게는 이러한 평온과 안정이 오히려 초조감을 줄 수도 있기에 내담아동의 특성과 상황에 맞게 음량을 조절해야 한다.

⑤ 음색

음색은 소리의 질 그리고 색깔을 나타내는 것으로 표현되는 대상이나 감정의 주체를 구별시켜 주는 요소다. 자신의 목소리 또는 자신의 확장된 자아인 악기를 통해 전달된 소리의 질은 아동이 표현하고자 하는 감정, 생각의 깊이를 드러내는 수단으로도 사용된다.

⑥ 멜로디

멜로디는 특정 음의 고저를 가지고 있는 선율로 감정을 의미한다. 선율 간의 음폭(음의 간격)은 감정의 폭을 의미하는 것으로 좁은 음폭은 절제된 감정표현을 의미하고, 큰 음폭은 좀 더 적극적으로 표현된 감정을 의미한다.

⑦ 화성

화성은 서로 다른 두 개 이상의 음이 동시에 날 때 발생하는 관계로 멜로디가 표현하고자 하는 감정을 풍부하게 해 주고, 지지 및 강화해 주는 음악 요소다. 즉, 멜로디에 담긴 아동의 감정적 표현을 이끌어 주고, 촉진해 주는 역할을 하는 중요한 요소다. 이러한 화성의 진행은 감정의 고조, 절정, 해결 등을 경험하도록 하는 역할을 한다.

(2) 음악치료에서 사용되는 도구

음악치료에서 사용되는 악기들은 중요한 표현 수단이 될 수 있다. 다양한 종류의 악기를 활용하는 것은 어떠한 특정 주제에 대한 음악적 표현 및 아동이 상황에 대해 느끼는 자신의 생각·감정 표현을 가능케 하며, 음악을 만드는 경험의 깊이와 질을 한층 더해 준다.

음악치료에서 아동이 선택하는 악기의 종류, 소리의 특징 등은 아동을 이해하는 데 있어서 중요한 치료적 단서가 될 수 있다.

① 악기
- 기본악기: 피아노, 키보드, 기타, 오토하프
- 리듬악기 ―멜로디 악기: 실로폰, 메탈로폰, 핸드벨, 레조네이터 벨, 톤 차임
　　　　　　―타악기: 봉고, 콩가, 탬버린, 핸드 드럼, 패들 드럼, 게더링 드럼, 심벌즈(핑거,

게더링 드럼	오션 드럼	템플 블록
실로폰	마라카스	과일 쉐이커, 에그 쉐이커
봉고	카바사	탬버린

[그림 14-5] 음악치료에서 사용되는 다양한 악기

핸드, 스탠딩), 트라이앵글, 카우벨, 아고고벨, 윈드 차임, 템플 블록, 샌드 블록, 우드 블록, 리듬 스틱, 캐스터네츠, 마라카스, 클라베, 귀로, 쉐이커(과일, 에그), 오션 드럼, 웨이브 드럼, 레인스틱, 카바사 비브라슬랩, 징글스틱, 손목벨, 코끼리 코, 스프링 드럼, 칼림바, 북, 소고

–취주악기: 리코더, 오카리나, 휘슬, 카주, 송 플루트 등

② 그 밖의 도구: CD 플레이어, 다양한 장르의 음악 CD, 마이크, 손 인형, 스카프, 리본, 가면, 거울, 공, 색채 도구 등의 창의적인 표현 도구

4) 음악치료의 실제

음악치료는 훈련받은 음악치료사가 치료적인 목적을 달성하기 위해 변화가 요구되는 대상에게 음악을 치료적인 도구로 사용하는 체계적인 과정을 의미한다. 체계적인 과정에서 경험하게 되는 음악 또는 치료적 활동은 아동으로 하여금 자신의 감정, 생각을 표현하도록 하는 좋은 기회를 제공하며, 감정 표현 및 감정 조절을 도와준다. 구체적인 음악치료 방법으로는 노래치료, 악기연주, 음악감상이 있다.

(1) 노래치료
언어인 가사와 음악으로 이루어진 노래는 인간 누구에게나 내재되어 있는 창조물로 인간의 삶, 즉 생활을 반영하고 있다. 가사를 지닌 노래는 아동의 정서를 이완시키고 경험과 느낌을 표현하는 수단으로 그들의 상상력을 자극한다. 노래 부르기는 악기나 특별한 도구가 필요하지 않으면서도 자신의 목소리를 통해 정서적으로 즐거움과 흥겨움을 경험하며 내재되어 있는 긴장과 갈등을 인식 및 해소시킬 수 있는 방법이다. 특히 다른 사람과 함께 부르는 노래는 집단 안에서 아동 자신의 이미지를 강화시킬 뿐만 아니라 서로 소리를 맞추고 음을 맞추며 정서적인 교류를 하는 과정을 통해 사회적 대인관계도 향상시킬 수 있는 좋은 기회를 제공한다.

노래 부르기는 아동이 낼 수 있는 목소리 음역을 고려하여 적용해야 하며, 아동의 경험, 감정, 생각 등을 유도할 수 있는 다양한 주제의 노래를 선택해야 한다. 노래의 가사는 아동이 성장과정에서

인식하지 못하였거나 회피하였던 감정과 생각들을 인식·수용할 수 있는 좋은 기회를 제공할 수 있으므로 노래 부르기와 더불어 노랫말에 대한 분석, 이야기 나누기를 간과해서는 안 된다.

- 노래 부르기
- 노래 그림 그리기: 노래를 듣고 연상되는 장면이나 느낌을 색깔, 그림, 기호 등으로 표현하기
- 노래 만들기: 노랫말을 부분 또는 전체적으로 개사하기(작사), 새로운 노래로 만들기(작곡)
- 노랫말 채우기
- 즉흥 노래: 즉흥적으로 노래를 만들어 부르기
- 노래 회상하기: 노래를 이용하여 아동의 과거 경험 회상하기
- 노래 변주

노래치료 방법은 아동의 창조적인 표현을 유도하고 말로 표현하기 어려운 내적인 감정의 다양한 차원을 점진적으로 표현하면서 카타르시스를 경험하게 한다.

(2) 악기연주

악기는 비언어적인 의사소통의 수단으로 아동이 표현하고자 하는 의미를 타인에게 전달하는 데 유용하게 사용된다. 뿐만 아니라 내면에 억제되어 있는 분노, 공격성, 좌절 등의 부정적 정서를 악기로 연주하여 에너지를 표출하게 하며 정서적 안정과 조절 능력을 증진시키는 데 있어서 유용하다. 악기연주는 악기 자체의 특성으로 아동의 호기심과 흥미를 일으켜 적극적인 참여를 유도하는 음악방법이다. 악기연주는 에너지를 집중하게 하여 주의 집중 시간을 증가시켜 정서를 자극·이완시킬 수 있다. 동시에 악기를 연주하면서 즉각적인 성취감과 만족감을 경험하게 해 준다. 악기연주는 신체적인 기능과 활동에 제한이 있는 아동에게도 신체적·정서적으로 만족감을 줄 수 있는 표현의 도구가 될 수 있으며, 대근육 운동과 소근육 운동 간의 협응, 눈-손 협응 및 귀-손 협응 능력을 증진시킬 수 있다.

악기연주 방법에는 기존의 음악을 다양한 악기로 표현하는 재창조의 악기연주와 기존의 음악이 아닌 새로운 음악을 즉각적으로 만들어 내는 즉흥연주 활동이 모두 포함된다.

- 핸드벨 연주: 기존의 음악 선율을 핸드벨로 연주하기, 5음(도, 레, 미, 솔, 라)을 이용하여 즉흥연주하기
- 감정표현 연주: 다양한 정서(기쁨, 행복, 슬픔, 화, 짜증 등)를 악기로 즉흥연주하기
- 지휘하기: 악기의 소리, 템포, 셈여림 등을 조절하기
- 악기로 대화하기
- 특정 주제(예: 가족, 친구, 학교 등)에 맞추어 즉흥연주하기
- 음악에 맞춰 악기 연주하기 등

집단적인 연주 경험은 아동 상호 간에 문제 해결능력 및 협동능력을 증진시킨다. 또한 사회적 관계에 대한 불안과 우울을 감소시켜 아동의 자아존중감을 높일 뿐 아니라 긍정적인 자아상 형성에도 영향을 끼친다. 이는 아동의 자아 탄력성을 향상시켜 스트레스에 대처하고, 사회적지지 기반을 형성하는 데 도움을 줄 수 있다.

(3) 음악감상

음악감상은 다양한 장르의 녹음된 곡이나 실제 연주를 듣고 심리적인 안정감을 가지게 하거나 감상 후 연관된 활동을 통해 자신의 생각 및 감정을 인식하고 다양한 방법으로 표현하도록 하는 음악치료방법이다. 음악감상에 사용되는 곡은 아동에게 심리적 편안함을 제공하기 위하여 또는 치료적인 목적을 위해 치료사가 직접 곡을 선곡하기도 하며, 아동이 듣고 싶은 음악을 직접 선곡하도록 하기도 한다. 이때 아동의 선곡 행동은 감상자의 내면적인 욕구와도 깊은 관련이 있다. 경험하고 싶은 특정한 정서의 욕구, 생각 전환의 욕구, 에너지 표출 욕구 등과 같은 것이 무의식적으로 반영되기도 한다. 또한 선곡하는 아동의 행동과 음악을 감상하는 동안의 감정적인 변화, 심미적인 경험 등은 아동에게 정서적인 만족감을 제공한다.

음악감상에서 중요한 개념은 바로 '동질성의 원리'다. 동질성의 원리란 음악의 요소적 특성(예: 박, 리듬, 빠르기 등)을 음악감상자인 아동의 내면 상태와 유사한 곡으로 선곡하여 아동이 음악을 감상하는 동안 음악적으로 의사소통할 수 있도록 연결 고리를 마련해 주는 것을 의미한다. 이것은 음악을 선곡하는 과정, 아동의 필요를 판단하는 과정 그리고 음악의 적절한 접근 방법을 결정하는 데 있어서 중요하다. 에너지 수준이 낮은 아동에게 갑작스럽게 템포가 빠르고 리듬감이 강한 음악을

선택해 들려주는 것보다는 음악의 템포나 리듬감이 절제된 음악을 선택하여 들려주는 것이 아동의 음악적 소통 경험을 증대시킬 수 있다.

4. 독서치료

옛날부터 오늘날까지 인간의 삶은 책과 함께 존재했다고 해도 과언이 아니다. 책이 인류와 공존하면서 인간의 영혼을 치유한다는 흔적은 여러 곳에서 찾을 수 있다. 기원전 그리스의 도서관에서는 '영혼을 치유하는 곳'이라는 현판이나 '영혼을 위한 약'이라는 문구를 입구에 새겨 놓거나 '영혼을 위한 약상자'라는 문구를 돌판에 인각했다. 책을 읽으면서 기분이 전환되거나 마음속의 상처가 치유되는 변화가 일어난다는 것이다.

오늘날 문학작품은 영유아부터 노인에 이르기까지 독자의 폭이 넓고, 그 내용 또한 다양해지면서 책을 읽고 이야기를 나누는 활동을 하면서 개인이 가지고 있는 심리적·정서적 어려움이나 사회적 부적응 문제를 해결하는 치료적 효과를 거두고 있다. 이 절에서는 독서치료의 개념과 목적, 치료적 가치를 살펴보고 독서치료의 특성과 실제를 다루도록 한다.

1) 독서치료의 정의 및 주요 개념

'독서치료'를 의미하는 'bibliotherapy'는 '도서(book, biblion)'와 '치료(treatment of disease)'의 복합어로, '의학과 정신의학에서 도서를 병 치료의 자료로 활용하는 방법'을 의미한다. 『웹스터 사전』은 독서치료를 '직접적인 독서를 통한 개인적 문제의 해결을 안내하는 것'이라고 정의한다. 한편, Berry(1994)와 같은 학자는 문학작품을 강조하여 독서치료를 정의하는데, '문학작품을 서로 나누는 데 기초하여 …… 촉진자와 참여자 사이에 상호작용을 구성하기 위한 일련의 기술들'이라고 정의하였다. 최근에는 사회사업 분야에서도 독서치료를 임상적 활동에 활발하게 적용하고 있다. 『사회사업사전』(Baker, 1995)에서는 독서치료란 '정서상의 문제나 정신건강에 문제가 있는 사람에게 도서나 시를 활용하여 치료하는 것'이라고 정의하면서, 독서치료는 모든 연령층의 사람, 입원 및 통원 환자, 개인의 성장 발달의 수단으로 도서를 읽기 원하는 일반 사람에게도 효과적인 것으로 알려져 있다. 김현희 등(2004)은 일반적으로 독서치료는 참여자가 다양한 문학작품을 매개로 하여 치료자와 일대일이나 집단으로 토론, 글쓰기, 그림 그리기 등 여러 가지 방법의 구체적 활동과 상호작용을 통해서 자신의 적응과 성장 및 당면한 문제들을 해결하는 데 도움을 얻는 것을 뜻하는 넓은 의미로 해석할 수 있다고 보았다. 다양한 문학작품에는 인쇄된 글, 시청각 자료, 노랫말, 자신의 일기 등 글쓰기 작품들이 모두 포함될 수 있다. 그리고 참여자는 특정하고 심각한 문제를 가지고 있는 사람뿐 아니라 정상적으로 발달해 가면서 겪는 갈등이나 문제를 가지고 있는 사람도 포함된다.

따라서 책과 문학이 치료적 특성을 가졌다(Gornicki, 1981)는 기본 가정에서 출발하는 독서치료는 책을 사용하여 개인의 문제를 해결하고 사회적 관계를 향상시켜 개인의 정신건강을 증진시키는 독서를 통한 심리치료라고 말할 수 있다.

독서치료와 비슷하게 사용되는 용어로는 '독서클리닉' '독서교육 또는 독서지도' '독서요법' '시치료' '이야기치료' '글쓰기치료' '문학치료' 등이 있다(김현희 외, 2010; 이영식, 2006). 정상 지능을 가지고 있지만 신체, 인지, 정서, 환경, 교육적인 요인으로 읽기장애를 겪고 있는 읽기부진아나 읽기장애아의 오독, 읽기부진, 난독증을 치료하는 것이 '독서클리닉'이라면, 독서치료는 읽기부진이나 읽기장애아 외에 사회정서적으로 어려움을 겪는 아이뿐만 아니라 정상적으로 자라나는 사람이라도 성장과정 중에 겪는 갈등이 있는 경우에 그 대상이 될 수 있다고 하여 독서클리닉보다 그 활용 대상이 포괄적이다.

책을 읽는 사람의 독서수준이나 흥미, 태도 등을 고려하여 알맞은 문학작품을 선정해서 읽거나 듣기, 말하기, 쓰기 등의 학습과 관련된 기능적인 측면을 강조하는 국어교육이나 언어교육과 맥을 같이 하는 것이 '독서교육이나 독서지도'이고, 문학작품을 읽고 학습이 아닌 자신을 잘 이해하거나 공감할 수 있는 사회, 정서, 심리적 상태를 인식하여 자신의 문제를 해결하도록 돕는 것이 독서치료다.

'독서요법'이나 독서치료는 영어로 'bibliotherapy'로, 초창기 일본에서 독서요법으로 번역하여 사용한 것을 우리나라에서 그대로 사용한 것이므로 독서치료와 독서요법은 같은 의미다.

이야기에 사람을 변화시키는 힘이 있다는 것을 전제로 하는 '이야기치료'에서는 내담자와 치료자가 직접 대화를 통해 내담자의 이야기를 만들어 가는 과정에서 치료가 이루어지는 반면 독서치료는 이미 만들어진 이야기를 매개로 한다는 점이 다르다.

정서적 · 육체적 · 정신적 · 영적으로 더 나은 건강과 행복을 위하여 자기 성찰적인 글쓰기를 사용해 자신에게 상처가 되었던 과거의 사건을 자세히 묘사하면서 그때 느꼈던 감정이나 그 사건을 현재의 감정이나 느낌으로 객관적으로 바라보면서 다시 쓰면서 치료적 효과를 높이는 것을 '글쓰기치료'라고 한다. 이런 글쓰기치료의 치료적 방법을 활용하여 독서치료에서도 글쓰기를 추후활동으로 자주 사용한다. '시치료'의 경우 근본원리는 독서치료와 같지만 문학작품 중 주로 시를 가지고 치료하는 점이 다르다.

'문학치료'는 심리학에서 문학을 내담자의 치료나 회복을 위해 이용하는 것으로 문학적 소재나 인생의 경험담, 생활 속에서의 유사한 경험 등 문학작품을 읽는 것과 내담자의 공감을 바탕으로 한 텍스트 만들기로 시, 산문, 일기, 편지, 고백록 등을 포함한다. 문학치료와 독서치료도 유사한 개념으로 볼 수 있는데 우리나라에서는 독서치료라는 개념을 더 광범위하게 사용하고 있다.

독서치료는 내담자로 하여금 문학작품 속에서 그려지는 상황이나 인물의 극중 심리상태를 자신의 경험 속으로 끌어들여 동일시, 투사나 전이, 카타르시스, 통찰을 체험하면서 정서적 반응을 일으키게 하고 자신의 문제를 해결해 가는 것이다. 연구자(Alex, 1993; Cornett & Cornett, 1980; Dreyer, 1985; Gumaer, 1984)들은 독서치료의 중요한 요소로 공감, 자기인식, 동일시, 카타르시스, 정화, 전이, 암시, 통찰력 등의 여러 개념을 제시하였다.

Cornett과 Cornett(1980)은 동일시, 카타르시스, 통찰을 경험해야 치료의 목표에 도달할 수 있다고 주장하면서 이 세 가지 독서치료 요소의 중요성을 강조하였다. 이와 같은 선행연구의 주장을 참고하여 독서치료의 주요 개념인 동일시, 카타르시스, 통찰을 정리하면 다음과 같다.

첫째, 동일시(identification)는 자신과 정서적으로 관련된 다른 사람의 태도나 성격 및 특성을 마치 자신이 경험한 것처럼 느끼고 받아들이는 것이다. 독서치료에서 동일시는 책에 등장한 인물들과 동일화하는 것으로 아동이 문학작품을 통해 등장인물의 성격, 감정, 행동, 태도를 자기의 무의식적인 면에 접근하여 이것을 의식 수준으로 끌어올림으로써 자아를 인식하고 이해할 수 있도록 도와준다. 이러한 동일시의 과정은 다른 치료적인 기제인 정화, 통찰력 등의 단계를 생기게 해 준다.

둘째, 카타르시스(catharsis)는 감정의 정화 혹은 해소를 의미하는 것으로 자신의 내면에 쌓여 있는 불만이나 욕구, 심리적 갈등을 언어나 행동으로 표출하여 충동적인 정서나 감정을 발산하는 것을 말한다. 아동은 문학작품 속의 등장인물을 관찰하고 동일시함으로써 자신의 삶에서 문학작품

속의 등장인물과 같은 문제에 의해 생긴 감정과 스트레스를 경험하고 해소하게 된다. 카타르시스를 통해 공격적인 행동, 비사회적인 행동 및 두려움 등의 부정적 감정을 배출하고 안도감을 얻을 수 있게 된다. 만약 그다음 단계인 통찰까지 이르지 못하였다 하더라도 이러한 카타르시스의 과정을 통해 치료적인 효과를 얻을 수 있다.

셋째, 통찰(insight)은 자기 자신이나 주변의 문제에 대해 객관적이고 올바르게 인식하는 것(손정표, 2000)을 의미한다. 아동은 자기 자신에 대한 타인의 행동이나 동기를 인식할 수 있어야 하며 또한 자기 인식과 자신의 감정, 사고 및 행동에 관한 이해가 요구된다. 일단 카타르시스를 경험하면 자신의 부정적 감정에서 해방되면서 통찰이 가능해진다. 통찰력을 얻기 위해서 아동은 아동 자신의 경험과 책 속에서의 경험을 관련시킬 수 있어야 한다. 예를 들어, 등장인물이 감정을 어떻게 다루는지 이야기 속에서 관찰하고 이해함으로써 아동은 실제 상황에서 같은 감정을 더 잘 다룰 수 있다. 즉, 책 속의 등장인물이 내담자의 역할 모델로서의 역할을 하게 되는 것이다. 이러한 통찰 경험은 아동 자신은 물론 주변의 친구나 다른 사람과의 관계뿐만 아니라 일상생활에 대해 잘 파악할 수 있는 능력에 영향을 주고, 자기와 주변 사람들에 대한 이해와 인식을 할 수 있도록 도와준다.

2) 독서치료의 목적 및 치료적 가치

독서치료는 책을 매개로 하여 자기 자신뿐만 아니라 다른 사람의 행동을 이해하며 자신의 흥미와 타인의 관심사를 발견할 기회를 갖게 한다. 사람이 놀이와 미술활동 및 음악을 통해 자신의 내적인 정서를 자유롭게 표현하듯이, 책은 문자를 이용하는 간접적인 의사소통방식을 취하고 있어서 내담자에게 대답을 강요하지 않기 때문에 자기 방어를 가장 적게 하면서 자신을 표현할 수 있게 하는 매개체다. 독서치료는 내담자가 문학작품을 통하여 다양한 경험을 함으로써 부담 없이 자연스럽게 자신을 표현할 수 있도록 도와준다.

Doll과 Doll(1997)은 독서치료의 목적에 대한 여러 학자의 주장을 다음과 같이 일곱 가지로 정리했다. 첫째, 독서치료는 독서를 통해 자기 자신뿐만 아니라 인간의 행동을 이해할 수 있도록 하여 자기 이해와 통찰을 증진시키고자 하는 것이다. 둘째, 책을 읽은 사람이 등장인물과 동일시하는 과정을 통해 정서적인 카타르시스를 경험하기 위한 것이다. 셋째, 내담자가 자신의 문제를 해결하도록 도와주기 위한 것이다. 혼자서 생각하지 못했던 문제에 대해 해결책을 제시하거나 그 해결책의 결과를 보여 줌으로써 도움을 주는 것이다. 넷째, 다른 사람에게 하는 행동이나 타인과 상호작용하는 방식들을 변화시키기 위한 것이다. 문학작품을 통해서 새로운 방법을 배울 수 있도록 한다. 다섯째, 다른 사람들과의 관계를 명료화함으로써 효율적이고 만족스러운 관계를 증진시키기 위한 것이다. 여섯째, 일반 어린이들과 다른 특별한 문제에 봉착했을 때를 제공해 줌으로써 현실을 보는 견해를 넓혀 준다. 일곱째, 참여자에게 책을 읽는 동안 즐거움을 느끼게 해 주기 위한 것이다(김현희 외, 2010; Doll & Doll, 1997; Hynes & Hynes-Berry, 1994; Perdeck & Pardeck, 1984).

따라서 독서치료의 치료적 가치는 문학작품을 통한 상호작용 과정에서 아동이 자신이 처한 심리적·정서적인 문제를 직간접적으로 경험하고 정화하고 통찰하면서 자신을 건강하게 발달시키기 위한 방법을 발견할 수 있도록 도와주는 것이다.

독서치료의 치료적 가치를 바탕으로 독서치료의 목적을 정리해 보면 다음과 같다.

첫째, 자신에 대한 통찰과 자기 이해를 증진시킨다. 독서치료 과정에서 치료자는 내담자인 아동이 문학작품 속 인물들의 모습에서 자신과의 비슷한 모습을 찾아봄으로써 동일시, 카타르시스, 통찰을 통해 자신의 감정을 인식하고 이해하도록 도와주고, 일상적인 감정을 표현할 수 있도록 돕는다.

둘째, 다른 사람의 느낌과 정서를 공유하는 공감 능력을 길러 준다. 독서치료 활동을 하면서 문학작품 속에서 만나는 인물들이 보여 주는 심리나 행동을 통해 동일시를 경험하면서 자신의 생각과 느낌도 이해할 뿐만 아니라 다른 사람의 느낌과 정서에도 공감할 수 있는 능력을 길러 준다.

셋째, 자신의 문제를 해결할 수 있는 문제해결 능력을 길러 준다. 독서치료는 인간의 삶의 과정에서 부딪히는 여러 가지 문제를 사회적 가치와 갈등을 일으키지 않고 대처하는 방법과 객관적으로 판단할 수 있는 정보를 제공한다. 특히 문학작품 속의 주인공이 자신의 문제와 유사한 일을 겪고 있는 것을 보면서 그 문제가 자신만의 특별한 문제가 아님을 깨닫게 된다. 또한 긍정적인 방향으로 문제를 풀어 가는 것을 보면서 자신이 당면한 문제를 해결할 수 있는 능력을 키울 수 있다.

넷째, 타인과 효율적이고 원만한 관계 기술을 익혀 대인관계를 증진시킨다. 문학작품을 함께 읽고 느낌을 나누면서 집단과의 연대감을 느끼게 되고 다른 사람과 공감대를 형성하며, 나와 다른 생각을 가진 사람들의 입장도 이해하게 된다. 다양한 문학작품 속의 인물을 통해서 사회적 기술과 태도를 익혀 다른 사람과 원만한 관계를 이룰 수 있도록 도움받을 수 있다.

다섯째, 삶에 대해 긍정적인 태도를 갖게 한다. 문학작품이 모든 문제를 해결할 수 있는 것은 아니지만 문학작품의 내용이 긍정적인 결말을 맺고 있기 때문에 독서치료 과정에서 내담자가 가지고 있는 편견이나 잘못된 생각(정보), 행동이나 태도를 객관적으로 바라보고 재평가해 봄으로써 긍정적인 자신의 모습을 바라볼 수 있게 한다.

여섯째, 심리적인 경험을 통해 즐거움을 느낄 수 있다. 책을 읽는 경험은 즐거움을 준다. 그림책이나 동화책의 그림을 통해 시각적인 즐거움뿐만 아니라 책을 읽고 뒷이야기를 상상한다거나 자신이 모르는 것을 아는 것에 대한 즐거움을 느낄 수 있다. 예를 들어, 동생이 태어난다는 이야기를 들은 아동은 동생이 태어나면 더 이상 부모님이 자신을 사랑하지 않을지도 모른다는 불안감이나 소외감, 외로움을 느껴 퇴행을 하거나 소심하고 위축된 행동을 하거나 다른 사람에게 화 또는 짜증을 내고 공격적인 행동을 호소하는 경우가 있다. 이런 경우 『얼룩말 내 동생』(키디 베베 글, 주니어김영사, 2008), 『달라질거야』(앤서니 브라운 글/그림, 아이세움, 2003), 『내가 만약 갓난아기라면』(이브타렛 글/그림, 은나팔, 2008) 등을 읽음으로써 주인공의 마음이나 행동을 통해서 자신의 감정의 변화나 두려움을 이해할 수 있다. 그리고 자신만의 느낌이 아니라 다른 사람도 나와 비슷한 경험이나 두려움으로 힘들어하는 모습을 통해서 연대감을 느낄 수도 있다. 또한 책을 통해 주인공의 해결책을 보면서 그 해결책으로 자신의 문제를 해결할 수도 있고, 나라면 어떻게 할 것인지 생각해 보며 자신만의 독특한 해결 방법을 찾을 수 있다. 그리고 자신과 다른 사람을 이해하게 되고 긍정적인 자신의 모습을 보면서 안정되며 간접경험을 통해서 책 읽는 즐거움도 느낄 수 있다.

3) 독서치료의 유형

독서치료를 실시하기 위한 접근 유형은 대상에 따른 유형, 상호작용 정도에 따른 유형, 상황에 따른 유형으로 나눌 수 있다.

(1) 대상에 따른 유형
Lack(1985)은 독서치료 대상에 따른 유형을 독서치료를 위한 활동의 종류와 내담자의 특성에 따라 발달적 독서치료와 임상적 독서치료로 나누었다.

먼저, 발달적 독서치료는 아동이 정상적인 일상의 과업에 대처할 수 있도록 하기 위하여 문학작

품을 활용하는 것을 말한다. 예를 들면, 정상적으로 잘 자라고 있지만 형제간의 갈등을 겪고 있는 아이의 경우, 내담자가 동생이라면 동생의 입장을 잘 대변해 주는 책으로 『장난감 형』(윌리엄 스타이그 그림/글, 시공주니어)을 추천할 수 있다. 그리고 내담자가 형이라서 항상 형이나 언니이니까 참아야 한다는 이야기만 듣는 경우, 형의 입장을 잘 위로해 줄 수 있는 책인 『내 동생 앤트』(베치 바이어스 글/마르크 시몽 그림, 보림)를 추천할 수 있다.

반면, 임상적(clinical) 독서치료로서 모든 발달이 정상적으로 이루어지고 있으나 두려움과 겁이 많은 어린이를 위해 『어둠을 무서워하는 꼬마박쥐』(G. 바게너 글/E. 우르베루아가 그림, 비룡소)와 『까불지 마』(강무홍 글/한수임 그림, 소년 한길)를 활용할 수 있다. 그러나 임상적 독서치료는 정서적으로나 행동 면에서 심하게 문제를 겪고 있는 사람들을 도와주는 개입의 형태로서 특별한 문제에 초점을 두게 된다. 주의가 산만하거나 정서적으로 심한 불안을 느끼는 아이들에게 도움을 주는 경우는 임상적 독서치료에 해당한다고 볼 수 있다.

(2) 상호작용에 따른 유형

Gladding과 Gladding(1991)은 독서치료의 상호작용 정도와 내담자의 유형에 따라 반응적 독서치료와 상호작용적 독서치료로 나누었다.

반응적 독서치료는 최소한의 상호작용이 있는 독서치료로서, 아동에게 도서 자료에 대한 과제를 주고 그 과제에 대하여 긍정적인 반응을 주는 정도다. 상호작용적 독서치료는 치료자가 참여자와 문학작품을 읽은 후 상호작용을 잘하도록 안내하며, 성장과 치료를 위한 촉매로서 문학작품을 활용하고 작품을 읽은 후의 반응을 창의적으로 쓰게 하는 것이다.

(3) 상황에 따른 유형

독서치료는 치료자와 참여자가 어떤 상황에서 상담이 이루어지는지에 따라 개별적(개인적) 독서치료와 집단적 독서치료로 나눌 수 있다.

개별적 독서치료는 독서치료 상황이 치료자와 참여자 사이에 일대일로 이루어지는 것을 말한다. 집단적 독서치료는 일 대 집단으로 이루어지는 것으로 집단으로 이루어질 경우는 비슷한 정도와 유형의 문제를 가지고 있는 사람들이 모여서 시나 동화 등의 인쇄된 글 혹은 시청각 자료를 읽거나 들은 후에 토론을 하는 형태다. 요즘에는 거의 집단으로 독서치료를 하고 있는데 유아나 아동의 경우는 4~5명의 소집단 독서치료가 효과적이다.

4) 독서치료의 자료

독서치료에 사용되는 자료를 책만 가능하다고 생각하기 쉽지만 실제 현장에서는 그림책, 동화, 시, 소설, 수필, 자기계발서는 물론 영화, 애니메이션, 만화, 동영상, 대중가요, 노래가사, 신문이나 잡지의 기사, 개인일기, 시청각자료, 그림이나 사진 등 독서치료 자료가 다양하게 활용되고 있다. 내담자나 참여자가 심각한 문제를 가지고 있는 경우도 있지만 발달과정에서 겪을 수 있는 갈등이나 문제를 지닌 일반인도 포함되고 연령층도 다양하기 때문에 독서치료의 자료는 다양하게 활용할 수 있는 것이다.

(1) 독서치료 자료의 특성

자료를 활용하여 내담자의 마음의 상처를 치유하는 독서치료에서 자료의 선택은 독서치료의 성패를 결정하는 가장 중요한 요소가 된다. 책을 읽음으로써 치유가 되려면 선택된 자료가 내담자가 겪고 있는 문제와 비슷하여 작품 속의 인물과 동일시가 잘되고, 그 과정에서 카타르시스를 느끼며 자신의 문제에 대한 통찰을 얻음으로써 자기 자신을 더 잘 이해하게 되고 결국은 문제를 해결하여 현실생활에 적용할 수 있게 해야 한다. 그리고 읽을 책은 문학적인 완성도가 높고 재미있으며, 다른 사람의 감정에 민감해지도록 도울 수 있어야 한다.

Hynes와 Hynes Berry(1994)는 독서치료에서 자료의 역할을 촉매에 비유하였다. 촉매라는 것은 독서치료 자료를 통해 참여자가 쉽게 꺼낼 수 없는 자신의 감정을 등장인물에 빗대어 이야기할 수 있고, 자신의 문제를 통해서 자신을 바라보지 않아도 된다는 것이다. 독서치료에서 자료는 내담자가 자신의 문제에 직면하지 않고 책에 반응하면서 탐색할 수 있도록 도와주어야 한다. 좋은 자료는 다양한 종류의 의미와 수준을 내포하여 내담자가 자료의 장점과 단점에 대해 자유롭게 표현하고 반응할 수 있도록 반응의 폭을 넓혀 주어야 한다. 그리고 독서 자료는 개인의 반응을 자연스럽게 자극하여 자료를 매개로 자신을 반영하는 자발적인 반응이 깊어질 수 있도록 도와줘야 한다. 이렇게 독서치료는 자료를 매개로 하여 상담자와 내담자가 자연스럽게 대화를 하게 되고 자발적으로 자신을 반영하고 인식하며 통합적으로 이해하는 치료과정을 거친다.

(2) 독서치료 자료의 종류

독서치료에 사용되는 자료를 책만이 가능하다고 생각하기 쉽지만 실제 현장에서는 책은 물론 영화, 노래가사, 시, 신문이나 잡지의 기사 등 다양한 것이 활용되고 있다.

Morris Vann(1979)이 제안하는 다섯 가지 분류는 소설, 전기문, 자기치료도서, 동화, 그림책이며, 기타 자료로 시, 시청각자료, 실물자료가 있다. 가상의 이야기 속에 구체적인 현재의 문제를 그려 낸 소설 작품들은 독서치료의 좋은 치료도구다. 아동은 책을 읽으면서 책 속 가상의 등장인물과 자신을 동일시하고 자신이 처한 어려움에 대한 공감을 발전시켜 나간다. 그리고 사실적인 이야기인 실제 존재했던 사람들이 직접 겪은 고난과 어려움, 장애를 극복해 낸 이야기를 다루는 전기문도 어린 독자에게 자신이 겪고 있는 상황과 어려움을 이해하고 수용하게 하는 좋은 자료가 된다.

이영식(2006)은 내담자가 자신의 문제를 파악한 후 자신의 문제를 해결할 수 있는 독서 자료를 스스로 선택하고 읽어 나감으로써 치료에 도달할 때 사용하는 자기치료도서도 좋은 자료라고 말한다. 예를 들어, 비만환자들을 위한 체중감량 방법을 다룬 도서나 학습부진아의 공부전략 또는 게임중독의 치료를 위한 지침서 등이 자기치료도서에 속한다. 동화는 아이들이 성장과정에서 만나는 문제들을 어떻게 풀어 가는지를 배울 수 있는 방법 중에서 가장 선호하는 독서치료 자료다. 그림책 자료 또한 글자를 읽을 수 없는 유아나 어린이의 경우 그림의 도움으로 큰 부담 없이 이야기를 충분히 즐길 수 있으며 책 읽기에 대한 즐거움도 선사한다. 기타 자료인 시나 시청각자료, 실물자료도 독서치료 프로그램에서 종종 활용되고 있다. 흥미유발이나 자기 탐색을 위한 보조도구로써 긍정적인 역할을 한다.

(3) 독서치료 자료의 선정기준

독서치료를 위한 자료의 선정기준은 일반 문학작품의 선정기준과 크게 다르지 않다. 일반적으로 문학작품을 평가하는 기준으로는 주제, 등장인물, 플롯, 배경, 문체와 같은 문학적 구성요소를 꼽는다. 그러므로 문학적 구성요소가 훌륭한 문학작품은 독서치료 자료로 좋지만 독서치료자는 좋은 문학작품과 독서치료 현장에 좋은 독서치료용 자료를 구분해야 한다.

독서치료를 위한 추천도서 목록을 편성하는 연구자들의 공통적인 의견은 독자가 이해할 만한 플롯, 배경, 인물인지를 살펴봐야 한다는 것이다. 사건의 전개가 논리적이고 그럴 듯한 인물이 등장하는 재미있는 이야기를 담고 있어야 한다. 또한 인물의 정서적 반응의 원인이 잘 드러나야 하고 인물이 그 문제를 대처하거나 해결하는 전략이 독자에게 유용한 정보로 제공될 수 있어야 한다. 그리고 독자에게 친숙하면서 유머나 재미, 즐거움을 줄 수 있는 자료여야 한다. 한 장의 그림이 커다란 정서적 울림을 줄 수 있기 때문에 삽화나 그림이 매력적이어야 한다. 일반적인 기준에 부합한다고 하더라도 독서치료는 개인적인 문제를 다루기 때문에 개인차를 중요시하고 있는지를 살펴야한다. 어떤 특정한 상황에 놓인 사람에게 치료 효과가 있는 책이 그와 동일한 상황의 다른 사람에게도 똑같은 효과가 있다고는 할 수 없다. 동시에 그 내용에서 어떤 문제를 제기하고 그것의 해결을 다루고 있다면 어떤 책이라도 독서치료에 효과적으로 사용될 가능성은 있다고 볼 수 있다. 따라서 가장 중요한 것은 동일한 주제를 다루고 있는 수많은 책 중에서 특정한 어린이에게 얼마나 알맞은 책을 짝지어 줄 수 있는가 하는 것이다(김현희, 2010; 변학수, 2006; 이영식, 2006; 임성관, 2011; Perdeck & Pardeck, 1986; Jalongo, 1988).

Hynes와 Hynes-Berry(1994)는 독서치료 자료 선택의 준거를 제시하였는데, 작품의 질을 주제 차원과 문체 차원으로 나누어 논의했다. 먼저, 주제는 보편적 주제, 감동적인 주제, 이해 가능한 주제, 긍정적인 주제가 좋으나, 반대로 개인적인 경험의 주제나 진부한 주제, 애매한 주제나 부정적인 주제는 해롭다고 했다. 문체는 리듬, 심상, 언어, 복잡성으로 나누어 설명한다. 리듬은 단조롭거나 불연속적인 것보다는 마음을 끄는 리듬감이 있는 것이 좋으며, 진부하고 추상적인 심상보다는 눈에 띄고 구체적인 심상이어야 한다. 또 언어는 토의하기 위한 촉매이기 때문에 어휘와 어법이 분명해야 한다. 어휘에서만 강점(strength)을 가지고 있는 작품은 독서치료에는 적당하지 않은 것으로 판단했다. 일반적으로 어휘 검토를 하지 않고서 이해될 수 없는 자료라면 다른 작품을 찾아야 할 것이다.

이에 따라 독서치료용 도서는 대체로 다음과 같은 기준에 의하여 선정할 수 있다.

첫째, 책에서 다루는 주제 자체가 독자(어린이 혹은 청소년)가 당면하고 있는 문제와 한 가지 이상의 측면에서 관련이 되어야 한다. 독자가 느끼는 거북한 감정을 극복할 수 있도록 바람직한 감정 자극을 주는 도서이거나 간접적인 방법으로 억압된 요구를 충족시킬 수 있는 것이 필요하다. 독자가 나타내고 있는 감정이나 분위기와 동일한 감정과 분위기를 주는 자료가 대체로 좋은 선택이 된다. 그러나 예외적인 경우로는 절망적이라든지 부정적 또는 자살 내용 등은 금한다.

둘째, 독자의 특정한 요구나 문제에 적합한 현실적인 접근방법이 필요하고, 독자가 납득할 만한 해결방법이 담겨 있어야 한다.

셋째, 독자에게 호감을 주는 매력적인 캐릭터(인물, 동물, 사물)가 등장인물로 나와야 한다.

넷째, 제시하는 자료를 읽을 수 있어야 하기 때문에 독자의 실제 연령(책에 대한 흥미의 수준을 결정), 독자의 성숙도(책의 등장인물들과 동일시할 수 있는 능력) 및 독서 능력(책을 읽고 이해하는 능력)에 맞는 책을 선택해야 한다. 만약 내담자가 글자를 읽지 못하는 유아이거나 독서에 문제가 있다면 상담자가 읽어 주거나 시청각 자료를 준비하는 것이 좋은데, 시청각 자료의 경우는 10~20분을 넘기지 않도록 하고 그 밖에도 많은 주의와 세심한 비판으로 선정해야 한다.

다섯째, 그림이나 활자의 크기, 책의 구성, 책의 길이(분량) 등이 적당한 좋은 책을 선정해야 한다.

여섯째, 독서치료자에게 친숙한 자료를 사용해야 한다.

이와 같은 기준에 의하여 선정된 독서요법용 추천도서들이 반드시 행복한 결말을 맺는 것일 필요는 없다. 오히려 비극적인 결말, 기대하지 않던 결말을 맺게 되는 경우도 있으나 토론의 과정에서 독자들이 직접 다른 결말을 만들어 보고 그 스토리의 궤적을 바꾸어 보는 것과 같은 작업을 통해서 긍정적·창의적 결론을 맺게 될 수도 있다. 등장인물의 비극적 종말을 대리 체험함으로써 독자들이 자신의 현재를 돌아볼 수 있고, 자신의 미래를 상상해 볼 수 있게 하는 효과를 갖는다면 그것으로 독서치료의 효과를 달성하는 것이라고도 할 수 있다.

5) 독서치료의 실제

(1) 아동을 위한 독서치료의 실제

이 프로그램은 인천 ○○구에 위치한 지역아동센터 방과후교실을 다니고 있는 5명의 초등학교 고학년 남녀아동의 자아존중감과 사회성 향상을 위한 집단독서치료프로그램(최은녕, 2012)이다. 이 프로그램에 참여하는 아동은 저소득층 가정으로 부모님이 맞벌이이거나 한부모 가정으로 학교가 끝나면 돌봐줄 사람이 없기 때문에 지역아동센터에 와서 간식과 저녁을 먹고 오후 7~8시 사이에 자신의 집으로 귀가하는 아동이었다. 대부분의 아동은 방과후교실에서 학교 숙제를 하거나 지역아동센터에서 지원을 받아 학습지나 미술활동, 놀이치료, 인근의 태권도 학원을 다니고 있었다. 2명을 제외하고는 형제나 자매가 함께 다니는 아동이 대부분이었는데, 아이들의 청결이나 위생 상태는 좋지 않았다. 방과후교실은 센터 담당의 사회복지사가 있었지만 대부분 봉사자 선생님 한 분이 저학년과 고학년 아동 12명을 모두 돌보고 있었다.

프로그램의 구체적인 목표를 설정하기 위해서 대상자에 대한 구체적인 신상자료와 정보를 수집하였다. 부모면담은 할 수 없었고, 사회복지사와 봉사자 선생님의 사전면담과 대상아동을 대상으로 한 문장완성검사, 그림검사(HTP), 독서진단검사, 아동용 자아존중감검사, 아동용 대인관계검사를 실시하였다. 검사 결과, 개인차는 조금 있었지만 대체로 자신에 대한 부정적인 자아상과 정서적인 위축이 드러났으며, 감정표현이 서툴고, 화를 잘 내거나 짜증을 잘 내는 성향을 보였다. 소리를 지른다거나 가만히 앉아 있지 못하고 돌아다니는 행동 등 공격적이고 산만한 행동을 보이기도 하였다.

공통적인 치료목표를 긍정적인 자아상 형성과 사회적 기술증진을 위한 자기표현력 향상으로 설정하고 12회기 집단상담프로그램을 실시하기로 했다.

우선 아동의 긍정적인 자아상 형성을 위해 초기 단계에서는 아동의 감정이나 가족과의 관계를 살펴볼 수 있는 감정을 인식하고 바라볼 수 있도록 감정과 가족과 관련된 재미있고 부담감이 적은

〈표 14-1〉 아동의 자아존중감과 사회성 증진을 위한 독서치료프로그램

프로그램 활동목표	1. 긍정적인 자아상 형성으로 자아존중감을 증진시킨다. 2. 자기표현력 향상으로 사회적 기술을 향상시킨다. 3. 상담자와의 긍정적인 인간관계 경험으로 또래 및 대인관계능력을 신장시킨다.				
단계	회기	활동 주제	활동 초점	자료 선정	활동 내용
준비 단계		상담 및 내담자 진단평가	주호소 문제파악 및 프로그램 참여 동기 확인	진단지(상담지, 문장 완성검사, HTP검사, 자존감, 대인관계 및 독서수준검사)	– 개별진단, 평가 – 프로그램 목표수립 – 자료선정 및 분석 – 상담자 면담(주호소 문제 확인및 상담)
초기 단계	1	만나서 반가워	긴장 풀기 친밀감 조성	『상상해 봐』 (앨리슨 레스터, 중앙 출판사)	– 프로그램 소개 및 기대감 나누기 – 자유상상놀이로 긴장감풀기와 친밀감 　조성하기 – 자기소개 – 규칙 정하기 – 다음 차시 예고
	2	책으로 마음을 표현해요	친밀감 감정인식과 표출 자기탐색	『소피가 화나면 정말 화나면』 (케이유니버스)	– 관련 도서 함께 읽기 – 자신의 감정 알기 – 분노를 느낄 때 나만의 방법 찾기 – 다음 차시 예고
	3			『힐드리드 할머니와 밤』(시공주니어)	– 관련 도서 함께 읽기 – 자신의 감정 알기 – 두려움을 느낄 때 나만의 방법 찾기 – 다음 차시 예고
	4			『친구랑 싸웠어』 (시공주니어)	– 관련 도서 함께 읽기 – 나의 스트레스 상황 기술하기 – 스트레스 대처하기 – 다음 차시 예고
중기 단계	5	책으로 생각을 표현해 봐	자기인식 (가족 속에서 나)	『엄마를 화나게 하는 방법 10가지』 (어린이작가정신) 『금붕어 2마리와 아 빠를 바꾼 날』 (소금창고)	– 관련 도서 함께 읽기 – 주인공과 나를 비교하기 – 내 느낌 생각나누기 – 나만의 비법책 만들기 – 다음 차시 예고

6			『장난감 형』 (시공주니어) 『심술쟁이 내동생싸 계팔아요』 (어린이작가정신)	- 관련 도서 함께 읽기 - 주인공에게 하고 싶은 말 말풍선에 적기 - 나의 형제 소개하기 - 다음 차시 예고
7	책으로 나의 소중함을 알아 가요	긍정적인 자아 형성 (나의 관계)	『공주는 등이 가려 워』(비룡소) 『꼬마거북 플랭클린- 기분나쁜날』 (웅진씽크빅)	- 관련 도서 함께 읽기 - 나의 관계도 그리기 - 내 마음을 표현하는 즉흥극하기 - 다음 차시 예고
8			『서서 걷는 악어 뚝이』 (마루벌) 『용감한 아이린』 (웅진주니어)	- 비디오와 책 함께 보기 - 바꾸고 싶은 나의 단점 - 나 자신의 소중함 깨닫기 - 나에게 편지쓰기 - 다음 차시 예고
9	책으로 진정한 친구를 찾아봐	관계탐색 사회성기술	『너는 닥스 선생님이 싫으냐』(비룡소)	- 관련 도서 함께 읽기 - 나의 학교생활 평가 - 자기 주장하기 - 다음 차시 예고
10			『마녀 위니』비룡소 『나랑 친구할래』 (비룡소)	- 관련 도서 함께 읽기 - 좋은 친구, 나쁜 친구 찾기 - 관계 바라보기 - 내 모습은? - 다음 차시 예고
말기 단계 / 11	사후검사	긍정적 자아상 확립	진단지 『치킨마스크』 (책읽는곰)	- 개별진단, 평가 - 관련도서 함께 읽기 - 장점 나무 만들기 - 다음 차시 예고
12	성장파티		『발레리나 벨린다』 (느림보)	- 관련 도서 함께 읽기 - 내가 바라는 나의 미래 - 성장 파티(롤링페이퍼) - 소감 나누기, 설문조사

독서자료를 선정하여 흥미를 느끼게 하는 데 초점을 두었다. 중기 이후에는 여러 분야의 책과 비디오 자료를 준비하여 자신의 문제에 대한 다각적인 사고와 반응을 유도하고 감정표출과 자기이해를 위한 활동 그리고 집단에서 다른 친구들의 생각이나 경험을 나눌 수 있도록 치유적 토의나 감정 분출하기, 역할극, 비밀책 만들기, 장점나무, 소감 나누기를 중점적으로 활동을 구성했다.

한 회기의 활동을 실제로 어떻게 구성해서 실시했는지는 〈표 14-2〉와 같다.

〈표 14-2〉 독서치료 활동의 실제(5회기)

5차시	책으로 생각을 표현해요 - 가족(부모) 이해하기		
활동 목표	- 관련 도서를 읽어 주며 공감을 나눈다. - 나의 부모에 대해 어떻게 생각하는지 표현해 본다. - 나만의 비법책을 만든다.		
과정	활동 내용	시간	자료 및 준비물
마음 열기	- 지난 시간 활동 나누기 - 교사가 기억에 남았던 문장에 대해 이야기하기 - 두 권의 책을 보여 주며 마음에 드는 이야기 먼저 고르게 한다.	10분	『엄마를 화나게 하는 방법 10가지』 『금붕어 두 마리와 아빠를 바꾼 날』
본활동	- 아이들이 고른 책을 먼저 교사가 보여 주며 이야기 나눈다. - 『엄마를 화나게 하는 방법 10가지』 보기 ① 각 장 마다 재미난 표정으로 읽어 주며, 나와 비슷한 경우, 내가 잘하는 것, 나의 경험 등을 그때그때 물어본다. ② 왜 엄마를 기쁘게 하는 방법이 아닌 엄마를 화나게 하는 방법을 알려 주는 것인지 조별 토론 시간을 갖고 발표한다. - 『금붕어 두 마리와 아빠를 바꾼 날』도 같이 읽고 아빠에 대해 이야기 나눈다. - 대문 접기를 활용하여 나만의 미니북을 만든다. ① 제목을 고르게 한다. 　 엄마를 화나게 하는 방법 / 엄마를 기쁘게 하는 방법 / 아빠를 화나게 하는 방법 / 아빠를 기쁘게 하는 방법 ② 나만의 제목을 고른 이유와 방법을 적어 미니북을 만든다.	35분	필기도구, 사인펜, 간단한 책 만들 수 있는 활동지
마무리	- 아이들이 만든 내용으로 이야기 나눈다.	10분	
다음 차시 예고	- 다음에는 형제와 관련된 이야기를 나누겠다고 예고	5분	

▶읽기 전 활동

독서치료에서 책 읽기는 내담자의 긴장감과 불안을 해소함으로써 정서적인 안정감을 회복하고 현실에 대한 적응능력을 높여 주기 위해 편안한 분위기를 유도하는 것이 좋다. 특히 독서치료는 관련도서를 읽고 그 책에서 내담자가 떠오르는 생각이나 느낌, 감정을 나누며 활동을 시작하는 매체이므로 첫인상을 어떻게 하느냐에 따라 한 회기의 성패가 달려 있다고 볼 수 있다. 따라서 독서치료활동에서는 책 읽기에 앞서 먼저 느낌으로 책을 받아들일 수 있도록 분위기를 조성하는 것이 중요하다. 특히 독서에서 치료적 체험은 정서적 반응을 불러일으켜야 하기 때문에 그 정서적 반응이 자신의 모습을 비춰 보거나 성찰로 이어져 내면의 힘이 생기고 성장할 수 있는 자양분이 되기 때문이다. 그렇다고 해서 너무 무겁고 차분한 분위기로 책을 읽도록 하면 아이들이 흥미나 재미를 느낄 수 없고 자칫 지루하게 느끼거나 학습적인 분위기로 빠질 수 있으므로 그 회기의 분위기나 활동에 따라 재미있게 강약을 조절하는 것이 좋다.

이번 회기에서는 참여아동의 대부분이 부모와의 정서적 불안정을 경험한 아이들이어서 부모에 대해 부정적인 생각을 가지고 있는 아동도 있었고, 부모 역시 생활고에 지쳐서 아이들에게 충분한 사랑을 표현하지 못하는 경우가 있었다. 그래서 아이들이 생각하는 부모님과의 관계에 대해 이야기를 나누고 싶었다. 두 권의 책을 들고 보여 주면서 어떤 책을 읽고 싶은지 아동들에게 물었다. 표지를 보면서 표지에 나와 있는 그림과 제목으로 어떤 내용의 이야기일지 상상하여 말하게 하였다. 제목과 그림으로 책 내용을 상상하는 활동은 아이들이 자신이 상상한 내용과 작가의 이야기를 비교하며 읽을 수 있기 때문에 책을 읽을 때 더욱 집중하여 읽을 수 있다.

▶읽는 중 활동

독서치료는 경우에 따라서 아이들에게 미리 책을 읽어 오라고 할 수도 있고, 회기 진행 중에 함께 읽어 갈 수도 있는데 여러 가지 여건상 이 프로그램에서는 회기 중에 상담자가 책을 소개하고 책을 그 자리에서 읽는 방식을 취했다. 그러다 보니 아동이 가진 문제와 관련된 내용을 다루고 있으면서 내용이 짧아 부담이 적고 흥미를 느낄 수 있을 만한 그림책이 주류를 이루었다. 초등학교 고학년이나 청소년의 경우는 너무 그림책만 택하면 학습능력이나 독해력이 떨어져 자존감이 낮은 대상의 경우는 자신을 더 비하하기 때문에 이런 아동이나 청소년의 경우는 단편이나 장편의 일부분을 활용하는 것도 방법이다. 이 프로그램에서는 프로그램 초기에 아이들에게 짧고 재미있는 그림책으로만 책놀이 수업을 진행할 것이라고 미리 공지를 했다.

독서치료 책을 읽는 중에 때에 따라 책만 계속 읽어 주는 방식이나 인형을 활용하여 구연동화처럼 읽어 주기, 아이들과 번갈아 가면서 읽기, 교사가 낭독하거나 장면을 스캔해서 큰 책으로 만들어 프레젠테이션처럼 보여 주거나, 대화 장면만 아이들이 연극하듯이 읽기 등 흥미를 느끼며 집중할 수 있도록 유도한다.

상담자가 계속 책장을 넘기면서 읽다가 읽는 중에 내담자에게 느낌이나 생각을 물어볼 수도 있다. 그러기 위해서는 상담자는 책을 읽어 주면서도 아이들의 반응을 잘 살펴야 한다. 또한 아동이 책을 잘 따라가면서 읽고 있는지, 정서나 감정의 변화를 느낀 부분이 어디인지 살펴보면서 읽어야 한다. 대상자에 따라 한 번 읽은 책의 내용을 정확하게 파악하지 못하거나 주인공이 왜 그러는지 독해를 정확하게 하지 못하는 경우가 있을 수 있기 때문에 내용 맞히기 돌발퀴즈나 치료적 발문을 하는 것이 좋다. 또한 집중도나 참여도를 높이기 위해 발표를 잘하거나 자신의 자기개방을 잘하는 프로그램 초기에 스티커나 보상 제도를 미리 규칙으로 정하는 것도 좋다. 책을 읽어 가는 중에도 자신의 감정이나 경험이 떠올라서 발표를 하거나 이야기를 하는 아동이 있다면 읽어 주기를 멈추고 이야기를 들어 준 후 다른 친구들과도 그런 경험을 나누기로 한다. 특히 이번 회기의 책은 각 장면별로 자신은 어떤 경험이 있는지 이야기를 나누면서 그때 감정이나 엄마의 감정도 알 수 있도록 생각주머니를 만들어 친구들이 상상한 엄마의 생각을 써서 그림책 한쪽에 붙여 두었다.

『엄마를 화나게 하는 10가지 방법』과 『금붕어 2마리와 아빠를 바꾼 날』을 보여 주고 책을 선택하라고 했을 때 5명의 아이들이 『엄마를 화나게 하는 10가지 방법』을 골랐다. 그리고 각자 자신이 얼마나 엄마를 화나게 하는 방법이 많은지를 자랑했다. 100가지 방법이 있다는 참여자도 있었는데, 그 친구는 자신의 엄마는 화내기 대장이라서 자기 얼굴만 딱 쳐다봐도 화를 낸다고 했다. 엄마가 화를 낼 때 자신의 감정에 대해서도 이야기를 나누었다. 그리고 엄마를 기쁘게 하는 방법을 알려 주는 책이 아니라 왜 엄마를 화나게 하는 방법으로 책을 만들었을지에 대해 이야기를 나누기로 했는데 참여자 1의 경우는 엄마를 기쁘게 하는 방법은 너무 어렵고, 엄마들은 원래 화를 잘 낸다고 했다. 그리고 자신의 엄마는 화를 너무 잘 내서 자신은 엄마가 오면 자는 척한다고 했다. 참여자 1의 경우는 네 살 때 엄마, 아빠가 이혼하고 엄마가 미용실을 하고 계셔서 거의 10시에 집에 오며, 엄마가 보고 싶으면 미용실에 가서 볼 수 있지만, 자신은 미용실에 잘 가지 않는다고 했다. 엄마가 미용실에 가면 손님이 있으면 자꾸 가라고 하고, 손님이 없을 때는 가면 공부하라고 하고 옷 입은 것을 가지고 잔소리를 해서 안 간다고 했다. 엄마가 아빠를 닮은 자신에게 화를 내거나 자신을 미워하는 것이 싫어서 엄마와 이야기하고 싶고 안기고 싶지만 그냥 자는 척하고 피하는 것이 너무 익숙해졌다고 했다. 그런데 자기의 소원은 엄마를 기쁘게 해 드리는 것이고 그러기 위해서는 자기가 돈을 많이 벌어서 가져다주면 엄마가 기뻐할 것이라고 말했다. 그리고 토의 후에는 엄마를 기쁘게 하는 비법책을 만들었다.

▶ 읽은 후 활동

이 책의 경우는 아이들과 자신의 경험이나 생각을 나누는 토의 활동도 읽는 중에 진행했지만 대부분의 책은 책을 다 읽은 후에 나누고 싶은 이야기를 정하거나 기억에 남는 장면을 통해서 함께 토의하는 시간을 주고 자연스러운 분위기에서 이야기를 나눈다.

토의 중이나 토의 후에 소극적이고 자기표현이 서툰 아동이 자연스럽게 자신의 감정이나 생각을 표현할 수 있도록 중심활동과 추후활동을 한다. 이번 차시에서는 엄마를 화나게 하는, 기쁘게 하는, 아빠를 화나게 하는, 기쁘게 하는 등 4개의 주제를 주고 한 가지를 골라서 나만의 비법책을 만들기로 했는데 아이들 대부분은 엄마를 기쁘게 해 드리는 방법으로 비법책을 만들었고 한명 만 엄마를 화나게 하는 방법으로 책을 만들었다. 그런데 주로 엄마를 기쁘게 해 드리는 방법에는 공부

책 만들기를 통한 작문 활동

미술 활동

협동 작업

요리 활동-샌드위치 만들기

가면 만들고 역할극 하기

[그림 14-6] 그 밖의 활동 사례

를 잘하는 것과 동생 혹은 형제끼리 잘 지내는 것, 친구랑 사이좋게 지내는 것, TV나 게임을 안 하는 것이라고 했다. 그렇게 적은 이유를 물었더니 엄마가 주로 자신한테 잔소리를 하면서 화를 내는 것이니까 그것을 하면 엄마를 기쁘게 해 드릴 수 있다고 말했다.

그 밖에 추후활동으로는 손가락 또는 막대인형을 준비하여 즉흥극이나 역할극을 통해서 상대방의 입장이 되어 보는 활동을 하는 것이다. 눈치게임을 하거나 여러 가지 몸으로 하는 게임을 하는 것도 좋아했고, 장점나무 만들기도 좋아했다.

활동 후에는 그날의 활동소감과 좋았던 점, 아쉬운 점 등을 나누고 자기 평가활동지를 작성한 후 다음 시간에 진행될 과제 도서를 안내하며 마무리했다. 상담자는 그날 활동 중에 있었던 아동의 반응을 일지에 간단하게 정리했다.

(2) 엄마와 아동이 함께하는 독서치료프로그램

놀이치료와 독서치료를 접목하여 엄마와 아동이 함께하는 독서치료프로그램을 소개하고자 한다. 이 프로그램은 다문화가정의 부모-자녀 간 상호작용 증진을 위한 책놀이치료프로그램을 개발(한유진, 최은녕, 2015)하여 다문화가정 부모에게 자녀와의 상호작용과 양육의 어려움을 돕기 위한 프로그램을 제공하는 데 그 목적이 있다. 한글과 관련된 그림책 읽기 방법과 다양한 한글놀이 방법을 익히고 가정에서 아이에게 그림책 읽어 주기와 한글놀이를 실천함으로써 모자의 관계 개선에 의미를 두었다.

다문화가정의 어머니와 자녀에게 책 읽기와 그에 따른 놀이 활동을 제공함으로써 언어적 빈곤감을 해소하고 다양한 언어적 자극을 통해 어휘력을 풍부하게 하며 놀이교구를 제작하고 언어놀이를 통해 언어의 즐거움을 느끼게 할 수 있다. 그러므로 다문화가정 모-자 상호작용의 향상을 위해서는, 지적 통찰에 그치기 쉬운 일반적인 부모교육이 아닌 모-자가 함께 책놀이치료 프로그램에 참여하여 자연스럽게 자신의 생각이나 감정을 표현하고 서로의 자극에 대해 어떻게 반응하는지를 경험하도록 하는 것이 더욱 효과적일 것이다.

따라서 다문화가정 어머니와 자녀 사이에 그림책 읽기를 통한 정서적인 체험과 교구를 제작하고 놀이를 하는 활동을 통해 상호작용뿐만 아니라 모-자의 관계도 긍정적으로 향상시킬 수 있는 책놀이치료 프로그램을 개발했다. 참여 대상은 서울시 Y구 다문화센터에서 다양한 프로그램에 참여하는 다문화가정 이주여성 일곱 명(국적 중국 A, B, C, 국적 몽골 D, 국적 베트남 E, F, G)과 그 자녀 한 명씩으로 구성했다. 책놀이치료프로그램활동은 2013년 5월 11일부터 2013년 11월 9일까지 Y구 다문화센터 프로그램실에서 오전 10시부터 12시까지 회당 2시간씩 24회를 실시한 프로그램 중 한글놀이프로그램을 중점적으로 실시했던 8회에 대한 활동만 분석했다.

진행은 상담자가 진행하고 보조연구자 1인이 활동관찰과 프로그램 진행을 도왔다. 한글놀이프로그램은 매 회기 한 권의 그림책을 활용하였고, 가벼운 게임이나 동요 부르기, 그림책 읽어 주기, 함께 읽기, 다양한 신체 활동, 사랑하는 가족에게 편지 쓰기, 인형 만들어 역할극하기, 한글 게임판 만들어 놀아 보기 등의 활동으로 자연스럽게 확장하면서 진행되었다.

한 회기 활동의 진행과정은 총 3세션으로 나눌 수 있는데, 첫 번째 세션은 두 파트로 나뉘며 다문화가정 어머니와 상담자가 함께하는 부모교육 그리고 다문화가정 자녀가 보조연구자와 함께하는 한 시간이다. 다문화가정 어머니와 상담자가 먼저 한 시간 동안 그림책활동이나 놀이방법에 대해 엄마를 대상으로 진행한다. 이때 다문화가정의 자녀들은 다른 프로그램실에서 보조연구자와 함께 책놀이와 자유놀이를 즐긴다. 상담자와 엄마가 하는 세션은 상담자가 다문화가정 이주 여성에게 먼저 그림책을 읽어 주고, 이주 여성과 함께 그림책을 읽어 보고 나서 책 읽기에 대한 여러 가지 이야기를 나눈다. 그리고 이주 여성끼리 서로 책을 읽어 주고 감상하는 과정을 가진다. 그리고 역할극이나 책놀이를 통해서 즐겁게 논다.

그다음 프로그램 시 촬영한 비디오를 통한 피드백 과정인데, 상담자가 다문화 이주 여성과 한 활동을 녹화한 비디오와 가정에서 이주 여성과 자녀가 함께 책놀이를 하면서 찍은 비디오를 이주 여성들과 함께 보면서 자신과 서로의 책 읽어 주기 과정과 아이와 함께 집에서 진행한 책놀이 과정을 되돌아보고 느낀 점과 문제점이나 개선점에 대해 서로 이야기를 나누었다. 이러한 과정에서 상담자와 보조연구자는 이주 여성들의 반응을 살펴보고 질문을 통해 필요한 정보를 수집하여 다음 활동이 보다 효율적으로 지속될 수 있도록 하였다.

두 번째 세션은 휴식시간을 가진 후 40분 동안 다문화 엄마와 아이가 함께하는 프로그램으로 진행된다. 이때 앞 시간에서 배운 책으로 아이와 함께 엄마가 그림책을 읽어 주는 책놀이 프로그램을 진행하거나 집단으로 책놀이치료 프로그램을 실시했다.

세 번째 세션은 기관과 가정의 연계 활동으로 이주 여성과 활동했던 그림책을 각 가정에 한 권씩 지급하여 기관에서 수행한 책 읽기 활동을 기초로 가정에서 자녀와 함께 책 읽기 활동을 다시 수행하도록 하였다. 활동의 진행과정을 구체적으로 제시하면 〈표 14-3〉과 같다.

〈표 14-3〉 엄마와 아동이 함께 즐기는 책놀이치료프로그램 진행과정

	활동구분 (시간안배)	활동 유형	활동내용
세 션 1	연구자가 먼저 읽어 주기와 이 주여성끼리 함 께 책 읽기(총 40분)	* 감상하기 * 놀이하며 책 읽기 * 응용놀이 * 토의하기	* **감상하기:** 　그림책 예측하기(표지탐색/그림탐색), 그림책 감상하기(책 읽기 방법 알려 줌) * **놀이하며 책 읽기:** 　그림책 질의응답의 문장을 사용하며 상호작용하기 * **활동 1-역할극을 통해 익히기:** 　어머니-아동의 역할을 정하고, 위의 방법을 적용하여 책을 감상하고, 놀이하며 　책을 읽고, 소감 나누기를 한다. 역할을 바꾸어 활동한다. * **활동 2-응용하여 놀이하기:** 　위 질의 응답놀이를 환경 속에서 아이와 놀이 가능한 것으로 응용하여 놀기 * **소감 나누기:** 　가장 재미있는 부분, 즐거운 이유 찾기, 어려운 부분 이야기 나누기 * 이때 활동의 전 과정을 비디오 촬영한다.
	비디오를 통한 피드백(총20분)	* 비디오 감상 * 반성적 토의	* 촬영한 비디오를 보면서 각자의 활동을 살펴본다. * 연구자와 이주 여성이 함께 책 읽기 놀이를 했을 때와 이주 여성끼리 역할을 정 해 책 읽기 놀이를 했을 때 어떤 차이점이 있었는지 토의해 본다. * 언어적 의사소통을 반추해 보면서 새롭게 알게 된 어휘, 문장은 어떤 것이었는 지 이야기 나눈다. * 아이와 과제로 했던 비디오도 함께 보면서 이야기를 나눈다(격 회기로 활용한다).
			• 다문화가정 엄마들과 연구자가 프로그램을 진행하는 한 시간 동안 자녀들은 다른 프로그램실에서 게임이나 책놀 이, 자유놀이시간을 즐긴다.
			휴식타임 20분(간단한 과자와 음료)
세 션 2	아이와 엄마와 함께 책 읽기 (40분)	* 감상하기 * 놀이하며 책 읽기 * 토의하기	* 아이와 직접 책 읽기 활동을 해 본다. * 아이와 함께 한글 교구도 만들고 직접 놀아 본다.
세 션 3	〈가정에서〉 기관-자녀 연계 활동	* 자녀에게 그림책 읽어 주기 * 함께 놀이 하 고 이야기 나 누기	* 책을 1권씩 나누어 갖는다. * 가정에서 자녀들에게 오늘 했던 책 읽기 놀이를 자녀와 함께 해 보고(비디오촬 영) 자녀들의 반응과 자신의 생각이나 느낌을 글로 적어 온다. 혼자 자신의 생각 을 글로 적지 못하는 어머니는 자녀가 적어 주거나 아빠가 대신 적어 주고, 혼자 글을 적을 수 있는 어머니는 혼자 적는다. * 다음 회기에 다함께 과제 비디오를 보고 소감 나누기를 한다.

〈표 14-4〉 선정한 그림책의 주요 개념과 언어놀이 –〈엄마와 아이가 함께하는 한글놀이프로그램〉

회차	그림책	주요 개념	언어놀이 및 활용 교구 제작
1	사랑해 사랑해 사랑해	* 신체와 관련된 단어 * 몸으로 표현하기	* 율동과 노래: 머리어깨무릎발 * 언어놀이: 신체와 관련된 언어배우기 * 몸으로 표현해요: "머리부터 발끝까지 사랑해." 등의 신체에 대한 단어와 사랑해라는 단어 표현을 통해 모자간의 스킨십을 통한 사랑을 재확인하는 기회를 갖기 * 아이와 같이 몸의 구석구석을 단어 이야기하기
2	생각하는 ㄱㄴㄷ	* 한글 자모 음익히기 * 각 한글 단어와 음 가익히기	* 율동과 노래: 리리리자로 끝나는 말 * 언어놀이: 활동지 배부 – 음가표 * 몸으로 표현해요 – 몸으로 표현하기 – 음가표 외우기 놀이 – 스케치북에 한글로 그림그리기 * 참고자료: 기차 ㄱㄴㄷ
3	사과가 쿵!	* 흉내 내는 말	* 율동과 노래: 악어떼 * 의성어, 의태어 배우기 * 책 만들기 * 빙고게임 * 낱말 피라미드 * 참고자료: 곰사냥을 떠나자
4	무엇이 무엇이 똑같을까?	* 비슷한말 찾기	* 율동과 노래: 무엇이 무엇이 똑같은가 * 언어놀이: 비슷한 말 찾기, 모양 찾기, 공통점 찾기, 반대말 찾기 * 사물과 사물 간의 유사점 인식
5	반이나 차 있을까 반밖에 없을까?	* 반대말 찾기	* 사물과 사물 간의 차이점 인식 * 반대말 찾기 * 자녀와 생활주변에서 볼 수 있는 사물 가운데 똑같은 것을 찾아보기 * 언어 놀이 활동지 * 언어 낚시 – 낚시 도구 만들기

6	시리동동 거미동동	* 끝말잇기 이야기 만들기	* 율동과 노래: 원숭이 엉덩이는 빨개 * 언어놀이: 끝말잇기, 빙고게임, 이야기 만들기
7	세상에서 가장 큰 낱말 그림책	* 다양한 낱말/ 분류, 유목화	* 언어놀이: 단어 피라미드 만들기 * 달팽이 게임판 만들기 * 놀이 규칙 정하기
8	휠휠 간다	* 재미있는 표현 찾기 * 역할극	* 실감 나게 읽기 * 의성어, 의태어 찾기 * 재미있는 표현 찾기 * 역할극-대본 만들기, 가면 만들기

다문화가정의 부모-자녀 간 상호작용 증진을 위한 책놀이치료프로그램에서 다문화가정 어머니는 본인이 한국어를 능숙하게 하지 못하는 데에서 오는 자신 없음이 자녀양육에도 영향을 미친다고 어려움을 호소했다. 이 독서치료프로그램은 한글과 관련된 그림책 읽기 방법과 다양한 한글놀이 방법을 익히고 가정에서 아이에게 그림책 읽어 주기와 한글놀이를 실천함으로써 모자의 관계 개선에 의미를 두었다. 그런 관계 개선이 다문화가정 부모의 자아존중감을 높여 주었고, 결과적으로 양육효능감도 높아졌다.

책놀이치료프로그램 활동은 언어적 측면에서 다문화가정 여성들로 하여금 한국어에 관심을 가지게 하였고, 자신이 찍힌 비디오를 보면서 자신들의 부정확한 발음을 인식하고 수정하는 기회를 가졌으며, 다양한 그림책의 문맥 속에서 새로운 어휘와 다양한 표현방법을 배우게 되었다. 이주 여성들의 언어능력 부족은 자녀들과의 상호작용의 수준을 양적·질적으로 떨어뜨리는 결과를 가져와 자녀들의 언어발달이 지연되는 상황이었다. 그러나 책놀이치료프로그램 활동을 통해 다문화가정 이주 여성들에게 한국어에 관심을 가지고 아이와 함께 다양한 한글놀이를 하면서 한국어를 열심히 해 보겠다는 자신감을 고취시켰다. 또한 본인의 발음을 인식하고 스스로 반복학습을 통해 수정하도록 도왔으며 새로운 어휘와 표현방법을 배울 수 있는 기회를 제공해 주었다. 그리고 아이와 함께 한글놀이를 하는 것이 재미있다고 말했다. 엄마와 함께 그림책을 읽고 책놀이를 하는 과정에서 자녀들과 자연스럽게 언어적으로 상호작용하는 기회가 증가하게 되고 한글놀이를 통해서 자녀들의 언어발달을 자극하게 되었을 뿐만 아니라 평소 책을 읽지 않던 자녀들이 그림책을 즐겨 읽는 모습으로 변화되는 긍정적인 결과를 가져왔다.

다문화가정 모자의 책놀이치료프로그램 활동을 통해 관계적 측면에서 다문화가정 이주 여성들은 그림책을 읽어 주고, 그림책과 놀이교구를 이용하여 자녀와 놀이하는 방법을 배웠다. 또한 자신의 생각과 느낌, 감정을 표현하는 기회를 통해 가족의 소중함을 재확인하였으며, 대화를 통해서 자녀를 더 많이 이해하게 되고 또 그들을 가르치는 기회를 가질 수 있었다. 또한 자신의 변화를 인정해 주고 믿어 주는 남편의 지지는 다문화가정 이주 여성의 어머니로서의 유능감과 긍정적인 자아상을 심어 주었다.

결론적으로 책놀이치료프로그램 활동은 다문화가정 이주 여성들의 모자관계의 상호작용을 증진시킬 뿐만 아니라 책 읽어 주기 과정을 통혜서 다문화가정 이주 여성의 한국어 능력의 향상시키고 자녀들의 언어발달에도 긍정적인 영향을 미치는 효과적인 접근 방법이 될 수 있다. 또한 언어능력 부족의 이차적인 문제인 가족 간의 관계, 즉 자녀와의 관계, 남편과의 관계가 개선되는 결과를 가져옴으로써 다문화가정 이주 여성들이 주변인이 아닌 한국인으로서의 제2의 삶을 살아가는 데 도움을 주는 접근 방법이 될 수 있을 것이다.

제 **15** 장
아동상담에서의 부모상담

1. 부모상담의 필요성 및 목적

1) 부모상담의 필요성

부모는 아동의 심리발달이나 정서문제에 지대한 영향을 미치는 일차적 환경이라 할 수 있다. 부모의 양육방식, 부모-자녀 간 상호작용 방식 등을 통해 아동은 세상과 만나게 되고, 거기서 느끼는 경험과 지각을 통해 발달을 이뤄 나가게 된다. 특히 아동기에 나타나는 문제행동이나 심리정서적인 문제들은 부모와 연관이 많아, 아동의 심리적ㆍ행동적 문제를 개선하기 위해서는 우선 부모에 대한 개입과 아동이 처해 있는 환경을 개선하지 않으면 상담이나 교육의 목표를 이루기 어렵다. 아동의 문제 해결을 위해서는 부모의 협력과 도움이 절대적으로 필요하다. 실제로, 부모의 협력으로 환경이 좋은 방향으로 바뀌게 되면 아동의 문제행동도 빠르게 개선된다. 따라서 아동상담에서 부모는 분리할 수 없는 필수불가결한 존재이며, 부모는 아동의 효과적인 상담을 위한 기본적인 요소가 된다(김광웅, 2009).

신숙재 등(2000)은 아동상담에서 부모상담의 필요성에 대해 다음과 같이 제시하고 있다. 첫째, 부모상담을 통해 부모는 아동의 정서적·사회적 발달 형성에 도움을 주어 아동의 빠른 변화와 유지를 할 수 있게 해 준다. 이때, 아동의 변화와 유지를 위해 부모의 지지와 협력이 필요하다. 둘째, 부모상담을 통해 부모-자녀 간 갈등의 원인을 파악하고 깨닫게 되어 자녀를 이해하는 데 도움을 줄 수 있다. 셋째, 부모상담을 통해 상담을 종료한 후에도 아동의 지속적인 성장을 위해 부모가 불안감을 느끼지 않고 지속적으로 안정된 환경을 유지하는 데 도움을 주게 된다.

부모는 아동의 삶과 발달에 절대적으로 영향을 미친다는 점에서 아동상담의 중요한 치료적 변인이 된다. 또한 아동상담 과정에 수반되는 부모상담은 아동의 치료를 지원하는 가장 효과적인 방법이기도 하다. 부모상담을 통해 효율적으로 부모역할을 수행할 수 있도록 지원함으로써 상담의 효과를 높일 수 있을 뿐만 아니라 상담자가 아동의 일상에 대해 보다 잘 이해함으로써 치료실에서 내담아동이 보이는 모습과 태도, 놀이의 의미도 더 잘 이해할 수 있게 된다. 부모로부터 주어진 정보는 상담자가 아동에게 민감하게 반응하고, 아동에게 감정이입을 좀 더 원활하게 하는 데 도움이 된다(Landreth, 2002). 아울러 부모상담을 통해 부모도 아동과의 관계가 개선되어 아동의 행동이나 정서에 긍정적인 변화를 이끌게 된다.

아동문제행동의 치료를 위한 부모상담 시, 주로 육아의 책임을 담당하는 어머니가 개입하는 경우가 많다. 그러나 문제 혹은 문제의 원인이 단지 어머니와 아동 사이에서만 발생하는 것은 아니다. 부부관계, 형제자매관계, 조부모와 부모관계, 조부모와 손자녀관계를 포함한 가족 전체의 인간관계에서도 발생될 수 있다. 가족은 하나의 시스템이며, 이 시스템 안에서 가족원 간에 서로 영향을 미치고 또 영향을 받기 때문이다. 아동상담에서 보다 좋은 효과를 얻기 위해서는 어느 쪽이라도 건강한 인격을 갖춘 부모의 존재가 무엇보다 중요하다. 그런 의미에서도 어머니뿐만 아니라 아버지의 치료에 대한 참가, 다시 말하면 부모 모두의 상담이 이상적이다. 특히 3~7세 정도의 유아, 특히 이 시기의 남아는 자신을 아버지와 동일시하면서 아버지의 행동이나 생각을 그대로 모방하려 하므로 아버지에 대한 지도나 협조가 요구되는 경우도 많다.

아동의 심리적 어려움은 부모 변인은 물론, 가족체계 내 관계 및 환경과도 밀접한 관련이 있다. 그러므로 역기능적인 가족관계를 개선함으로써 아동의 문제해결에 보다 근원적인 도움을 주기 위해서도 부모상담이 필요하다. 그러나 가족 내의 병리적인 문제가 심각할 때에는 전문적인 가족상담을 권하는 것이 바람직하다.

2) 부모상담의 목적

(1) 치료관계의 유지

아동상담은 성인상담과 달리, 아동이 자발적으로 상담자를 찾아오는 경우는 드물고 주로 부모의 요구에 의해 상담이 시작된다. 부모가 아동의 문제를 인식하고 상담을 실시할지 여부와 중단 및 종결까지도 결정하게 되므로 아동상담에서 부모를 배제한 채 상담의 지속을 바라는 것은 불가능하다고 할 수 있다(O'Connor, 1991). 따라서 아동의 심리상태나 상담에 대한 부모의 이해를 통해 상담이 완료될 때까지 정기적으로 약속된 시간에 아동을 데리고 오도록 하는 동기를 강화시키는 것이 부모상담의 제1의 목적이라 할 수 있다.

Axline(1947)은 부모가 치료의 시작과 종결은 물론, 치료 시간과 비용 등의 중요한 결정권자이며, 상담자에게 아동에 대한 유용한 정보들을 보다 정확하게 제공해 줄 수 있는 정보제공자다. 따라서 부모라는 변수를 고려하여 아동치료에 임해야 하며, 상담자는 부모와 긍정적인 관계를 형성할 수 있도록 노력해야 함을 강조하였다. 또한 부모가 상담자를 통해 아동에 대한 충분한 통찰을 갖게 되고 생활 속에서 아동과의 관계를 긍정적으로 발전시켜 나간다면, 아동은 부모와의 새로운 관계 속에서 변화의 연쇄작용을 만들어 낼 수 있다고 주장하였다.

좋아하는 놀이나 활동 등을 매체로 하는 아동상담에서는 아동이 상담을 꺼려 하는 경우가 드물다. 그러나 부모가 상담에 대해 불신하거나 회의적일 경우에는 이런 기분이나 태도가 아동에게도 전달되어 아동이 치료를 거부하는 반응을 보일 수 있다. 때로 아동이 오기 싫어하는 경우도 있다. 이럴 때에는 상담의 필요성을 부모에게 납득시켜서 아동과의 상담관계를 유지할 수 있도록 해야 한다. 예를 들어, "자녀가 몸이 아플 때는 병원에 데리고 가시죠? 그런데 아이가 병원 가기 싫다고 마구 울면, 어떻게 하시나요? 주사가 싫다고, 병원 가기 싫다고 아무리 울어 대도 데리고 가시잖아요. 상담도 마찬가지랍니다."라고 이야기하는 것도 방법이 될 수 있다.

부모상담을 통해 상담자와 부모 간에 신뢰로운 관계를 형성하는 것은 이후 지속적인 상담의 진행과 궁극적인 상담목표를 달성하는 데 필수적이다. 실제 연구결과, 치료자와 부모 간의 신뢰로운 관계, 치료자에 대한 만족도는 치료의 결과에 긍정적인 영향을 미치며(김경원, 2008), 치료자와 부모 간의 치료적 동맹, 상담결과에 대한 기대감이 아동상담에 대한 어머니의 만족도를 설명하는 데 영향력 있는 변인임이 밝혀졌다(강소미, 2010). 부모상담을 통한 상담자와 부모 간의 신뢰로운 관계 형성 및 치료적 동맹은 효율적인 아동상담의 기반을 제공해 준다.

(2) 정보 수집

아동상담을 시작하기에 앞서, 아동이 상담실에 오게 된 이유나 주 호소 문제 등을 파악해야 하는데, 이때 주된 정보를 부모로부터 얻게 된다. 자녀에 대해 고민하고 있는 내용이나 지금까지의 자녀 상태 그리고 부모의 양육태도와 가족 상황 등 부모로부터 얻은 상세한 정보를 토대로 아동의 문제 행동에 대해 진단하고, 이에 따른 상담기법을 적용하게 된다. 아동상담의 진행과 더불어 부모 상담도 정기적으로 병행함으로써 진단을 수정하기도 하고 치료계획을 구체화한다.

상담자는 내담아동에 대해 부모가 고민하고 있는 특정 문제에 대한 정보뿐 아니라, 아동의 일상생활 전반에 관한 정보를 얻도록 노력해야 한다. 사실 상담실에서의 행동을 이해하는 데 후자의 정보가 많은 도움이 된다. 예를 들어, 상담실에서 아동이 인형을 밖으로 내던져 버리는 행동을 했을 때, 이 행동이 형제에 대한 분노를 나타내는지, 아니면 부모로부터 거부당한 경험을 나타내고 있는지 또는 특별한 의미가 없는 단순한 습관적 행동에 지나지 않는지를 이해하기 위해서는 지금까지 상담장면에서 얻은 정보 이외에도 일상생활이나 가정에서의 사건이나 행동에 관한 정보가 유용한 자료로 참고될 수 있기 때문이다.

부모로부터 정보를 얻기 위한 상담방법에 일정한 틀이 있는 것은 아니지만, 대체로 이야기를 시작하는 분위기를 만들기 위해 "지난 한 주 동안은 어떠했습니까?"라고 묻는다. 또는 "자녀의 행동에 어떤 변화가 있었습니까?"라고 물을 수도 있다. 이때 유의할 점은 부모가 자녀의 상태를 객관적으로 이해하여 이에 대해서 사실 그대로 보고하도록 유도하는 것이다. 어떤 부모는 "선생님 덕분에 좋아지고 있는 것 같아요." 또는 "별로 변한 게 없는 것 같은데요."라면서 포괄적이고 추상적으로 대답하는 경우도 있다. 그럴 경우에는 "그렇습니까?"라고 가볍게 받아 넘긴 후, "예를 들어 어떤 상태입니까?" 또는 "좀 더 구체적으로 이야기해 주시겠습니까?"라고 물어 아동행동에 대한 구체적인 정보를 얻도록 한다.

한편, 어떤 부모는 자녀의 행동에서 개선된 부분만을 이야기하거나, 아니면 부모로서 고민하는 문제에 대해서만 이야기하기도 한다. 이런 경우에는 자녀의 긍정적 측면과 부정적 측면의 양면을 포함한 정보를 있는 그대로 이야기하도록 유도해야 할 것이다. "지난 일요일에는 ○○이가 어떻게 보냈습니까? 아침에 일어나서 잠자리에 들 때까지 무엇을 했죠? 생각나는 대로 자세히 이야기해 주시겠습니까?"라고 물을 수 있다. 또는 "요즘 특히 신경을 쓰고 있는 행동은 무엇이죠? 이전에 비해 달라지거나 좋아진 면은 없습니까?"라고 묻는 것도 하나의 방법이다. 이와 같이 상담자의 질문에 답하는 과정에서 부모는 자녀의 상태를 보다 주의 깊게 관찰하고 파악하게 되며 변화된 부분을 깨닫게 된다. 결국 부모상담은 부모로 하여금 자녀를 객관적으로 이해하도록 돕고, 매 회기 자녀의 행동변화를 관찰하고 이에 관한 정보를 상담자와 나눔으로써 부모 자신도 자녀의 치료에 참가하고 있다는 의식을 갖게 하는 효과가 있다.

지금까지 살펴보았듯이, 부모상담을 통해 상담자가 부모로부터 아동에 대한 일상생활에서의 자료를 수집하는 데는 다음과 같은 세 가지 목적이 있다(현정환, 2003).

- 상담자가 아동의 상태를 진단해서 적용할 치료기법을 결정하고, 치료효과를 확인하기 위함
- 부모에게 자녀의 상태를 객관적으로 이해시키기 위함
- 부모 자신도 자녀의 성장, 발달에 관여하고 있다는 사실을 체험시키기 위함

(3) 정보 제공

부모상담의 목적은 아동에 관한 정보를 부모로부터 수집하는 데만 있는 것이 아니라, 아동에 관한 정보를 부모에게 제공하는 데도 있다. 즉, 부모로부터 얻은 정보와 상담실 내에서 아동이 보인 행동을 종합적으로 검토하여 가정에서 이행될 수 있는 부모의 바람직한 대응법이나 환경 조정 등에 대해 적절한 정보를 제공해 줄 수 있다.

부모에게 정보를 제공할 때에는 부모의 심리 상태나 이해 정도를 고려하여 그에 맞게 해야 한다. 예를 들어, "우리 아이가 자폐증인가요? 치료하면 나을 수 있을까요?"라는 질문을 받게 될 경우, 어떤 식으로 표현하는 것이 좋은가라는 문제에 부딪히게 된다. 자녀의 문제행동에 대해 어떠한 진단이 내려지면, 이에 대한 정확한 이해가 부족한 경우 부모는 지나치게 절망하거나 또는 인정하지 않으려 하기도 한다. 일반적으로 상담의 초기 장면에서는 진단 결과를 단정 지어 말하지 않는 것이 좋다. 아동의 현재 상태에 대해 이야기하면서 "좀 더 충분한 시간을 두고 여러 가지로 조사하지 않으면 정확한 진단이 어렵습니다."라는 정도로 대응하는 것이 좋다.

효과적인 아동상담을 위해 부모의 협력이 필요할 경우 상담실 내에서의 행동이나 상태, 치료자의 대응 등에 관한 부모의 적절한 태도에 대해서도 이야기해 줄 수 있다. 매회 상담이 끝난 후, 부

모가 "재미있었니?" "무엇을 했니?" "선생님께서 어떻게 해 주었니?" 등을 묻는 것은 아동에게 심리적 부담을 느끼게 만들어 상담실 내에서의 자연스러운 행동 표현을 억제시킬 수 있는 위험성이 있다. 따라서 상담자는 이런 점에 유의하도록 부모에게 협조를 구한다. 일반적으로 상담실 내에서 일어난 일이나 경험에 대해서 아동 자신이 자발적으로 이야기하지 않는 한, 부모가 이것저것 묻는 것은 바람직하지 못하다.

(4) 부모 자신에 대한 심리치료

아동의 모든 부적응 행동이 부모나 가족의 병리현상에서 비롯된다고는 말할 수 없지만, 부모의 그릇된 양육태도나 심리적 문제에 기인하는 경우가 많이 있다. 한 예로, 형제 중 한 명은 함묵증, 다른 한 명은 등교거부증을 보였는데, 이들의 부모가 불안신경증이었던 사례는 아동의 부적응 문제와 부모의 심리 상태가 매우 밀접한 관계가 있음을 시사하고 있다. 이런 때에는 부모나 가족원을 대상으로 한 상담이나 심리치료를 별도로 실시하여 상담자는 부모 자신이 스스로의 문제를 통찰하고 보다 성숙한 인격을 갖추도록 도와주어야 할 것이다.

부모상담을 하는 이유는 아동상담의 효과를 높이고자 협조적인 지원자로서 부모를 활용하기 위함이다. 그러나 아동상담과 별개로 부모 자신의 상담이 필요하다고 판단될 때에는 다른 방식과 목표로 접근해야 할 것이다. 즉, 아동문제의 원인 파악에 있어 1차 환경체계인 부모 개인의 문제 또는 부부관계의 어려움으로 끊임없이 원인을 제공하는 경우라면 아동의 문제를 유지시키는 원인을 제거하기 위한 또 다른 차원에서 부모의 개인상담 또는 부부상담을 실시할 필요가 있다.

2. 부모상담의 유형

부모상담은 아동상담의 효과를 높이기 위해 부모를 치료의 조력자로서 참여시키는 데 일차적인 목적이 있다. 특히 유아의 경우는 하루의 많은 시간을 부모와 함께 보내기 때문에 부모의 협력이 더욱 중요하다. 부모에 대한 상담적 접근은 바람직한 자녀양육을 위한 지도(guidance)부터 개인의 문제까지 포함하는 상담(counseling), 그리고 성격의 심층 부분까지 다루는 심리치료(psychotherapy)에 이르기까지 목적 및 내용에 따라 유형이 구분된다.

1) 지도

지도(guidance)란 어떤 특정의 문제에 직면하여 스스로의 힘으로 해결할 수 없어 고민하는 당사자에게 객관적인 자료를 포함한 정보를 제공하거나 구체적인 해결방법을 제시하여 당사자의 인지적 이해를 통해 당면한 문제를 해결할 수 있도록 도와주는 활동이다(현정환, 2003).

오늘날 급격한 사회변화로 자녀양육에 대한 자신감을 상실한 부모들이 많이 있다. 과거와 달리 핵가족화되면서 자녀양육을 도와주거나, 자녀문제로 어려움에 처했을 때 조언을 구하거나 상담할 수 있는 사람이 없어 육아 노이로제에 빠져 지치고 힘들어하는 부모들도 의외로 많다. 그런가 하면 자녀양육에 대한 과다한 정보나 왜곡된 정보에 휩쓸려 어느 정보가 적절하고 보다 효과적인지를 몰라 혼란스러워하거나 고민하는 경우도 많다.

아동이 문제행동을 보여 상담실을 찾는 부모의 경우에는 부모역할을 수행하는 데 더 큰 어려움을 느끼므로 적절한 부모역할을 할 수 있도록 구체적인 지도가 필요하다. 특히 부모에게 어려움을 배가시키는 아동의 문제행동에 대해서 그 원인에 대한 지식을 제공함으로써 부모가 아동을 좀 더 잘 이해하도록 도와주어야 한다. 아울러 문제행동에 효과적으로 대처할 수 있는 전략과 올바른 부모의 역할에 대해 구체적으로 학습할 수 있도록 지도하는 것이 요구된다. 가정에서 부모와 아동의 관계를 개선하도록 특별한 시간을 갖는 방법에 대해 지도함으로써 상담의 효과를 높일 수도 있다.

2) 상담

지도는 특정 문제의 해결을 위해 필요한 정보를 제공하는 것에 목적을 두고 있지만, 상담(counseling)은 개인의 성격적 측면까지 접근하여 변화를 시도하기 때문에 특정 문제에 대한 해결에만 국한하지 않고 보다 광범위한 문제의 해결을 목표로 한다.

아동은 하루 중 많은 시간을 부모와 함께 지내고 거의 모든 생활을 부모에게 의존하면서 성장하기 때문에 부모의 심리 상태와 정서적 특성은 아동의 발달에 대단히 중요한 영향을 미친다. 따라서 상담자는 부모상담을 통하여 부모가 자신의 성격이나 행동과 대면하면서 자신을 객관적으로 바라보고, 자녀의 바람직한 성장을 위해 어떻게 노력해야 할 것인가를 올바르게 인식하면서 심리적으로 안정 상태가 되도록 도와주어야 한다.

예를 들어, 아이들이 장난감을 어지르는 일로 늘 짜증을 내며 야단을 치던 어머니가 상담을 통해 주위가 깔끔해야만 심리적으로 안정감을 느끼고 그렇지 않으면 불안을 느끼는 자신의 성격을 이해하게 되면서 짜증이 나는 것은 아이들 때문이 아니라 바로 자신의 문제라는 것을 자각하고 자녀에 대한 강요를 자제할 수 있을 것이다. 또는 아동의 분리불안으로 상담실을 찾아온 어머니의 경우, 자녀가 부모와 떨어지지 못하는 것은 부모 자신이 자녀에게 너무 밀착한 나머지 심리적으로 분리되지 못하고 있기 때문이라는 사실을 인식하게 될 수도 있을 것이다.

부모가 자신의 문제점을 깨닫고 이를 바꿈으로써 지금까지와 다른 방식으로 자녀를 대하게 되면 자녀의 행동도 이에 따라 변하게 된다. 자녀와 관련된 문제가 아니라 하더라도 상담을 통해 부모가 타인에게 너무 의존하거나, 비사회적인 행동을 취하거나, 자기 과시가 너무 지나치다거나, 결벽증이 있는 등 자신의 문제행동이나 성격을 깨닫고, 부모 자신이 정신적으로 성숙해지면서 좀 더 바람직한 방향으로 일상생활에 적응해 나가게 되면 자녀의 행동도 보다 바람직한 방향으로 자연스럽게 나아가게 될 것이다.

3) 협의의 심리치료

협의의 심리치료(psychotherapy)는 상담보다 인격의 심층 부분까지 접근하여 인격의 전체적인 변화를 기대하면서 적응성을 높이는 데 그 목적이 있다. 상담과 심리치료의 차이는 '성격의 얕은 부분의 변화에 초점을 두고 있는가, 아니면 심층부분의 변화에 초점을 두고 있는가'에 있다고 하지만 사실상 명확한 구분을 하기란 쉽지 않다.

앞서 언급한 예에서 지나치게 청결을 고집하는 부모가 치료자와 상담하는 가운데, 자신이 어릴 적에 부모에 대해 가졌던 증오감을 치료자에게 전이하고 있다는 사실을 깨닫게 되는 경우도 있다. 그래서 점차 이런 무의식의 저항을 극복하면서 어릴 때 야뇨증이나 도벽 증세 때문에 어머니에게 심하게 꾸중을 들었던 사실을 기억해 낼지도 모른다. 또한 치료자의 해석에 의해 자신의 이런 행동은 반동형성에 의한 것이며 자신의 감정을 솔직히 표현하기보다는 자신을 억압하는 행동양식을 갖게 되어 청결이나 결벽증적 행동을 타인에게 요구하고 있다는 사실을 통찰하는 경우도 있다.

아동의 문제가 부모의 양육방식이나 심리적 문제에서 비롯된 경우에는 아동에 대한 상담보다 부모의 심리치료가 보다 근원적인 치료가 될 수 있다. 이런 경우에는 심리치료적 성격을 띤 부모상담이 필수적이며, 부모 모두를 대상으로 할 수도 있고 부모 중 한 사람만을 대상으로 하기도 한다. 한편, 아동의 문제가 가족의 역기능적인 원인에서 비롯된 경우에는 가족이 하나의 단위로 간주되어 가족 모두가 상담 대상이 될 수도 있다.

아동상담 과정에 수반되는 부모상담 시, 반드시 상담이나 협의의 심리치료가 필요한 것은 아니며, 지도만으로도 충분한 경우가 있다. 또한 상담 대상자가 연령적으로 학령기 이상의 경우에는 부모에 대한 접근을 굳이 하지 않아도 되는 경우도 있다. 그러나 유아를 대상으로 하는 상담에서는 일상생활에서 일어나고 있는 것을 명확히 파악하고 문제가 되는 행동의 상태나 원인을 이해하고 지도의 효과를 확인할 수 있도록 어떤 형태로든 부모와의 접촉을 반드시 해야 한다.

3. 부모상담의 방법

1) 부모상담에서 가져야 할 기본적 태도

아동상담에서의 부모상담은 아동의 문제해결을 위해 상담자가 부모와 함께 협력하는 과정으로서, 기본적인 상호 신뢰관계를 기반으로 한다. 이러한 신뢰관계 속에서 상담자는 부모로 하여금 자신의 의사나 감정을 솔직하게 표현하고 또 자기가 가지고 있는 생각이나 감정들을 그대로 수용하고 이해할 수 있도록 도와줌으로써 부모는 자기 자신을 돌아보고 통찰하여 자녀와의 관계에서 새로운 접근법을 발견하게 되는 것이다.

부모상담 시 상담자는 무엇보다도 부모의 입장을 수용하고 이해해 주는 자세가 필요하다. 자녀의 문제로 고민을 하다가 상담실로 데리고 오는 부모들은 기본적으로 그 누구보다도 자녀를 사랑하고 도와주고 싶은 마음에서인 것이다. 다만 자녀를 대할 때 어떻게 해야 할지 몰라 정말로 당혹해하고 있는 것이다.

임상 장면에 오는 대부분의 부모는 자녀의 문제와 관련하여 자신의 책임을 인정하고 자녀를 돕기 위해 치료과정에 함께 참여하고 싶어 한다. 따라서 부모상담을 할 때 문제의 부모라고 비난하는 자세로 접근하는 것은 결코 바람직하지 않다. '부모로서 사랑하는 자녀를 위해 더 나은 삶을 만들어 주려고 애썼다.'라고 이해해 주는 마음으로 대하는 자세가 중요하다. 부모에 대해 한 인격체로서 무조건적으로 존중하는 태도를 가져야 한다. 부모가 상담이라는 틀을 통해 부모로서, 또한 인간으로서 이해받고 존중되고 있다고 느낄 때 자녀의 문제와 함께 자신의 문제에 대해서도 자연스럽게 생각할 수 있게 되고, 자신에 대한 모든 것을 편안하게 이야기할 수 있게 된다. 이러한 과정을 통해 아동만이 아니라 부모 자신을 위해서도 상담이 중요하다는 것을 깨닫게 되며, 자녀의 상담과정에 더욱 협력할 수 있게 된다.

때로는 저항이 강하여 다른 사람의 말에 전혀 귀 기울이지 않고 고집스럽게 자기의 가치관에만 집착하는 부모도 있다. 이런 경우에는 신중하고 조심스럽게 접근해야 한다. 주의 깊게 노력하지 않으면 아동상담이 중단될 수도 있다. 아동상담을 성공적으로 지속시키기 위해서는 상담현장에서 만날 수 있는 부모의 유형에 따라 적절히 반응하고 효율적으로 대처할 수 있는 상담자의 능력도 요구된다.

2) 부모 유형별 대처방법

내담아동의 부모는 다양한 특성을 지니고 있으므로 부모를 대하는 과정도 상담자에게는 상당히 힘들고 신경 써야 하는 부분이다. 모든 부모가 다 합리적인 사고를 하거나 객관적으로 현실판단을 잘하는 것은 아니다. 자녀의 문제나 자신의 문제에 대해 정확하게 인식하지 못하거나, 오히려 상담에 역행하는 태도를 보이는 경우도 있다. 따라서 아동상담자는 성인의 정신 병리와 심리치료에 대해서도 숙지하고 있어야 이런 어려운 부모를 효율적으로 상대하면서 상담의 효과를 최대화시킬 수 있다. 상담현장에서 자주 접하게 되는 부모의 유형별로 상담자가 겪을 수 있는 어려움과 이에 효율적으로 대처하는 방법을 신현균(2014)의 분류를 토대로 살펴보고자 한다.

(1) 상담자에게 지나치게 의존하려는 부모

자녀문제에 어떻게 대처해야 할지 전혀 알지 못하는 부모들이 있다. 이들은 대개 심리학적 지식이 거의 없으며, 비전문가인 주변 사람의 조언을 이것저것 들어서 자녀를 비일관적 방식으로 양육하기가 쉽다. 이들은 부모 자신의 심리적인 특성이나 문제들에 대해서도 인식하지 못하는 경우가 대부분이다. 또한 심리적으로 미성숙하여 자신이나 자녀에게 조금만 문제가 생겨도 해결할 능력을 갖지 못하고 쉽게 불안해한다. 이런 부모들은 아동문제를 해결하는 데 상담자에게 전적으로 의존하려 하고 심지어 상담의 마술적인 효과를 기대하기도 한다.

이런 유형의 부모는 상담자의 설명을 열심히 듣고 받아들이며 상담자가 하는 조언을 귀담아 듣기 때문에 상담 초기에는 상담자가 상대하기 수월할 수 있다. 그러나 이들의 특성상, 상담자의 설명을 제대로 알아듣지 못하는 경우가 많고 자신들의 인지 틀에 맞추어 단순화시켜 이해하기 때문에 아동의 문제를 엉뚱하게 이해하는 경우도 있다. 따라서 자녀의 문제 해결에 별다른 도움이 되지 않을 때가 많다.

따라서 이들에게는 처음에 사례개념화를 설명할 때 핵심적인 내용만을 쉽게 전달하고 제대로 이해했는지 확인할 필요가 있다. 또한 상담의 구조화를 상세하게 실시해서 잘못된 기대를 교정해 주어야 한다. 이런 절차를 소홀히 할 경우, 상담효과가 빨리 나타나지 않는 것에 대해 상담자에게 실망하고 상담동기를 잃어버리는 등 상담을 지속시키는 데 어려움을 겪을 수 있다.

대체로 이들은 오로지 상담자가 자녀의 문제 해결을 위해 상담의 모든 측면을 책임져 주기를 원하며 자신들은 노력할 준비가 되어 있지 않다. 이들을 상담과정에 적극적으로 개입시키기 위해서는 아동의 문제를 해결하는 데 있어서 부모 역할의 중요성에 대해 반복해서 알려 줄 필요가 있다. 아동발달에 대한 책이나 읽을 자료를 제시하고, 자녀 양육방식에 대한 지도 등 기본적인 부모교육을 해야 한다. 다소 시간이 걸리는 이런 과정을 통해 효율적인 부모 역할을 수행할 수 있는 능력을 키워 줄 필요가 있다.

한편, 자녀의 문제를 상담자에게 맡김으로써 자신의 노력이나 역할은 다했다는 생각을 하며 무엇이든지 상담자에게 의지하려는 부모들도 있다. 자녀를 유치원이나 보육시설에 보내는 부모 중에도 의식적인 것은 아니겠지만 '아이의 교육은 선생님이 잘 알아서 할 것'이라 생각하고 자신의 역할에 대해서는 그 중요성을 깨닫지 못하는 경우가 있다. 이와 마찬가지로 상담자에게 정중하게 "그럼 선생님, 잘 부탁드립니다. 아이의 문제는 모두 선생님을 믿고 맡기겠습니다."라고 부탁하는 부모도 있다. 이때 상담자의 바람직한 대응법은 "예, 알겠습니다. 노력해 보겠습니다. 하지만 자녀에게 가장 소중하고 필요한 사람은 어머니입니다. 어머님도 도와주셔야 합니다. 서로 협력해서 하도록 합시다."라고 부모도 책임감을 느끼도록 하여 부모 자신도 자녀의 치료에 능동적으로 참여하고 있다는 의식을 심어 주어야 한다. 아동이 건강하게 성장하고, 각 연령에 맞는 행동을 할 수 있도록 하기 위해서는 '가정'과 '상담' 그리고 '교육기관'이라고 하는 세 가지 구성요소가 상호 협력 체제를 갖추고 노력해야 한다는 사실을 부모에게 이해시킬 필요가 있다.

(2) 상담자와 상담을 불신하는 부모

상담 경험이 없는 부모는 상담의 효과에 대해 다소 의문을 가질 수 있다. 일반적으로 전문적인 심리평가를 하고 난 후 아동 문제에 대해 개념화를 하고 치료계획에 대해 설명을 듣게 되면서 부모들은 상담자를 조금씩 신뢰하게 되고, 상담이 진행될수록 이런 의구심은 대부분 줄어들게 된다. 그러나 어떤 부모는 여전히 상담자의 전문적인 능력에 대해 혹은 상담의 효과에 대해 불신하며 기대를 갖고 있지 않는 경우도 있다. 이들은 '어차피 잘 안 되겠지만 다른 방도가 없으니 그냥 한번 해 보겠다'는 자세로 상담에 임하곤 한다. 이들은 상담자의 능력을 시험하기 위해 아동이나 자신들에 관해 제대로 된 정보를 주지 않거나 거짓 정보를 제공하기도 한다. 이들은 질문은 많이 하지만, 상담자의 설명에 대해서는 그다지 반응을 보이지 않으며, 잘 믿지 않는 특성을 보인다.

이런 유형의 부모는 기본적으로 인간에 대한 신뢰감이 부족하며 의심이 많다. 일상적인 대인관계에서도 문제를 보일 가능성이 크다. 이들은 상담자의 수용적이고 공감적인 태도에도 별로 감동하지 않으며, 상담에 대해 방관자적인 태도를 보이기 때문에 상담 협조자로서의 역할을 기대하기가 어렵다. 상담자 입장에서는 이런 부모들을 대할 때 몹시 긴장하게 되고 정서적인 교류를 느끼지 못한다.

이들을 대할 때는 우선 상담자가 부모의 불신감을 그대로 수용하는 것부터 시작해야 한다. 이들에게 신뢰감을 주기 위해 전문성을 강조한다 해도 별 효과가 없으므로, 상담자는 일관성 있고 성의 있는 태도를 계속 보이는 정도면 충분하고, 이들을 설득하려 하지 않는 것이 좋다. 이런 경우에는 부모와 좋은 관계를 형성하여 아동상담에 협조를 구하기 위해 지나친 노력을 하기보다는, 아동상담에 전념하는 것이 더 나을 수 있다. 결국 아동이 변화를 보여야 상담자와 상담에 대해 신뢰감이 생기고, 그때 가서야 상담에 적극적으로 협조하게 될 것이기 때문이다.

(3) 문제를 부정하는 부모

자폐나 정신장애와 같이 아동의 문제가 심각하고 어쩌면 평생 동안 지속될 것이 예상될 경우, 부모는 자녀의 문제를 부정하려 한다. 아동의 문제가 그다지 심하지 않다거나, 집안 내력이 어릴 때 발달이 느리다는 등의 이유를 대면서 자녀의 문제가 심각함을 받아들이지 않으려 한다. 이는 심리적인 충격을 완화시키고자 하는 무의식적인 방어에서 기인하는 것으로, 특히 첫 상담이나 상담 초기 단계에서 많이 나타나는 현상이다.

상담자가 심리평가를 통해 진단에 대해 전문가로서의 확신을 갖고 있다 할지라도 부모가 수용하지 못한다면 잠시 유예기간을 두는 것이 좋다. 이러한 부모는 부정, 분노, 우울의 단계를 거치고 나서야 현실을 수용하게 된다. 이 단계 동안 상담자가 역점을 두어야 할 것은 부모의 감정 상태를 수용하고 공감해 주며 위로해 주는 것이다. 상담자의 진단을 강요하는 것은 부모의 방어를 더 강하게 만들거나 위협감을 느끼게 하여 상담을 포기하게 만들 수 있다. 상담자는 진단에 대해 상담을 진행해 가면서 좀 더 관찰하고 자료를 모아서 재검토해 보겠다고 말해 줌으로써 부모의 고통을 완화시켜 줄 수 있다.

어떤 부모는 현실을 빨리 수용할 수 있지만, 어떤 부모는 그 과정에 오랜 시간이 걸리기도 한다. 상담자는 부모가 아동 문제의 본질을 수용할 준비가 될 때까지 인내심을 갖고 기다리는 동시에, 부모의 양육 스트레스를 감소시키는 개입을 하고, 아동상담에 도움이 될 수 있는 부모교육을 진행하는 것이 좋다. 비록 자녀의 문제가 심각하지만 부모가 도와줄 수 있는 방법들을 알게 됨으로써 미래에 대한 두려움이 감소할 수 있다. 이를 통해 결국 아동의 문제를 수용하게 되어 부모가 적극적으로 상담에 참여하고 협조할 수 있게 된다.

(4) 주지화하는 부모

어떤 부모는 자신이 알고 있는 약간의 심리학 지식을 바탕으로 아동 문제를 진단하고 사례개념화까지 하려 한다. 이들은 문제의 원인까지 확신하고 있으며, 해결책까지 다 갖고 있는 듯한 인상을 준다. 이들은 상담자를 자신들의 지도를 받으며 심리치료를 수행하는 사람 정도로 인식하며, 상담자의 전문성에 대해 별 기대를 하지 않는다. 이들은 대개 자기중심적인 사람들로 아동 문제의 원인을 자신들보다는 외부에서 찾음으로써 자존감을 유지하려 한다.

이런 부모를 대할 때 상담자는 무시당하는 느낌을 받아 화가 날 수도 있고, 또 이들의 잘못된 지식에 대해 신랄하게 지적하여 기를 죽이고 싶은 마음이 들기도 한다. 그러나 이런 상황에서도 상담자는 치료적인 태도를 견지해야 한다. 상담자는 부모의 자존감을 건드리지 않으면서 아동의 변화를 위해 전문가로서의 상담적 견해를 전달해야 한다. 주지화하는 부모를 대할 때 상담자는 이들의 비현실적이고 잘못된 생각과 믿음을 한꺼번에 변화시킬 수 없으므로 점진적으로 현실과 접목시키는 노력을 해야 한다.

4. 부모상담의 실제

1) 부모상담 시간

아동상담 장면에서 실시되는 부모상담의 형태로는 아동상담 전후에 10~20분 내외로 이루어지는 부모상담(김광웅, 2009)과 독립된 회기에 부모를 요청하여 실시하는 부모상담(강은주, 김광웅, 2010)이 있다. 아동상담 전후에 실시되는 부모상담은 시간상의 제약으로 인해 부모에 대한 치료적 목적의 깊은 상담이 이루어지기 어려울 수 있다. 독립된 회기로 실시되는 부모상담에서는 교육적 내용과 부모의 개인 심리문제를 다루는 치료적 목적의 부모상담이 시행되기도 한다.

어떤 형태로 실시할지는 부모상담의 목적에 따라 결정되는데, 부모상담의 비중이 클 경우에는 아동의 상담시간과 별도로 다른 날에 부모상담을 하는 것이 부모나 아동 모두에게 효과적이다. 부모상담을 하는 동안 아동이 기다리는 것도 쉽지 않고, 또한 부모상담 시간이 길어질 경우 부모와 상담자가 아동 자신에 대해 이야기할 것 같은 염려 때문에 아동이 상담에 몰두하기가 힘들 수 있어 비효과적이다.

상담시간은 대개 40~60분이 일반적이며 정해진 시간 안에 상담을 하여야 한다. 상담 초심자는 상담의 흐름을 조절하지 못하여 정해진 시간 내에 끝내지 못하는 경우도 있고, 부모에게 잘 보이기 위해서 시간을 초과할 수도 있다. 어쨌든 반복해서 시간 조절을 못한다면 상담자 자신의 문제를 살펴보아야 한다.

부모와 아동의 상담시간을 분리할 수 없을 때에는 정해진 놀이치료 시간 내에서 시간을 나누어 상담해야 한다. 즉, 아동의 치료시간을 부모의 시간과 아동의 시간으로 나누어 쓸 수 있다. 이 경우에도 아동을 먼저 볼 것인지 부모를 먼저 볼 것인지 사전에 약속하는 것이 좋다. 또한 아동이나 부모의 특성에 따라서도 누구를 먼저 보는 것이 유리한지 살펴보아야 한다.

아동상담 초심자의 경우, 부모가 의도적으로 상담시간을 초과하는 경향이 많다면 부모를 먼저 만나고 난 다음 아동을 보는 것이 효과적이다. 아동의 상담시간과 연결해서 부모상담을 할 경우, 부모는 아동의 상담시간은 치료의 의미로 생각하기 때문에 시간을 지키려고 하지만 부모의 상담시간은 치료시간으로 생각하지 않고 연장하려는 경향을 보이기 때문이다. 아동의 상담시간과 시간을 나눌 때 시간의 비율을 어떻게 할 것인가를 고려해야 한다. 부모상담은 길게 하지 않더라도, 비록 5~10분의 시간이라도 효과적인 상담이 될 수 있다. 한편, 아동의 나이가 많으면 부모상담 시간이 도리어 아동의 심리치료에 방해가 될 수도 있다.

2) 부모상담의 기본 방향 및 전략

부모상담을 실시하는 데 있어서 따라야 할 기본 방향과 효과적인 수행전략을 살펴보면 다음과 같다.

① 먼저 누구를 내담자로 볼 것인가를 탐색해야 한다

아동상담의 경우에는 문제의 근원이 부모에게 있으나 부모가 자신의 어려움을 인정하지 않고 아동을 방패 삼아 오는 경우가 많은데, 이때에는 아동뿐만 아니라 부모를 내담자로 보아야 한다. 그러나 치료자의 마음 속에서는 부모를 내담자로 보더라도 부모가 자신을 치료받아야 할 대상으로 받아들이지 못한다면 서서히 다가가야 한다. 부모가 준비가 안 된 상태에서 상담자가 부모에게 초점을 맞추면 부모는 아동의 상담까지 중단하려 할 수도 있다. 그러므로 부모를 서서히 준비시켜 상담에 임하도록 해야 한다.

② 부모의 욕구와 갈등, 감정에 민감하게 대처해야 한다

아동상담에서 도중에 갑자기 중단되는 경우가 발생하기도 한다. 이때 대부분은 아동과 상담자의 관계에 원인이 있는 것이 아니라 부모와 상담자의 관계에 어려움이 있기 때문이다. 아동을 상담에 데려오는 부모는 아동 뒤에 숨어 있는 내담자로 보아야 할 것이다. 그러므로 상담자는 아동뿐만 아니라 부모의 욕구와 갈등, 감정에 민감하게 대처해야 한다.

아동과 상담자가 밀착되었다고 느끼는 부모는 아동이 부모보다 상담자와 가까워지는 관계를 두려워하여 상담을 중단하려고도 하고 상담자에게 분노를 느끼기도 한다. 이렇게 되면 부모는 어떤 단서를 빌미로 상담을 종료하려고 할 것이다. 상담자는 이러한 부모의 감정에 민감하게 대처할 수 있어야 아동상담이 지속되므로 부모도 다룰 수 있는 능력이 요구된다. 내담아동의 부모도 아동 못지않게 상담자로부터 인정받고 사랑받고 싶어 한다. 그러나 아동은 자신의 욕구를 겉으로 드러내지만 부모는 욕구를 감추고 있어 부모의 숨겨진 욕구와 심리 상태를 이해하고 대처할 수 있는 상담자의 능력을 더욱 필요케 한다.

부모상담 시 상담자는 아동의 변화에 대한 공을 부모에게 돌려주는 지혜가 필요하다. 사실 부모가 상담실에 데리고 왔기 때문에 아동의 치료가 가능한 것이며, 부모가 아동을 정해진 시간에 데려오지 않으면 아동에게 변화가 있을 수 없기 때문이다. 즉, 부모의 노력 없이는 아동의 심리치료가 이루어질 수 없으므로 부모의 노력에 대해 지지를 해야 한다. 상담을 받으러 오는 아동뿐 아니라 부모도 상담자의 관심과 지지를 필요로 한다. 이런 이유로 아동상담과 병행하여 부모상담을 할 경우 부모의 변화에 대해 반영해 주고 부모의 노력에 대해 지지해 주며 부모가 좌절하지 않도록 격려해 주어야 한다.

③ 아동치료를 위한 실질적이고 정확한 정보를 교환해야 한다

부모는 아동의 상담과정에 대해 잘 이해하고 있어야 한다. 아동뿐만 아니라 부모와 합의된 아동상담의 목표, 아동상담 과정의 특징과 아동의 예측되는 변화와 문제점 등에 대해 일반적인 개요를 설명해 주어야 한다. 이를 위해 아동상담을 소개하는 비디오테이프를 보여 주기도 하고 부모를 위한 안내책자를 활용하는 방법을 사용할 수도 있다. 특히 상담기관마다 절차나 방법에 차이가 있으므로 기관의 특징을 잘 이해시킬 필요가 있다.

부모는 아동의 치료 상황에 대해 구체적으로 알고 싶어 한다. 이런 욕구를 다루기 위해서는 아동상담의 횟수, 시간, 상담료, 부모상담 여부, 아동상담 시 부모는 어디에서 기다리며 그 시간 동안 무엇을 할지 등을 정해야 한다. 또한 부모가 아동에게 바라는 변화에 대한 막연한 목표가 아니라 현실적인 목표를 수립해야 한다. 상담이 잘 진행될 수 있도록 부모와 상담자 간에 합의과정을 거쳐야 하며, 아동상담 목표에 부합된 변화를 가져오기 위해서 실질적인 정보를 교환하여야 한다.

④ 적절한 행동관리 전략의 탐색과 지도가 필요하다

아동상담 시에 부모의 상담 내용으로는 우선 부모의 요구를 들을 필요가 있다. 왜냐하면 부모가 제일 어려워하는 문제를 다뤄 주어야 부모와 자녀의 관계가 개선되고 변화가 시작될 수 있으며 아동상담이 지속될 수 있기 때문이다. 부모는 대체로 아동의 행동관리를 어떻게 하면 좋을지에 대해 알고 싶어 한다.

한편, 아동상담에서의 부모상담은 치료의 효과를 증대시키기 위한 목적이며 내담아동의 요구와 필요에 의해 진행되는 과정이므로 아동상담 과정에 따라 부모상담의 초점이 달라진다. 초기에는 아동에 대한 올바른 이해를 위한 상담에 초점을 두다가, 중기로 가면 부모의 양육방법을 탐색하고 실제적으로 아동의 문제를 부모가 다룰 수 있게끔 훈련시키는 것이 필요하다. 이러한 과정을 통해 말기로 가면 부모는 아동을 있는 그대로 받아들일 수 있게 되고 부모-자녀관계가 개선되어 있는 것을 볼 수 있다. 이렇게 부모상담은 아동상담 과정의 흐름에 맞추어서 진행되어야 아동상담의 효과도 증대될 뿐 아니라, 부모-자녀관계의 개선에도 도움이 된다. 따라서 아동상담이 진행되는 과정 및 단계에 맞춰 부모상담의 내용과 전략을 적절히 조정해야 할 것이다.

3) 부모상담 내용

앞서 기술한 바와 같이 아동상담이 진행됨에 따라 부모상담의 내용과 방법이 달라져야 한다. 구체적으로, 초기에는 상담자와 부모 간의 관계 형성에 주력함으로써 상담자에 대한 긍정적인 느낌과 신뢰감을 갖도록 해야 한다. 이는 아동상담을 지속하게 하는 가장 중요한 요소다. 좋은 관계가 형성되고 나면, 다음 단계로 아동의 문제 해결에 도움이 되는 실제적인 정보들을 제공하고, 필요하다면 부모의 양육방식이나 생활방식의 변화를 유도한다. 아동상담의 진행 단계별로 부모상담에서 다루어야 할 내용을 세부적으로 살펴보면 다음과 같다.

먼저, 상담의 초기과정에서는 아동상담에 대한 기본적인 정보를 제공하고 상담의 구조화를 실시함과 동시에, 상담자와 보호자 간에 긍정적인 관계를 형성하고 부모가 겪고 있는 스트레스를 감소시켜 주어야 한다. 초기 과정에서 부모가 아동에게 해 줄 수 있는 최상의 것으로는 부정적인 부모-자녀관계를 개선하고 좋은 관계를 형성하는 것임을 알게 해 주고, 그 방법에 대해 지도한다.

상담의 초기 단계에서 상담자와 부모 간에 긍정적인 관계가 형성되고, 부모-자녀관계도 개선되어 간다면, 그다음 단계는 내담아동의 문제를 감소시키기 위한 실제적인 방법들을 알려 주고 실천하도록 돕는 것이다. 즉, 중기과정에서는 상담자와 부모가 합심하여 아동 문제를 적극적으로 해결하려는 시도를 하게 된다. 이 단계가 되면 부모는 상담과 상담자에 대해 신뢰감을 갖고 협조할 준비가 되어 있다. 방어적인 태도가 줄어들면서 부모 자신의 문제들을 더 객관적으로 인식하게 되어 부모 스스로 변화할 필요성을 느끼게 된다. 이런 상태에서 상담자가 유용한 치료적 정보들을 제공하면 부모는 이를 쉽게 수용하며 실천하려 노력한다. 또한 부모와 내담아동 간에 좋은 관계가 형성되고 있는 것이 토대가 되어 부모가 시도하는 치료적 개입이 아동의 문제를 해결하는 데 효과적으로 작용할 수 있게 된다. 이 단계에서 유용한 부모상담의 내용에는 부모의 가치관이나 생활방식의 수정, 자녀 양육방식의 개선, 가족의 문제와 갈등 해결하기, 분노를 효과적으로 처리하기, 행동수정 방법의 지도 등이 포함된다.

후기 단계는 아동의 문제가 어느 정도 해결되기 시작하는 단계로, 부모의 관심은 이러한 긍정적인 변화가 가속화되고 유지되는 데 있다. 이 단계에서는 부모가 아동에 대한 신뢰감을 바탕으로 정서적으로 지지하고 격려하는 역할을 지속적으로 할 수 있도록 해야 한다. 또한 그동안 부모나 가족이 노력했던 부분과 변화된 측면을 계속 유지하는 것이 중요하다. 아동의 상태가 좀 나아졌다고 해서 부모의 양육방식이나 가치관 등이 예전의 비효율적인 방식으로 되돌아간다면 아동의 문제가 재발될 수도 있기 때문이다. 치료의 후기 단계라 해도 아동의 문제가 완벽하게 해결된 것은 아니며 변화가 진행 중인 경우가 많다. 이런 점에 대해 부모가 걱정할 수 있으므로 상담이 끝난 이후에도 긍정적인 변화가 계속 진행되며, 이때 부모의 역할이 중요함을 알려 줄 필요가 있다.

치료의 종결과정에서는 부모의 역할에 대해서도 교육이 필요하다. 치료의 종결을 앞두고 내담아동이 보일 수 있는 감정 변화들에 대해 부모에게 알려 주어 이에 적절하게 대처하도록 교육한다. 즉, 일시적으로 문제 행동이나 증상이 재발 혹은 악화되거나 새로운 문제가 출현할 수 있으며, 이는 종결을 늦추려는 무의식적인 시도에 기인한 것임을 부모에게 알려 주어야 한다. 이런 교육을 통해 부모는 지나치게 걱정하거나 과잉반응을 보이지 않을 수 있다. 또한 상담자와의 이별을 앞두고 내담아동이 일시적으로 우울증상을 보일 수 있으며 그럴 때 부모가 정서적으로 지지해 줌으로써 부모-자녀관계가 더 돈독해질 수 있다는 것도 알려 주어야 한다.

치료 종결 이후를 대비한 부모교육도 실시하여야 한다. 치료가 종결된 이후에 아동이 잘 적응해 나갈지 여부에 대해 부모가 염려할 수 있다. 부모가 어떤 측면에 대해 걱정하는지에 대해 대화하면서 아동이 어려움을 보일 때 어떻게 대처할지, 그동안의 치료과정에서 배운 내용들을 바탕으로 부모가 어떤 도움을 줄 수 있을 지에 대해 이야기하는 것이 필요하다. 이런 과정을 통해 부모가 자녀에게 실질적인 도움을 줄 수 있다는 자신감을 갖게 해야 한다. 물론 부모의 노력으로 문제가 해결되지 않을 때 상담자에게 자문을 구하거나, 필요하다면 다시 상담을 받을 수 있다는 것도 알려 준다.

☞ **아동상담 단계별 부모상담에 포함되어야 할 내용**

1. 초기
   - 치료에 대한 구조화
   - 긍정적인 관계 형성
   - 부모의 스트레스 감소시키기
   - 아동과 좋은 관계 맺는 방법 교육하기
     - 긍정적인 관심과 격려
     - 자녀의 자존감 높이기
     - 아동의 특성 고려하기
     - 놀아 주기
     - 칭찬과 보상 주기

2. 중기
   - 부모의 가치관과 생활방식의 수정
   - 양육방식 및 의사소통 방식의 개선
   - 가족의 문제와 갈등의 해결
   - 화와 분노를 효과적으로 해결하기
   - 행동수정 방법 교육: 보상과 처벌을 효과적으로 사용하기
     - 보상 활용하기
     - 교육적인 처벌하기
     - 행동계약 맺기

3. 후기 및 종결
   - 부모의 지지적인 양육방식 유지
   - 부모 역할 중요성 인식
   - 종결에 대한 준비 및 대처방법 교육
   - 종결 이후를 대비한 부모교육

5. 부모상담 시 고려 사항 및 유의점

1) 부모상담 시 고려할 점

아동상담과 병행하는 부모상담은 단순히 상담자가 일방적으로 지도하고 훈계하거나 정보를 제공하는 것이 아니다. 아동상담과 마찬가지로 부모 역시 상담적으로 접근해야 상담자가 기대하는 변화를 가져올 수 있다. 가장 먼저, 아동상담에 대한 부모의 욕구와 감정, 기대 등에 대해 공감적으로 이해하고 존중하는 데서부터 시작해야 한다. 아동의 문제로 인해 부모 역시 심리적으로 지치고 스트레스를 받고 있는 상태임을 감안해 치료자가 지지적인 태도를 보여 주는 것이 중요하다.

아동상담의 효과를 높이기 위해 부모 모두 관여하는 것이 최상의 결과를 가져오지만, 아버지는 어머니에 비해 상담에 자발적으로 참여하는 경우가 훨씬 적다. 상담뿐 아니라 자녀양육에서도 소극적이거나 방관자 역할을 하는 경우가 많다. 아버지를 상담에 관여시키기 위해 상담자는 적극적으로 접촉을 시도할 필요가 있다. 가능하면 직접 면담하는 것이 좋지만, 시간을 내지 못하거나 꺼려 한다면 전화 통화를 할 수도 있다. 이때 가장 중요한 것은 상담자가 일방적으로 설명하기보다는 아버지가 자녀 문제를 어떤 관점에서 이해하고 있는지, 무엇을 염려하고 있는지, 어떤 것이 궁금한지, 상담에 대해 어떤 태도를 갖고 있는지 등을 파악하는 것이다. 특히 아버지의 문제점을 지적하는 것을 삼가고, 바쁜 아버지가 많은 시간을 내지 않고도 자녀의 성장과 문제 해결에 큰 역할을 할 수 있음을 알려 주거나 궁금해하는 정보들을 제공해 주어 치료에 서서히 협조하도록 이끌어야 한다. 도움이 되는 짧은 읽을 거리를 제공하고 다시 통화하는 것도 좋다. 상담 초기에는 방관자였던 아버지가 이런 과정을 거치면서 상담자를 신뢰하게 되면 어머니 못지않게 치료에 적극적으로 참여하게 된다.

아동상담에서 상담자가 아동의 고유한 특성에 민감하게 반응해야 하는 것과 마찬가지로, 부모의 특성에 맞게 부모상담을 실시하여야 한다. 부모의 연령, 교육수준, 인지능력 및 상황 이해능력, 심리적인 건강 상태, 자녀 문제에 대한 인식 정도 등 다양한 측면들을 고려하여야 한다. 예를 들어, 부모가 우울한 경우 상담자가 하는 말들 중 부정적인 내용의 것만을 받아들여 아동상담에 대해 비관적인 견해를 갖고 상담에 비협조적일 수 있다. 따라서 상담자는 부모의 우울 상태가 상황 이해력에 어떤 영향을 주고 있는지를 확인하면서 면담해야 하고, 만약 부모가 왜곡되게 받아들인다면 교정해 주어 오해가 없도록 신경 써야 한다.

2) 부모상담의 유의점

부모상담을 어떻게 하느냐에 따라 부모가 자녀의 문제 해결에 적극적으로 참여하고 노력하게 될 수 있지만, 그렇지 못할 경우 역효과를 가져올 수도 있다. 특히 부모상담의 첫 시기에 이루어지는 상호작용 방식에 따라 많은 영향을 받는다. 부모상담을 실시함에 있어서 다음과 같은 사항을 유의해야 한다.

① 상담이 부모의 문제점을 지적하는 장이 되지 않도록 한다

상담자가 부모의 문제점을 지적해 주는 것이 아니라 부모 스스로 자신의 문제를 인식해 가는 과정과 변화를 느끼도록 하는 것이 중요하다. 부모 양육태도의 옳고 그름에 대해 평가한다거나 또는 부모의 성격 병리를 지적하거나, 양육의 실패에 대해 동조하는 등의 행동은 바람직하지 않다. 이것은 부모에게 지금 진행되고 있는 상담을 신뢰하지 못하게 만들어 상담을 중단하고 싶은 마음을 갖게 한다. 부모는 최선을 다해 양육했으나 자녀에게 문제가 발생한 것에 대해 자신의 양육이 실패한 것은 아닌가 하는 두려움과, 한편으로 자신의 실패를 인정하고 싶지 않은 마음도 갖게 된다. 충분히 라포가 형성되지 않았을 때 직접적으로 부모의 문제를 지적하는 것은 상담자에 대해 결정적인 불신감을 형성할 위험성을 높게 만든다.

또한 문제의 원인을 탐색하려는 듯한 심문이 되지 않도록 해야 하며, 부모의 마음을 충분히 이해하고자 노력하여야 한다. 부모의 좋은 상담자이며 협력자로서, 또 부모를 지원하는 존재로서 부모에게 신뢰받는 인간관계를 만들어야 한다. 오히려 지금까지의 자녀양육을 위한 부모의 노력을 수용하고 지지하는 것이야말로 상담자가 갖추어야 할 중요한 태도이다. 이러한 인간관계의 성립은 부모가 상담자와 협력하여 아동의 문제를 고치려는 동기를 높여 주는 기초가 된다.

② 지도의 경과나 전망에 대한 정보를 제공한다

상담자가 상담에 대해 납득할 만한 설명이나 부모의 불안한 마음을 이해하고 지원해 주지 않으면서 마냥 참고 기다리게만 해서는 안 된다. 아동상담 과정에 따라 부모에게 상담자가 생각하고 있는 상담의 의미나 현재 진행되고 있는 아동의 병리에 대해 이해할 수 있는 설명이나 부모의 역할, 그리고 그 후에 어떻게 진전될 지에 대한 상담자의 전망, 또한 그것은 어떤 근거에 의한 것인지에 대해 들려줌으로써 어느 정도 불안을 해소시킬 수 있을 것이다. 다만 아동 개인에 따라 지도방법이나 전망이 각기 다르기 때문에 부모에게 적절한 정보를 제공하기가 상당히 어려울 수 있다. 이런 경우에는 일반적인 전문적 정보나 지도론을 설명해 주는 것이 바람직하다. 이것은 특히 신체적·심리적 문제에 대해 익숙하지 않은 부모의 불안을 경감시켜 주고 이해시키는 데 도움이 된다.

③ 최종 결정권은 부모에게 있다는 것을 인식시킨다

대부분의 부모는 자녀의 문제행동에 대해 당혹해하고 있으며, 성급하게 즉시 효과가 있는 해결 방법을 찾고 싶어 한다. 그리고 구체적으로 지금 어떻게 하면 좋은지 그 방법만을 간단하게 제시해 주거나 가르쳐 주기를 원한다. 이러한 부모의 요구에 조심성 없이 간단한 조언만으로 끝내려고 하는 것은 위험하다. 특히 오랜 기간 동안 어려움을 겪고 있는 문제라거나 뿌리가 깊은 문제의 경우 부모에게 조심성 없이 간단히 해결방법을 제시해 주는 것은 부모 자신이 스스로 문제를 고쳐 나가려는 자주성이나 주체성을 발전시키는 데 방해요인이 된다.

물론, 발달과정에서 나타나는 일반적인 일과성 문제들에 대한 정보나 지식이 부족하여 정보가 필요한 경우에는 적절히 조언과 지도를 해 줌으로써 문제를 해결할 수도 있다. 또 부모가 아동과 바람직한 관계를 맺고 상호작용을 하는 데 적합한 반응기법을 알려 주고 시안적인 방법을 제공하는 경우는 있다. 그러나 그것은 어디까지나 부모 자신에 대한 신뢰에 기반을 두고 상황에 따라 여러 가지 가능성을 탐구하도록 부모를 지원하기 위함이다. 부모 자신이 해결의 방법을 찾아내도록 격려하고 함께 생각하는 태도를 가지고 부모를 대하는 것이 중요하다.

요약하면, 자녀에 대한 대응법을 제시해 줄 때 유의할 점은 부모가 용기를 갖고 주체적으로 선택할 수 있도록 조언을 해 주는 데 있다. 예를 들어, 상담자가 확신을 갖고 "~식으로 대응하면 좋다고 생각합니다만……" 이라고 이야기해 주고 싶은 마음이 있을지라도, "~와 같은 방법 등이 도움이 될 수 있지만, 어떻게 하면 좋을지에 대해서는 어머니 자신이 결정하시거나 남편분과 의논해서 정하시는 게 좋다고 생각합니다."라고 하면서 최종적인 결정은 부모 자신이 했다는 생각을 갖게 함과 동시에, 자녀 지도에 있어 책임감을 느끼도록 하는 것이 바람직하다.

부 록

접수 면접지

접수자: 정보제공자: 접수일:

Ⅰ. 인적사항

아동명		생년월일	년 월 일(만 세 개월)
주소		전화	
	학교, 학년(유치원)	다니는 기관	

Ⅱ. 가족사항

관계(친/계)	성 명	연령(만)	학 력	직 업	종 교	월 수입	기 타

Ⅲ. 주 호소

	내 용	언 제	대 처 방 법
1			
2			
3			

◎ 본 기관에 오게 된 이유:

Ⅳ. 접수 전 상담 및 치료 사항

연령	기관명	진단	교육 및 치료 여부	기간

Ⅴ. 생육사

1. 부모 결혼 시

결혼 연도	년 (당시 연령: 부 세, 모 세)		
교제 유형		교제 기간	년 개월
결혼 동기			

2. 임신 시

질환 및 약 복용	무 유, ( )개월 시, 내용:
입 덧	무 유, 정도:
심리 상태	
계획된 임신	예 아니요
임신에 대한 반응	부: 모: 기타:
유 산	무 유, 임신순위( ), 자연/인공, 이유:
사 산	무 유, 임신순위( ), 이유:

3. 출생 시

산모 연령	세	임신 기간	정상, 예정일: 일 전/ 이후
분만 상태	순산 난산 제왕절개	출생 시 체중	kg
산소 호흡기 사용	무/유, 기간:	인큐베이터 사용	
황 달	무/유, 치료기간 및 방법:		
기 타			

4. 수유 및 식사

수유방법	모유 ( )개월, 우유 ( )개월, 모유＋우유 ( )개월, 젖병 뗀 시기( )개월
식습관(3세 이전)	
식습관(3세 이후)	

5. 대소변 훈련

대변	시작 시기:	가린 시기:	현재:
	방법: 아이 반응:		
소변	시작 시기:	가린 시기:	현재:
	방법: 아이 반응:		

6. 수면 및 활동

보챘음	무/유, 언제까지: 정도:
잠버릇	
현재 누구와 자나	
활동량(3세 이전): 과소 보통 과다	

7. 병력

고열	무/유, 시기: 최고:	경기	무/유, 시기: 최고:
질환	질환명: 입원: 무/유	시기: 치료기간:	
현재의 건강상태			

Ⅵ. 발달사

1. 신체발달(괄호 안은 정상 개월임)

목가누기(2)	개월	기기(6)	개월
걷기(12~13)	개월	숟가락질하기(24)	개월
옷벗기(24)	개월	옷입기(36)	개월

2. 언어 및 인지 발달

옹알이(2~3)	개월,　　　양: 많음/보통/적음/없음
첫말 단어(8~14)	개월,　　　내용:
현재 언어	표현력: 이해력:
인지 상태	빠름/보통/느림 기타:

3. 사회 및 정서 발달

눈맞춤	무/유	낯가림	없음/적음/보통/많음
엄마를 언제 알아보았나	개월	엄마 없이도 놀았나	예/아니요
좋아하는 놀이		좋아하는 장난감	
성 격			

4. 가족관계

아버지	1) 결혼사항: 결혼/이혼/재혼 2) 출생지: 3) 건강 및 신체적 장애 여부: 4) 아버지의 성격: 5) 아버지의 아동에 대한 태도/기대: 6) 아동의 아버지에 대한 태도:

어머니	1) 결혼사항: 결혼/이혼/재혼 2) 출생지: 3) 건강 및 신체적 장애 여부: 4) 어머니의 성격: 5) 어머니의 아동에 대한 태도/기대: 6) 아동의 어머니에 대한 태도:
형제, 자매	1) 아동과의 관계 특성: 2) 성격:

Ⅶ. 교육사

학령 전 교육	연령:　　　　　　　내용: 아이 반응:		
초등학교	잘하는 과목:　　　　　　　　　못하는 과목:		
학년별 성적	1학년:　　　　　2학년:　　　　　3학년: 4학년:　　　　　5학년:　　　　　6학년:		
공부태도(숙제 포함)			
과외활동	시기:　　　　　내용: 아이 반응:		

Ⅷ. 가족병력

성인:

병력	알코올 중독	약물 중독	우울증	반사회적 행동	신체 장애	뇌전증	결핵	정신병	심기증	기타
관계										

아동:

병력	알코올 중독	약물 중독	우울증	반사회적 행동	신체 장애	뇌전증	결핵	정신병	심기증	기타
관계										

IX. 양육상의 특기사항

(양육자, 동생 분만 시 사항, 이사, 전학, 충격적 사건, 집착 물건 등에 대해서 아이 연령과 반응)

1~3세	1) 주 양육자: 2) 일시적으로 가족과 떨어진 경험: 무/유, 언제:　　　　　　　　　기간: 이유: 3) 특기사항:
3~학령 전	1) 주 양육자: 2) 일시적으로 가족과 떨어진 경험: 무/유, 언제:　　　　　　　　　기간: 이유: 3) 특기사항:
학령기	1) 주 양육자: 2) 일시적으로 가족과 떨어진 경험: 무/유, 언제:　　　　　　　　　기간: 이유: 3) 특기사항:

참 / 고 / 문 / 헌 /

가와이 하야오(2000). 모래상자의 지혜. 서울특별시립동부아동상담소.

강갑원(2004). 알기 쉬운 상담이론과 실제. 서울: 교육과학사.

강문희, 박경, 정옥환(2012). 아동심리검사(개정판). 경기: 교문사.

강문희, 손승아, 안경숙, 김승경(2008). 아동상담. 경기: 교문사.

강소미(2010). 놀이치료의 모-치료자 관계가 놀이치료 만족도에 미치는 영향. 명지대학교 사회교육대학원 석사학위논문.

강은주, 김광웅(2010). 놀이치료에서 부모의 상담욕구에 대한 조사연구. 한국놀이치료학회지, 13(4), 59-74.

강진령, 이종연, 유형근, 손현동(2009). 상담자 윤리. 서울: 학지사.

고인숙, 이숙희(2010). 아동상담. 서울: 동문사.

공윤정(2008). 상담자 윤리. 서울: 학지사.

공인숙, 김영주, 최나야, 한유진(2013). 아동문학. 경기: 양서원.

곽금주(2002). 아동심리평가와 검사. 서울: 학지사.

곽금주, 박혜원, 김청택(2001). K-WISC-III 지침서. 서울: 도서출판 특수교육.

곽금주, 오상우, 김청택(2011). K-WISC-IV 전문가 지침서. 서울: 학지사.

구은미, 박성혜, 이영미, 이혜경(2014). 아동상담. 경기: 양서원.

권미선(2010). 모와 애착이 결핍된 아동의 모래놀이치료 사례 연구. 명지대학교 사회교육대학원 석사학위논문.

권석만(2012). 현대 심리치료와 상담이론. 서울: 학지사.

권준수, 김재진, 남궁기, 박원명, 신민섭, 유범희, 윤진상, 이상익, 이승환, 이영식, 이헌정, 임효덕, 강도형, 최수희 역(2015). DSM-5 정신질환의 진단 및 통계 편람(제5판)[Diagnostic and Statistical Manual of Mental Disorders-5]. APA 저. 서울: 학지사. (원저는 2013년에 출판).

기채영(2006). 놀이치료에서 부모상담의 치료성과 요인 및 과정에 대한 질적 분석. 놀이치료연구, 9(2), 41-58.

김경미(2002). 로저스의 인간중심 상담에서 '진실성'의 의미. 연세대학교 대학원 석사학위논문.

김경원(2008). 놀이치료에 대한 어머니의 만족도 관계 변인. 대진대학교 대학원 석사학위논문.

김계현(1997). 상담심리학. 서울: 학지사.

김계현, 김창대, 권경인, 황매향, 이상민(2011). 상담학개론. 서울: 학지사.

김광웅(1999). 아동놀이의 속성과 치료적 요소에 관한 고찰. 놀이치료연구, 2, 49-57.

김광웅(2009). 놀이치료에서의 부모상담 실태 조사 연구. 한국놀이치료학회지, 12(1), 47-63.

김광웅, 강은주, 진화숙 역(2008). 놀이치료에서의 부모상담[Linking Parent to Play Therapy: A Practical Guide with Applications, Interventions, and Case Studies]. Deborah, K. M. & Donald, E. M. 저. 서울: 시그마프레스. (원저는 2001년에 출판).

김광웅, 박인전, 방은령 역(2004). 아동상담. 서울: 중앙적성출판사.

김광웅, 유미숙, 유재령(2008). 놀이치료학. 서울: 학지사.

김교헌 역(2013). 성격심리학[Perspectives on personality]. Carner, C. S. & Scheier, M. F. 저. 서울: 학지사. (원저는 2012년 출판).

김군자 역(1988). 음악치료의 즉흥연주 모델[Improvisation Models of Music Therapy]. Bruscia, K. E. 저. 서울: 양서원. (원저는 1987년에 출판).

김나영, 이승희(2002). 아동임상 및 상담심리. 서울: 동문사.

김동연(2000). 미술치료의 이론과 실제. 서울: 동아문화사.

김명희, 이현경(2014). 아동 · 청소년을 위한 상담과 심리평가. 경기: 교문사.

김미경(2003). 로저스의 인간중심 상담에서 '진실성'의 의미. 연세대학교 대학원 석사학위논문.

김보애(2003). 모래놀이치료의 이론과 실제. 서울: 학지사.

김보애(2004). 신비스러운 모래놀이치료. 서울: 학지사.

김보애(2007). 만남의 신비 모래놀이치료. 서울: 가톨릭출판사.

김보애(2008). 모래놀이여행. 서울: 가톨릭출판사.

김선희(2014). 유아의 자기통제력과 행동문제 간의 관계에 대한 교사-유아관계의 조절효과. 아동학회지, 35(3), 31-47.

김성진(2015). 놀이치료사의 부모상담 역량 강화를 위한 프로그램 개발 및 효과. 명지대학교 대학원 박사학위논문.

김성희(2002). 음악의 빠르기가 자율신경계에 미치는 영향. 숙명여자대학교 대학원 석사학위논문.

김순혜(2001). 아동상담. 서울: 학지사.

김순혜(2004). 현대아동상담. 서울: 학지사.

김양순(2009). 가정폭력 피해 아동과 어머니를 위한 부모-자녀 관계치료 10세션 모델의 효과. 한국놀이치료
    학회지, 12(2), 63-78.

김영란(1999). 공감에 대한 인간중심적 이해. 인간이해, 20(7), 17-34.

김영환, 문수백, 홍상황(2006). 심리검사의 이론과 실제. 서울: 학지사.

김유숙, 야마나카 야스히로(2005). 모래놀이치료의 본질. 서울: 학지사.

김은정 역(2014). 도널드 위니컷[D. W. Winnicott]. M. Jacobs 저. 서울: 학지사. (원저는 1995년에 출판).

김은정 역(2015). 놀이치료의 기초[Foundations of Play Therapy (2nd ed.)]. Schaefer, C. E. 저. 서울: 시그마프
    레스. (원저는 2011년에 출판).

김재은, 이성진, 채규만, 구본용, 오익수, 김동일(1997). 청소년상담 보조전략. 서울: 청소년대화의 광장.

김재환, 오상우, 홍창희, 김지혜, 황순택, 문혜신, 정승아, 이장한, 정은경(2006). 임상심리검사의 이해. 서울:
    학지사.

김정민 역(2009). 인지행동치료[Learning Cognitive-Behavior Therapy]. Wright, J. H., Basco, M. R., & Thase, M.
    E. 저. 서울: 학지사. (원저는 2006년에 출판).

김종운(2014). 상담심리학의 이론과 실제. 서울: 동문사.

김진숙(2001), 예술심리치료의 이론과 실제. 서울: KEAPA press.

김창대, 권경인, 한영주, 손난희(2008). 상담 성과를 가져오는 한국적 상담자 요인. 상담학연구, 9(3), 961-986.

김청자, 정진선(2006). 아동상담심리. 서울: 태영출판사.

김춘경(2004). 아동상담: 이론과 실제. 서울: 학지사.

김춘경(2006). 아들러 아동상담 이론과 실제. 서울: 학지사.

김춘경, 이수연, 이윤주, 정종진, 최웅용(2010). 상담의 이론과 실제. 서울: 학지사.

김충기, 강봉규(2001). 현대상담의 이론과 실제. 서울: 교육과학사.

김태련 외 역(2009). 모래놀이치료 핸드북[The handbook of sandplay therapy]. Turner, B, A. 저. 서울: 학지
    사. (원저는 2005년에 출판).

김택호, 박제일, 송정홍, 안이환, 양재혁, 은혁기, 이동훈, 이상민, 이승희, 이영순, 이희백, 천성문, 최명식, 허
    재홍 역(2008). 아동상담[Counseling children]. Thomson, C. L., & Henderson, D. A. 저. 서울: 시그마프레
    스. (원저는 2007년에 출판).

김현희(2001). 독서치료란 무엇인가. 한국어린이문화교육학회 제3차 학술세미나 자료집, 15-50.

김현희, 김재숙, 강은주, 나해숙, 양유성, 이영식, 이지영, 정선혜(2010). 상호작용을 통한 독서치료. 서울: 학

지사.

김현희, 서정숙, 김세희, 김재숙, 강은주, 임영심, 박상희, 강미정, 김소연, 정은미, 전방실, 최경(2004). 독서치료. 서울: 학지사.

노안영(2003). 상담심리학의 이론과 실제. 서울: 학지사.

노안영(2005). 상담심리학의 이론과 실제. 서울: 학지사.

노안영, 강만철, 오익수, 김광운, 정민(2011). 개인심리학 상담 원리와 적용. 서울: 학지사.

류혜숙(1998). 노인의 우울증 해소를 위한 독서요법 연구. 중앙대학교 대학원 박사학위논문.

명창순(2004). 독서요법을 통한 저소득층 이혼 가정 아동의 친사회성 개발에 관한 연구. 공주대학교 교육대학원 석사학위논문.

문경여, 한유진(2008). 또래관계 향상을 위한 독서치료 동화 선정 및 프로그램 효과. 놀이치료 연구, 12(2), 117-136.

문혁준, 김정민, 김태은, 양성은, 이진숙, 이희선(2014). 아동상담. 서울: 창지사.

박경, 최순영(2010). 심리검사의 이론과 활용(2판). 서울: 학지사.

박경애(1997). 인지 · 정서 · 행동치료. 서울: 학지사.

바경애(2011). 상담심리학. 경기: 공동체.

박랑규, 박응임, 안동현, 왕석순, 이숙, 이정숙, 장미경, 정승아, 정혜정, 조용범(2011). 아동심리치료학개론. 서울: 학지사.

박성수(1986). 생활지도. 서울: 정민사.

박원명, 민경준, 전덕인, 윤보현, 김문두, 우영섭 역(2014). 정신의학적 진단의 핵심: DSM-5의 변화와 쟁점에 대한 대응[Essentials of psychiatric diagnosis: Responding to the challenge of DSM-5]. France, A. 저. 서울: 시그마프레스. (원저는 2013년에 출판).

박의순, 이동숙 역(2011). 인지행동 상담과 심리치료 기법[Skills in Cognitive Behavior Counseling & Psychotherapy]. Wills, F. 저. 서울: 시그마프레스. (원저는 2008년에 출판).

박자영(2009). 아동상담자가 부모상담에서 경험하는 어려움. 숙명여자대학교 대학원 석사학위논문.

박재황, 남상인, 김창대, 김택호(1993). 청소년상담 교육과정 개발연구. 서울: 청소년대화의 광장.

박정남(2012). 고등학생의 특성에 따른 전문상담교사의 상담자 역할에 대한 기대 분석. 한국교원대학교 교육대학원 석사학위논문.

박혜원, 곽금주, 박광배(1996). K-WPPSI 지침서. 서울: 도서출판 특수교육.

박희현(2005). 아동상담자의 의욕상실 요인 연구. 숙명여자대학교 대학원 박사학위논문.

변학수(2006). 통합적 문학치료. 서울: 학지사.

백용매, 천성문 역(2003). 아동의 심리치료[*Techniques of child therapy*]. Chethik, M. 저. 서울: 학지사. (원저는 2000년에 출판).

서종미(2013). 집단음악놀이치료 프로그램이 유아의 부적응 행동, 정서조절 능력 및 사회적 관계에 미치는 효과. 명지대학교 대학원 박사학위논문.

성영혜(1997). 가족놀이치료. 서울: 상조사.

손은정, 유성경, 심혜원(2003). 상담자의 자기 성찰과 전문성 발달. 상담학연구, 4(3), 367-380.

손정표(2000). 신독서지도방법론. 대구: 태일사.

송영혜, 강지예, 이정자(2010). 아동심리검사 사례집. 서울: 시그마프레스.

송재영, 이윤주(2014). 초심상담자와 경력상담자의 공감유형의 차이 분석. 상담학연구, 15(1), 125-144.

신민섭, 김수경, 김용희, 김주현, 김향숙, 김진영, 류명은, 박혜근, 서승연, 이순희, 이혜란, 전선영, 한수정 (2002). 그림을 통한 아동의 진단과 이해. 서울: 학지사.

신석호(2007). 정신분석적 놀이치료. 한국아동심리치료학회 3차 워크숍 자료집.

신숙재, 이영미, 한정원(2000). 아동중심놀이치료. 서울: 동서문화원.

신현균(2009). 아동 심리치료의 실제. 경기: 집문당.

신현균(2014). 아동심리치료의 실제-심리장애별 치료. 서울: 학지사.

심희옥(2014). 폭력가정에서 성장한 여자대학생에 대한 부성 콤플렉스 관점에서의 모래놀이치료 사례연구. 한국가정관리학회지, 128, 143-157.

안동현(2005). 영유아기 정신건강. 2005년 삼성복지재단 학술대회 자료집. 133-166.

양명숙, 김동일, 김명권, 김성회, 김춘경, 김형태, 문일경, 박경애, 박성희, 박재황, 박종수, 이영이, 전지경, 제석봉, 천성문, 한재희, 홍종관(2013). 상담이론과 실제. 서울: 학지사.

어해룡(2011). 자해하는 남아의 모래놀이치료 사례연구. 모래놀이치료연구, 7(1), 55-81.

오경자, 이혜련, 홍강의, 하은혜(1997). K-CBCL 아동 · 청소년 행동평가척도. 서울: 중앙적성출판사.

오상우, 오미영(2011). K-WISC-IV 워크숍 자료집. 서울: 학지사 심리검사연구소.

우소연, 박경자(2009). 학령 후기 아동의 일상적 스트레스가 학교생활 적응에 미치는 영향을 중재하는 보호 요인: 자기통제력과 유머감각. 아동학회지, 30(2), 113-127.

우종태 역(2000). 모래상자의 지혜[トボツの知]. 하합집웅 저. 서울: 서울특별시립동부아동상담소. (원저는 1984년에 출판).

유가효, 위영희, 문현주, 이희정, 김태은(2010). 놀이치료의 이해. 경기: 양서원.

유구종, 문기임(2003). 독서치료 문학활동이 유아의 창의성 및 자아개념에 미치는 효과. 열린유아교육연구, 8(1), 111-130.

유미숙(1997). 놀이치료 이론과 실제. 서울: 상조사.

유미숙(1998). 놀이치료과정에서 아동행동과 치료자 반응 분석. 숙명여자대학교 대학원 박사학위논문.

유미숙(2014). 특집: 놀이치료: 놀이치료학의 역사. 상담과 선교, 82, 22-33.

유미숙 역(2009). 놀이치료: 치료관계의 기술[Play therapy: The art of the relationship (2nd ed.)]. Landreth, G. 저. 서울: 학지사. (원저는 2002년에 출판).

유성애(2010). 도덕경에 나타난 인간중심 상담원리. 서울: 학지사.

유승, 박부진(2011). 아동의 자아개념 형성과 자아발달 촉진을 위한 집단모래놀이치료 효과. 한국아동학회, 32(3), 163-184.

유영원, 정승진, 문영주, 이경아, 이상선(2011). 대학상담센터 상담자의 역량과 자질 연구. 대학생활연구, 17(1), 1-17.

유재령(2006). 아동상담자의 윤리적 실천행동 관련변인. 숙명여자대학교 대학원 박사학위논문.

유정실(2004). 독서치료 프로그램이 부적응 아동 자아존중감과 학교생활 적응에 미치는 효과. 영남대학교 교육대학원 석사학위논문.

윤순임, 이죽내, 김정희, 이형득, 이장호, 신희천, 이성진, 홍경자, 장혁표, 김정규, 김인자, 설기문, 전윤식, 김정택, 심혜숙(2006). 현대상담 · 심리치료의 이론과 실제. 서울: 중앙적성출판사.

이규미, 이은경, 주영아, 지승희 역(2011). 아동 및 청소년상담[Counseling adolescents and children: developing your clinical style]. Deanna S. Pledge 저. 서울: 센게이지러닝코리아(주). (원저는 2003년에 출판).

이규선(2004). 집단 따돌림 학생의 인성치료를 위한 독서요법 적용 사례 연구: 집단 따돌림 피해학생을 중심으로. 계명대학교 교육대학원 석사학위논문.

이명우, 연문희(2004). 상담사례개념화 교육 프로그램 개발 연구. 청소년상담연구, 12(1), 143-155.

이부영(2013). 분석심리학. 서울: 일조각.

이성진(1996). 청소년 상담 발전의 방향과 과제. 제3회 청소년상담학세미나 자료집.

이셈, 최한나(2012). 상담자의 직무스트레스와 심리적 소진의 관계에서 자기위로능력의 조절효과. 인간이해, 33(1), 123-137.

이수림(2008). 상담자의 지혜와 상담과정 및 성과에 관한 연구. 가톨릭대학교 대학원 박사학위논문.

이수연(2008). 아동상담. 서울: 양서원.

이숙, 정미자, 최진아, 유우영, 김미란(2004). 아동상담. 서울: 양서원.

이숙, 최정미, 김수미(2002). 현장중심놀이치료. 서울: 학지사.

이숙형(2012). 학교 부적응 아동을 위한 가족모래놀이 개입 사례 연구. 한국교원대학교 대학원 석사학위 논문.

이영식(2006). 독서치료 어떻게 할 것인가. 서울: 학지사.

이영주(2001). 바람직한 상담자의 자질에 대한 연구. 인문사회연구, 4(1), 151-163.

이옥경, 박영신, 이현진, 김혜리, 정윤경, 김민희 역(2009). 생애발달 I: 영유아기에서 아동기까지[Development through the lifespan]. Berk, L. E. 저. 서울: 시그마프레스. (원저는 2007년에 출판).

이윤주(2001). 상담사례개념화 요소 내용 분석. 학생생활연구, 6(1), 83-101.

이장호(1997). 상담심리학. 서울: 박영사.

이재연(2001). 아동문제 해결을 위한 독서치료의 적용과 전망. 숙명여자대학교 아동연구, 15(1), 147-157.

이재연, 서영숙, 이명조 역(1997). 아동상담과 치료[Counseling and therapy for children]. Gumaer, J. 저. 서울: 양서원. (원저는 1984년에 출판).

이종인 역(2003). 비블리오테라피[Read for your life]. Gold, J. 저. 서울: 북키앙. (원저는 2001년에 출판).

이지혜(2002). 저소득층 가정 아동의 자아존중감 증진을 위한 독서치료 효과. 숙명여자대학교 대학원 석사학위논문.

이진숙, 심희옥, 한유진 역(2012). 모래놀이치료: 심리치료사를 위한 지침서[Sand Play Therapy: A step-by-step Manual for Psychotherapists of Diverse Orientations]. Boik, B. L & Goodwin, E. A. 저. 서울: 학지사. (원저는 2000년에 출판).

이춘재, 성현란, 송길연, 윤혜경, 김혜리, 이명숙, 박혜원, 곽금주, 장유경, 이도헌 역(2006). 발달정신병리학: 영아기부터 청소년기까지[Developmental Psychopathology: from Infancy through Adolescence (4th ed.)]. Wenar, C. & Kerig, P. 저. 서울: 박학사. (원저는 2004년에 출판).

이현림(2008). 상담이론과 실제. 서울: 양서원.

이현아, 이기학(2009). 전문상담교사의 직무스트레스요인과 직무만족도, 심리적 소진의 관계. 한국심리학회지 학교, 6(1), 83-102.

이희정, 위영희, 이유진, 윤갑적, 홍희영(2014). 유아발달. 경기: 양서원.

임성관(2011). 독서치료의 모든 것. 서울: 시간의 물레.

임성문 역(2004). 심리상담의 과정과 기법(제4판)[Professional counselor: a process guide to helping]. Hackney, H. L. 저. 서울: 시그마프레스. (원저는 2000년에 출판).

임창재, 오수정(2008). 유아연구 및 심리측정. 서울: 동문사.

임혜정(2013). 유아 음악교육. 서울: 파란마음.

임호찬(2010). 심리검사의 종류와 활용. 경기: 서현사.

장미경, 이상희, 정민정, 손금옥, 조은혜, 유미성(2007). 아동상담의 이론과 실제. 서울: 태영출판사.

장선철, 문승태(2006). 상담심리학. 서울: 동문사.

장인숙(2014). 집단음악치료가 초등학교 고학년 저소득층 아동의 스트레스, 대처, 사회적 지지 및 불안과 우울에 미치는 영향. 원광대학교 대학원 박사학위논문.

장혁표(1999). 상담에서의 윤리적 문제: 상담자 자질, 비밀보장, 이중역할관계를 중심으로. 교사교육연구, 38(1), 1-15.

전숙영(2007). 어머니의 심리통제 및 아동의 행동적 자율성과 자기 통제력이 아동의 문제행동에 미치는 영향. 한국가정관리학회지, 25(4), 169-179.

정문자, 제경숙, 이혜란, 신숙재, 박진아(2011). 아동심리상담. 경기: 양서원.

정명숙, 손영숙, 양혜영, 정현희 역(2001). 아동기행동장애[Behavior Disorders of Childhood (4th ed.)]. Wicks-Nelson, P. 저. 서울: 시그마프레스. (원저는 1999년에 출판).

정여주(2003). 미술치료의 이해. 서울: 학지사.

정옥분(2004). 전생애발달의 이론. 서울: 학지사.

정옥분(2012). 아동심리검사. 서울: 학지사.

정원식, 박성수(1978). 카운슬링의 원리. 서울: 교학도서.

정은주(2002). 음악의 예측성, 비예측성이 정서의 생리적 반응에 미치는 영향. 이화여자대학교 대학원 석사학위논문.

정지수(2012). 초보상담자가 인식하는 상담의 기본개념: 존중, 경청, 공감, 수용을 중심으로. 단국대학교 교육대학원 석사학위논문.

정현주(2005). 음악치료학의 이해와 적용. 서울: 이화여자대학교 출판부.

정희정, 이소희(2003). 놀이치료 종결과 관련된 변인의 탐색 연구. 놀이치료연구, 6(2), 58-71.

제석봉, 유계식 역(2005). 유능한 상담재[The Skilled Helper: a problem-management and opportunity-development]. Egan, G. 저. 서울: 시그마프레스. (원저는 2002년에 출판).

조현춘, 조현재 역(1995). 심리상담과 치료의 이론과 실제[Theory and Practice of Consulting and Psychotherapy (4th ed.)]. Corey, G. 저. 서울: 시그마프레스. (원저는 1991년 출판).

조현춘, 조현재, 문지혜, 이근배, 홍영근 역(2014). 심리상담과 치료의 이론과 실제[Theory and Practice of

Counseling and Psychotherapy (9th ed.)]. Corey, G. 저. (원저는 2013년에 출판).

조현춘, 조현재, 이희백 역(2005). 집단심리상담의 이론과 실제[*Theory and Practice of Group Counseling*]. Corey, G. 저. 서울: 시그마프레스. (원저는 2003년에 출판).

주리애(2010). 미술치료학. 서울: 학지사.

주선영, 김광웅(2005). 놀이치료에서의 부모상담 현황 및 부모상담에 대한 상담자, 부모의 인식연구, 놀이치료 연구, 8(1), 49-60.

주성욱(1998). 상담자의 상태불안과 불안조절양식이 내담자가 지각한 상담자의 공감적 태도에 미치는 영향. 가톨릭대학교 대학원 석사학위논문.

채혜정(2005). 학령기 아동의 분노 대응 능력 향상을 위한 통합적 독서치료 프로그램 개발 연구. 숙명여자대학교 대학원 박사학위논문.

천성문, 박명숙, 박순득, 박원모, 이영순, 전은주, 정봉희(2009). 상담심리학의 이론과 실제(2판). 서울: 학지사.

천성문, 박순득, 배정우, 박원모, 김정남, 이영순(2006). 상담심리학의 이론과 실제. 서울: 학지사.

천성문, 송재홍, 윤치연, 윤호열, 이영순, 박천식, 김경일, 하영자, 김상희, 원요한 역(2001). 아동상담의 이론과 실제[*Counseling Children*]. Thomson, C. L., & Rudolph, L. B. 저. 서울: 시그마프레스. (원저는 2001년에 출판).

최경희(1998). 상담자역할의 재정립을 위한 동 · 서 심리학적 접근: 정신역동적 상담과 보현행원품을 중심으로. 한국동서정신과학회지, 1(1), 91-119.

최명식(2003). 역전이와 상담자의 자기 문제. 한국동서정신과학회지, 6(2), 197-214.

최병철(2006). 음악치료학. 서울: 학지사.

최선희(1997). 아동의 사회적 자아개념과 인간관계 증진을 위한 독서요법의 효과. 경북대학교 교육대학원 석사학위논문.

최영희, 김영희, 심희옥, 심미경(2009). 아동상담. 서울: 창지사.

최원호(2008). 상담윤리의 이론과 실제. 서울: 학지사.

최은녕(2012). 저소득층아동의 자아존중감과 사회성 향상을 위한 독서치료프로그램 효과. 독서교육, 1, 56-80.

최재영, 김진연 역(2008). 미술치료[*The Art Therapy Sourcebook*]. Malchiodi, C. A. 저. 서울: 서울하우스. (원저는 2006년에 출판).

하승민, 서지영, 강현아, 마주리, 서혜전, 장정백(2008). 아동상담. 경기: 공동체.

한국심성교육개발원(2015). 독서심리상담사 1급 교재.

한유진, 최은녕(2015). 다문화가정 부모−자녀 상호작용증진을 위한 책놀이치료프로그램 개발. 독서문화논총, 2, 138-162.

허지혜(2015). 아동대상 음악치료 관련연구 현황 분석. 중앙대학교 국악교육대학원 석사학위논문.

현정환(2003). 아동 문제 행동의 이해와 지도. 서울: 창지사.

현정환(2009). 아동상담. 서울: 창지사.

현정환, 후쿠시마 오사미(2002). 아동상담. 서울: 창지사.

홍경자(2001). 자기이해와 자기지도력을 돕는 상담의 과정. 서울: 학지사.

황문희(2004). 독서치료가 초등학교 아동의 자아 개념에 미치는 효과. 대구교육대학교 교육대학원 석사학위논문.

황성원, 김경희, 오승아, 조현주, 권정임(2010). 아동심리와 상담. 서울: 창지사.

Achenbach, T. M. (1991). *Manual for the child behavior checklist/4-18 and 1991 profile.* Buringtoin: University of Vermont, Department of Psychiatry.

Achenbach, T. M. (1995). Developmental issues in assessment, taxonomy, and diagnosis of child and adolescent psychopathology. In D. Cicchetti & D. J. Cohen (Eds.), *Developmental psychopathology. Vol. I: Theory and methods* (pp. 57-80). New York: Wiley.

Achenbach, T. M., & Edelbrock, C. (1983). *Manual for the Child Behavior Checklist and Revised Child Behavior Profile.* Burlington, VT: University of Vermont.

Adler, A. (1927). *Understanding human nature.* New York: Greenburg.

Adler, A. (1929). *The science of living.* New York: Greenburg.

Adler, A. (1956). Striving for superiority. In H. L. Ansbacher & R. R. Ansbacher (Eds.), *The individual psychology of Alfred Adler: A systematic presentation in selections from his writings* (pp. 108–113). New York: Basic Books.

Adler, A. (1964). *Social interest: A challenge to mankind.* New York: Capricorn Books.

Adler-Tapia, R. (2012). *Child psychotherapy.* New York: Springer Publishing.

Alex, N. K. (1993). *Bibliotherapy. ERIC digest.* Bloomington, IN: ERIC Clearinghouse on Reading and Communication Skills (ERIC Document Reproduction Service No. 357-333).

Allen, F. (1939). Therapeutic work with children. *American Journal of Orthopsychiatry, 4,* 193-201.

Allen, P. B. (1995). *Art Is a Way of Knowing.* Boston: Shambhala.

Alston, E. (1962). Bibliotherapy and psychotherapy. *Library Trends, 11*, 159–176.

American Counseling Association (2005). *Code of ethics and standard of practice*. Alexandria, VA: Author.

American Psychological Association (1994). *Diagnostic and Statistical Manual of Mental Disorders* (4th ed.). Washington DC: APA Press.

American Psychological Association (2002). *Ethical principles of psychologists and code of conduct*. Washington, DC: Author.

Anastasi, A., & Urbana, S. (1997). *Psychological testing* (7th ed.). New York: McMillan.

Axline, V. M. (1947). Play therapy. *Journal of Clinical Psychology*.

Axline, V. M. (1969). *Play therapy* (rev ed.). New York: Ballatine.

Baker, M. (1995). Corpora in translation studies. An overview and suggestions for future research. *Targe, 7*(2), 223–243.

Bandura, A. (1956). Psychotherapist anxiety level, self-insight, and psychotherapeutic competence. *Journal of Abnormal Psychology, 52*, 333–337.

Bandura, A. (1974). Behavior theory and the models of man. *American Psychologist, 29*, 859–869.

Bandura, A. (1977). *Social learning theory*. Englewood Cliffs, NJ: Prentice-Hall.

Bankart, C. P. (1997). *Talking cures: A history of western and Eastern psychotherapies*. Pacific Grove, CA: Brooks/Cole.

Barlow, K., Strother, J., & Landreth, G. (1985). Child-centered play therapy: Nancy from baldness to curls. *School Counselor, 32*, 347–356.

Beck, A, T., Rush, A, J., Shaw, B. F., & Emery, G. (1979). *Cognitive Therapy for Depression*. New York: Guildford Press.

Beck, A. T., & Weishaar, M. E. (2011). Cognitive therapy. In R. J. Corsini & D. Wedding (Eds.), *Current psychotherapies* (9th ed., pp. 276–309). Belmont, CA: Brooks/Cole, Cengage Learning.

Belkin, G. S. (1975). *Practical counseling in the schools*. Dubuque, LA: Brown.

Belsky, J., Gilstrap, B., & Rovine, M. (1984). The pennsylvania infant and family development project, I: Stability and change in mother-infant and father-infant interaction in a family setting at one, three, and nine monthes. *Child Development, 55*(3), 692–705.

Berk, L. E. (2004). *Child development*. MA: Allyn & Bacon.

Berry, S. (1994). Estimating discrete-choice models of product differentiation. *The RAND Journal of*

Economics, 25(2), 242–262.

Bowlby, J. (1985). The role of childhood experience in cognitive disturbance. In Mahoney, M. J. & Freeman, A (Eds.), *Cognition and Psychotherapy* (pp. 181–200). New York: Plenum.

Boxill, E. H. (1985). *Music Therapy for the Developmentally Disabled.* Rockvills, MD: An Systems Corp.

Brabender, V. (2007). The ethical group psychotherapist: A coda. *International Journal of Group Psycho-therapy, 57*(1), 41–47.

Brammer, L. M., & Shorstrom, E. L. (1982). *Therapeutic Psychology: Fundamentals of Counselling and Psychotherapy.* Prentice Hall.

Brammer, L. (1988). *The helping relationship.* Englewood Cliffs, NJ: Prentice-Hall.

Bratton, S. C., Ray, D., & Landreth, G. (2008). Play therapy. In M. Hersen & A. M. Gross (Eds.), *Handbook of clinical psychology: Children and adolescents* (Vol 2, pp. 577–625). Hoboken, NJ: Wiley.

Brems, C. (1993). *A comprehensive guide to child psychotherapy.* Boston: Allyn & Bacon.

Brems, C. (2008). *A comprehensive guide to child psychotherapy and counseling* (3rd ed.). Long Grove, IL: Waverland Press.

Bretherton, I., & Munholland, K. A. (1999). Internal working models in attachment relationships: A construct revisited. In J. Cassidy & P. R. Shaver (Eds.), *Handbook of attachment* (pp. 89–111). New York: Guilford.

Brody, V. (1978). Developmental play: A relationship focused program for children. *Journal of Child Welfare, 57*(9), 591–599.

Bruno, F. J. (1983). *Human adjustment and personal growth: seven pathway.* New York: John Wiley & sons.

Bruscia, K. E. (1998). *The dynamics of music psychotherapy.* Gilsum, NH: Barcelona Publishers.

Buck, J. (1948). *The House-Tree-Person technique.* Los Angeles: Western Psychological Services.

Buck, J. (1966). *The House-Tree-Person technique: Revised manual.* Los Angeles: Western Psychological Services.

Bugental, J. (1965). *The search for authenticity: An existential-analytic approach to psychotherapy.* New York: Holt, Rinehart & Winston.

Burns, R. C., & Kaufman, S. H. (1970). *Kinetic Family Drawing(K-F-D): An introduction to understanding children through Kinetic Drawing.* New York: Bruner/Mazel.

Burns, R. C., & Kaufman, S. H. (1972). Actions, styles, symbols in *Kinetic Family Drawing(K-F-D): An interpretative manual.* New York: Bruner/Mazel.

Campos, P. E. (2002). Special series: integrating Buddhist philosophy with cognitive and behavioral practice. *Cognitive and Behavioral Practice, 9,* 38–40.

Carlson, J., & Kjos, D. (2000). Person centered therpy with Dr: [Videotape]. Boston: Allyn & Bacon.

Cianciolo, P. J. (1997). *Picture books for children.* Amer. Library Assn.

Clark, D. A., Beck, A. T., & Alford, B. A. (1999). *Scientific Foundations of Cognitive Theory and Therapy of Depression.* New York: Wiley.

Clark, D. A., Beck, A. T., & Stewart, B. (1990). Cognitive specificity and positive-negative affectivity: Complimentary or contradictory view on anxiety and depression? *Journal of Abnormal Psychology, 99,* 148–155.

Cohen, R. J., & Swerdlik, M. E. (2005). *Psychological testing and assessment: An introduction to tests and measurement* (6th ed.). New York: McGraw-Hill.

Combs, J. (1971). Heat flow and geothermal resource estimates for the Imperial Valley, in cooperative geological–geophysical–geochemical investigations of geothermal resources in the Imperial Valley area. California University Riverside.

Corey, G. (1991). *Theory and practice of counseling and psychotherapy* (4th ed.). Pacific Grove, CA: Brooks/Cole.

Corey, G. (2005). *Theory and practice of counseling and psychotherapy* (7th ed.). Belmont, CA: Brooks/Cole.

Corey, G. (2013). *Theory and Practice of Counseling and Psychotherapy* (9th ed.). Belmont, CA: Brooks/Cole, Cengage Learning.

Corey, G., Corey, M. S., & Callanan, P. (2007). *Issues and ethics in the helping professions* (7th ed.). Belmont, CA: Thomson Brooks/Cole.

Cornett, C. E., & Cornett, C. F. (1980). *Bibiliotherapy: The right book at the right time.* Indiana: Bloomington.

Corsini, R. J., & Wedding, D. (2005). *Current psychotherapies* (9th ed., pp. 196–234). Belmont, CA: Brooks/Cole, Cengage Learning.

Cottone, R. R., & Tarvydas, V. M. (2007). *Counseling Ethics and Decision making* (3rd ed.). Upper Saddle River, NJ: Pearson Education.

Delia, C., & Patrick, T. (1996). Stress in clinical psychologists. *The Intenational Journal of Social Psychiatry, 42,* 141–149.

Doll, B., & Doll, C. (1997). *Bibliotherapy with young people: Librarians and mental health professionals working together.* Englewood, Colorado: Libraries Unlimited.

Dreyer, S. S. (1985). *The bookfinder: A guide to children's literature about the needs and problems of youth aged 2 and up.* Circle Pines, MN: American Guidance.

Dugald, S. A. (1975). *Counseling and Psychotherapy.* Boston: Allyn & Bacon, Inc.

Ellis, A. (2001). *Overcoming destructive beliefs, feelings, and behaviors.* Amherst, New York: Prometheus Books.

Ellis, A. (2011). Rational emotive behavior therapy. In R. Corsini & D. Wedding (Eds.), *Current psychotherapies* (9th ed., pp. 196–234). Belmont, CA: Brooks/Cole, Cengage Learning.

Epictetus (1991). *Enchiridion.* Translated by Georgy Long. Amherst, NY: Prometheus Books.

Eric Berne, M. D. (1966). *Games people play: The psychology of human relationships.* New York: Oxford University Press.

Erikson, E. H. (1959). *Identity and the life cycle.* New York: International Universities Press.

Eysenck, H. J. (1966). *Effects of Psychotherapy.* New York: International Science Press.

Feist, J., & Feist, G. J. (2008). *Theories of personality* (7th ed.). New York: McGraw–Hill.

Freud, S. (1925). *Collected Papers* (vol. 3.). London: HanlinsPress.

Freud, S. (1933). *New introductory lectures on psychoanalysis.* New York: Norton.

Freud, S. (1964). *New introductory lectures on psychoanalysis* (Standard ed. Vol. 22). London: Hogarth. (Original work published 1933).

Gaston, E. T. (1968). *Music in therapy.* New York: The MacMillan Company.

Gladding, S. T., & Gladding, C. (1991). The ABCs of bibliotherapy for School counselors. In B. Doll & C. Doll (Eds.), *Bibliotherapy with young people: Librarians and mental health professionals working together.* Englewood, Colorado: Libraries Unlimited.

Gornicki, S. (1981). *Using fairy tales change perceptions of self and others.* Louis, MO: Annual Convention of the America Personal and Guidance Association.

Green M., & Piel, J. A. (2002). *Theories of human development: A comparative development.* Allyn & Bacon.

Greenspan, S. I. (2003). *The clinical interview of the child* (3rd ed.). Arlington, VA: American Psychiatric Publishing.

Groth-Marnat, G. (1997). *Handbook of Psychological Assessment* (3rd ed.). New York: John Wiley & Sons.

Grubbs, G. A. (1995). A comparative analysis of the sandplay process of sexually abused and nonclinical children. *The arts in psychotherapy, 22*(5), 429–446.

Gumaer, J. (1984). *Counseling and Therapy for Children*. A Division of Macmillan, Inc. New York: Free Press.

Gurney, B. G. (1964). Filial therapy: Description and rationale. *Journal of Counseling Psychology, 28*, 303–310.

Hambidge, G. (1955). Structural paly therapy. *American Journal of Orthopsychiatry, 25*, 601–617.

Hanser, S. B. (1999). *The new music therapist's handbook*. San Francisco: Harper & Row publishers.

Harvook, L. (2002). A music therapy anger management program for forensic Offernders. *Music Therapy Perspectives, 11*(1), 16–23.

Henderson, D. A., & Thompson, C. L. (2011). *Counseling children* (8th ed.). Cengage Learning.

Herbert, J. D., & Forman, E. M. (2011). *Acceptance and mindfulness in cognitive behavior therapy: Understanding and applying the new therapies*. Hoboken, NJ: Wiley.

Horney, K. (1950). *Neurosis and human growth*. New York: Norton.

Howard, R. (1990). Art therapy as an isomorphic intervention in the treatment of a client with post-traumatic stress disorder. *The American Journal of art therapy, 28*, 79–86.

Hyens, A. (1980). *The goals or Bibliotherapy. The Arts in Psycho-therapy, 7*, 35–41.

Hynes, A. M., & Hynes–Berry, M. (1994). *Biblio/poetry therapy-the interactive process: A bandbook*. St. Cloud, MN: North Star Press of St. Cloud.

Jacobson, E. (1938). *Progressive relaxation*. Chicago: University of Chicago Press.

Jalongo, M. R. (1988). *Young children and picture books: Literature from infancy to six*. Washington, DC: NAEYC.

Jellison, J. A. (1975). The effect of music on autonomic stress responses and verbal reports. In C. K. Madson (Ed.), *Research in music behavior: Modifying music behavior in the classroom* (pp. 206–210). New York: The reacher College Press.

Jernberg, A. (1979). *Theraplay*. Sanfrancisco: Jossey–Bass.

Jones, A. J., Stefflre, B., & Stewart, N. R. (1970). *Principles of Guidance*. NY: McGraw Hill Book Company.

Jongsma, A. E., Peterson, L. M., McInnis, W. P., & Bruce, T. J. (2014). *The child psychotherapy treatment planner* (5th ed.). Hoboken, NJ: John Wiley & Sons.

Jung, C. G., Marie, L. V., & Henderson, J. (1968). *Man and His Symbols*. New York: Doubleday.

Kalff, D. M. (2003). *Sand Play: A psychotherapeutic approach to the psyche*. Cloverdale, CA: Temenos press. (Original Work published 1980).

Kaplan, C. A., Thompson, A. E., & Searson, S. M. (1995). Cognitive behavior therapy in children and adolescents. *Archives of Disease in Childhood, 73*, 472–475.

Kazdin, A. E. (2001). *Behavior modification in applied settings* (6th ed.). Pacific Grove, CA: Brooks/Cole.

Keat, D. B. (1990). Change in child multimodel counseling. *Elementary School Guidance and Counseling, 24*.

Kendall, P. C. (2012). *Child and adolescent therapy: Cognitive-behavioral procedures* (4th ed.). NY: The Guilford Press.

Klonoff, E. A., & Moore, D. J. (1986). "Conversation reactions" in adolescents: a biofeedback-based operant approach. *Journal of Behavior Therapy and Experimental Psychiatry, 17*, 179–184.

Knell, S. M., & Moore, D. J. (1990). Cognitive-behavioral play therapy in the treatment of encopresis. *Journal of Clinical Child Psychology, 19*, 55–60.

Kottman, T. (2003). *Partners in play: An Adlerian approach to play therapy* (2nd ed.). Alexandria, VA: American Counseling Association.

Kottman, T., & Ashby, J. S. (2015). Adlerian play therapy. In D. A. Crenshaw & A. L. Stewart (Eds.), *Play therapy: A comprehensive guide to theory and practice* (pp. 32–47). New York: Guilford Press.

Kramer, E. (1971). *Art as therapy with children*. New York: Schocken Books.

Lack, C. R. (Spring, 1985). Can bibliotherapy go public? Collectio building. In B. Doll & C. Doll (Eds.), *Bibliotherapy with young people: Librarians and mental health professionals working together*. Englewood, Colorado: Libraries Unlimited.

Lama, D. (1999). *Ethics for the new Millenium*. New York: Riverhead Books.

Landreth, G. (1991). *Play therapy: The art of the relationship*. Bristol, PA: Accelerated Development.

Landreth, G. (2002). *Play Therapy: The Art of the Relationship* (2nd ed.). New York: Brunner-Routledge.

Landreth, G., & Sweeny, D. (1997). Child-centred play therapy. In K. J. O'Connor & L. M. Braverman (Eds.), *Play therapy theory and practice* (pp. 11–45). New York: Wiley.

Lawrence, G., & Kurpius, S. E. R. (2000). Legal and ethical issues when counseling minor in nonschool setting. *Journal of Counseling & Development, 78*, 130–136.

Lejeune, A. (1969). Bibliocounseling as a guidance thechniqe. *Catholic Library World, 41*, 156–164.

Levy, D. (1939). Release therapy, *American Journal of Orthopsychiatry, 9*, 713–736.

Lewinsohn, P. M., Hoberman, H. M., & Teri, L. (1985). An integrative theory of depression. In S. Reiss & R. Bootzin (Eds.), *Theoretical Issues in Behavioral Therapy* (pp. 331–359). New York: Academic Press.

Linda, S. M. (1984). The use of music with hospitalized infants responde toddlers: a descriptive study. *Journal* of Music Therapy, 21(3), 126-132.

Loewald, E. L. (1987). Therapeutic paly in space and time. Psychoanalytic study of the child, 42, 173-192.

Manassis, K. (2014). Case formulation with children and adolescents. New York: Guilford Press.

Markle, R. (1988). Bibliotherapie. Der Einfluss des therapiebegleitenden lesens auf das emotionals Befinden bei ambulant behandelten Patienten. Mannheim.

Maulsby, M. (1976). Rational self-analysis format. Lexington, KY: Center for Rational Behavior Therapy and Training, University of Kentucky.

Mckenna, M. C., & Kear, D. J. (1990). Measuring attithde toward reading: A new too for teacher. The Reading Teacher, 43, 626-639.

Mearns, D., & Thorne, B. (2007). Person-Centered Counselling in Action (3rd ed.). New York: SAGE Publications Ltd.

Meichenbaum, D. H. (1975). Self-instructional methods. In Kanfer, F. H. & Goldstein. A. P. (Eds.), Helping people change: a textbook of Methods. New York: Pergamon.

Menzen, K. H. (1994). Heilpadagogische Kunsttherapie. Freiburg: Lambertus.

Merriam , A. P. (1964). The anthropology of music. Chicago, IL: The University of Chicago Press.

Moreno, J. (1985). Music play therapy: An integrated approach. Arts in Psychotherapy, 12(10), 17-23.

Morris-Vann, A. M. (1979). Once upon a Time : A Guide to the Use of Bibliotherapy with Children. Southfield, Michigan: Aid-U Pub. Co.

Moses, H., & Zaccaria, J. (1969). Bibliotherapy in an educational context: Rationale and principles. High School Journal, 52, 401-411.

Moustakas, C. (1955). Emotional adjustment and the play therapy process. Journal of Genetic Psychology, 86, 79-99.

Moustakas, C. (1959). Psychotherapy with children. New York: Harper & Row.

Muro, J. J., & Dinkmeyer, D. C. (1977). Counseling in the elementary and middle schools. Dubuque, IA: Wm. C. Brown.

Myer, J. E. (1998). Bibliotherapy and DCT: co-constructing the therapeutic matapbor. Journal of Counseling and Development, 76(3), 240-243.

Naumburg, M. (1966). Dynamically oriented art therapy: Its Principles and practice. chicago, IL: Magnolia street publishers.

Nugent, F. A. (1990). *An introduction to the profession of counseling.* Columbus, OH: Merrill.

O'Bruba, W. S., & Camplese, D. A. (1979). *Beyond bibliotherapy: Tell-a-therapy. Reading Horizons, 20,* 30–35.

O'Connor, K. J. (1991). *The Play Therapy Primer: An Integration of Theories and Technniques.* New York: John Wiley & Sons, Inc.

O'Connor, K. J., & Braverman, L. M. (1997). *Play therapy theory and practice: A comparative presentation.* New York: Wiley.

Pajares, F. (2004). *Albert Bandura: biographical sketch.* Atlanta, GA: Frank Pajares.

Patterson, L. E., & Welfel, E. R. (2000). *The counseling process* (5th ed.). Pacific Grove, CA: Books Cole.

Patton, M. J., & Meara, N. (1992). *Psychoanalytic counseling.* New York: Wiley.

Perdeck, J. T. (1990). Using bibliotherapy in clinical practice with children. *Psychological Reports, 67,* 1043–1049.

Perdeck, J. T. (1994). Using literature to help adoleschents cope with problems. *Adolescence, 29,* 421–427.

Perdeck, J. T., & Pardeck J. A. (1984). An overview of the Bibliotherapeutic treatment approach: implications for clinical Social work practice. *Family Therapy, 11,* 241–252.

Perls, F. (1973). *The gestalt approach and eye witness to therapy.* CA: Palo Alto.

Phillips, R. D. (1985). Whistling the dark? A review of play therapy research. *Psychotherapy, 22,* 752–760.

Piaget, J., Gruber, H. E., & Vonèche, J. J. (1977). *The essential Piaget.* New York: Basic Books.

Pope, A. W., McHale, S. M., & Craighead, W, E. (1988). *Self-esteem enhancement with children and adolescents.* New York: Pergamon Press.

Pope. K. S., & Vasquuez, M. J. T. (2007). *Ethics in Psychotherapy and counseling: A practical guide* (3rd ed.). San Fransisco, CA: Jossey-Bass.

Rank, O. (1936). *Will therapy.* New York: Knopf.

Remley, T. P., & Herlihy, B. (2005). *Ethical, legal, and professional issues in counseling* (2nd ed.). Upper Saddle River, NJ: Merrill.

Robarts, J. Z. (2003). The healing function of improvised songs in music therapy with a child survivor of early trauma and sexual abuse. In S. Hadley (Ed.), *Psychodynamic music therapy: Case studies* (pp. 142–182). Gilsum, NH: Barcelona Publishers.

Robb, S. L. (2003). Music interventions and group participation skills of preschoolers with visual impairments:

rasing questions about music, arousal, and attention. *Journal of Music Therapy, 40*(4), 256-282.

Rogers, C. R. (1961). *On becoming person.* Boston: Houghton Mifflin.

Rogers, C. R. (1966). Client-centered therapy. In S. Arieti (Ed.), *American handbook of psychiatry* (pp. 183–200). New York: Basic Books.

Rogers, C. R. (1980). *A way of being.* Boston: Houghton Mifflin.

Rogers, C. R., & Sanford, R. C. (1989). Client-centered psychotherapy. In H. I. Kaplan & B. J. Sadock (Eds.), *Comprehensive Textbook of Psychiatry 5* (pp. 148–501). Baltimore, MD: Williams & Wilkins.

Rothlein, L. C., & Meinbach, A, M. (1991). *The literature connection: Using children's books in the classroom.* Glenview, IL: Good Year.

Rubin, J. A. (1999). *Art therapy: An introduction.* Philadelphia, PA: Brunner & Mazel.

Sacco, A. T. (1999). Developing public database: A Bibliotherapy case example. *Library Software Review, 9*(6), 384-386.

Saint-Exupery, A. D. (2000). *The little prince.* New York: Harcourt.

Sandler, J., Kennedy, S., & Tyson, R. L. (1980). *The Technigue of child Psychoanalysis: Discussions with Anna Freud.* Cambridge, MA: Havard University Press.

Schafer, C. E. (2011). *Foundations of play therapy* (2nd ed.). Hoboken, NJ: J. Wiley & Sons.

Schafer, A. (1973). Musische Erziehung. Versuch einer anthropologisch-Padagogischen Grundlegung. In N. Klug (Ed.), *Vom Geist musischer Erziehung* (pp. 326–349). Darmstadt: Wissenschaftlieche Buchgesellschaft.

Sears, W. W. (1958). The effect of music on muscle tonus. In E. G. Gaston (Ed.), *Music therapy* (pp. 199–205). Lawrence, KS: Allen Press.

Sears, W. W. (1968). Processes in music therapy. In E. T. Gaston (Ed.), *Music in therapy.* New York: Macmillan Co.

Seligman, L. (2006). *Theories of counseling and psychotherapy: Systems, strategies, and skills* (2nd ed.). Upper Saddle River, NJ: Pearson Education.

Sharma, M., & Jagdev, T. (2012). Use of music therapy for enhancing self-esteem among academically stressed adolescents. *Pakistan Psychol Research, 27*(1), 53-64.

Solomon, J. (1938). Active play therapy. *American Journal of Orthopsychiatry, 8,* 479-498.

Sommers-Flanagan, J., & Sommers-Flanagan, R. (2004). *Counseling and Psychotherapy Theories in Context and Practice : Skills, Strategies, and Techniques.* Hoboken, NJ: J. Wiley & Sons.

Sridhar, D. (2000). Effects of Bibliotherapy on text comprehension, reading attitude, and self-concept in third and fourth grade students with attention difficulties. Unpublished doctoral dissertation, University of Texas.

Stallard, P. (2004). *Think Good? Feel Good: A Cognitive Behavior Therapy Workbook for Children and Young People*. Hoboken, NJ: Wiley & Sons.

Starker, S. (1988). Psychologists and self-help books: Attitudes and prescriptive practices of clinicians. *American Journal of Psychotherapy, 27,* 70-77.

Sternberg, R. J. (1996). *Cognitive Psychology*. Fort Worth, TX: Harcourt Brace.

Taft, J. (1933). *The dynamics of therapy in a controlled relationship*. New York: Macmillian.

Tews, R. M. (1969). Bibliotherapy. In M. T. Moody & H. K. Limper (Eds.), *Bibliotherapy: Methods and materials*. Chicago: American Library.

Thaut, M. H. (1988). Rhythmic intervention techniques in music in music therapy with gross motor dysfunction. *Arts in Psychotherapy, 15,* 127-137.

Thaut, M. H. (1989). The influence of music therapy intervention on self-rated changes in relation, affect and thought in psychiatric prisoner-patients. *Journal of Music Therapy, 26*(3), 155-166.

Thompson, C. L., & Henderson, D. A. (2007). *Counseling Children* (7th ed.). Belmont, CA: Thompson.

Thompson, C. L., & Rudolph, L. B. (2000). *Counseling children* (5th ed.). Wadsworth.

Thorne, B. (2003). *Carl Rogers* (2nd ed.). New York: SAGE Publications Ltd.

Truax, C. B. & Carkhuff, R. R. (1967). *Toward effective counseling and Psychology: Training andPractice*. Chicago: Aldine.

Uhlig, S., & Baker, F. (2001). *Voicework in music therapy; research and practice*. Jessica Kingsley Publishers.

Ulman, E. (1992). Art therapy: Problems of definition. *American Journal of art therapy, 30,* 70-74.

Unkefer, R. F. (1990). *Psychatric Music Therapy, Origins and Development*. New York: Fred Weider & Son Printers, Inc.

Wadson, H. S. (1980). *Art Psychotherapy*. New York: John Wiley & Sons.

Warkins, J. T., & Rush, A. J. (1983). Cognitive response test. *Cognit Ther Res, 7,* 125-126.

Watson, D. C. (1994). *The effects of three Bibliotherapy techniques an forth graders' self-esteem, reading achievement, and attitudes toward reading*. Unpublished doctoral dissertation, North Carolina state University.

Weinrib, E. L. (2004). *Images of the Self.* Cloverdale, CA: Temenos press.

Welfel, E. R. (2006). *Ethics in counseling and psychotherpay: Standards, Research and Emerging Issues* (3rd ed.). Belmont, CA: Thomson/Brooks/Cole.

WHO (1992). ICD-10: International Classification of Diseases-10. http://www.who.int/classifications/icd/en/bluebook.pdf

Winnett, R., Bornstein, P., Cogswell, K., & Paris, A. (1987). Cognitive-behavioral therapy for childhood depression: A levels-of-treatment approach. *J. of Child and Adolescent Psychotherapy, 4,* 283-286.

Winnicott, D. (1958). Transitional objects and transitional phenomenon. In D. Winnicott (Ed.), *Collected papers* (pp. 229-242). New York: Basic.

Wolpe (1958). *Psychology by reciprocal inhibition.* Standford, CA: Standford University Press.

Wood, M. (1998). What is art therapy? In. M. Pratt & M. Wood (Eds.), *Art therapy in palliative care* (pp. 1-11). London: Routledge.

Wright, J. H., Basco, M. R., & Thase, M. E. (2006). *Learning Cognitive-Behavior Therapy: an illustrated guide.* Washington, DC: American Psychiatric Publishing, Inc.

Wright, J. H., Beck, A. T., & Thase, M. (2003). Cognitive therapy, The American Psychiatric Publishing Testbook of Clinical Psychiatry (4th ed., pp. 1245-1284). In R. E. Hales & S. C. Yudofsky. Washington DC: American Psychiatric Publishing.

Yulis, S., & Kiesler, D. J. (1968). Countertransference response as a function of therapist anxiety and content of patient talk. *Journal of consulting and clinical psychology, 32,* 414-419.

Zucker, I. (1967). Actions of progesterone in the control of sexual receptivity of the sprayed female rat. *Journal of Comparative and Physiological Psychology, 63*(2), 313-319.

네이버 국어사전 http://krdic.naver.com

연세대학교 어린이생활지도연구원 부속 아동가족상담센터 http://web.yonsei.ac.kr/childfamilytherapy

원광아동상담센터 http://childcounsel.co.kr

중앙육아종합지원센터 http://www.educare.or.kr

한국놀이치료학회 놀이치료사 윤리강령 및 행동지침 http://www.playtherapykorea.or.kr

찾 / 아 / 보 / 기 /

인 명

내 용

저자 소개

위영희(Wui, Yeonghee)
서원대학교 사범대학 유아교육과 교수

장현숙(Chang, Hyunsook)
나사렛대학교 아동학과 교수

전숙영(Chun, Sookyoung)
나사렛대학교 아동학과 교수

정윤주(Chyung, Yunjoo)
인천대학교 소비자 · 아동학과 교수

진미경(Jin, Mikyoung)
숙명여자대학교 아동복지학부 교수

한미현(Han, Mihyun)
백석대학교 사회복지학부 아동복지학 전공 교수

한유진(Han, Youjin)
명지대학교 아동학과 교수

아동상담

Counseling Children

2016년 8월 30일 1판 1쇄 발행
2022년 1월 20일 1판 5쇄 발행

지은이 • 위영희 · 장현숙 · 전숙영 · 정윤주 · 진미경 · 한미현 · 한유진
펴낸이 • 김 진 환
펴낸곳 • (주) **학지사**

04031 서울특별시 마포구 양화로 15길 20 마인드월드빌딩 5층
대표전화 • 02) 330-5114   팩스 • 02) 324-2345
등록번호 • 제313-2006-000265호

홈페이지 • http://www.hakjisa.co.kr
페이스북 • https://www.facebook.com/hakjisabook

ISBN 978-89-997-0890-9 93180

정가 **18,000**원

이 도서의 국립중앙도서관 출판시도서목록(CIP)은 서지정보유통지원시스템
홈페이지(http://seoji.nl.go.kr)와 국가자료공동목록시스템(http://www.nl.go.kr/kolisnet)
에서 이용하실 수 있습니다.
(CIP제어번호: CIP2016019245)

출판 · 교육 · 미디어기업 **학지사**

간호보건의학출판 **학지사메디컬** www.hakjisamd.co.kr
심리검사연구소 **인싸이트** www.inpsyt.co.kr
학술논문서비스 **뉴논문** www.newnonmun.com
원격교육연수원 **카운피아** www.counpia.com